JN100979

Proseminar des Verwaltungsrechts

# 新プロゼミ行政法

「3つの手続」で行政法の基本を学ぶ

石川敏行 著
Toshiyuki Ishikawa

実務教育出版

# まえがき

**この本**　かつて，『はじめて学ぶプロゼミ行政法』という書物が出ていました。ところが同書は，後述の理由で，絶版になってしまいました。本書の狙いである「行政法を基礎からやさしくビジュアルに」は，旧プロゼミと同じです。しかし今回，まったく新しいコンセプトの下，かつゼロベースで書き下ろしました。２代目なので先代の名を引き継ぎ，『新プロゼミ行政法』と名乗ります。

**この本の読者**　本書が考える読者は，次の皆さんです。第１に大学などで行政法を勉強する人々，第２に各種の試験対策（公務員・行政書士試験等）で行政法を学ぶ人々，第３に法科大学院（ロースクール）の法学未修者，第４に司法試験予備試験の受験者，そして第５には公務員で昇任・昇格試験の受験者や職員研修の受講者。

**12 の特色**　本書は，これらの読者に贈る，行政法の学習書です。その際，著者として考えた本書の「12 の特色」を最初に述べておきます。

| | |
|---|---|
| **第 1 の特色** | 今までのテキストでは，読者が「法学部（の対面授業）で行政法を学んでいる」ことが「暗黙の前提」だったように思います。ところが実際には，そうでない読者もかなりの数に上ります。これらの人々は必要に迫られて行政法を，しかも先生もいない悪条件の下で独習しています（公務員試験・行政書士試験の受験者，通信教育課程の社会人など）。ですから本書では彼らの存在を強く意識しました |
| **第 2 の特色** | 「知識ゼロ」を前提に，説明はなるべく短く，かつ理詰めで解説しました。最初は難しい言葉は使わず，専門用語は段階的に増やしています。また未定義の言葉は使わないよう努め，後に出てくる語を先に使う場合は相互参照（クロス・リファレンス）しました。関連で本書では，難読語や学術用語のほか，後述する原語（▶第 10 の特色）にルビ（ふりがな）を振りました。知らない漢字もいつの間にか読めるようになります |
| **第 3 の特色** | 今までとは異なる切り口から行政法に切り込みました。何が「異なる切り口」なのかは，続く「トリセツ――行政法の取扱説明書」で解説しておりますので，ここでの説明は省略します |
| **第 4 の特色** | 枝葉は切り落とし，行政法の「背骨」部分，つまり太い幹を重点的に解説する手法をとりました。その結果，本書の目次は今までの行政法の本とは少しばかり「違う並び」になっています（特に前半部分）。このことも「トリセツ」で説明します |

**第 5 の特色**

メリハリをつけました。つまり「詳しい」と「あっさり」です。詳しめは「3つの手続法」（第 2 ～ 5 章）と救済法（第 10 章以下）です。逆にあっさりは組織法（第 8 章）です。地方自治法（第 9 章）は，この間の法改正等を盛り込んでいたら「かなりの分量」になってしまいました

**第 6 の特色**

重点化（第 4 の特色）の結果，説明の手薄な部分や省略した事項につき，「参照すべきテキスト」を指定しました。それは宇賀克也教授（最高裁判事，東京大学名誉教授）のものです。すなわち愛称「レインボー」（カバーの色から）と引用する『行政法（第 2 版）』と，「宇賀Ⅰ・Ⅱ・Ⅲ」と引用する『行政法概説Ⅰ・Ⅱ・Ⅲ』です（ともに有斐閣）

**第 7 の特色**

読者が石川の漫談を「実際に（ライブで）聴いている」感じ（臨場感）を出しました。なるべく会話体に近い文章で，ときおり雑談（脱線）も交えました。素材は，石川が講義で使っていた「鉄板ネタ」にプラスして，読者が「あっ！」「おっ！」と思うトリビアを満載しています

**第 8 の特色**

堅い法律書（学者の自己主張）ではなく，読者が読んで面白い「エンタメ本」を目指しました。つまり理論書（基本書）と実用書（受験本）の「すき間」を狙ったのです。かといってレベルは落としていません。これまで石川が学んできた法の比較（ヨコ）と歴史（タテ）の知見を投入しました。ここがある意味，本書の最大の特色でしょう

**第 9 の特色**

行政法の本は記述が抽象的になります。理由は「行政」と述べた瞬間に，国・地方公共団体の組織と，その仕事のすべてが含まれてくるからです。そこで本書では，あることが「論じられる場面」を具体的に描写したほか，数値を随所で引用しました。社会の中でそれらが「どう存在・機能しているのか」を読者に知ってもらうためです。具体的にイメージしやすくなるように，図表も数多く盛り込みました

**第 10 の特色**

司法制度改革以降（2005［平成 17］年 1 月～），政府が取り組んできた「日本法令外国語訳データベースシステム」を参照し，本書に出てくる主な「法令用語」に対応する英訳を掲げました。また行政法科目は大陸法（＝仏・独）が起源です。ゆえに重要な「理論用語」には対応する原語（もとの言葉。主に独語）を示しました。これは知識の「ひけらかし」ではなく「語源（ルーツ）を知るのは大切だ」との強い確信によります。興味のない読者は読み飛ばしてください

**第 11 の特色**

同じ出版社の「スー過去」（『新スーパー過去問ゼミ　行政法』）とのコラボ，つまり合わせられるものは合わせるよう努めてみました（第 8 の特色で宣言した理論書と実用書の「すき間」を埋める実験）。また収録判例についても，公務員試験や行政書士試験の過去問を参照しました

**第 12 の特色**

法科大学院の「共通的な到達目標モデル」（コアカリ）にも触れ，目次で，本書の各章に対応するコアカリの章・節・項を示しました。巻末の解説も参照してください

**著者の経歴**　石川は，もとは大学の教師でした。最初は法学部，続いて法科大学院で,行政法を教えておりました。「定年まで大学で過ごすのかなぁ」と思っていたところへ突然，「霞が関」への転職のお誘いを受けたのです。

**公務員に**　すなわち国土交通省の外局で，航空・鉄道・船舶の事故調査機関である運輸安全委員会から，常勤委員（法制担当）への就任のお話をいただき，ありがたくお請けしました。こうして国会同意を経て，国土交通大臣から辞令を拝受した石川は，特別職の国家公務員に任命されたのです。

**困ったこと**　ところがここに，困ったことが１つ起きてきました。公務員である間は，プロゼミの改訂作業が難しくなったのです（公務員の兼業禁止)。

**絶版の決断**　これは想定外のことで，正直，参りました。改訂しなければ本の中身はどんどん古くなっていきます。そこで悩んだ挙げ句，旧プロゼミの「絶版」を決断しました。まさに「断腸の思い」でした。

**任期満了**　そしてこのたび，３期９年の委員任期を満了し，ようやく「本を書く自由」が戻ってきました。退任後，状況を探ったところ，プロゼミへの好意的評価と需用は，まだ多く残っているように感じました。そこで出版社とも相談のうえ，この改訂新版を世に送ることにした次第です。

**著者の経験**　大学教授だった時代，石川は本務のかたわら，旧国家公務員採用Ｉ種試験（法律区分）の試験専門委員，行政書士試験の試験委員，新司法試験の制度設計のほか,ロースクール関係では前述コアカリ「行政法班」の主任（座長）を務めました。さらに国や地方公共団体で公務員研修の講師，また社会人向けの講座や，ビジネススクールの講師も務めた経験があります。

**得られた知見**　それらを通じて，受講者や読者が「何がなぜ，どうわかっていないのか」がわかったことは，本書を執筆するうえで大変貴重な経験でした。そこで得た知見は本書の中にちりばめてあります。

**社会科「再入門」**　ともあれ読者が本書を読んで,行政法とは単なる「受験科目」を超えて，今まで知らなかった「世の中の仕組み」を知るための有効なツールなのだと理解してくれたら,とてもうれしく思います。その意味で行政法とは,大人になって学び直す「社会科『再入門』」でもあります。

**プロゼミ**　IT時代の昨今,「プロゼミ」には,「プログラミング・ゼミ」の略語という意味も出てきたようです。しかし本来は大学１・２年生（初心者用）のゼミのことです。また旧プロゼミには「楽しみながら,あなたを行政法の『プロ』に仕立てる『ゼミ』でありたい」とキャッチコピーに書いたのですが，その思いは本書でも変わっていません。

**リクをください**　リクエスト（要望）等があれば，出版社あてお寄せください。バグ（bug）を取り，できるものは改訂の際に取り入れ，読者のお知恵を借りながら，新プロゼミをよりよいものに高めていきたいからです。

**原稿チェック**　本書の原稿チェック（セカンド・オピニオン）は，不思議な縁（えにし）で知り合った，石川の若き畏友（いゆう）・折橋洋介（おりはし・ようすけ）教授（広島大学法学部）にお願いしました。お忙しい中，面倒（めんどう）な作業をお引き受けくださった教授には，いただいた的確なアドバイスも含め，心から深謝（しんしゃ）します。ただし当然のことですが，もし本書の内容等に誤りがあれば，それは偏（ひとえ）に石川の責任です。

**お礼の言葉**　最後になりましたが，本書を世に出すについては，実務教育出版第２編集部部長の津川純子（つがわ・じゅんこ）さんに，行き届いたお世話をいただきました。旧プロゼミ時代からの「戦友」に，心からの御礼を申し上げます。

以上に述べた数々の特色を持つ本書が読者に受け入れられ，かつ前著と同じく広く読まれて，読者のお役に立つことを切（せつ）に祈（いの）りつつ。

2020（令和２）年弥生（やよい）
桑都（そうと）（八王子）にて

石川敏行（いしかわ・としゆき）

# 新プロゼミ行政法　目次

CCは法科大学院の「コアカリ（Core Curriculum)」の略。細かい内容については，各自でCCを参照してください（URLはp.388「共通的な到達目標モデル（コアカリ）について」に掲載しました)。

## 第2章　行政法の「背骨」――許認可(処分)と手続3法 …… 39

CC 第1章第2節（主要な行為形式），同第4節（行政過程の手続的規律），同第6節（行政過程と裁判過程），第3章第1節（行政処分の違法事由としての手続違反），第4章（行政上の不服申立制度の運用能力），第5章（抗告訴訟の運用能力）



## 第3章　処分の「事前」手続法――行手法第2章と第3章の手続 …… 61

CC 第1章第4節（行政過程の手続的規律），第3章第1節（行政処分の違法事由としての手続違反）

## 第 6 章　処罰と強制 ——行政法における義務論の「裏側」

装丁●NONdesign 小島トシノブ
本文デザイン・組版●蠣﨑　愛
本文イラスト●村山宇希
編集協力●佐藤嘉宏

見やすく読みまちがえにくいユニバーサルデザインフォントを採用しています。

# トリセツ
## ——行政法の取扱説明書

**行政法の特徴**　これから学び始める行政法には１つの**大きな特徴**がある。それは**「行政法」がない**という特徴だ。「えっ？」と驚く読者の表情が目に浮かぶ。これじゃ「意味わかんない」と思うので説明しよう。本のタイトルに行政法と書いてあれば普通,「行政法」という法律があると思う。ところが**「行政法」はない**。しかし，安心してくれたまえ，**“行政法”はある**から。

**「行政法」と“行政法”**　え，どういうこと？　**「行政法」はないが，“行政法”はある？**　そこで謎解きだ。まず「行政法」とは「行政法」という題名の法典。**形式的意味の行政法**ともいう。これに対し“行政法”とは**実質的意味の行政法**，つまり「行政法」と名乗ってはいないが，内容（実質）からすると行政法の性質を持つ法，という意味。両者の関係は**タマゴの黄身と白身**だ。

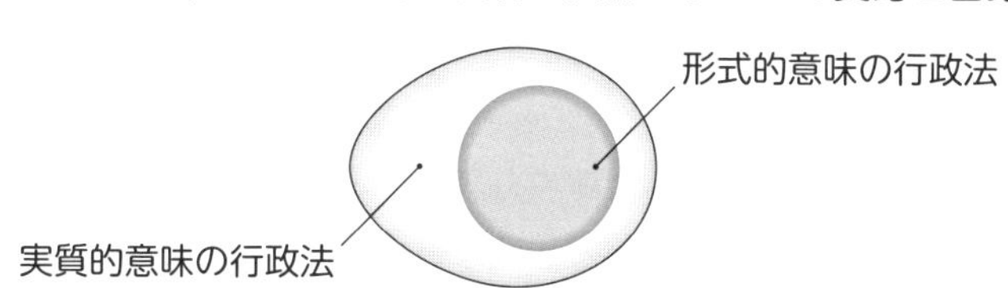


**図１● 形式的意味（黄身）と実質的意味（白身）の行政法**

**本書で学ぶもの**　形式的意味の行政法はないが，実質的意味の行政法はある。うん,「ある」どころの騒ぎではない。「ごまん」とある。本書で学ぶのはこの**実質的意味の行政法**なのだ。このことをまずしっかり理解しよう。

**実質的意味の行政法**　現在の日本には**2,300本弱の法律**が存在する（▶ p.40, 165)。**その大部分**が実質的意味の行政法だ。しかし，それだけではない。１つには**法律の下位法令**（＝政省令，告示・通達など）があり，２つには地方公共団体の**例規**（条例や規則）がある。例規の**多くもまた**実質的意味の行政法である（▶ p.40，168)。３つには，行政と国民の間で紛争が起きた際，第三者としての裁判所が下す判決，その積み重ねである「裁判例」。特に**最高裁判例**

は実質的意味の行政法である（p.163）。

**ある秘策**　だからこの（実質的意味の）行政法の「**数の多さ**」と「**範囲の広さ**」が，行政法の入門者が最初にぶつかる「**ハードル**」なのだ。だがご安心あれ。このハードルの「高さ」を下げる「ある秘策」が存在するから。

**行政法の３本柱**　それは行政法を**３区分**して，①行政組織法，②行政作用法，③行政救済法に分ける工夫である。これを石川は，旧プロゼミでは「**行政法の３本柱**」と呼び，解説した。なお，本書でも第７章（p.170 以下）で「３本柱」を解説してある。気になる読者はそちらを先にお読みいただきたい。

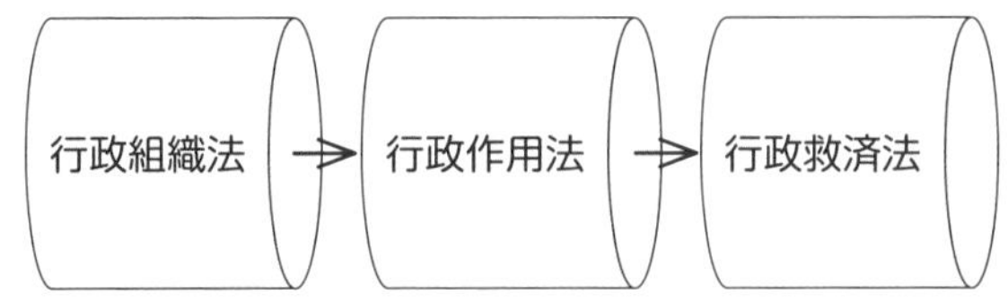


**図２● 行政法の「３本柱」（図 7-2）**

**問題点**　この方法は正統だが，**難点**があった。それは図２のように，組織法→作用法→救済法と読み進み，救済法を最後まで学び終えないと，行政法の**「全体像」が明らかにならない**という難点だ。

**イッキ学習**　そこで，これを補う方法はないものか。あれこれ考え，かつ教室で「実験」を重ねた結果，本書で石川は次のような**新しい学習方法**を提案する。それは「**行政法を一気に学ぶ**」という方法である。

**２章までで**　上記「３本柱」の中で，まずは①**行政法の「背骨」**に注目する。次にこの②**「背骨」部分だけを一気**に学ぶ。すると，**第２章の終わり**（56ページ）**まで**で，「行政法の基礎知識」がかなりの短期間で得られる。これなら読者も「一気」に読めるだろう。そのうえで**「肉づけ」は後からゆっくり**行う。

**図工・美術**　昔，図工や美術の時間に粘土を使い，動物や人の形のフィギュアを作った。あの作業に似ている。つまり，先に針金などで「**背骨＝支柱**」をつくる。次に，そこに「麻ひも」を巻きつけ，「粘土」で肉づけしていく作業だ。

**本書の「背骨」**　行政法の「背骨」部分とは，「**許認可（処分）**」である。具体的には，許認可（処分）とその「手続」を定める３つの法律である**手続３法**

に**注目**する。すなわち①行政手続法，②行政不服審査法，そして③行政事件訴訟法のことだ。

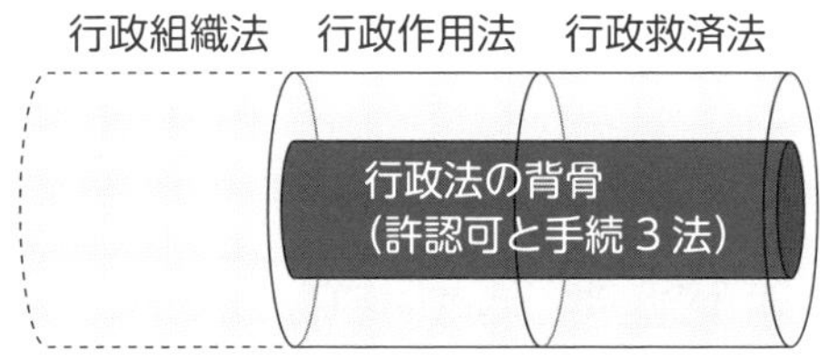


※本書をヨコにして，図をタテに眺めれば，濃い青色の部分は「背骨」に見える！

**図３● 本書の方法——行政法の「背骨」部分**

**具体的手法**　本書ではまず**許認可の話**から入り（第０章，第１章），続いて**手続３法を一気**に学ぶ（第２章）。その結果，第２章を読み終える頃までに，「行政法物語」のあらすじと「**香盤表**」（＝舞台，登場人物，大道具，小道具など）が**ほぼひととおり，読者の前に示される**。そのうえで第３章からは，「背骨」の周りに知識を肉づけしていく。特に行審法と行訴法は「**パラレル学習**」する。

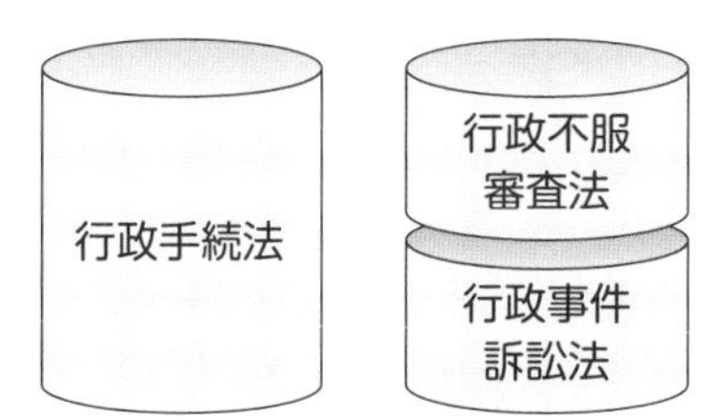


**図４● 手続３法——図３の「背骨」部分の中身**

図４で，右側に行審法と行訴法を上下に表示した理由は，１つには「**パラレル学習**」をするという意味。またもう１つは，両者が「**自由選択主義**」の関係にあること（▶ p.97，249）を示す意味。

**実践の成果**　本書で示す方法は，教育現場（法科大学院や公務員研修）で石川が実践し，その成果を確かめたものであり，受講者にも好評だった（当時は「クロリファ学習」と呼んでいた）。だから決して思いつきや机上の空論ではない。

# 凡例（はんれい）

## 本書の記述方針

| | |
|---|---|
| **本書で行う引用** | 同業者（行政法研究者）に関しては，原則お名前のみで，教科書名やページ数までは示せない。非礼をお許し願いたい。その他のWeb上の出典は「出典のURL」を参照 |
| **法令名の略語** | 有斐閣（ゆうひかく）「六法収録法令略語一覧」に準拠（じゅんきょ）し，記載のないものについては，e-Gov（イーガブ）（▶ p.18，73以下）掲載（けいさい）の「登録略称法令名一覧」を参照した |
| **判例の引用のしかた** | 慣例に従う。判例の内容までは解説できないので然（しか）るべき書物の参照を願う。裁判所Webサイトの「裁判例情報」で検索（けんさく）できる裁判例については，下級審のものも含め青色網がけで明示した。必要に応じ，各自で参照されたい |
| **注釈** | 補足事項や発展知識について，本文の途中に囲み形式で注釈を加えている。「難しい」と感じたら初回は読み飛ばし，一定の実力に達した段階で再チャレンジしてほしい |
| **「ですます」調と「である」調** | 本文は「ですます」調で，①注釈の中，②「シノプシス（synopsis）」，③「カフェーパウゼ（Kaffeepause）」，④「香盤表（こうばんひょう）」「付論」等は「である」調で記述している |
| **行頭見出しと5行ルール** | 段落の始まりには「行頭見出し（ぎょうとうみだし）」（キーワード）を付けている。前の職場に存在した「5行（ごぎょう）ルール」，つまり文章は簡潔（かんけつ）に（＝1文は原則5行を超えない）を本書に導入した |
| **小ネタ（雑学）** | 読者の知的好奇心（こうきしん）をくすぐり，かつ学習の参考にもなる「小（こ）ネタ」（雑学）を，しつこくない程度に本書のあちこちに書き添（そ）えた。内容と紐付（ひもづ）けられ，記憶に残るはずである |
| **出典のURL** | 今日（こんにち）ではWeb上で各種の有益な資料が閲覧可能だが，若干の例外を除き，出典のURLは引用していない。引用のキーワードで検索すれば簡単に現物にたどり着けるからである |
| **データの調査時期** | 「本書執筆時」とは，石川が本書の原稿を執筆した2019年6月から10月までに，各種Webサイトやデータベース等を検索・調査した結果に基づく（ただし，増刷時に必要に応じて更新したものもある）。数値等は「目安（めやす）」として理解してほしい |

| 年号 | 判例年月日の冒頭（年）を除き，年号は「西暦（和暦）」と表記した |
|---|---|
| 「香盤表」とシノプシス | 本書では喩え話で，「行政法物語」という表現をあちこちで使用している。つまり，行政法の全体を舞台（演劇）になぞらえているわけだ。芸能好きの読者は,「香盤表」という表現を知っているだろう。本書は行政法物語の「シナリオ」なのだが，各シーンで大筋を見失わないよう，場面・登場人物・内容・小道具などを一覧にした「スケジュール表」が必要になる。それが香盤表だ。本書ではこれにヒントに，「香盤表」とシノプシス（あらすじ）を付けた。今が「どんな場面」で「誰が登場し」「どんな意図（考え）で」「何を演じようとしているのか」を確認しながら読んでほしい |

# 本書で使用する主な略語

| | | |
|---|---|---|
| 文献略語 | レインボー | 宇賀克也『行政法（第２版）』有斐閣 |
| | 宇賀Ⅰ・Ⅱ・Ⅲ | 宇賀克也『行政法概説Ⅰ・Ⅱ・Ⅲ』有斐閣 |
| 判例略語 | 最判 | 最高裁判所判決 |
| | 最大判 | 最高裁判所大法廷判決 |
| | 最決 | 最高裁判所決定 |
| | 最大決 | 最高裁判所大法廷決定 |
| | 高判 | 高等裁判所判決 |
| | 高決 | 高等裁判所決定 |
| | 地判 | 地方裁判所判決 |
| | 地決 | 地方裁判所決定 |
| | 支判 | 高等裁判所・地方裁判所支部判決 |
| 法令略語 | 感染症法 | 感染症の予防及び感染症の患者に対する医療に関する法律 |
| | 行情法 | 行政機関の保有する情報の公開に関する法律（情報公開法） |

| | | |
|---|---|---|
| 法令略語 | 行審法 | 行政不服審査法 |
| | 行訴法 | 行政事件訴訟法 |
| | 行組法 | 国家行政組織法 |
| | 行手法 | 行政手続法 |
| | 行特法 | 行政事件訴訟特例法 |
| | 建基法 | 建築基準法 |
| | 憲法 | 日本国憲法 |
| | 国賠法 | 国家賠償法 |
| | 国公法 | 国家公務員法 |
| | 自治法 | 地方自治法 |
| | 収用法 | 土地収用法 |
| | 代執法 | 行政代執行法 |
| | 地公法 | 地方公務員法 |
| | 道交法 | 道路交通法 |
| | 内府法 | 内閣府設置法 |
| | 風営法 | 風俗営業等の規制及び業務の適正化等に関する法律 |
| | 民訴法 | 民事訴訟法 |
| | 明治憲法 | 大日本帝国憲法 |
| その他の略語 | 権義 | 権利義務 |
| | 処分 | 行政庁の処分その他公権力の行使に当たる行為 |
| | 新コロ | 新型コロナウイルス感染症（COVID-19） |
| | 地公体 | 地方公共団体 |

# 第0章 本書で学ぶこと

本章では，まず総務省の調査による「許認可等の統一的把握の結果」をご紹介します。そのことを通じて，本書の出発点であり，かつ本書の対象＝行政法の「背骨」でもある「許認可とは何か」を理解します。次に，行政法という舞台の登場人物や大道具・小道具などを示す「香盤表」を概説し，最後に「読者へのお願い」を記しました。

# 許認可等の統一的把握

**総務省**　「総務省」という役所があります（Ministry of Internal Affairs and Communications，MIC）。日本に11ある省の中で，その筆頭に位置します。内部は複数の「局（Bureau）」に分かれ，「大臣官房（Minister's Secretariat）」と呼ばれる筆頭局を含め，10個ある局の1つに，「**行政評価局**（Administrative Evaluation Bureau，AEB）」があります。

### 建制順と府省名の覚え方

11の省（総務省，法務省，外務省，財務省，文部科学省，厚生労働省，農林水産省，経済産業省，国土交通省，環境省，防衛省）は，**できた順**に並んでいる。これを「**建制順**」という。これらに内閣府を加え，「**府省**」と呼ぶ。

12個の府省名の覚え方として石川は，「内相は，法外な（謝）罪文の効能を警告する聞かん坊」を提唱している。なお，「内相」とは戦前の日本に存在し，かつたいていの国家には存在する「内務省」の長である内務大臣の略。

**30年以上の歴史**　この総務省（行政評価局）が，各府省の協力を得て，「**許認可等の統一的把握の結果**」と題する調査結果を公表しています。これは，1985（昭和60）年12月28日の閣議決定（「昭和61年度に講ずべき措置を中心とする行政改革の実施方針について」）に基づくものです。

### 閣議決定，閣議了解，閣議報告

内閣総理大臣を含む国務大臣全員の合議体を，「**閣議**（cabinet meeting）」という（内閣法4条1項）。閣議に付される案件（閣議付議案件）には**3類型**，すなわち①**閣議決定**（cabinet decision），②**閣議了解**（cabinet understanding），そして③**閣議報告**（cabinet report）がある。

うち①と②は，内閣の**意思決定の形式**である。①は憲法・法令が定める重要事項（法律案, 政令案, 予算案決定等）の, また②は, それ以外の事項を決定する形式。②は，本来は 1 人の大臣で決められるのだが，事の重要性に鑑み，「他の大臣の意向も聞いたほうがいい」と判断される件につき行われる。詳しくは，首相官邸 Web サイトの中の「閣議」欄を参照。近年では**「議事録」まで公表**されており，ある意味「感動もの」である。最後の③（閣議報告）は，主要な審議会の答申等を閣議に披露するような場合に行われ，報告を単に「聞き置く」だけで，**意思決定は伴わない**。なお，法学の分野では，「意志」ではなく「意思」と書く。

# 調査結果の内容

**調査結果の内容**　この調査は,「国民（個人及び法人）の申請, 出願等に基づき, 行政庁（国）が行う処分及びこれに類似するもので, 法律, 政令, 省令及び告示において, 許可, 認可, 免許, 承認, 検査, 登録, 届出, 報告等の用語を使用しているものを把握し,『**許認可等現況表**』として公表」するものです（前記「統一的把握の結果」)。

許認可等現況表（平成29年4月1日現在）

（注）1　他の府省等と共管している許認可等は、事項名に「※」を付記している。
2　平成29年4月1日現在において未施行の許認可等については、欄外に「☆」
3　規制シートは、内閣府規制改革ホームページ（http://www8.cao.go.jp/kisei-k

| 番号 | 所管府省等名 | 所管局等名 | 所管部課名 | 事項名 | | 根拠法令等 | 条項 | 処分権者 | 許認可等の対象者等 | 許認可等の有効期間 | |
|---|---|---|---|---|---|---|---|---|---|---|---|
| 09428 | 経済産業省 | 貿易経済協力局 | 安全保障貿易管理政策課 | 技術導入契約の締結等に係る内容の変更又は中止の勧告に関する応諾通知 | ※ | 外国為替及び外国貿易法 | 第30条第7項（第27条第7項準用） | 財務大臣及び事業所管大臣（内閣総理大臣、総務大臣、文部科学大臣、厚生労働大臣、農林水産大臣、経済産業大臣、国土交通大 | 財務大臣及び事業所管大臣により技術導入契約の締結等に係る内容の変更又は中止の勧告を受けた居住者 | | 通知 |
| 09429 | 経済産業省 | 貿易経済協力局 | 安全保障貿易審査課 | 輸出の許可 | | 外国為替及び外国貿易法 | 第48条第1項 | 経済産業大臣 | 貨物を輸出しようとする者 | 有り（6月） | 許 |
| 09430 | 経済産業省 | 貿易経済協力局 | 安全保障貿易管理政策課 | 対内直接投資等の報告 | ※ | 外国為替及び外国貿易法 | 第55条の5第1項 | 財務大臣及び事業所管大臣（内閣総理大臣、総務大臣、文部科学大臣、厚生労働大臣、農林水産大臣、経済産業大臣、国土交通大 | 対内投資等を行った外国投資家 | | |
| 09431 | 経済産業省 | 貿易経済協力局 | 安全保障貿易管理政策課 | 対内直接投資等に相当するものの報告 | ※ | 外国為替及び外国貿易法 | 第55条の5第2項（第55条の5第1項読替適用） | 財務大臣及び事業所管大臣（内閣総理大臣、総務大臣、文部科学大臣、厚生労働大臣、農林水産大臣、経済産業大臣、国土交通大 | 外国投資家のために対内直接投資等に相当するものを行った外国投資家以外の者 | | 報告 |
| 09432 | 経済産業省 | 貿易経済協力局 | 安全保障貿易管理政策課 | 技術導入契約の締結等の報告 | ※ | 外国為替及び外国貿易法 | 第55条の6第1項 | 財務大臣及び事業所管大臣（内閣総理大臣、総務大臣、文部科学大臣、厚生労働大臣、農林水産大臣、経済産業大臣、国土交通大 | 技術導入契約の締結等を行った居住者 | | |

**図 0-1 ●「許認可等現況表」の例**
出典：総務省 Web サイト「許認可等の統一的把握結果」より経済産業省関係（▶ p.122 以下）

**対象・範囲など**　調査の「**対象**」は，①許認可等の事項，②所管府省・局等名，③根拠法令，④用語，⑤処分権者，⑥対象者等です（▶図 0-1）。また調査の「**範囲**」は，法律，政令，省令及び告示に根拠を持つ国の許認可等であり，「数え方」は**用語**（許可，認可，届出等）**ごとに 1 事項**と数え，毎年度末で取りまとめ，隔年で集計・公表されています。

# 「許認可等」の用語とその件数

**その現状**　直近で見ると，許認可等の根拠条項等数は，**1 万 5,475 件**にも達します（2017［平成 29］年 4 月 1 日現在）。「根拠条項等数」とは，「法令等の中で,『許可』等の**用語が含まれている条項等の数**」のことです。ゆえに,「許認可」といった途端，話が抽象的になります。許認可は，これらすべてを包み込むからです。

## 運転免許保有者の数は 8,230 万人余

この 1 万 5,000 余という件数は，あくまで許認可の根拠を定める「**法令の条項**」の合計数。それらに基づき，「実際に与えられる許認可の件数」は，それこそ数え切れない。警察庁が公表している「運転免許統計」によれば，運転免許保有者の数は，直近では **8,230 万人余**。日本の総人口をざっと 1 億 2,700 万人（四捨五入）と見積もると，保有者数はその**約 65%**。これだけの数の人たちが何年かに一度，「半日がかり」で，運転免許の書き換えをしているわけだ。

## 行政手続等の棚卸

内閣官房と総務省が，国の行政機関について調査し，公表した「**行政手続等の棚卸（たなおろし）結果等の概要**」によると，法令等に基づく**手続**は全体で約**5万8,000種類**あり，その**利用**は，**年間21億件以上**（！）あるとのこと。うち，100万件以上の利用が176種類，10万件以上691種類，1万件以上2,339種類，1,000件以上1,559種類，100件以上2,640種類，10件以上3,536種類，1件以上が4,535種類ある。反面,「利用0件」も1万6,999種類，また「不明」が2万5,193種類ある。なお，前記「現況表」は，これからは「棚卸結果」の中に包含されることになる。

**根拠法令別**　「根拠法令別」では，許認可等の**根拠**が①**法律**にあるもの1万899件（全体の70.4%），②**政令**467件（3.0%），③**省令**3,699件（23.9%）となっています。

**ビッグ5**　「**府省庁別**」では，許認可等の条項数が多い「ビッグ5」（＝4ケタ）は降順（こうじゅん）（多い順）に，①国土交通省（2,805件），②厚生労働省（2,451件），③金融庁（2,353件），④経済産業省（2,261件），そして⑤農林水産省（1,770件）です。

**少ない省庁**　逆に，許認可等の条項数が少ない組織（＝2ケタ）は昇順（しょうじゅん）（少ない順）に，①内閣官房（8件），②個人情報保護委員会（11件），③公正取引委員会（20件），④防衛省（30件），⑤外務省（43件），⑥消費者庁（44件），⑦国家公安委員会（78件）です。

**16年間の推移**　さてしかし，この「1万5,000」という数字は，一体多いのか少ないのか。単年度だけでは，判断がつきません。そこで図0-2に，2002（平成14）年度からの動きをグラフで示しました。

**右肩上がり**　許認可等の条項数は，一貫して「**右肩上がり**」です。昨今（さっこん），「規制緩和（かんわ）（規制改革）」の動きが急で，一方で規制は緩（ゆる）んだ。しかし他方，許認可等の数は逆に増えている。この，一見「**矛盾する現象**」を，どう理解すればいいのでしょうか？

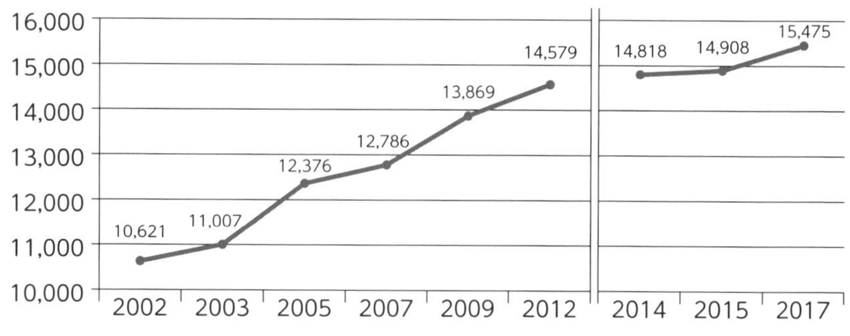


※2002[平成 14]～2012[平成 24]年は 3 月 31 日現在,
2014[平成 26]～2017[平成 29]年は 4 月 1 日現在の数。

**図 0-2 ● 許認可等の根拠条項等数の 16 年間の推移**
出典：前記・総務省行政評価局資料

# 弱い規制と強い規制

**規制の分類**　ヒントは，許認可等の「数」だけではなく，**規制の「強弱」**（程度）にも注目すること。総務省調査では，表 0-1 のような用語の分類が試みられています。

| | |
|---|---|
| **強い規制** | 一般的な禁止を特定の場合に**解除する行為**，特定の**権利等を設定**する行為等（例：許可，認可，免許，指定等） |
| **中間の規制** | 特定の事実や行為が，あらかじめ定められた**基準等を満たしているか**否か審査・判定し，これを**公に証明**する行為等（例：認定，検査，登録等） |
| **弱い規制** | 一定の事実を**行政庁に知らせる**もので，行政庁は原則として記載事項を**確認**し，**受理**するにとどまるもの等（例：届出，提出，報告等） |

**表 0-1 ● 許認可等の用語の分類**
出典：前記・総務省行政評価局資料

**許可制**　許可制が，届出制に改められたとします。許可制とは，個人・法人が行為・事業を始める前，つまり**事前に**，役所に対し「**お伺い**」を立てる。具体的には「○○許可申請書」を出し，役所が内容をチェックする。その結果「**問題なし**」と判断した場合に限り，行為・事業が**可能（適法）になる**仕組みです。

**届出制**　許可制は原則，**処罰**と連動する（無許可行為には罰則(ばっそく)）ので，「**強い**」規制です。ところが届出制の場合は，「○○届」と書かれた書類を役所に出せば，それでおしまい。だから，「**弱い**」規制なのです。

**両者の異同**　個人・法人が書類を役所に提出する。ここまでは，許可も届出も仕組みとしては同じで，区別がつきません。違いは，許可制では役所のOKが**必要**であるのに対し，届出制では**不要**である，という点です。

### 規制は強い順に許可＞事前届出＞事後届出

同じく「届出制」でも厳密には，①行為・事業に**先立って**届を出す「事前」届出制のほか，②「○○を行いました」と，**後から**届を出せばいい「事後」届出制もありうる。その結果，規制の「強弱」では，**許可制＞事前届出制＞事後届出制**の順になる。

**プラス1個**　このように，許可制が届出制に改められた結果，**1個**の許可が廃止された。ところが代わりに，**2個**の届出が必要になった。すると，規制の数はプラマイでは「**プラス1個**」となります。そうした積み重ねの結果が，先ほどの図0-2なのであり，許認可等条項の件数が増え続けていることの「謎解(なぞと)き」でもあります。

# 行政法の「背骨」
## ――本書の学習対象

**3つの用語**　ここで，表0-1を少し詳しく，しかし別の角度から眺(なが)めてみます（▶表0-2）。すると，百分率(ひゃくぶんりつ)では降順で，**弱い**規制（50.9%），**強い**規制（31.9%），**中間**の規制（12.2%），**その他**（5.0%）となっています（▶図0-3）。

| | |
|---|---|
| ①「強い規制」を示す用語 | 許可，認可，免許，承認，指定，承諾など |
| ②「弱い規制」を示す用語 | 届出，提出，報告，交付，申告など |
| ③（①と②の）「中間の規制」を示す用語 | 認定，確認，証明，認証，試験，検査，検定，登録，審査など |

**表0-2●許認可等と規制の度合い**
出典：前記・総務省行政評価局資料（石川が補足）

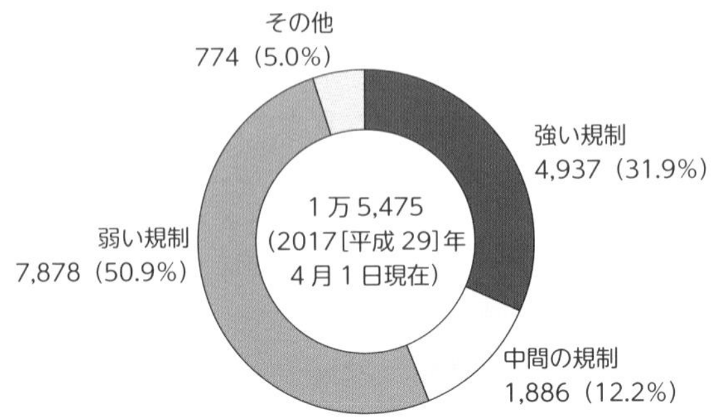


**図0-3●許認可等の用語分類別の根拠条項等数**
出典：前記・総務省行政評価局資料

**「許認可等」**　表0-2には，合計**20個の用語**が例示されており，「許認可等」とはそれらの**総称**です。なぜなら，許認可等の代表格が「許可」であり「認可」だからです。

## 許可と認可の相違点

許可と認可は似ているが，次の点が違う。まず**許可**（独 Erlaubnis（エァラウプニス））は，「禁止を解除」（義務を除去）する行為。つまり許可の対象は**適法・違法**（＝法律**要件**）であり，許可を得た**行為を「適法」化**する。これに対し，**認可**（独 Genehmigung（ゲネーミグング））の対象は**有効・無効**（＝法律**効果**）であり，認可を得た**行為を「有効」化**する（▶図 0-4。法律要件・法律効果，法行為・事実行為，適法・違法，有効・無効について▶ p.177 以下，270 以下）。

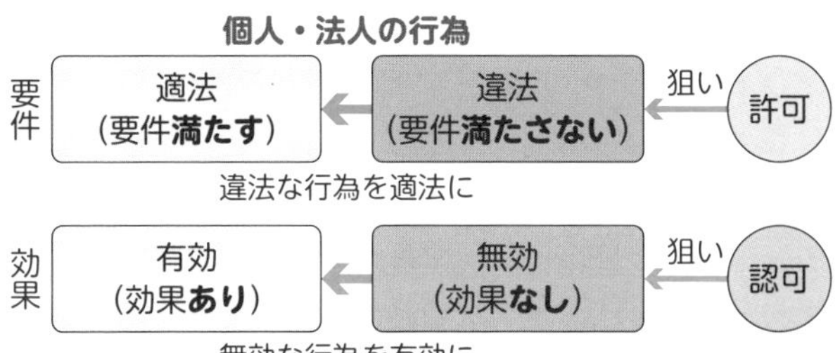


**図 0-4 ● 許可と認可**

認可の場合，ある行為（例：料金の値上げ）を法律上「有効」に行うためには，私人（しじん）（会社）の意思表示だけでは不十分だ，という法的仕組みがまず前提にある。次に，会社からの申請に基づき，行政が「料金の上げ幅は適正か」をチェックし，OK した（「認」めた）場合に限り，値上げは認められる（「可」能となる）。つまり会社の意思表示にプラスして，行政の意思表示が加わって初めて，**値上げは有効**になる。ゆえに認可は，「**補充行為**（独 Ergänzungsakt（エァゲンツングス・アクト））」とも呼ばれる。裏側から表現すれば，認可を得ない**無認可の行為**は，法的には**無効**である。

## 「許認可等」とは利益を付与する処分

数年前，「現況表」を調べてみた。「許認可等」の用語は当時，全部で **74 個**あった。今回調べ直したところ，**131 個**に増えていた。「許認可等」の**法令上の定義**は，行政手続法（ぎょうせいてつづきほう）の定義規定の中にある（行手法（ぎょうてほう）2 条 3 号）。それによると「許認可等」とは，「**利益を付与する処分**」のこと（▶ p.44）。なお，「許認可等」は，英訳行手法では “permission, etc.” と訳されている。

**日常語**　以上から，ここではまず「**許認可等＝処分**」との公式を，しっかり頭に入れましょう。なお，「処分を受けた」という場合，国語（日常語）では，**不利益な処分の意味**です（運転免許の停止，営業の停止，許可の取消しなど）。日常語の「処分」には，「**制裁や非難の意味合い**」が含まれているからです。

**法令用語**　ところが，法令用語（特に行手法）で「処分」という場合，不利益処分にプラスして，許認可など利益を与える処分（＝申請に対する処分）も意味します。つまり法的意味の「処分（disposition, 独 Verfügung（フェアフューグング））」には制裁・非難の意味はなく，**ニュートラルな用語**です。注意しましょう。

**行政法の「背骨」**　のちに「行政庁の処分その他**公権力の行使**に当たる行為」という言葉を学びます（▶ p.46 以下）。そこで読者は，「処分」こそが**行政法全体の「背骨」**なのだという事実を，改めて知ることになるでしょう。

**「公権力」の意味**　「公権力の行使」とは，なんとも**不気味な響き**です。しかし「**公権力**」というのは，法的には単に，国民代表が制定した「**法律が行政に与えた権限**」を意味するにすぎない。そして許認可等はまさに，各根拠「法律が行政に与えた権限」の典型例。だから「公権力の行使」とは要するに，「**法律が与えた権限を行政が行使すること**」だ，と理解すればいいのです。

## 「公権力の行使」という語の由来

「公権力の行使」は現在 exercising of public authority (by administrative agencies) と英訳されているが，もともとは仏 l'exercice de la puissance publipue（レグゼルスィーズ ドゥ ラ ピュイッサーンス ピューブリック）や独 Ausübung der öffentlichen Gewalt（アウスユーブング デァ エッフェントリッヒェン ゲヴァルト）の「直訳」として，明治時代の終わりから大正時代の初め頃に日本に入り，定着した。

**本書の重点**　第０章の結論として，まずはこの「**許認可（処分）こそが行政法の『背骨』なのだ**」という事実をしっかり記憶に刻み，第１章の学習へと進みましょう。なお，本書では今後，許認可等を**単に「許認可」と表記**します。なお第１章に移る前に，本書の「香盤表（こうばんひょう）」を示しておきます（▶ p.xix）。

# 香盤表（こうばんひょう）

**背景・舞台**　行政法物語が繰り広げられる「背景」は，**近代国家**（国民国家）（Nation-state）である。19 世紀初めの欧州では，それまで未分離で渾然一体であった**司法から独立**する形で，行政が生まれた（村上淳一説）。そして一方では，大臣を頭に頂く「**古典 5 省**（ないし 6 省）」を創設し，**中央集権制**を確立する。他方，司法裁判所とは別に，**行政裁判所**を設置する（▶ p.92）。この「舞台装置」はやがて明治維新後に，1 万キロ離れた日本にも導入され，かくて**日本は「文明国」**（civilized country）になった。

以来 150 年余が過ぎ，戦後の一大変革，ミレニアム期の中央省庁等改革（▶ p.199 以下）と地方自治法の大改正（▶ p.231 以下），そして手続 3 法の改正（▶ p.162）などを通じて，そのつど**手入れが行き届いている**せいか，行政法という舞台は，いつ見ても「新しく」感じる。

**登場人物**　本書では，以上述べた「舞台」に，**2 人の主役**が登場する。かつて，一方の主役である国と公共団体とを合わせて「**行政主体**（独 Verwaltungsträger）」と呼び，他方の主役であるその相手方を「**行政客体**（私人，独 Privater）」と呼ぶ伝統用法があった。ただし行政主体と行政客体の関係は，法というレンズを通して眺めれば，「法」によって「律」せられた関係，つまりは**「法律関係」（権利義務の関係）**である。民法などでは，権利義務の担い手を「権利主体（独 Rechtssubjekt）」と呼ぶ。その意味で，**行政客体**（個人・法人）**もまた権利主体**なのである。

**公共団体・地方公共団体**　上記「登場人物」の中に「公共団体」という語が出てきた。**公共団体**は「**公法人**」とも呼ばれ，「法令の規定に基づいてその存立の目的を与えられた団体をいい，通常，その存立の目的達成のために必要な公権力を行使する権能を認められるもの」と定義される（『法令用語辞典』［学陽書房］）。国有財産法 22 条によれば，「公共団体」とは「(①) **地方公共団体**，(②) 水害予防組合及び土地改良区（**公共組合**）」をいう。つまり，地方公共団体（以下「**地公体**」）**は，公共団体の 1 類型**なのである。

**公共的団体**　なお，公共団体に似た用語に，「公共**的**団体」がある。地方自治法の用語で（自治法 157 条），公共団体よりも**範囲が広い**。行政実例では，「（①）農業協同組合，森林組合等の産業経済団体，（②）老人ホーム，育児院等の厚生社会事業団体，（③）青年団，婦人会等の文化事業団体など公共的な活動を営むものはすべて含まれ，公法人でも私法人でもよく，また，（④）**法人でなくてもよい**」（行政実例昭和 24・1・13，昭和 34・12・16）。つまり狭→広順では，**地方公共団体＜公共団体＜公共的団体**，となる（3 重の同心円）。

**行政庁**　次に，表 0-1 の中に「**行政庁**（独 Verwaltungsbehörde）」という用語が出ていた。法令では広く使われている表現で（約 680 法律），英訳日本法令では administrative agency と訳されている。ただし法令に定義はなく，**理論用語**としては，「**処分権限を与えられているもの**」という意味。

**法人と機関**　先人たちは，国は「目に見えない存在（法人）」だが，現に動いて仕事をする必要がある。そのためにはなんらかの「**仕掛け・からくり**」が必要だ，と考えた。そこで当時，先行して発展していた民商法の法人（社団・会社）と機関（理事・取締役）の関係を，**国と行政庁（大臣）の関係**に当てはめた。行政庁とは理論上，「国のために，その意思や判断を**内部的に決定**し，それを**外部に向けて表示**する権限を与えられている自然人の地位」と定義される（▶ p.196）。

**注意事項**　なお，国・公共団体のほか，**非行政主体も「行政庁」**に当たる場合がある。たとえば，会員（弁護士）に懲戒処分を行う立場の弁護士会や，昨今では「**私人**」にも，処分権限が認められる場合がある。地公体に代わって公の施設の管理を行う「法人その他の団体であって当該普通地方公共団体が指定するもの」を「**指定管理者**（designated administrator）」という（自治法 244 条の 2）が，指定管理者に指定された株式会社が，公の施設（同 244 条 1 項）の使用許可を申請者に与えるような場合である。この場合，指定管理者（株式会社など）は「行政庁」である。

# 0-7 読者へのお願い

**法的考察**　続く「シノプシス(あらすじ)」に進む前に，読者に１つお願いがあります。それはまず，「**法的考察（観察）とは何か**」をここでぜひともしっかり理解したうえで，本書の学習に入ってほしい，ということです。

**路上のコスプレ**　結論を言えば，ある出来事（事象）を観察する場合，私たちは対象を，決して直接に見ているのではありません。こう述べただけでは真意が不明だと思うので，後で「**路上のコスプレダンス**」として説明する例（カフェーパウゼ⑶）を，先出ししておきましょう（▶ p.157 以下）。

それは，交差点の真ん中で笛を吹き鳴らしながら踊っている制服・制帽の人がいる，という例だ。そう。**おまわりさんの交通整理**である。初めて見た幼児はきっと，「変なオジさんが踊ってるー」と，指さすことだろう。一方お母さんは，別段「変だ」とは思わない。すると，この**違いは**一体**どこから**来るのだろう？

１つの答えは，幼児は「**裸眼**(らがん)」で出来事を眺めている。これに対しお母さんは，ご本人がそう自覚しているかは別として，「**眼鏡**(めがね)**のレンズ**」を通して見ている，というものだ。この例からも明らかなように，「法的考察（観察）」とは，対象を直接にではなく，「法というレンズ」を通して**間接的に観察**している（しかもレンズは２枚ある）。どうか，このことを強く意識してほしい。**ここがわからないと，行政法はわからない**。この続きは，カフェーパウゼ⑶と第７章で！

# 第1幕のシノプシス
# (第１章〜第６章＝行政作用法・一部行政救済法)

シノプシス（synopsis）とは，**物語の「あらすじ・梗概」**のことである。

シノプシスの「置き場」をあれこれ考えた。結局，序奏（第０章）が終わり，舞台が始まる前の，ここに置くことにした。「行政法物語」第１幕の始まり（第１章）から終わり（第６章）までの概要を述べるには，ちょうど「**座りのいい場所**」だろう。

## 行政法物語第１幕

本書には，シノプシスを**２か所**に置く。１つ目のシノプシスはここ，つまり第１章から第６章まで，要は行政法物語の**第１幕「行政作用法」物語**のあらすじである。ここは行政が「**攻撃**」，国民が「**守備**」というターンである。ただし本書がとった特色ある方法，すなわち「手続３法を重視する方法」のゆえに，実際には**行政救済法**（行審法・行訴法）**も一部加味**されることになるが，第１幕の**メインは行政作用法**である。

## 行政法物語第２幕

これに対し２つ目のシノプシスは，第10章から第15章まで，つまりは行政法物語の**第２幕「行政救済法」物語**のあらすじである。ここでは，第１幕とは攻守所を変えて，国民が「**攻撃**」側に回り，行政が「**守備**」のターンとなる。

## ３つの間奏曲

この２つの**幕間**に，**第７章**「行政法の３本柱」，**第８章**「行政組織法の骨格」，そして**第９章**「地方自治法」という，**３つの「間奏曲**（Intermezzo）**」**が入る。ここは読めばわかるので，シノプシスはない。

## 第１幕は行政の目線，第２幕は裁判官の目線

さて，行政法**物語の「鑑賞」**では，「**誰の目から見ているか**」という**視点を意識**することが重要である。映画にせよ舞台にせよ，小説にせよゲームにせよ，

「誰目線」で見るかによって，物語の印象はだいぶ違ってくる。結論から言えば，**第１幕**（行政作用法）は「**行政**の目線」で，**第２幕**（行政救済法）は「**裁判官**の目線」で語られている。

## 舞台は手続３法

行政法物語が演じられる「舞台」は，**手続３法**である。つまり，すでに示した**行手法**（ぎょうてほう），**行審法**，**行訴法**という３法のこと。**第０章**ではまず，本書の対象である**「許認可等」のイメージを把握**（はあく）するため，総務省調査に基づいてその概要を紹介した。これで読者は，本書で「**何を学ぶか**」（学習の対象）が理解できたはず。

以下の表が第１幕のシノプシスである。

| 章 | タイトル | シノプシス |
|---|---|---|
| 第１章 | 「許認可」とは何か——「処分」論 | 第０章で紹介した（必ずしも法的ではない）調査結果を踏まえ，**許認可を法的に分析**（ぶんせき）**する視点**を示し，「許認可の**本質**」を明らかにする。特に，許認可等の前提には国民の**自由と権利**が存在していることを，読者は知ることになる。 |
| 第２章 | 行政法の「背骨」——許認可（処分）と手続３法 | 文字どおり行政法の「背骨」を形づくる**手続３法**の，「**１度目の学習**」に入る。ここでは，３**法を「串刺し」**（くしざ）にしている**串が「処分」**，すなわち「行政庁の処分その他公権力の行使に当たる行為」であることが明らかになる。ここまでで，行政法**物語の大まかな道具立ては，ほぼすべてが登場**することになり，あとは「肉づけ」学習である。 |
| 第３章 | 処分の「事前」手続法——行手法第２章と第３章の手続 | 行政手続法（ぎょうせいてつづきほう）の**第２章と第３章**に特化して，そこを**深掘り**（ふかぼ）する。まずは「許認可等」の定義が「申請」の定義（行手法２条３号）の中に出てくることを確認したうえで，「**申請に対する処分**」（利益を与える処分）と「**不利益処分**」の手続規定を要領よく学習する。また，両者が「**ウラオモテの関係**」に立つことも知る。 |

| 第４章 | **処分の「事後」手続法——行審法と行訴法の「パラレル学習」** | 前章で学んだ事前手続で①許認可の付与が拒否(きょひ)されたり（行手法第２章），②不利益処分つまり与えられた許認可が取り消されたりする（同第３章）と，そこから**「事後」手続法の世界**が始まる。すなわち処分に対する①**審査請求（行審法）**と②**取消訴訟(とりけしそしょう)（行訴法）**の**共通点と相違点**に注意しつつ，両者を同時並行（パラレル）で学ぶことにより，その**深いつながり**を理解するとともに，**行手法とのリンク**も確認することになる。なお，**①と②は**行政作用法ではなく，**行政救済法に属する**。 |
|---|---|---|
| 第５章 | **行政手続法——処分以外の手続** | 残る３つの手続，すなわち①**行政指導**手続（行手法第４章），②**届出(とどけで)**手続（同第５章）そして③**意見公募手続等**（パブコメ手続）の内容をマスターする。 |
| 第６章 | **処罰と強制——行政法における義務論の「裏側」** | 今まで（処分論）とは視点を変え，「**処分の結果**」に目を移し，①**義務違反**があった場合（＝処罰）と，②処分によって負わせられた義務を**相手方が果たさない**場合（＝強制）の**２つの領域**を学習する。すなわち「行政法における義務論の『裏側』」ないし**裏側から見た「義務論」**を，関連する自由・権利・反射的利益・権限といった諸概念と絡(から)めながら学ぶ。 |

では，以上に述べた点を意識しながら，行政法第１幕の学習に入ってほしい。大筋(おおすじ)を見失ったら，ときどきシノプシスに戻るのがよかろう。なお，第２幕のシノプシスは，p.240以下に置いてある。

第1章

# 「許認可」とは何か

## 「処分」論

第０章では，許認可の「実態」を紹介しました。これで，調理の「具材は何か」が明らかになりました。次なる課題は，それら「具材の成分分析」です。第１章では順を追って理詰めで，つまり暗記ではなく，読んだら忘れない形で，許認可の「正体」を解明し，第２章での，具材の調理法（レシピ）を学ぶ準備をしましょう。

# 身近な許認可
## ――届と許可

**届の例**　私たちは生まれてから死ぬまで，許認可に囲まれて暮らしています。許認可の最も身近な例は，各種の「**届**」です。子どもが生まれれば出生届，人が亡くなれば死亡届。会社など法人の場合も同じで，「誕生」時には設立の登記，また「死亡」時には解散・清算の登記が必要です。その後も「状況が変わる」たびに，**種々の届が必要**です。個人の場合は婚姻届や離婚届，そして転出・転入・転居届など。また法人の場合は，商号や役員の変更届などです。

**許可もある**　届の次は**許可**です。上で挙げた「死亡届」に関連しては，市区町村長の「**埋葬許可**」が必要です。さらに身近な例だと，**運転免許**（「免許」となっているが，法的性質は公安委員会の「許可」）。飲食店などの場合は，始める時は保健所からの営業「許可」が必要ですが，やめる時は廃業「届」です。

**根拠法**　なお，上の諸例で，許認可処分の**根拠となる法律**は戸籍法，商業登記法，住民基本台帳法，墓地，埋葬等に関する法律（墓埋法），道路交通法，食品衛生法などです。それら法律の「束」が，本書の**学習対象となる**（実質的意味の）**行政法**です（▶ p.xv）。

### 許可の根拠条項は 946 件，届出の根拠条項は 5,306 件

「許認可等の統一的把握の結果」（▶ p.2）によると，「許可」の根拠条項の件数は **946 件**。一方「届出」の件数は極めて多く，**5,306 件**である。許認可条項全体（1 万 5,000 件強）の中の比率では，許可が **6.1%**，届出は **34.3%**を占める。

### e-Gov の「手続検索」ページ

e-Gov（▶ p.73 以下）の電子申請サイトに「手続検索」という，e-Gov の電子申請対象となっている（＝ e-Gov で受付が可能な）申請・届出を検索できるページがある。2020（令和 2）年 11 月 24 日の **e-Gov リニューアル**により，従来

の手続名称検索に加え，「状況から探す」「手続分野分類から探す」「所管行政機関から探す」といった機能が付加され，検索の利便性向上が図られている。



**切り口**　では届にせよ許可にせよ，「許認可の正体」を解き明かすには，「**どんな角度**」から切り込めばいいのか？　答えは，すでに示されています。なぜなら，前のページで「**必要**」という言葉を **4 回も使って**いるからです。つまりは，「**許認可はなぜ必要か**」を解明すればいいのです。

# 許認可はなぜ必要か

**許認可の必要性**　では許認可は，なぜ必要なのか？　それは，私たちの生活が**リスク（潜在的危険）**に取り囲まれているからです。たとえば，皆さんが夏休みに遊ぶ花火も，気をつけないと，周囲の人に迷惑をかけます。まして，火薬類を製造する工場や，火薬類を大量に貯蔵・販売する事業者の場合，リスク（爆発の危険）は，花火とは比べものにならないほど高まります。

**情報の把握**　そこで行政，すなわち国（経済産業大臣）や地公体（都道府県知事）は，「どれだけの爆発物が，誰によって作られ，どこにどれだけ貯蔵されているか」という**情報をあらかじめ集め**，「もしもの時」（爆発事故等）に備えておくのです。その際，行政が職権で調査し情報を集めることも，もちろん可能です。でも，それでは手間ヒマがかかるし，また集められる情報も不完全・不正確になるでしょう。そこで事情を**一番知る者自身**に，必要事項を書いた**書類**（正確な情報）**を出してもらう**のです。

**実定法では**　この，「書類の提出」という仕組みは，可能性としては，届出と許可の **2 通り**が考えられます（▶ p.7 以下）が，実際の法律（＝火薬類取締法）では，「**許可制**」がとられています（火薬類取締法３条・４条［製造の許可］，

5条［販売営業の許可］，7条［許可の基準］）。

**リスク管理**　このように許認可とは，私たちの身の回りに満ち満ちているリスク（潜在的危険）とうまく折り合いをつけ，平穏な国民生活を守るために，国民代表が制定した法律によって，行政に与えられた**リスク管理**（risk management）の手法の1つなのです。

**職業の数**　ところで皆さん，この世の中に，**一体いくつの職業**が存在すると思いますか？『職業名索引(さくいん)（第4回改訂　厚生労働省編職業分類）』によると，答えは**1万7,209個**です（2011［平成23］年6月現在）。これは，公共職業安定所（略称「職安(しょくあん)」，愛称「ハローワーク」）で，求職者と職業とをマッチングさせる目的で作成・分類されている索引です。

**監視監督の目**　これら数多くの職業の中には，就業に一定の資格が必要で，それが直接許認可（国家試験と合格者の氏名登録など）として行われるものがあります。そうでなくても，これら職業は**多かれ少なかれ，許認可に関係**しています。リストに挙げられていない，つまりは非合法の，反社会的な職業に対しても，警察による監視の目が光っている。だから，「**許認可とまったく無縁の職業は，この世の中には存在しない**」といっても，決して過言ではないのです。

**処分**　なお，以下には，

①許認可など，利益を付与する処分（申請に対する処分：行手法(ぎょうてほう)第2章）にプラスして，

②不利益処分（同第3章）

も考察したいので，「許認可」に代えて，**共通の語尾「処分」**を使います。ゆえにここでは，「**処分＝①利益を付与する処分＋②不利益（を付与する）処分**」という公式をしっかり記憶にとどめましょう。

## 重要！「行政行為」は「処分と同義」と読み替えよ

「処分」に関連して，ここで「行政行為」という用語・概念を説明しておく。19世紀の欧州大陸では，司法と行政が最末端まで完全に分離した後，世紀の変わり目から半ばにかけて，当初はフランスに，続いてドイツに，行政裁判所が設置された。仏ではConseil d'État(コンセイユ・デタ)（訳語：国務院または参事院，1799［寛政(かんせい)11］年創設），独では，最初の例であるバーデン大公国(たいこうこく)（南独(みなみドイツ)）

のVerwaltungsgerichtshof（フェアヴァルトゥングスゲリヒツホーフ）は，1863（文久3）年設置。そして，その裁判管轄に服する対象を，**「非司法行為」**（司法裁判所の管轄外行為）という意味で，L'acte administrative（ラクト・タドミニストラティフ），Verwaltungsakt（フェアヴァルトゥングスアクト）と呼んだ。なお，行政裁判所は行政権の裁判所であった。

これが明治時代の日本にも継受され，**「行政行為」**と直訳された。そして，そこから次第に，精密な「行政行為」論が構築されていく。旧プロゼミではゆえに，「行政行為」の語を用いて記述したのだが，この間の**状況の変化**，特に**手続3法の相互連携が深まったこと**（▶p.162）に鑑みて，法令用語すなわち立法者が使用する「**処分**」を本書でも使うのがベター，と判断した。よってもし，特に受験との関係で，出題に「行政行為」という言葉が出てきたら，それは「**処分と同義だ**」と読み替えてほしい。つまり「処分」は**法令用語**であり，「行政行為」は**理論用語**なのである。

なお，ドイツ法では現在でも，Verwaltungsakt（行政行為）が理論用語であると同時に，連邦行政手続法と行政裁判所法上の中心的な用語（法令用語）でもある点が，日本法とは異なる（定義は連邦行政手続法35条）。

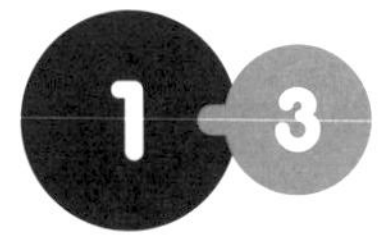


# 処分の「正体」

**図で描く**　さて次に，処分の「正体」を解き明かすために，こう考えてみます。図1-1には，**3段の「重ね餅」**のようなものを描きました。ヨコから見た図（断面図）です。①の下部（図の②と③）は「地下だ」とイメージしてください。要は，私たち**観察者からは「見えていない世界」**（暗黙の前提）です（図では「地下」を透過表現している）。

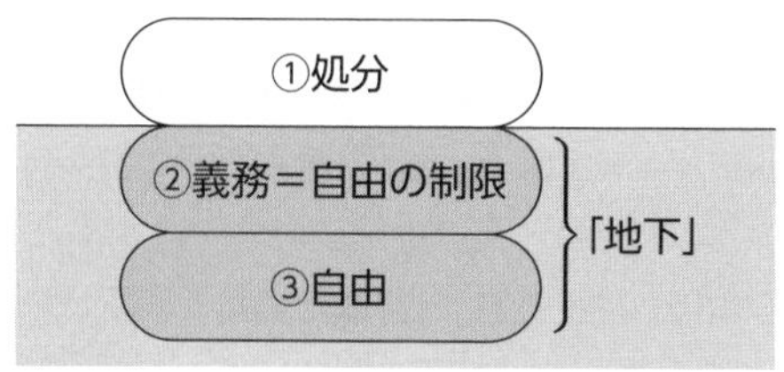


**図 1-1 ● 3 段の「重ね餅」**

**見えているもの**　私たちに「**見えているもの**」は，図の①（**＝処分）だけ**です。第０章で学んだように，処分は各法令の中に，個別の**「根拠条項」の形で存在**しており，その総数は１万 5,000 件超(ちょう)でした（▶ p.4）。目に見えているので，「わかったような気」にはなります。しかし実はその裏側（地下）には「**目に見えないもの**」が，しかも **2 個も**貼(は)り付いています。これを見落とすと，処分の「正体」は解明できません。

**許認可の対象**　そこで，いきなり「正体」の話に切り込む前に，まずは処分の「**対象とは何か**」を解き明かしてみたいと思います。処分のターゲットは「**人**」，正確には人の「**挙動**(きょどう)（behavior，独 Verhalten(フェアハルテン)）」です。

**作為・不作為**　人の挙動には，

①**作為**（action，独 Tun(トゥーン)）と

②**不作為**（inaction，独 Unterlassen(ウンターラッセン)）

の２種があります。なお，「挙動」は，「行為」と置き換えても意味は同じですが，「行為」だと「不作為が入らない」と誤解されます。そこで，「挙動」を使います。

**挙動の前提**　では次に，これら人の挙動（作為･不作為）と処分は，「**どう関係**」するのでしょうか。ある人にある事を「して**ほしくない**」のなら，**不作為義務**を負わせればいい（例①：「一方通行」の標識(ひょうしき)が示す矢印を「逆走してはならない義務」）。逆に，ある事を「して**ほしい**」のなら，処分によって**作為義務**を負わせればいい（例②:路上駐車の自動車を「移動させる義務」）。さあこれで，処分と義務が**つながった**！

## 義務を負わせる対象は一般か個別か

上記２例で，同じく義務の賦課（義務を負わせる）といっても，**２種**があることがわかった。上記例①（「一通」標識）は，そこを走行する「**すべての**ドライバー」に向けられている。これを「**一般処分**（独 Allgemeinverfügung）」という。これに対し例②（路駐車両への移動命令（処分））は，「**個別の**ドライバー」に向けられている。こちらが（通常の）処分だ。なお，のちの第５章で**行政立法**（▶ p.124 以下）を学ぶが，一般処分は行政立法と処分との，ちょうど「中間」の性格を持つ行政の措置（行為形式）である（▶表 1-1）。

| 種別 | 名あて人 | 規律の内容 |
|---|---|---|
| 行政立法 | 一般 | 抽象 |
| 一般処分 | 一般 | 具体 |
| （通常の）処分 | 個別 | 具体 |

**表 1-1 ● 行政立法・一般処分・処分の異同**

**義務の存在**　このように，**処分の前提**（地下）には「**義務が存在する**」ということに，あなたは気づいていましたか（▶図 1-1 の②）。では次に，義務とは一体何でしょう？

# 少し「寄り道」——権利・義務・反射的利益・権限

ここで少しばかり,「寄り道」をします（4項目)。「ものには順序」があるからです。そこで義務を説明する前に，まずは権利の解明から始めます。

## 1-4-1 権利

**権利とは**　「**権利**（right，独 Recht(レヒト))」の場合，文字の中に「答え」が埋め込まれています。漢文風にひっくり返して読むと，権利とは **「利」(大切なもの)益を守る「力」(権)** だ，と読めるからです。私たちにとって最も大切な利益は，**生命と財産**です。そこで，憲法・法律は生命・財産を守るため，さまざまな権利を保障しているのです。

### 「権理」(福沢諭吉に由来)と「権利」

**権理**

明治の初期には,「権利」のほかに「**権理**(けんり)」との表記もあった。**福沢諭吉**(ふくざわ・ゆきち)に由来するらしい。ちなみに,『学問のすゝめ』(青空文庫) には,「権理」は13か所に出てくるが,「権利」が使われているのは，たった1か所だ。その後，明治憲法が施行(しこう)された頃，つまりは明治20年代頃までに「権利」という表記が確立して，今日(こんにち)に至る。

**権利**

19世紀後半の欧州では,権利とは①「法が与えた**力**だ」とする「**法力説**(ほうりきせつ)」(B.ヴィントシャイト)と,②「法により守られた**利益**だ」とする「**利益説**」(R.フォン・イェーリング）との対立があった（2人は同時代人)。その後，両説を統合する「**折衷説**(せっちゅうせつ)」(「権利とは**利益を守る力**」だ）が登場した（G.イェリネク。上記2人より「一世代（30年）」若い）。つまり「権利」とは，折衷説を織り込み済みの訳語なのである。ちょうどその頃，日本は欧州に留学生を送った。有名な美濃部達吉（国家主権説＝天皇機関説）はハイデルベルク大学で，イェリネクに師事した。ただしイェリネク家に（数年後に）下宿したのは，東京帝大での美濃部のライバル，上杉慎吉（天皇主権説）だったのだが……。



## 1-4-2 義務

**義務とは**　では次に，「**義務**（duty，独 Pflicht）」とは何でしょう？　権利に比べると義務は，「一筋縄」ではいきません。単純に読み下せば，義務とは「果たすべき（＝義）お務め」です。でもこれだけでは，義務の「本質」は見えてこない。

**義歯・義足**　そこで「義務」以外に，「義」が使われている語で考えてみます。たとえば**義歯**（入れ歯），また**義手・義足**。それらに共通の意味は，「本来あるもの（＝歯や手足）」が欠けた場合に補い，「**対応物**（＝残った歯茎や上肢部・大腿部）**を支える**」という点です。

**対応するもの？**　では，義務の「対応物」とは何か。そう。もうおわかりのように，それは**権利**です。つまり義務とは権利に対応し，権利を「裏側（逆側）から**支える存在**」なのです。

**権義**　以下，権利義務では長いので，『学問のすゝめ』の表記を参考に，**「権義」と略**します（凡例「その他の略語」▶ p.xx）。『広辞苑』（岩波書店）には，「権義：（幕末・明治初期の語）**権利と義務**」とあります。

**権利の種類**　権利には，さまざまな種類があります。たとえば，その作用（働き）から民法で権利は

①**支配権**（独 Herrschaftsrecht）
②**請求権**（独 Anspruchsrecht）
③**形成権**（独 Gestaltungsrecht）

に分類されます。①は「**物**」に向けられ，不動産・動産などの財産（物）を支

配する権利。②は「**人**」に向けられ，誰かに対し，ある挙動を要求できる権利。そして③は，権義（そのもの）を**生み出したり消したり**できる権利です。この分類は，行政法でも有効です。

**義務との対応関係**　うち①には，「支配権の内容を**承認し**，権利行使を**妨害しない義務**」が，また②には，各「請求の内容に応じて**物を引き渡し**，または**挙動を提供する義務**」が，それぞれ対応して存在します。

**一風変わった**　これに対し③（＝形成権）は「一風変わった権利」であり，対応する**義務が存在しない権利**です。なぜなら権利者が形成権を行使すると，その一方的な意思表示で，つまりは義務者が**「ウン」と言わなくても**，直ちに権義が動きます。この「**一方性**」という点において，**形成権こそが処分の「原形」**となるのです（▶ p.292）。

**訴訟との対応関係**

これら**実体法上**の権義のあり方の違いに対応して，民事**訴訟法では 3 種の訴訟類型**が存在する（＝①確認訴訟，②給付訴訟，③形成訴訟）ので，第 11 章「行政事件訴訟の『鳥瞰図』」で解説する（▶ p.259 以下）。要は，**①支配権→確認，②請求権→給付，③形成権→形成の訴え**ということである。

## 1-4-3 反射的利益（非権利）

**表裏一体**　このように権義は通常，**「表裏一体」の関係**に立ちます。A が権利を有すれば，それに応じた内容の義務を B という別の人が負う，という形で。

**2 つの例外**　ところが，**例外が 2 つ**あります。すなわち①**権利のみが存在**して，「対応する**義務が欠けている**」場合。先ほど学んだ**形成権**です。また逆に②**義務が存在**するが，「対応する**権利が欠けている**」場合もあるのです。

**応召義務**　たとえば医師は，診療義務（**応召義務**）を負います（医師法 19 条 1 項には，「誰に対して」とは明記されていない）。この義務は一見，「**患者に対する義務**」のようにも読めます。ところが当局（厚生労働省）の解釈では，応召義務は医師が「国に対して負う義務」なのです。医師に診療義務がある結果，患者は医師の診療を受けられます。けれど医師に対し，受診を権利としては主張できません。なぜなら患者の利益は**反射的利益**，つまり法的利益ではなく**事実上の利益**だからです。

**行民関係**　同じ状況は民民（みんみん）関係だけではなく，**行民（ぎょうみん）関係でも存在**します。つまり，ある法律が**行政に一定の義務**を負わせている。しかし国民には，その義務の履行（りこう）を要求する**権利が欠けている状況**。これが，反射的利益です。

**権利と双子**　このように**反射的利益**は，権利概念のいわば**影**（シャドー）（独 Schatten（シャッテン））であり，権利と反射的利益とは「**双子**（ふたご）（独 Zwillinge（ツヴィリンゲ））」なのです。両者の故郷（ハイマート）は私法にあり，19 世紀ドイツの偉大な私法学者**イェーリング**（1818［文政（ぶんせい）1］年～ 1892［明治 25］年）が，権利と反射的利益の違いを，初めて明確な形で説きました（『**ローマ法の精神**』）。

**公権論**　その後，権利概念は憲法･行政法にも移植され，公権（現代語では「行政法上の権利」）という概念が形づくられました。結果，特にドイツと日本の行政法学では，「**公権と反射的利益**」というテーマが，盛んに論じられたのでした（石川が 40 年前に書いた助手論文が，まさにこの「公権論」だった）。

## 大正末・昭和初期に隆盛をみた法理論

少しばかり脱線すると，日本の法律学は大正末期から昭和初期，つまりは明治維新から 70 年後，すでに非常に高いレベルに達していた。なぜなら当時は，学者ばかりでなく裁判官も，公務の余暇に原書で勉強し，そこから得た知見（ちけん）を裁判に活（い）かすと同時に，成果を学術論文として発表していたからである。そしてまさにこの時期に「**訴権論**（そけんろん）（独 Klagerechtstheorie（クラーゲレヒツ・テオリー））」，その関連で「**公権論**」が華々（はなばな）しく論議されていた。だから当時発達していたのは，政治思潮（大正デモクラシー）だけではない。**法理論**も同様であった。その意味で，戦争は実に残酷（ざんこく）だ。国土・国民だけでなく，これら伝統（**法文化**）**も破壊**してしまったからである。「**文化とは一国の国力の反映である**」というのが，歴史観察から学んだ石川の印象である。その意味で戦後 70 余年の今日は，どうなのだろう？

**法の反射効**　なお，わが国では，「反射的利益」と呼びますが，反射としては「利益」だけではなく，逆に「**不利益**」が生まれる場合もあります（公営バスや市電の停留所が移動する例では，近づく側の乗客には「利益」だが，遠くなった側の利用者には「不利益」)。その意味では，独語に由来する「**法の反射効**（独 Reflexwirkung des Rechts;Rechtsreflex)」という表現のほうが両者を含み，正確です。

**実践的意義** さて行政法上の権利（公権）と反射的利益は，このように，もともとは**実体法上の区別**でした。しかし両者の区別が**実践的意味**を持ったのは，**訴訟法**との関係ででした。なぜなら明治憲法時代(1889[明治22]年～1947[昭和22]年）には，行政裁判所に対する訴訟提起（今日の取消訴訟）の**要件**は「権利侵害（傷害)（独 Rechtsverletzung)」だったからです（明治憲法61条)。つまり，単なる**反射的利益だけでは不十分**でした。

**明治憲法61条**

「行政官廳の違法處分に由り権利を傷害せられたりとするの訴訟にして別に法律を以て定めたる行政裁判所の裁判に屬すへきものは司法裁判所に於て受理するの限に在らす」(有益なWebサイト「実務の友」提供のアプリ「**実友法務エディタ**」を使用し，カタカナ・ひらがな変換。傍点は石川)。

**残り半分** 「話半分」で恐縮ですが，よって反射的利益論の「残り半分」は，行政事件訴訟（▶ p.298以下，特にp.300）と国家賠償訴訟の部分（=行政救済法）に先送りします（▶ p.351以下)。

## 1-4-4 権限

**権限について** 最後に，「権利」によく似た言葉に，「**権限**（jurisdiction，独 Kompetenz)」があります。実は権限もまた，「**利益を守る力**」なのです。あれれ？ すると，**権利との区別**がつきませんね。

**権利との違い** では権利と権限は，「どこがどう違う」のでしょう。「**誰の利益**」を守るかで，両者は区別されます。まず権利でもって守るのは，「**自分**の利益」です。これに対し権限の行使者（=公務員）が守るのは，国・地公体という（行使者から見れば)「**他人**の利益」です。その結果，公務員が権限を濫用し，私利私欲を守ろうとすると後ろに手が回り,「塀の内側」に落ちるわけです。

# 許認可(処分)と義務の関係

**本筋に戻る**　長い寄り道をしたので,本筋(本道)を見失ってしまったかもしれません。今まででまだ解き明かされていない論点は,「**処分と義務の関係**」(図1-1 の①と②) です。

**4種の義務**　結論を先取りすると,行政法における「**義務**」は,その性質の違いによって,次の**4種**に区分が可能です。すなわち,

①**作為**義務
②**不作為**義務
③**給付**義務
④**受忍**義務

です。

**作為義務**　まず**作為義務**(独 Handlungspflicht)とは,「ある特定の**積極的**挙動を内容」とする義務です。結果,「当該挙動を**しない自由**」**が制限**されます。違反建築物の除却義務(建築基準法 9 条)や車両の徐行義務(道路交通法 42 条)が例です。

**不作為義務**　次に**不作為義務**(独 Unterlassungspflicht)とは,「ある特定の**消極的**挙動を内容」とする義務です。結果,「当該挙動を**する自由**」**が制限**されます。「無免許で運転してはならない」義務(道交法 84 条)や,「災害時に禁止区域を通行してはならない」義務(災害対策基本法 76 条)が例です。

**給付義務**　3 つ目に**給付義務**(独 Leistungspflicht)の「給付」とは,「**義務**

**を果たす**」という意味です。給付には，

㋐「**与える**給付」と

㋑「**為す**給付」

があります。㋐は「**物の引渡し**」を目的とし，また㋑は**物以外のものの引渡し**（金銭の給付等）を目的とします。結果，「**給付しない自由**」**が制限**されます。租税の納付義務（憲法 30 条）や手数料の支払義務（自治法 227 条）が例です。

### 与える給付・為す給付

「与える給付」「為す給付」は，仏民法の「**与える債務**（l'obligation de donner）」「**為す債務・為さない債務**（l'obligation de faire ou de ne pas faire）」に由来する区分で，後で学ぶ義務の**不履行に対する強制手段**との関係で意味を持つ（第6章▶p.129 以下）。

**受忍義務**　最後に**受忍義務**（独 Duldungspflicht）とは，「他者（＝行政）の作為を妨害せず，堪え忍ぶ（甘受する）こと」を内容とする義務です。結果，「**行政の作為を妨害・抵抗する自由**」**が制限**されます。道路管理者が，調査・測量などのため土地に立ち入る際の土地所有者等の受忍義務（道路法 67 条）や，健康診断の受診義務（感染症の予防及び感染症の患者に対する医療に関する法律［感染症法］53 条の 3）が例です。

**他の義務との違い**　医者の前まで「出向く」のは**作為**義務ですが，抵抗せず「健康診断を受ける」のが，**受忍**義務です。受忍義務は，「あることをしない」という意味では，不作為義務に似ています。**違い**は，不作為義務が（単に）「あることをしない」義務なのに対し，受忍義務には，先行する行政の作為（action）があって，それに reaction として「何も（**抵抗**）**しない義務**」なのです（▶図 1-2）。

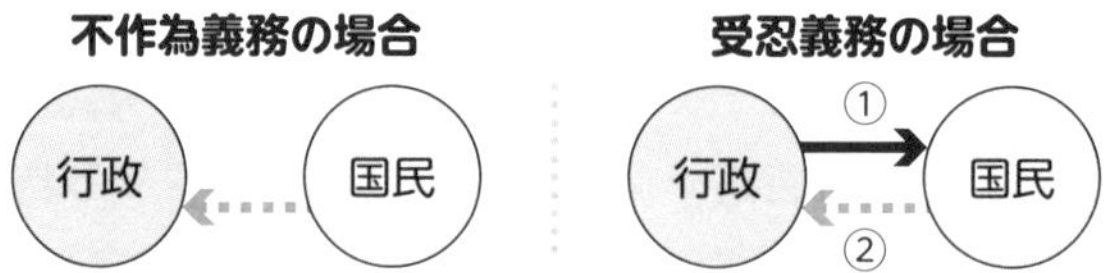


※青色の破線矢印は，あることを「しない」という意味。

**図 1-2 ● 不作為義務と受忍義務**

**不作為義務との違い**　図 1-2 に描いたように，通常の不作為義務（図の左）は，行政の先行行為を**前提としない**，「action としての義務」です。これに対し受忍義務（図の右）は，行政の先行行為（図の①）を**前提**とし，それに対する「reaction として**抵抗しない**義務」（②）なのです。

**決め手は根拠法**　ただし受忍義務の有り無しは，法律の定め方次第です。決め手は，立入や調査が「**任意か強制か**」です。各根拠法に「罰則」が定められていれば強制立入・調査の可能性が高く，対応する形で受忍義務が**あると推定**されます。詳しくは，第 6 章「処罰と強制」で学びます（▶ p.129 以下）。

**処分との関係**　やーれやれ。やっとこれで予備学習を終え，いよいよ「本丸」の論点，すなわち「**義務と処分の関係**」に入る条件が整いました。本章の初めに，届と許可のお話をしました。うち**許可**（permission, 独 Erlaubnis）には，実は交際相手（「カノジョさん」）がいます。名前を，「**禁止**（prohibition，独 Verbot）」といいます。

**禁止と許可**　この 2 人，「似た者カップル」です。なぜなら禁止も許可も，「**不作為義務**に関係する処分」だからです（**好みが一緒**）。でも**違い**もあり，禁止は不作為義務を「**付ける**」処分，許可は「**外す**」処分です（▶ 図 1-3）。

**お似合いカップル？**　このように，禁止と許可は，ともに不作為義務に関係するという意味では「お似合いカップル」です。ただ**性格は正反対**（「付ける」か「外す」か）なので，実は仲が悪いのかも……。

**別カップル**　さて先ほど，行政法上の義務には 4 種類ある，と述べました（▶ p.29）。すると残りの 3 つ，つまり作為義務・給付義務・受忍義務については，どうなのか？　はい，ご安心ください。ちゃんと「別のカップル」が，先ほどからお待ちです。その（理論上の）名前を，「**下命**（order, 独 Gebot）」と「**免除**（exemption，独 Dispens）」といいます。下命は，作為義務・給付義務・受忍義務を「**付ける**」処分であるのに対し，免除は「**外す**」処分です。

## 命令的行為の例「禁止」「許可」「下命」「免除」

処分のうちこの４つ，つまり理論上の①禁止，②許可，③下命，④免除は，**行政行為論**（p.20 以下）**では「命令的行為」**と一括（いっかつ）されていた。

| | |
|---|---|
| 禁止の例 | ●暴力主義的破壊活動を行った団体に対する集団示威（じい）運動，集団行進または公開の集会を行うことの禁止（破壊活動防止法５条１項１号）<br>●歩行者または車両等の通行の禁止（道交法４条１項） |
| 許可の例 | ●建設業の許可（建設業法３条）<br>●風俗営業の許可（風俗営業等の規制及び業務の適正化等に関する法律［風営法］３条１項） |
| 下命の例 | ●暴力団に対する必要事項の命令（暴力団員による不当な行為の防止等に関する法律 12 条の２）<br>●違反建築物の除却命令（建基法９条１項） |
| 免除の例 | ●試験科目の免除（税理士法７条１項）<br>●前渡しした保護金品の返還免除（生活保護法 80 条） |

**表 1-2●「命令的行為」の例**

ほかの例は，過去問集などで自習してほしい。

**カドリーユ**　フランスの伝統舞踊（ダンス）に，カドリーユ（quadrille）というのがあります。４組の男女のペアがスクエア（四角）になって踊るものですが，もともとは男女２組による踊りでした。図 1-3 はその４人に見立てたものです。

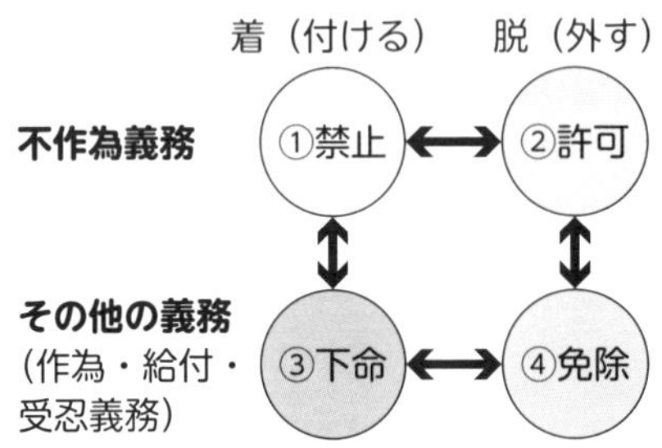


**図 1-3●カドリーユ４人組「禁止」「許可」「下命」「免除」**

**4個のペア**　ここで本項の「**中間まとめ**」です。これら4つの処分は，まず

- ①と②が「不作為」義務の「着脱」という意味で**1つ目のペア**。次に
- ③と④が「その他の義務」の「着脱」という意味で，**2つ目のペア**。
- ①と③が，義務を「着（付ける）」という意味で**3つ目のペア**。そして
- ②と④が，義務を「脱（外す）」という意味で，**4つ目のペア**

です（▶図1-3）。こう見ると，4人はけっこう「乱れた関係」なのでしょうか？

## スクエアダンスとロースクール

欧州起源のカドリーユは米国に伝わり，**スクエアダンス**（square dance, SD）になった。昔教えていた某研修所で，顔見知りの「売店のおばちゃん」が何かを真剣に読んでいた。声をかけたら小冊子(パンフレット)を見せてくれた。それが，初めて見るSDの教則本だった。

「コール(Call)」と呼ばれる基本動作を覚えるのが大切で，「コーラー(Caller)」（「発声者」？）の指示に従い，**フォーメーションを変えて踊る**，とのこと。「単純に見えるでしょ？　でもね。やってみると，これが，なかなかに奥が深いのヨ」とは，おばちゃんの感想。パンフには，延々とフォーメーションが書かれてあり，眺(なが)めているうちに，2つのことがひらめいた。

1つ目は，「あれ？　これって，アメリカン・フットボールみたいじゃん」と。2つ目は，「あれ？　これって昔，義務教育でやらされたフォークダンスみたいじゃん」と。家に帰って調べたら，2つ目の「直感」は当たっていた。

1つ目の「フォーメーション」というのは，戦場での陣形（tactical formation）が原型なのだろうが，当時ちょうど審査途中にあった法科大学院(Law School)にも当てはまった（要は，各種フォーメーションの勉強）。ロースクール創設の遠因となった「**年次改革要望書**」のこと（▶p.64）を思い浮かべながら，「なるほど。結局そういうことだったのか！」と，独りごちたことを思い出す。

# 自由——義務の前提

**義務の前提**　話をもとに戻し，3段の「重ね餅」（▶図1-1）の，**3段目（一番下）**のお話です。処分の「暗黙の前提」である義務の，さらにその「**前提**には何がある？」というお話。答えは**自由**（freedom，独 Freiheit）です。

**自由とは**　「自由の本質とは何か」といった小難しい議論は，哲学などの本にまかせ，本書ではさしあたり，「自由とは**制限のない状態である**」と裏側から（＝消極的に）定義しておきます。

**英 free from，独 frei von，仏 libre de**

欧米語の free from…, frei von…, libre de… は，まさにこの「○○の**ない状態**」（＝自由の原義）を示している。

**図の解説**　図1-4の左の円は，自由を示します。これは「制限がない**（最初の）状態**」です。次に**義務が課された状態**が，右の円です。規制された結果，「あることができなくなり」，自由が「**凹み**」ました。これが，**自由の側から見た「義務」**です。

**図1-4●自由（左）と（自由の側から見た）義務（右）**

**禁止と義務**　図に「規制」と書いたのは，無許可で禁止事項を実行すると「**処罰される**」という意味です（▶p.7）。ということは，「無許可で何かを**すること**」が**禁止（自由が制約）**されているわけです。つまり法のレンズを通して見れば，Aさんには①法律によって**一般的に**，または②法律に基づく処分によって**個別**

**的に**，不作為**義務が負わされている**ということです。

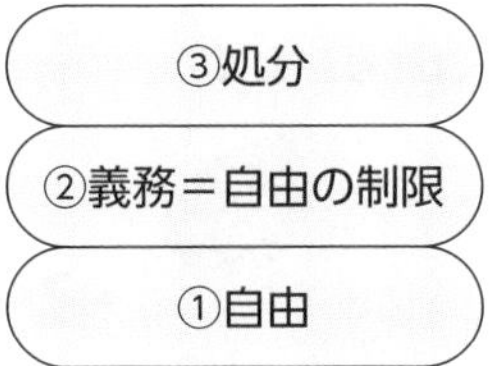


※図 1-1 の再掲。ただしマスクを外し，かつ数字①と③を逆にした。

**図 1-5●3 段の「重ね餅」**

**まとめ**　以上をまとめると，3 段の「重ね餅」（▶図 1-5）は，上からではなく逆に**下から見ていくのが**，時間的・論理的にはわかりやすいようです。すなわちまず，

①初めに**自由が存在**する。しかし一定の**リスク**が存在する場合，

②法律で自由を制限する（禁止＝不作為**義務の設定**）。そして最後に，

③必要な資格・知識経験等を持った人が，十分な資金・設備等を備えて申し出てきた場合，基準・条件に合致するかを行政がチェックし，合致していれば「制限を**取り除く**」

という仕掛けです。以上の検討から，義務とは「**自由に対する制限**のことである」と定義できるでしょう。そして，義務を付けたり外したりする手法が，下命や許可などの「処分」なのです。

# 一般許可と特別許可

**許可とは**　以上から**許可**とは，「禁止によって国民に課されていた（不作為）義務を，行政が**取り除く行為**だ」というところまで，明らかになりました（▶

図 1-6)。

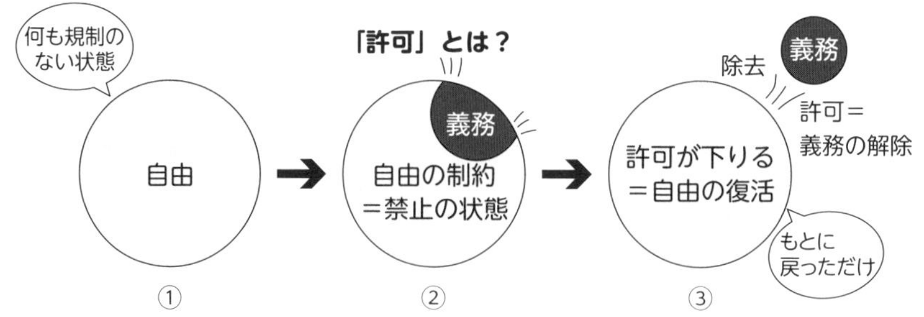


※図中の①②③は，図 1-5（図 1-1 の再掲）の①②③（＝タテ）を「ヨコに置き直した」もの。図 3-13（▶ p.80）も参照。

**図 1-6●「許可」の 3 段階**

**注意事項**　ここで注意してほしいのは，許可は「義務を**取り除く**」という効果（＝禁止の解除）しか持たない，ということ。別の言い方をすると，許可は「何か」を**新しく生み出す行為**（積極的・創造的行為）**ではない**。「元々あった」つまりは「禁止のなかった状態」を復元するだけの行為（**消極的**・回復的行為）だ，ということです。

**もとの状態？**　「2 次元」の本書では無理なので，図 1-6 の①→②→③の「動き」を，読者ご自身の頭の中で，「動画化」してみてください。

**許可もどき**　なお，現実には，上に述べた通常の**許可のほかに**，一見「許可」に似ている，しかし，人が当然には持っていないもの（＝**権利**・法律上の地位・能力）を**新しく「上乗せ付与する」**行政の行為がありうる（**許可もどき**）。道路占用（せんよう）（独占使用）の「許可」（道路法 32 条），公務員の任命行為（国家公務員法 55 条，地方公務員法 6 条）や，外国人に日本国籍を与える行為（国籍法 4 条 2 項［帰化］）などです。

**道路の自由使用**　以下，道路の例を使います。まず歩行者，また自転車・自動車で**道路を往来（いきき）**する場合，**許可は不要**です。なぜなら，これらの行為は①**一時的**で，かつ②他者（の道路使用）を**妨害しない**からです。このような使用形態を，道路の「**自由使用**（独 freie Benutzung（フライエ ベヌッツング））」といいます（▶ 表 1-3）。

| 使用形態 | | 使用時間 | 他者の妨害 |
|---|---|---|---|
| 一般使用 | 自由使用 | 一時的 | × |
| 特別使用 | 許可使用 | 一時的 | ○ |
| | 特許使用 | 永続的 | ○ |

**表 1-3 ● 自由使用・許可使用・特許使用の異同**

**道路の許可使用**　次に，**集会**を開き，続いて路上を「**デモ行進**」したい，という場合。これは，

①「道路の**一時**使用」という点では**自由使用と同じ**ですが，

②行進の間，他者の「道路通行を**妨害する**」点で，自由使用とは違う。

よって，公安委員会（都道府県）に申請し，**許可**（独 Erlaubnis（エァラウブニス））**を得てデモ**をする，という仕組みがとられています（都道府県公安条例。図 1-6 の典型例）。これを，道路の「**許可使用**」といいます（▶表 1-3）。

**道路占用の「許可」**　最後に，道路上に**電柱や工作物**を建植（けんしょく）する必要が生じました。この場合，

①それら工作物は「**永続的**」で，かつ

②他者の道路使用を「**継続的に妨害**」する

ので，好き勝手にはできません。

**道路の特許使用**　道路法は，これを道路**占用の「許可」**と呼んでいます（道路法 32 条）が，これは通常の許可ではなく，「**特別の許可**」です。このような，「特」別「許」可を与える行政の行為（処分）を略して理論上，**特許**（独 Konzession（コンツェスィオーン））と呼びます。この場合の道路の使用形態は，「**特許使用**」です（▶表 1-3）。

**公務員の任命・国籍付与**　公務員の**任命行為**や，外国人への**国籍付与**行為も同じです。公務員でなかった者（私人（しじん））に新たに「公務員」という地位身分を付与し，また外国人（日本国籍非保持者）に，新しく「日本国籍」という地位を与える行為は，通常の許可（単なる自由の回復）とは**性質が違い**ます。

**特許の本質**　特許（特別許可）は通常許可とは違い，失われていた自由を単に回復させるだけの**消極的行為**ではなく，自由の上に権利・法律上の地位・能力を「上乗せ新設」する，**積極的な行為**です（設権（せつけん）行為）。図 1-7 に「1 階」「2 階」

と書いたのは，この違いを際立たせる意味でです。

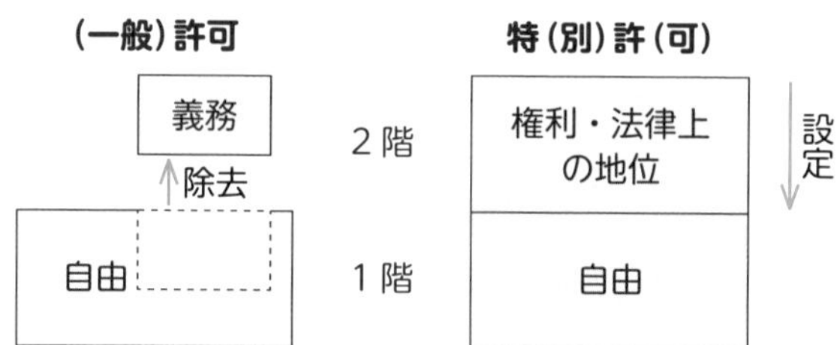


**図 1-7● 一般許可と特別許可**

## 特許法上の「特許」は講学上の「確認」

「特許」と聞いて，特許法上の特許を思い浮かべる読者も多いだろう。しかし伝統理論（田中二郎（たなか・じろう）説）によれば，特許法上の特許は講学上（理論上）の「**確認**」だ，と説かれてきた。異論もあるが，ここでは深入りしない。ともあれ，**法令上の用語と理論上の用語の間に，ずれがありうる**ことには注意しよう（特に受験の関係で）。

**残りは救済法で**　以上で，①「処分とは何か」ということ，そして②処分を法的に観察する方法が，ある程度クリアに理解できたのではないかと思います。これで第1章の学習を終え，続く第2章では，処分と手続3法（てつづきさんぽう）の関係を学びます。「処分論」の残り（裏側から見た義務論）は，行政救済法で深掘（ふかぼ）りします。

**附款論**　なお，処分（行政行為）の**附款（ふかん）論**（条件，期限など）については，レインボー p.45 を参照のこと。

# 第2章
# 行政法の「背骨」
## 許認可（処分）と手続３法

第０章では「許認可の実態（調理の具材は何か）」を，また第１章では「許認可の本質（具材はどんな性質か）」を学びました。続く本章では，これまで得た知識を土台に，許認可の「手続」を学びます。今までのたとえ話を続けると，本章の課題は許認可という「具材の調理法」を知ることです。

# 2-1

# はじめに

**「手続」というベルコン**　本章は「理論」というよりは，**実定法（=手続3法）の学習**で，要は「立法者の**調理法を見学**する」ということ。すなわち，**調理師（立法者）**が，手続3法という**ベルトコンベアの上**に具材（処分）を乗せ，**どんどん調理**していく。すると，時間の経過とともに，**最初は生だった具材**が，**次第に料理に変化**し，お客の**テーブルに運ばれるまでの様子**（①行手→②行審→③行訴）**を眺める**，ということですね（▶図2-2)。

**背骨と肉づけ**　なお，本章で述べることが，行政法の「**背骨**」です。つまり，行政法の大きな**道具立てはほぼすべて**が，**本章の終わりまでで登場**します。だからその先は，**「肉づけ」作業**ということになります。

**多数の法令**　さて法治国家である現在の日本には，極めて**多数の法令**が存在します。うち現行**法律の数は2,300本弱**であり，その大半が（実質的意味の）「行政法」としての性格を持っている，といわれます。

### 現行法令2万8,557本，例規130万9,415本！

国立国会図書館の調べでは，国内法令に条約も加えた「**現行法令**」の総数は**2万8,557本**とのこと。うち「現行**法律**」**の数は2,281本**である（▶p.164以下)。次に**条例**については，「条例Webアーカイブデータベース」（条例Web作成プロジェクト）によると，日本全国の地公体の**例規**（=ローカル・ルール）の数は本書執筆時現在，1,747団体で合計**130万9,415本**にも達する。衝撃の数の多さである。同DBで検索した結果，全国の地公体の**条例総数は40万1,565本**と判明した。詳しくは後述する（▶p.168)。

**途方に暮れる**　法律の条文の総数だけでも，きっと数万か条に及ぶはずで，行政法って「そんな広い範囲を学ぶのか……」と，読者は途方に暮れることでしょう。でも安心してください。**そんな「無茶振り」は要求しない**ので。

**「背骨」を学ぶ**　「トリセツ」で述べたとおり，細かなことは基礎を固めてから，じっくり学べばいい。若い読者には知識はないが（失礼！），時間がある。だから今は「骨格」だけを学び，希望の職業（公務員，行政書士，会社員，法曹）に就いた後に，各自の目的に応じ，必要事項を「肉づけ」すればいいのです。

**ゾイレ**　「トリセツ」で，**手続3法**に触れました（▶ p.xvii）。「**許認可処分に関連する手続**」について定めた**3つの法律**という意味で，具体的には

①行政手続法（行手法）
②行政不服審査法（行審法）
③行政事件訴訟法（行訴法）

の3法を指します（▶ 図2-1）。つまりこれら3法こそが，本書で学ぶ**行政法の「背骨」**なのです（さっきの言葉を繰り返すと，「処分」という名の具材が料理に変化していくベルトコンベア）。

**図2-1 ● 許認可処分に関連する3つの手続法**

**英訳では**　なお，英訳日本法令では，①が Administrative Procedure Act，②が Administrative Complaint Review Act，そして③が Administrative Case Litigation Act です。①と②の所管は総務省，③の所管は法務省です。

**3法の特徴**　この部分の解説は，次の図2-2を眺めながら，読んでください。まず①は，許認可を「与える」場合と「奪う」場合の**「事前」手続**について定める通則法で，「**行手法**」と略されます。これに対し②と③は，許認可が間違った（＝間違って与えられた，もしくは間違って取り消された）場合の是正方法，すなわち**「事後」手続**を定める点で共通です。間違った，つまりは**違法な処分**は国民の**権利・利益を侵害**するので，是正の必要があるのです。

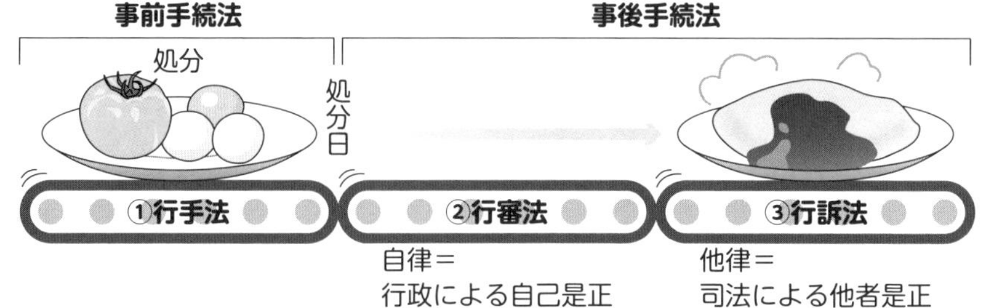


**図 2-2 ● 処分と手続 3 法の関係—— 3 つの「ベルトコンベア」**

**2 種の方法**　是正には **2 種の方法**があり，

㋐行政が「**自身**」で是正する方法と，

㋑「**他者**」（＝司法）が是正する方法

です。㋐を定めるのが②で「**行審法**」と，また㋑を定めるのが③で「**行訴法**」と略されます。

**条例の有無**　なお，事前手続については，行手法（＝**法律**）**とは別に**，各地公体に「**行政手続条例**」があります（▶ p.62）。これに反し事後手続に関しては，「行政不服審査条例」や「行政事件訴訟条例」は**存在しません**。この点も，注意しましょう。

では項を改めて，まずは 1 つ目のベルコン＝行手法の学習から始めます。

# 処分の「事前」手続法
## ——行政手続法

**通則法**　地味な名前ですが，実はこの行政手続法，なかなかの「スグレもの」。なぜなら，この世に存在する極めて多種多様な許認可（▶ p.3 以下）に共「通」する規「則」を見つけ出して，統一化した法律（＝**通則法**）だからです。そしてまさにここが，本書で行手法に**注目する最大の理由**でもあります。

**目次を見る**　同法の目次を眺めて，まずは大まかなイメージを組み立ててみましょう。全文本則 48 か条なので，法律としては「小ぶり」の部類です。

**行政手続法（目次）**

第 1 章　総則（第 1 条～第 4 条）
第 2 章　**申請に対する処分**（第 5 条～第 31 条）
第 3 章　**不利益処分**（第 12 条～第 14 条）
　第 1 節　通則（第 12 条～第 14 条）
　第 2 節　聴聞（第 15 条～第 28 条）
　第 3 節　弁明の機会の付与（第 29 条～第 31 条）
第 4 章　**行政指導**（第 32 条～第 36 条の 2）
第 4 章の 2　**処分等の求め**（第 36 条の 3）
第 5 章　**届出**（第 37 条）
第 6 章　**意見公募手続等**（第 38 条～第 45 条）
第 7 章　補則（第 46 条）

**6 つの手続**　お魚で言えば「頭」と「尾」である第 1 章と第 7 章を取り除いた「身」の部分を見ると，行手法は合計「**6 つの手続**」を定めています。上の目次の太字部分，つまり

①申請に対する処分
②不利益処分

③行政指導
④処分等の求め
⑤届出
⑥意見公募（パブコメ）

の手続です。

**許認可関連２手続**　うち本章で注目するのは，「許認可処分に関連する**２つの手続**」，つまり①「**申請に対する処分**」と②「**不利益処分**」の手続です。要は現段階では高望みせず，行手法の「**骨格**」である①と②だけを，さらっと学ぶのです。それ以外は，「肉づけ学習」に回しましょう（第５章▶ p.109 以下）。

**両者の関係**　さて，**２つの手続は許認可と「どう関係**するのか」，「ぱっと見」には見当もつかない。そこで，こう考えてみます。両者は，「**裏表**（うらおもて）**の関係**」だ，と。わかりやすいのは**不利益**処分で，「**まんまの意味**」。それとの対比で申請に対する処分は，「**利益**を与える処分」ということです。

**利益・不利益の正体**　では次に，「利益」「不利益」って，何でしょう？　「**利益**」とは，許認可を「**与えること**」。また「**不利益**」は許認可を「**奪うこと**」です。「与える」「奪う」は，反対語（antonym）。だから①と②は，「**あべこべ**（ウラオモテ）**の関係**」。ここの理屈を，最初にしっかりと記憶に刻みましょう。では，行手法第２章の手続の学習から始めます。

## 2-2-1 行手法第２章——「申請に対する処分」の手続

**申請に対する処分**　まず**申請に対する処分**（dispositions upon application）とは，許認可等の**利益を付与する処分**です（行手法２条３号）。「申請」は**国民の側の行為**で，許認可の申請を受けた**行政**は，国民が望む許認可を与えるかどうか審査し，最後に**「許可する／しない」を判断**します。この部分（＝判断）が，「**処分**（dispositions）」です。

**「利益」**　「営業の許可」が得られれば，お金（かね）儲（もう）け（**商売**）ができます。また自動車の「運転免許」があれば，徒歩や自転車の場合に比べ，同じ時間内で数倍・数十倍の距離を**移動が可能**で，まさに**利益**(benefit)です。申請に対する処分は，行政庁が申請者にこれら「**利益**」を与える処分であり，その具体的手順を定めているのが，行手法の第２章というわけです。



## 2-2-2 行手法第３章
### ――「不利益処分」の手続

**不利益処分**　次は，**不利益処分**（adverse dispositions）です。その典型は，**許認可の取消し**や「免取（**免許取消し**）」です。しかし，そうした**重い**処分の手前に，もう少し**軽い**営業の停止や，「免停（免許［の効力］停止）」の処分もあります。

**「不利益」**　不利益処分を喰らうと商売や営業ができないので，個人や会社にとっては「**死活問題**」です。ですから，間違った判断・処分が起きないよう，行手法は**丁寧な手続**（＝聴聞・弁明手続）を用意しています（行手法第３章）。聴聞と弁明の手続の詳細は，後で学びます（▶ p.81 以下）。まずは「聴聞と弁明」という言葉だけ，この段階で覚えてしまいましょう。

# 手続３法の共通点
## ――「串刺し」学習

**手続３法**　以上が，手続３法の１番手である行手法の概略です。次に行審法と行訴法へと移る前に，いわば「**渡り廊下**」として，手続３法に「**共通の全体構造**」のお話をしておきます。

**３法の関係**　図 2-3 を見てください。焼き鳥でもお団子でもいい。皆さんの好きな**「具材」が３つ，「串刺し」**になっている状態を思い浮かべましょう。

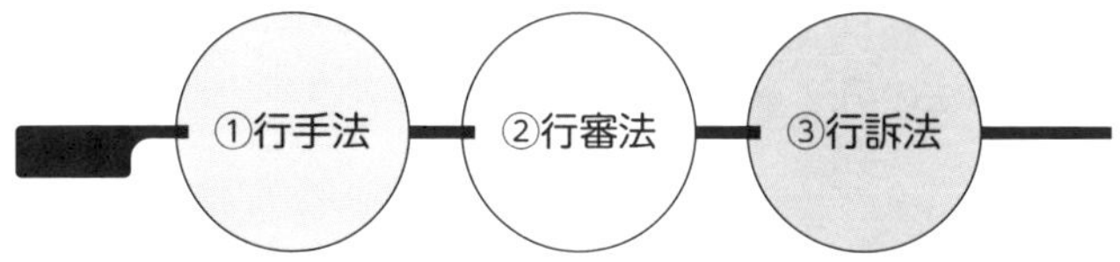


**図 2-3●「串刺し」の図**

**共通点の確認**　手続３法には，「**共通点が１つ**」あるのですが，それを表 2-1 の条文の中から，探し出してみましょう。

| | |
|---|---|
| ①行政手続法 | **第２条（定義）** この法律において，次の各号に掲げる用語の意義は，当該各号に定めるところによる。<br>二　処分　行政庁の処分その他公権力の行使に当たる行為をいう。 |
| ②行政不服審査法 | **第１条（目的等）** この法律は，行政庁の違法又は不当な処分その他公権力の行使に当たる行為に関し，国民が簡易迅速（じんそく）かつ公正な手続の下で広く行政庁に対する不服申立（もうした）てをすることができるための制度を定めることにより，国民の権利利益の救済を図るとともに，行政の適正な運営を確保することを目的とする。 |
| ③行政事件訴訟法 | **第３条（抗告訴訟）**<br>２　この法律において「処分の取消しの訴え」とは，行政庁の処分その他公権力の行使に当たる行為の取消しを求める訴訟をいう。 |

**表 2-1 ● 手続３法の共通点**

**「串」は何？**　そう。答えは,「**行政庁の処分その他公権力の行使に当たる行為**」ですね。略して「**処分**」。そこで図 2-4 の串の左右２か所の空欄に「**処分**」と書き込んでみましょう（書くことで確実に覚える)。

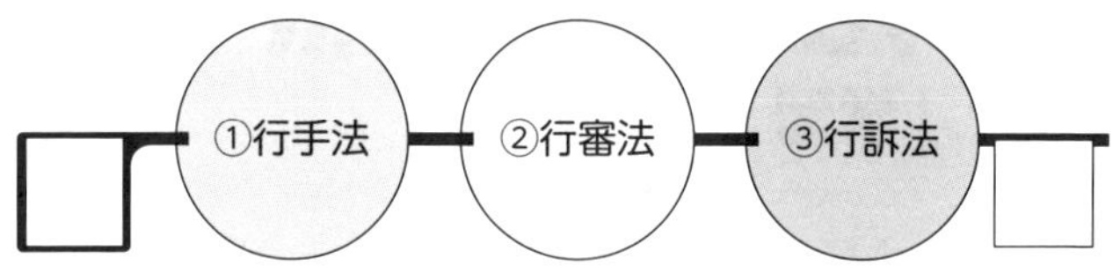


**図 2-4●具材３つを貫く１本の「串」＝処分**

## 「処分」とは行政庁による公権力の行使

「処分」とは，国や地公体**（行政主体）の機関（行政庁）が，国民や住民などに対し，公権力を行使すること**。「公権力」とは要するに，「法令が行政に与えた権限（パワー）」という意味（p.10）。



# 2-3-1 手続3法の相互関係

**手続3法の関係**　処分を中心に，時間軸（左が過去で右が未来）に沿って**手続3法の相互関係を図示**すると，先ほどの図2-2のようになります。この図では，処分と処分日（＝○月○日）を基準に見ると，まず①が処分の**「事前」手続**を定めています。これに対し②と③は，処分の**「事後」手続**を定めています。次に，「何（誰［だれ］）の手続か」ということに注目すれば，①と②が**「行政」の手続**であるのに対し，③は**「司法」**（裁判所）**の手続**です。

**らせん動画**　こう見るならば，今までの図は実は静止画像（スチール）ではなく，グルグルと「らせん状（スパイラル）」に回転する「**動画**（ムービー）」です。炭火の上でこんがり焼かれる「お団子」のよう？（図2-5）

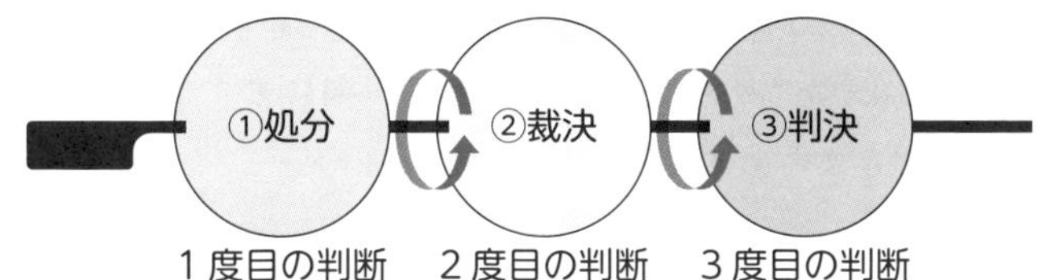


**図2-5●「判断」は3度ある**

**「申立て」**　次に図2-6の，一番左の箱の中に書かれている「国民からの申立て」とは，

①行手法では「**申請**」

②行審法では「**審査請求**の提起」

③行訴法の場合は「**取消訴訟**（とりけしそしょう）の提起」ということです。

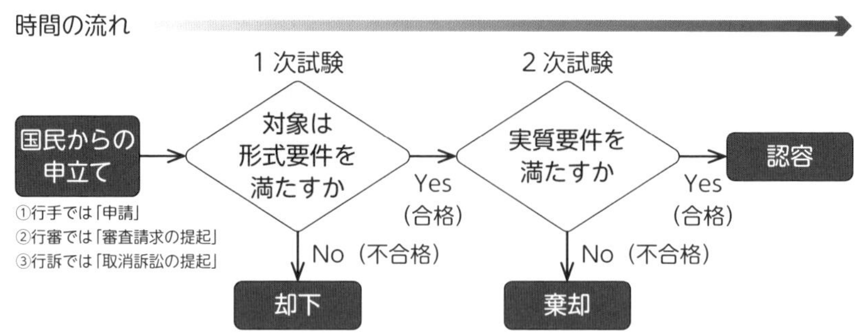


※厳密には，1次試験の不合格を救済する「追試」に当たる「補正」があるが，ここでは省略する。

**図 2-6 ● 手続3法（行手・行審・行訴）に共通の模式図 ——「1次試験」と「2次試験」（▶図4-4および4-5，p.105）**

**手続の「入口」**　申立てがあると，各**手続は動き始め**ます。申立ては手続の「**入口**」であり，また「動かす」という意味では，各手続の**スイッチ（を押す行為）**でもあります。

**手続の「出口」**　入口の次は「**出口**」です。第1章までで学んだ「処分」は，①行手法の「出口」でした。でも出口は当然，②にも③にもあります。②行審法の出口は「**裁決**（さいけつ）」，また③行訴法の出口は「**判決**」です。先ほどの図2-1に，「**出入口**」を書き加えたものを，図2-7として再掲します。「串刺し」にして，出入口の用語6個をまとめて覚えてしまいましょう。

**図 2-7 ● 手続3法と3つの「入口」「出口」**

### 注意！ 「申請」は第２章の手続のみ

厳密には，図 2-7 の①行手法の入口＝申請は，**第２章の手続**（申請に対する処分）にだけ存在し，**第３章の手続**（不利益処分）**には存在しない**。不利益処分を受ける行為を自己申告する正直者など，いないからである。

**3度の判断**　3つの出口，つまり①の「処分」，②の「裁決」，③の「判決」を**まとめて「判断」**と呼ぶなら，手続3法にはこのように，「**3度の判断**」があるのです（▷図 2-5 と図 2-7）。

## 2-3-2 手続3法の共通構造 ――「2回試験」

**共通構造**　しかもこれら3手続には，図 2-6 で示したような「**共通の構造**」があるのです。これは，図 2-7 ①②③の「**内部を開いてみた**」イメージ図です。

**2回の試験**　手続3法に共通の構造とは，「入口」から「出口」までの間に，**「2回の試験」がある**ということです。まず「**1次試験**」とは，申立ての対象が「**形式要件**を満たしているか」の判断です。次に「**2次試験**」とは，1次試験に合格した申立てが「**実質要件**を満たしているか」の判断です。

**形式要件**　まず「形式要件」とは，各手続の内容（＝実質判断）に立ち入る前に，申立人にはそもそも「申請する・不服申立てする・訴訟を起こす**資格があるか？**」という判断です。

**実質要件**　次に「実質要件」とは，申立てが形式要件を満たした**次の段階**で，「申立人の**主張は正しいか**」。裏から言えば「**処分は違法か**」の判断です（なお，②[行政不服申立て]では「違法」にプラスして，処分の「不当」もまた，審査の対象になることに注意▷ p.98）。

**1次試験**　試験には，**合否**（合格／不合格）**の判断**が付き物です。1次試験に「合格」すると，**2次試験に進む**ことが可能です。しかし1次試験に「不合格」だと，**却下**(きゃっか)の処分（行手），**却下**の裁決（行審），**却下**の判決（行訴）が下され，各手続はそこでゲーム・オーバー（終了）です。

**2次試験**　1次試験の合格者は，続いて「2次試験」に進めます。試験に「合格」すると，**認容**（にんよう）の処分（行手），**認容**の裁決（行審），**認容**の判決（行訴）が下されます。逆に「不合格」だと，**棄却**（ききゃく）の処分（行手），**棄却**の裁決（行審），**棄却**の判決（行訴）が下されるのです。

**専門用語**　そろそろ専門用語に切り替えます。1次試験は「**要件審理**（ようけんしんり）」，また2次試験は「**本案審理**（ほんあん）」と呼ばれます。後でも出てきます（▶ p.106以下）が，今のうちに覚えてしまいましょう。

　さて以上で，「渡り廊下」を渡り終え，2個目の手続法である，行審法の学習へと移ります。

# 処分の「事後」手続法（1）
## ――行政不服審査法

## 2-4-1 はじめに

**一つの法律**　手続3法の2番打者は，行政不服審査法です（以下「行審法」と略）。「**一つの法律**」という行手法の特徴（▶ p.64）は，行審法にも当てはまります。なぜなら行審法は，行政不服申立てに関する「一」（いっ）般（ぱん）法であり，統（とう）「一」（いつ）法（**通則法**）だからです。

**何を定める法か**　行審法は「審査請求」，すなわち「**処分**」をターゲットにして，その「**取消しを求める手続**」を定める法律です。審査請求のターゲット（処分）が「**第1次**処分」（1度目の処分）であるのに対し，審査請求の回答＝裁決は「**第2次**処分」（2度目の処分）です。関連させて覚えましょう。

**行手法との関係**　行手法は，処分が行われる前までの「**事前**」手続を定める法律でした。これに対し行審法は，すでに下された処分に**不服な者**が，処分が行われた後，つまり「**事後に**」，その**取消しを求めて争う手続**です。

**行訴法との関係**　「**事後に争う**」という意味で，行審法は次節で学ぶ行政事件訴訟法と**共通点**があります。しかし，不服申立てを裁断（さいだん）する機関が**行政**か（行審法）**司法**か（行訴法）というのが，相違点です。

## 2-4-2 改正行審法

**行審法の大改正**　近年行審法は，**52年ぶりに全部改正**されました（▶ p.249以下）。本書で学ぶ改正法（新法）は，2014（平成26）年6月13日に公布され，2016（平成28）年4月1日から施行（しこう）されています。

**改正法の特徴**　改正があった以上，「**どこが変わったか**」を知る必要がある。そこで新旧2つの**違い**を，簡略にまとめました（▶表2-2）。

| | 改正前 | 改正後 |
|---|---|---|
| 不服申立ての種類 | 2本立て | 1本化（審査請求） |
| 審理の主宰者（しゅさいしゃ） | 審査庁（しんさちょう） | 第三者（審理員（しんりいん）） |
| 審査請求期間 | 60日 | 3か月 |
| 標準審理期間の規定 | なし | あり |
| 第三者機関への諮問（しもん）制度 | なし | あり |

**表2-2●行政不服審査制度の新旧対照表**

**1本化**　**一番の大きな違い**は，新制度では不服申立ての**種類が1つ**になったことです。つまり，改正前には異議申立て（＝①）と審査請求（＝②）という2種がありましたが，現在は**②だけ**になったのです（受験学習には有利！）。

**意味の説明**　①は，処分をした「**本人**」自身（＝処分庁）に対して行う不服申立てです（でした）。これに対し②は，（本人以外の）「**第三者**」（＝審査庁）に対する不服申立てです。①はobjection，②はreviewと英訳されています。

**審理員**　改正法の**2つ目の特色**は，**「審理員」制度が導入**されたことです。審理員とは，審査庁（行政庁）の職員であって，審査請求の対象（＝原処分）には**関与しなかった者**のことで，**審査庁が指名**します（行審法9条1項）。このような審理員が審査請求手続，特に口頭意見陳述手続を主宰する（仕切る）ことで，今までよりも**公正中立な手続**が期待されます。ゆえに改正行審法は，1条に「簡易迅速（な手続）」にプラスして，「**公正な手続**」という文言を新しく付け加えました。この辺は，試験（短答式）で問われやすいですね。

**意見書提出と裁決**　なお，審理手続の終結後，審理員は遅滞なく「**審理員意見書**」を作成し，「速やかに，これを事件記録とともに，**審査庁に提出**」しなければならず（行審法42条），意見書（と行政不服審査会に諮問する場合は，その**答申**）が提出されたときは，審査庁は「遅滞なく，裁決をしなければならない」のです（同44条）。

**期間の延長**　**3つ目の特色**として，改正前は**審査請求期間**が「60日」だったものが，新法では**「3か月」に延長**されました（行審法18条1項）。なお，審査請求期間に関連して，**再調査の請求期間**（「3月」：同54条）と**再審査請求期間**（「1月」：同62条）も併せ，記憶にとどめましょう（▶ p.251以下，253以下）。さらには，**取消訴訟の出訴期間**（6か月。行訴法14条1項▶ p.102以下）とも絡めて理解するとベターです。まとめて表12-4（▶ p.312）を参照してください。

**目安の設定**　しかし，いくら公正な手続が保障されても，審理が長引いては意味がない。そこで**4つ目の特色**として，改正法は審査請求の答え（＝裁決）を出す目安である「**標準審理期間**」を導入しました（行審法16条）。行手法の「標準処理期間」（行手法6条）とペアで記憶すると効率がいい（▶ p.75）。

**諮問制度**　**5つ目**に，これまた大きな特色ですが一定の場合に，不服申立てを受けた審査庁（処分庁の上級庁）は，新設された「行政不服審査会」（国の場合）という**第三者機関に諮問**します（行審法43条）。この第三者機関の答申を踏まえ，審査庁は審査請求の裁決を行うことになりました（同44条）。

**制度の趣旨**　諮問制度が設けられた趣旨は，審査請求の答え（裁決）の**客観性・公正性を高める**ためだ，と説明されています。なお，国の行政不服審査会の答申については，総務省のWebサイトで閲覧が可能です（▶ p.258）。

**地公体**　なお，地公体にも，**「条例」の定めるところにより**，国の行政不服審査会（総務省）に相応する第三者機関（諮問機関）が置かれることになっています（行審法 81 条)。国と同様，○○県・○○市・○○区**行政不服審査会**という名前の地公体が多いようです。

以上で行審法の「骨格」学習を終え，3 番手の行訴法の学習に移ります。その前に，行審法と行訴法を「つなぐ」この位置に，両制度のポイントを比較対照させた表 2-3 を示しておきます。

| | 行政不服審査 | 行政事件訴訟 |
|---|---|---|
| 根拠法 | 行政不服審査法 | 行政事件訴訟法 |
| 所管省 | 総務省 | 法務省 |
| 裁断機関 | 審査庁（**行政**機関） | 裁判所（**司法**機関） |
| 手数料 | 不要 | 要 |
| 審理方式 | 書面主義 | 口頭主義 |
| 審理の対象 | 処分の違法性と**不当性** | 処分の**違法性のみ** |
| 教示（きょうじ）義務 | あり | あり |

**表 2-3 ● 行政不服審査と行政事件訴訟の比較対照**

# 処分の「事後」手続法(2)
## ——行政事件訴訟法

## 2-5-1 はじめに

**大改正**　本章の最後に，3番打者として，行政事件訴訟法（以下「行訴法」と略）を概説します。実は行審法の改正に先立って，行訴法も**42年ぶりに大改正**されています（2005［平成17］年4月1日施行）。

**一つの法律**　行訴法にもまた,行手法・行審法について述べた「**一つの法律**」(▶p.50，64）という特徴があります。なぜなら行訴法は，行政に対する司法救済制度である行政事件訴訟の統「一」法であり，「一」般法（**通則法**）だからです（行訴法1条)。

# 2-5-2 手続3法の中で見た行政訴法の特色

**行訴法の特色**　行訴法の特色を，行手法・行審法との対比でまとめると，表2-4のとおりです。

| 特色 | 理解のポイント |
|---|---|
| 処分に関する手続 | 行手法・行審法との共通点 |
| 処分の事後手続 | 行手法（=「事前」手続）とは異なり，行審法と共通の性格（=「事後」手続） |
| 取消訴訟の手続が中心 | ①4つある訴訟類型の中では，取消訴訟が中心<br>②取消訴訟は，審査請求（行審法）と共通の性格（目的=処分の取消し）* |
| 裁断機関は司法 | 行政の「自己反省」手段である行審法に比べ，行訴法は裁判所（「他者」）が審査するため，公正性・信頼性の点で優れている |
| 出訴期間 | ①6か月以内<br>②審査請求期間（3か月）と対比させて記憶しよう |
| 標準審理期間 | ①行手法の「標準処理期間」，行審法の「標準審理期間」のような定めは特にない<br>②ただし，裁判の迅速化に関する法律は，第1審の訴訟手続を「2年以内のできる限り短い期間内に終える」ことを目標に掲げている（同2条） |

＊正確には，①取消訴訟に対応する**作為**（さくい）（処分）に対する審査請求のほかに，②義務付け訴訟（申請型）に対応する**不作為**に対する審査請求もある。

**表2-4●行政事件訴訟法の特色**

**取消訴訟が中心**　「行政事件訴訟」とは**4つ**の訴訟類型，すなわち

①**抗告**（こうこく）**訴訟**

②**当事者訴訟**

③**民衆訴訟**

④**機関訴訟**

の総称です（第11章▶ p.262）。うち最も重要なのが取消訴訟で，これを「**取消訴訟中心主義**」といいます。つまり取消訴訟こそが，本書でいうところの**行**

**訴法の「骨格」**なのです（第 12 章▶ p.288 以下）。

**条文数で確認**　それが証拠に，行政事件訴訟法**全体**（条文数 51 か条）**の**実に**6 割弱**（57%）が，**取消訴訟の定め**です（29 か条）。

# 本章のまとめ

**まとめ**　本章を結ぶに当たり，内容をまとめます。本書で学ぶ事柄，すなわち行政法の「背骨」は**手続 3 法**です。「手続 3 法」とは**行手法**，**行審法**，そして**行訴法**の総称です。以下，個別にまとめます。

**行手法**　まず行手法の「骨格」は，

①**第 2 章**（申請に対する処分）と

②**第 3 章**（不利益処分）

の手続です。①は許認可など「利益」を与える処分の事前手続，②は逆に許認可の取消しなど「不利益」を与える処分の事前手続です。

**行審法・行訴法**　次に行審法の「骨格」は，**審査請求**の手続（行審法第 2 章）です。最後に行訴法の「骨格」は，**取消訴訟**の手続（行訴法第 2 章第 1 節）です。

**今後の手順**　後で深掘（ふかぼ）りしますが，まずは第 4 章で行審法と行訴法を「パラレル学習」し，続いて第 10 章（行審法）と，第 11 章・第 12 章（行訴法）でそれぞれ「肉づけ学習」します。

**読者へ**　前にも述べたように，本書で学ぶべき事柄（＝**行政法物語**）は，ここまでで，ほぼ**すべての道具立て**（舞台，登場人物，大道具・小道具など）を読者に示せたと思います。では第 3 章で，「肉づけ学習」に入る前に，最初の「カフェーパウゼ（Kaffeepause）」を入れましょう。

# 行政手続法ができるまで

カフェーパウゼとは独語で，コーヒーブレークの意味。読者に「ひと息ついてもらう」ため，本稿を含め3か所に，パウゼ（休憩所）を置く。1回目のパウゼでは，「行政手続法ができるまで」の歩みを，簡単に振り返る。

## 世界の行政手続法制定事情

まず世界の状況を見ると，1946（昭和21）年のアメリカ合衆国連邦行政手続法（Administrative Procedure Act，APA）と1977（昭和52）年のドイツ（当時は西ドイツ）連邦行政手続法（Verwaltungsverfahrensgesetz，VerwVG）の2つが，特に有名である（なお，米独両国には連邦のほか各州にも，行政手続法が存在）。当時，欧米十数か国で行政手続法が制定され，イギリスでは判例法，フランスでは不利益処分に関する個別法が存在していた。

つまり当時，先進国首脳会議参加国では唯一，日本のみが行政手続法を持っておらず，立法過程の最終局面では，「総理，行政手続法がないのは（サミット参加国の中で）日本だけですゾ」というのが殺し文句になったとか……。

東アジア諸国でも当時，近隣の韓国（制定1996［平成8］年）や台湾でも，行政手続法制定の動きが急だった。とりわけ，台湾の行政手続法（「行政程序法」）草案は130か条を超える堂々たる大法典で，日本の行政手続法（当時38か条。今日48か条）とは対照的だった。なお，台湾の行政手続法は，民國90年（2001［平成13］年）1月1日に施行された。その後改正があって，現在の条文数は（附則も含め）174か条である。

日本公法学会（1985［昭和60］年：下記「雄川草案と塩野草案」の項）の質疑応答で塩野宏先生（東京大学）が，「台湾は五言絶句，七言絶句の堂々たる漢詩の世界。一方のわが国は，三十一文字の和歌の世界」と，シンポジウムでの台湾研究者からの質問（「なぜ日本の行手法は条文数が少ないのか」）に軽妙洒脱に答えられ，「なるほど，場数を踏んだ一流の学者とは，とっさにこういう受け答えができるものなのか！」と感動したことを覚えている。

ところで日本の行政手続法は，その制定までに少なくとも30年，長めに数えると40年もの歴史がある。その意味で，このパウゼでは，行手法が決して偶然にできあがったのではないことを，読者に知ってもらうことにする。

## 橋本草案まで

わが国で行政手続法が自覚的に論じられるようになったのは，戦後のことである。1950（昭和 25）年夏頃に，当時の法務府法制意見局（現在の内閣法制局）の部内で，行政手続に関する法制の検討がなされたことがあったようだ。

その後「行政運営の能率化」「事務処理の基準」を定めるために，1952（昭和 27）年に，「国家行政運営基本法案」（39 か条）が議員立法として提出されたが，審議未了となった。そこには，「聴聞」に関する規定など，今日いう「行政手続法的」な内容も含まれていたことが注目される。

これに対し世界の潮流を意識した，本格的な行政手続法制定の試みとしては，臨時行政調査会（第 1 次臨調）第 3 専門部会第 2 分科会が 1964（昭和 39）年 2 月に発表した「行政手続に関する報告」と，同第 5 章「行政手続法草案」（全文 168 か条）を挙げる必要がある。その特色は，①行政処分手続（事前手続）のほか，②不服審査手続（事後手続），そして③苦情処理手続についても規定を置いている点にある（橋本公亘『行政手続法草案』［有斐閣］の巻末資料に収録。なお，同「草案逐条説明」も参照）。この草案は，中心となって取りまとめに尽力した橋本公亘先生（中央大学名誉教授）の名を取って，しばしば「橋本草案」とも呼ばれる。

石川は，橋本先生とは師弟関係にはないが，院生時代，シゴかれた。いい報告にはうなずく。悪い報告だと，手に持った鉛筆の背で，エンマ帳（出席簿）をコツコツと叩き始める。石川は何度も失敗したが，1 度だけ（？）「いい報告」をした際，激賞された。普通，「あいつはダメだ」と偏見を抱かれがちだが，橋本先生はさすがに行手法の研究者だけあってか，「公正な態度」の先生だった。その後，先生は石川が法学部助手に採用される際，強力に推輓くださった。だから橋本先生がいなければ，こうして石川が，本書を世に出すこともなかった。

先生の回顧によると，臨調の設置当初の案には，行政手続の整備改善という課題は，まったく存在していなかった。ところが間もなく，関係者の理解を得て，行政手続法を検討する委員会が発足した（橋本・前掲書はしがき参照）。

橋本草案は，現在の視点から読み返してみても，50 年以上も前に「これほどの草案が書けたのか」と，ある種の感動を誘うほど，大変立派な内容である。

しかしある意味，橋本草案は「早すぎ」，かつ「立派すぎ」て，当時の日本では，手続の意味が実務には十分に理解されていなかったためか，店ざらしの憂き目を見た。時は池田勇人内閣の終わり，佐藤栄作内閣の初めであった。

## 雄川草案と塩野草案

その後，いわゆる「ロッキード事件」が起き，1979（昭和54）年の，「航空機疑惑等防止対策協議会」の提言の中に，「一般行政手続法の整備」という項目が盛り込まれた。

翌1980（昭和55）年8月には，行政管理庁（現在の総務省の前身）に「行政手続法研究会」（第1次）が，行政管理局長の私的諮問機関として置かれた。同研究会には，前記・橋本先生を含む多数の著名な行政法学者や実務家20人が名を連ね，研究を重ねた。

同研究会は，1983（昭和58）年11月に報告書を作成し，72か条から成る「法律案要綱」を発表した。この草案の対象は，①処分手続，②命令制定手続，③特別手続規定の3種類であり，③はさらに㋐土地利用規制計画策定手続，㋑公共事業実施計画策定手続，㋒多数当事者手続，㋓規制的行政指導手続に細分されていた（「ジュリスト」No.810［有斐閣］）。58年草案は，研究会座長だった雄川一郎先生（東京大学）の名を冠して，「雄川草案」とも呼ばれることがある。

「58年草案」は今から振り返ると，かなり理論的な色彩が強く，この当時は誰もが，まさか「日本に行政手続法ができよう」などとは，夢にも思っていなかったのではなかろうか。

この頃，1985（昭和60）年の日本公法学会（上記）は，「行政手続法」を総会テーマとして取り上げた（「公法研究」47号）。そして同じ年，行政手続法研究会（第2次）が設置された。

この第2次研究会は，1989（平成元）年10月に，中間報告として全文45か条から成る「行政手続法（仮称）要綱案」を発表する。同草案は，先に述べた「58年草案」に比べ，戦略的に「戦線」を縮小し，法律制定が可能なように対象を①侵害処分手続と②行政指導手続に特化した（「ジュリスト」No.949）。同草案は研究会座長だった塩野宏先生の名を冠して，「塩野草案」とも呼ばれることがある。

このあたりから財界やマスコミを中心に，期せずして「規制緩和（deregulations)」の大合唱が起こり，結局これが，日本に行政手続法を成立させる，極めて重要な「追い風」となった。第３章で触れる，昭和終わりから平成初めにかけてのSII（日米構造問題協議）と，それに基づく両国間の「年次改革要望書」も外圧となった（▶ p.64）。学界にいた石川たちが，「あれ？　これはひょっとすると，日本にも行政手続法ができるかも……」と思い始めたのも，この頃のことだった。

その後，行政手続法案の検討は学者グループ（第２次行手法研究会）の手を離れ，政治過程へと移行した。すなわち，臨時行政改革推進審議会（第３次臨時行革審。会長：鈴木永二・元日経連会長）の「公正・透明な行政手続部会」（部会長：角田禮次郎前最高裁判事，元内閣法制局長官）は，1991（平成3）年７月26日に，「行政手続法要綱案（第１部会案）」を発表した（「ジュリスト」No.985）。この「第１部会案」は，関係省庁や地公体のヒアリングを経て，1991（平成3）年11月29日に，「行政手続法要綱案」として，行革審に提出された。これを受けて同年12月12日付で，第３次臨時行革審は「公正・透明な行政手続法制の整備に関する答申」を出し，その中に現行法である行政手続法（平成５年法）の草案が含まれていた（「ジュリスト」No.994）。

## 行政手続法の廃案と成立

当時の日本は，38年間続いた自民党の単独政権が崩壊し，８党派連立内閣ができるなど，政治的大混乱が起きていた。その余波で，行政手続法案は1993（平成5）年６月の衆議院解散に伴い，一度は廃案の憂き目を見た。

しかし総選挙後の細川護熙内閣の下で，1993（平成5）年10月26日にはまず衆議院本会議で，また11月５日には参議院本会議で，それぞれ全会一致で可決・成立。こうして行政手続法は，同年11月12日に公布，翌1994（平成6）年10月1日に法律88号として，施行されたのである。

行手法の施行前夜に麹町（東京都千代田区）で開かれた記念式典に，石川は出席していた。村山富市総理大臣の祝賀スピーチの内容はすっかり忘れたが，長くて白い総理の眉毛と，警護するSPたちの眼光の鋭さ，そして「がたい」のデカさが，今でも記憶に強く残っている。

なお，２つ目のカフェーパウゼはp.88以下に置く。

# 第3章

# 処分の「事前」手続法

## 行手法第2章と第3章の手続

本章は，行政手続法の「肉づけ学習」です。その中心は①「申請に対する処分」の手続（同第２章）と，②「不利益処分」の手続（同第３章）の２つです。これに加えて，③２つの章は互いに「どんな関係」に立つのか。また，④「手続３法の中での行手法の位置づけ」等の大局にも注意しながら学習を深めましょう。

3-1

# はじめに
## ――行手法「数え歌」

**数え歌**　2度目の学習に入る前に，全体を俯瞰する（高みから見下ろす）意味で，「行政手続法**数え歌**」というお話をします。これは以前，ロースクールで教えていた時代，日本古来の「数え歌」にヒントを得て，特に法学未修者向けにつくったものです。幸い受講生には好評で，かつ学習効果も得られたようなので，公務員研修などでも反応を探りました。

**記憶に残る**　こちらも好意的な評価が多く，「**記憶に残りやすい**」との感想が印象的でした。以来10年が過ぎ，この間に行手法の大改正があったので調べてみると，どうやら今でも使えそうです。そこで市販の書籍としては初めて，本書で「数え歌」を公開します。

**テニスコート**　行政手続法は今日，公務員希望者にとっては必須の知識ですが，そうでない人々，たとえば弁護士，行政書士，さらには企業関係者や一般市民にとっても，ぜひ知っておく必要があります。なぜなら同法は，許認可という「ボール」を巡って，2人のプレーヤー（行政 vs. 国民）が向き合う，**競技の「コート」のようなもの**だからです。

**「守り」と「攻め」**　ゆえに実践論としては，公務員は「守り」，国民は「攻め」の観点から，行政手続法を学ぶ必要があります。自分なら「どう攻めるか？」「どう守るか？」を考えながら学ぶからこそ，知識が身につくものです。加えて，事前手続法（行手法）は事後手続法（特に行訴法）ほど，手続の「お約束」がマニアックではない。よって「学びやすい」という長所もあるのです。

**行手条例**　実は行政手続法とは別に，各地公体も「行政手続**条例**」と呼ばれるルールを定めています（「行手条例」と略）。行手法は「国のルール」ですから，「地方自治の本旨」（憲法92条，自治法1条）という観点から，各地公体には，直ちに適用されません（行手法3条3項により**適用除外**）。そこで，行手法は各地公体に対し，「**必要な措置**」を要請しています（同46条）。それに応じて，各団体が定めているのが，行手条例というわけです。

**狭義・広義の行手法**　行手条例も，広い意味では「行手法」です。ただ本書で条例にまで手を広げると，焦点（ピント）がぼけてしまいます。そこで本書では，**狭い意味**での行手法（＝**行政手続法**）に絞って学習します。

**条例も同じ**　とはいえ，心配ご無用。各地公体の行手条例（ローカル・ルール）の内容は，行手法（ナショナル・ルール）と**ほぼ同じ**だからです。つまり，法を学べば**同時に条例の中身も学ぶ**ことになるのです。独自の特色ある「オプション」を定めている地公体はありますが，基礎知識を得た後で必要に応じて追加的に学べばいいだけの話です。

# 「数え歌」の内容

**どんなものか**　ところで行手法「数え歌」は，表 3-1 に示したとおりです。「おふざけ」に見えますが，行手法の勘所（かんどころ）（重要事項）を盛り込んでいます。

| | |
|---|---|
| 1 | 一つの法律 |
| 2 | 二人の主役 |
| 3 | 三つの要素 |
| 4 | 四つのパーツ |
| 5 | 五つの心得 |
| 6 | 六人の手続参加者 |
| 7 | 七つの条文 |
| 8，9 | 八（やっ）と九（ここ）で届出（とどけで） |
| 10 | 十年（以上）が経（た）って… |

**表 3-1 ● 行政手続法「数え歌」**

**一つの法律**　行手法は，1993（平成5）年11月12日に法律第88号として官報で公布され，翌1994（平成6）年10月1日（法の日）から施行（しこう）されました。「**一つの法律**」というのは，行手法がそれまで役所ごとにバラバラだった行政手続を統「一」した「一」般法（＝**通則法**（つうそく））である，という意味です。

**御利益**　では行手法には，どんな「**メリット**（御利益（ごりやく））」があるのでしょう？図3-1を見てください。同法が制定された結果，

①行政運営の**公正さが確保**され，**透明性が向上**します。これは「**中間**目的」です（**行政**にとっての御利益）。それがひいては，

②「国民の**権利利益の保護に資**（し）**する**」ことになる（**最終**目的）のです（これが**国民**にとっての御利益）（行手法1条1項）。

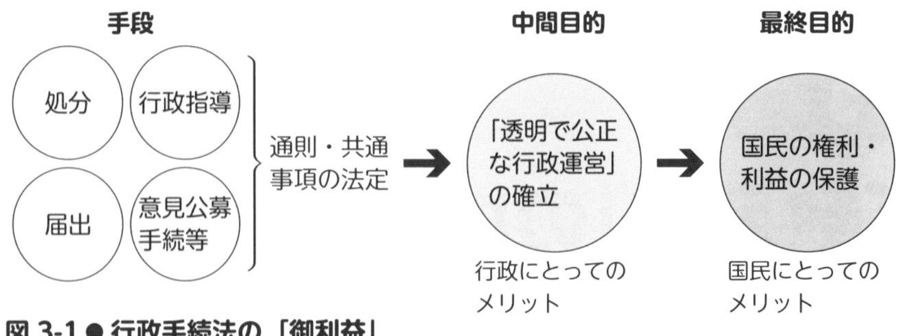


**図3-1 ● 行政手続法の「御利益」**

## 「透明性」と透明人間

「透明性（transparency）」とは，「**行政上の意思決定について，その内容及び過程が国民にとって明らかであることをいう**」と定義されている（行手法1条1項）。だがもし本当に「透明」だと，行政上の意思決定は「明らか」ではなく逆に，（映画の「透明人間（The Invisible Man）」のように）「**見えなくなってしまう**じゃないか」という，同業者間でのジョークがあった。

## SIIと年次改革要望書でフォーカスされた「透明性」

この「透明性」という言葉は，行手法制定の重要な背景の1つとなった，昭和終わりから平成初めにかけての①**日米構造問題協議**（Structural Impediments Initiative, SII）と，それに基づく②**年次改革要望書**（The U.S.-Japan Regulatory Reform and Competition Policy Initiative）の中で使われた。②は小泉純一郎（こいずみ・じゅんいちろう）内閣（1994［平成 6］年）に始まり，鳩山由紀夫（はとやま・ゆきお）内閣（民主党）で廃止された。2009（平成 21）年までの 16 年続き，「法科大学院の創立」という歴史的事象も，実はこの**年次改革要望書という大局（たいきょく）の中**で論じられ，実現したのであった（▷ p.33）。



**数え歌 10**　制定以来，すでに「十年」どころか，四半世紀（しはんせいき）の時が流れました。順不同ですが，数え歌 10 は，10 年（以上）が経って，この間に行手法は日本の行政文化に「**すっかり定着**」した，という意味です。

**数え歌 2**　次に「**二人の主役**」とは，行手法を学ぶうえで絶対に欠かせない 2 人のアクター（actor），つまりは①**行政と**②**その相手方（あいてがた）（国民）**のことです。

**数え歌 3**　続く「**三つの要素**」とは，「手続を成り立たせている **3 要素**」という意味です。手続は「手が続く」と書きます。手は「行為」のシンボルです。「手続」は，日本語（起源）ではありません。なぜなら，欧米語の procedure（英），procédure（プロセジュール）（仏），Verfahren（フェアファーレン）（独）の翻訳語として，日本に入ってきたからです。

**語源から理解する**　そこで語源（ルーツ）に遡（さかのぼ）ると「手続」は，次の **3 つの要素**から成り立っています。すなわち「手続」といえるからには，

①「**複数の行為**」が必要。
②それら複数の行為は，「**互いに関連し合っている**」。そして，
③それら相互に関連する複数の行為は，1 つの「**目的達成に向けられている**」こと，

です（▷図 3-2）。

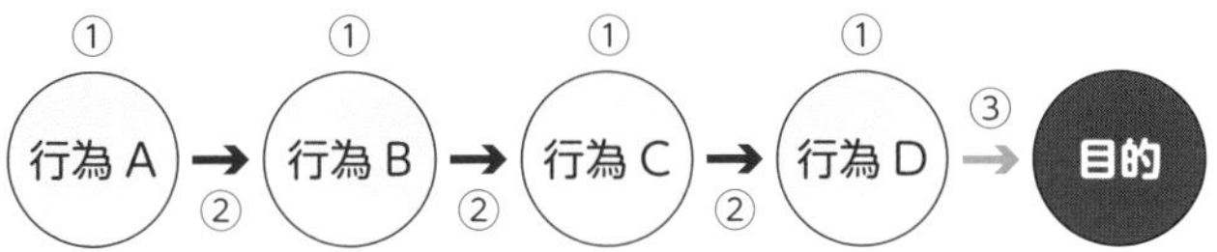


**図 3-2● 手続の 3 要素**

**行政手続とは**　以上から「行政手続」とは，「**一定の行政目的を実現達成するために行われる，相互に関連した，複数の行為の連鎖**である」と定義できます。

**数え歌 4**　続く数え歌の 4 は，「**四つのパーツ**」です。これは，行手法が定める「**4**

**つの手続**」を指します。すなわち，

①**処分**手続（行手法第２章と第３章）

②**行政指導**手続（同第４章）

③**届出**手続（同第５章）

④意見公募（**パブコメ**）手続等（同第６章）

のことです（同１条１項にも明示されている）。ここは重要なので，しっかり記憶しましょう。

**数え歌５**　続く「**五つの心得**」ですが，これは**行政指導**（行手法第４章）を行う際の**「お作法」５つ**のことです。行政指導については後で詳しく学ぶ（▶ p.113 以下）ので，ここでは省略です。

**数え歌６**　次の「**六人の手続参加者**」は，具体的には行手法第３章（＝**不利益処分**の手続）の**登場人物６人**です。これまた後で「不利益処分」のところで詳しく学ぶ（▶ p.45，85 以下）ので，現段階では割愛です。

**数え歌７**　「**七つの条文**」とは，行手法**第２章**（申請に対する処分）にかかわる条文（同**５～11 条**）です。後で学びます（▶ p.44，72 以下）。

**８と９で**　ここはこじつけで恐縮ですが，「やっ（八）とここ（九）で届出」というものです。届出は後で学ぶ（▶ p.118 以下）ので，今は省略です。数え歌 10 については，すでに述べました（▶ p.65）。

# 中間まとめ
## ——前３章と本章とをつなぐ「踊り場」



**一気に**　以上の基礎知識をもとに，以下では一気に，「行手法の全体構造」を解説します。かなりの荒業（あらわざ）になりますが，我慢してここを乗り切れば，行手法を含む行政法に対する読者の知識と理解は，格段に深まるでしょう。

**踊り場**　ここが正念場（ふんばりどころ）なので，第０章（＝玄関），第１章・第２章（＝１階）と，この第３章（＝２階）とをつなぐ「（階段）踊り場（landing of the stairs）」のお話をしておきます。

**４つの章の関係**　４つの章の関係（間取り）は，図 3-3 のとおりです。

| | 第０章 | 第１章 | 第２章・第３章 | |
|---|---|---|---|---|
| | | | ②その他の手続（３度目の学習） | ２階 |
| 玄関→ | 許認可の実態 | 許認可の前提 | ①許認可の手続 | １階 |

**図 3-3●４つの章の関係（間取り）**

**図の解説**　第０章から第３章までの４つの章はどれも，「**許認可に関係する**」という意味で，共通です。第２章から行手法の学習に入ったのも，またこの第３章でさらに深掘りしようとしている理由も，同法が「許認可の手続」を定めているからです（▶図 3-3 の①）。

**知識の拡張**　ただし第２章では，**手続３法**という話（夾雑物（きょうざつぶつ））が**横から入ったた**めに，次の図のように，**知識が拡張**されました（▶図 3-4 の青色部分）。つまり，「**話が横道にそれた**」のです。

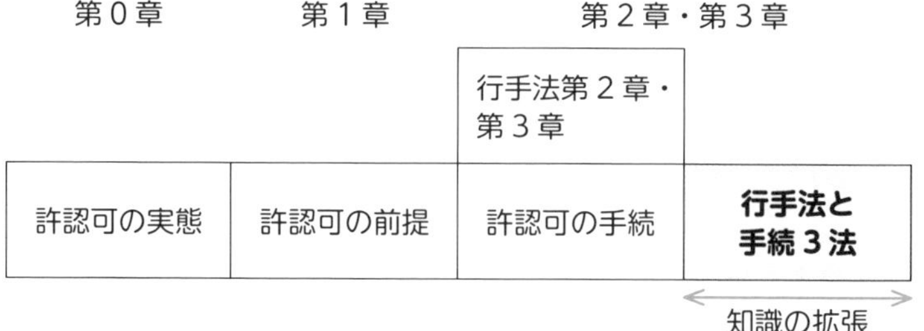


**図 3-4 ● 第０章から本章までの相互関係**

**その他の手続**　注意すべきは，このように行手法は**許認可（処分）「以外の手続」**についても定めていることです（▶図 3-3 の②）。そこで本書では，図 3-3 の**①と②を意識的に切り離し**ます。そのうえで本章では，**許認可に関係する手続**＝①（行手法第２章と第３章の手続）**のみに特化**して学習する。そして②その他の手続（行政指導・パブコメ・届出手続）は，先送りします（第５章▶ p.109 以下）。

**届出**　ただし届出は，一方では**申請と深く関係**し，他方，総務省は「許認可等の統一的把握（はあく）の結果」の中で，届出も「許認可等」の中に含めています（▶ p.3）。ですから，申請と対比させる形で，届出を取り上げることになります（▶ p.118 以下）。

**数え歌４**　さて，行手法の全体構造を理解する際の「**目の付け所（どころ）**」は，先ほどの「数え歌 4」，つまり「**四つの手続**」です。「手続」で難しければ，「**四つの人間関係**」でもいいです。

**２つに整理**　４つだと覚え切れませんが，次のように考えれば，実は**たった２つ**に整理が可能です。要は①「**申請と届出**」，そして②「**処分と行政指導**」の異同（共通点と相違点）に着眼し，理解するのです。

# 4つの人間関係



**行政と国民**　行政と国民は，**最初は無関係**です。ところが，「**あること**」をきっかけに，関係が始まります。それは，商売・事業を始めようと考えた国民が，行政に「許可の**申請**」**を提出**する行為です。

**一定の関係**　この，

①国民による「**申請**」行為と，

②それに応える行政の（**許可・不許可**という）行為

を通じて，行政と国民の間に**関係**が始まります。総務省の表現を借りると，申請は「行政と国民との**日常的な接点**」なのです。ここまでは図3-5のとおりです。なお，この関係は「法」によって「律」せられた関係（＝**法律関係**）です。

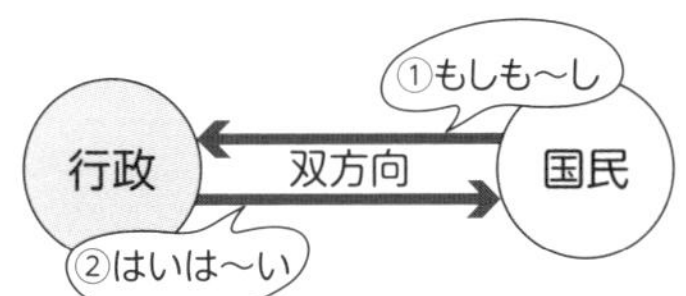


**図3-5● 行政と国民の関係**

**矢印の数と向き**　図では特に，**矢印の「個数と向き」**に注目です。まず，国民から行政への**1本**の矢印（▷図3-5の①）が，また逆に，行政から国民への，**もう1本**の矢印が出ています（▷図3-5の②）。つまりは「もしも〜し」（呼びかけ）と，「はいは〜い」（応答）という，**双方向の関係**です。

**1つが2つ**　ここから図3-5は，さらに2つの図（▷図3-6と図3-7）に分かれます。左右に対比して示すので，要点を読み取ってください。

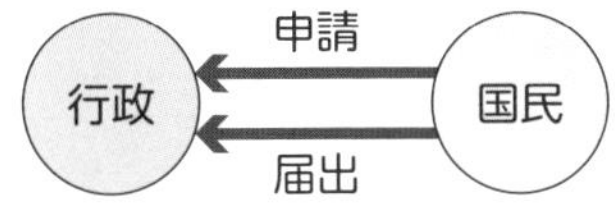


**図3-6● 申請と届出の共通点**

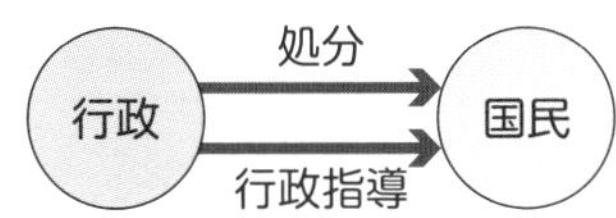


**図3-7● 処分と行政指導の共通点**

**2 ペア**　**矢印の向き**に注目すると，

①申請と届出が **1 個のペア**です（▶図 3-6）。そして

②処分と行政指導が，**もう 1 個のペア**です（▶図 3-7）。

これで（2 + 2 =）「**4 つ**の手続」になりますね。以下，分説（ぶんせつ）します。

## 3-4-1 申請と届出

**共通点と相違点**　最初に，申請と届出の関係です。まず**共通点**としては，どちらも書類の提出を通じて行われる，国民から行政への「一定事項の通知」行為（=**情報提供行為**）。ここまででは，申請と届出は区別できません。しかし申請と届出には，大きな**違いが 1 つ**ある。それは，

①**申請**（application）は「したい人」だけがすればよく，**したくない人はしなくていい**。だが

②届の提出（**届出**, notification）は，一定の条件に当てはまる「**すべての人**」が出さねばならない，

という違いです。

**懈怠と罰則**　決められた期限までに届を出さないと，法律で「**罰則**（ばっそく）」が設けられている。身近では，転入者は転入日から「**14 日以内**」に法定事項を市町村長に**届け出る義務**があり（住民基本台帳法 22 条），正当な理由なく届出を怠（おこた）る（**懈怠**（けたい））と，「**5 万円以下の過料**（かりょう）」に処せられます（同 52 条 2 項）。

**届出**　「罰則がある」ということは，届出の**義務が**「**国民の側**にある」。ところが申請は，したくなければしなくても，**処罰されることはない**。

**申請**　つまり申請の場合，国民の側にではなく，**行政の側に義務**がある，ということ。つまり，①許可を出すか②出さないか。申請に対する**応答義務**が，行政の側にはあるのです。この基本的な違いを，まずはしっかり押さえましょう。

# 3-4-2 処分と行政指導

**処分の場合**　今度は，処分と行政指導の関係です。行手法によると「**処分**（disposition）」とは，「行政庁の処分その他公権力の行使に当たる行為」です。正当な理由なく処分に従わないと，**処罰・強制**されます（▶ p.130 以下）。つまりは**国民**の側に，処分に「従う**義務**」があるわけです（▶ 図 3-8）。

**図 3-8 ● 処分の場合**　　**図 3-9 ● 行政指導の場合**

**行政指導**　ところが**行政指導**（administrative guidance）の場合，嫌なら従わなくても，処罰・強制されることは**ない**。図 3-9 では，図 3-8 との対比で，国民に「従う**義務がない**」ことを，破線の円で示してあります。

## 水平の「非権力関係」と非水平の「権力関係」

行政指導のような「水平」の関係を，「**非権力関係**（独 Nichthoheitsverhältnis）」と呼ぶ。それとの対比で，処分のような「非水平」の関係を，「**権力関係**（独 Hoheitsverhältnis）」と呼ぶ。理論用語だが，覚えておきたい。

**学ぶ順序**　以上の予備知識を前提に，まず行手法第２章の手続を学び，続いて第３章の手続について，肉づけ学習します。

# 3-5

# 「申請に対する処分」の手続（行手法第2章）

## 3-5-1 はじめに

**数え歌 7**　前記行手法「数え歌」7 は,「七つの条文」でした。行手法第 2 章には, **条文が 7 か条ある**（5 ～ 11 条）という意味です（▷ p.66）。

**定義**　「申請に対する処分」については, 行手法に定義はありません。したがって

①「申請」（行手法 2 条 3 号）と,

②「処分」（同条 2 号）

の定義を**組み合わせて理解**することになります。

**利益付与処分**　「申請に対する処分」とは要するに, 国民に「**利益**を付与する処分」のことです。その意味で,「**不利益**処分」（行手法第 3 章）と**裏と表**（あべこべ）**の関係**に立つのでした（▷ p.44）。

### 「公権力の行使」という響き（語感）

「不利益処分」の場合,「公権力の行使」と聞いても, 違和感がない。ところが「申請に対する処分」（＝利益付与処分）は,「公権力の行使」という響き（語感）が「フィットしない感」が残る。しかし「公権力」とは,「**法律が行政に与えた権限**（パワー）」という意味だった（▷ p.10）。だからそう考えれば, 許認可の付与処分もまた, 法律により行政に認められた権限の行使, すなわち「**公権力の行使」なのだ**と, 納得できる（腑（ふ）に落ちる）だろう。

## 3-5-2 申請「前」手続（行手法5条・6条）

**2区分**　さて「七つの条文」は,

①申請**前**手続（行手法5条, 6条）と,

②申請**後**手続（同7～11条）

の**2つ**に大別（たいべつ）・区分されます。

**2本のモノサシ**　まず①は,「許認可の申請が**出される前**までに済ませておくべき手続」という意味で, 行手法は「**2本のモノサシ**」を用意せよと定めました。1本目は「**審査基準**」（同5条）, また2本目は「**標準処理期間**」と呼ばれるモノサシです（同6条）。重要なので, 覚えましょう。

**モノサシの公表**　これら2本のモノサシは,「**作成**」だけではなく「**公表**」の必要があります。今日ではWeb上で, 各種の「審査基準」と「標準処理期間」の閲覧が可能です。その一例が, 図3-10の「e-Gov（イーガブ）」の電子申請サイトです。

**図3-10●「e-Govポータル」トップページ**
出典：https://www.e-gov.go.jp

## e-Gov

日本では 2000（平成 12）年以降，電子政府を形成する動きが急である（Society5.0 ▶ p.167。また，2021［令和 3］年 9 月 1 日には**デジタル庁**が創設された）。

たとえば，総務省行政管理局が整備・管理する Web サイト「e-Gov」（▶図 3-10）を開くと，「電子申請」というメニューがあり，インターネットを利用して，家に居ながら特定の行政手続ができるほか，「行政サービス・施策に関する情報」にある「デジタル行政」メニューの「国家 IT 戦略」をクリックすれば，直近の「世界最先端デジタル国家創造宣言」を閲覧できる。

**審査基準**　**審査基準**（review standards）の定義は，行手法**2条8号ロ**です。「申請により求められた**許認可等をするかどうか**をその**法令の定めに従って判断**するために**必要とされる基準**」という意味。これも覚えましょう。

**命令等**　なお，行手法は，審査基準・処分基準・行政指導指針を，政令・省令（しょうれい）・告示（こくじ）などと合わせ，「**命令等**（とう）（administrative orders, etc.）」と呼んでいます（行手法２条８号本文）。これも押さえておきたい定義です。これらの制定・改廃には，後で学ぶ**パブコメ手続が必須**です（▶ p.121 以下）。

**策定義務**　行手法は，審査基準を「定めるものとする」としています。これは「定めなければならない」に比べると，「**やんわり**した義務付け」です。でも，次に説明する「努める」（努力義務）に比べれば，「**きつい**義務付け」です。

**3 項の相互関係**　行手法５条は，次の「**3 つの義務**」を行政に負わせています。すなわち，

①「モノサシを**作れ**」（同条１項），

②その「モノサシには，**目盛りを**（なるべく細かく）**振れ**」（同条２項），そして

③モノサシを作ったら，「（隠していないで）誰（だれ）にも見えるように，**机の上に出せ**」（同条３項）

という義務です。

**その意味**　申請者にとって，審査基準が事前に公表されていることで，許認可のポイント（行政の**手の内**）がわかる（透明性）。結果，ムダを省き，**真に重**

**要な書類**を添付することで，**望む許認可を得やすく**なる（時間の節約）。

**標準処理期間**　次は，**標準処理期間**（standard period of time for processing）です。「申請がその事務所に**到達してから**当該申請に対する**処分をするまで**に通常**要すべき標準的な期間**」という意味（行手法６条）。こちらのモノサシは，「定めるよう努める」。つまり，「**努力義務**」ということです。

**努力義務の理由**　総務省の解説書によると，

①期間を一律に定めにくい処分や，

②過去に申請の実績がない処分

の場合，標準処理期間を定めなくてもよい。ただし標準処理期間は，**設定したら公表**です。つまり「策定は努力義務」ですが，「**公表は義務**」です。各種試験（短答式）では要注意ですね。

**具体例**　本書では前に，「行手条例には触れない」と述べましたが，標準処理期間について地公体から２例示します。東京都（▶図 3-11）は一覧表形式，大阪府（▶図 3-12）は Web サイトで検索する仕組みです（基準と期間が同時に検索可能）。ほかにもいろいろな例があると思われ，「まさに地方自治！」，多種多様です。標準処理期間は，「どんな形で公表」されているのかの参考です。標準処理期間を知ることで，申請の準備作業（書類作成時間）も含め，行為や事業全体の計画が立てやすくなります。

別表６　生活文化局

| 項番 | 事務名 | 根拠法令等 | 処理機関 | 標準処理期間（日） | 経由機関又は受付機関 | 経由日数（標準処理期間内の日数） | 区分 | 備考 |
|---|---|---|---|---|---|---|---|---|
| 63 | 私立学校被災生徒等臨時支援金事業 | 私立学校被災生徒等臨時支援金交付要綱 | 私学部私学振興課 | 100 | | | 3 | 申請期間を年3回に区分し、処理及び交付決定を行うため |
| 64 | 私立学校被災生徒等授業料等減免補助金事業 | 高校生就学支援金事業実施要領第3 1（4）、東京都私立学校教育助成条例、私立学校被災生徒等授業料減免補助金交付要綱 | 私学部私学振興課 | 60 | | | 3 | 申請期間は2か月間（年2回）で、その翌月末に交付決定を行うため |
| 65 | 私立専修学校・各種学校被災生徒等授業料等減免補助金事業 | 高校生就学支援金事業実施要領第3 1（4）、東京都私立学校教育助成条例、私立専修学校、各種学校被災生徒等授業料減免補助金交付要綱 | 私学部私学振興課 | 60 | | | 3 | 申請期間は2か月間（年2回）でその翌月末に交付決定を行うため |
| 66 | 学校法人の寄附行為認可 | 私立学校法第31条第1項 | 私学部私学行政課 | 360 | | | 1 | 私立学校の設置認可が条件となる。 |
| 67 | 学校法人の寄附行為の補充 | 私立学校法第32条第1項 | 私学部私学行政課 | 360 | | | 1 | 学校法人の寄附行為認可に準ずる。 |
| 68 | 学校法人の寄附行為変更認可 | 私立学校法第45条第1項 | 私学部私学行政課 | 60 | | | 1 | 私立学校に係る認可が条件となる。 |
| 69 | 学校法人の寄附行為変更届 | 私立学校法第45条第2項 | 私学部私学行政課 | 6 | | | 3 | |
| 70 | 学校法人解散認可・認定 | 私立学校法第50条第2項 | 私学部私学行政課 | 60 | | | 1 | 私立学校審議会の意見を聴くため |
| 71 | 学校法人合併認可 | 私立学校法第52条第2項 | 私学部私学行政課 | 60 | | | 1 | 学校法人の寄附行為変更認可に準ずる。 |
| 72 | 学校法人仮理事選任 | 私立学校法第40条の4 | 私学部私学行政課 | 30 | | | 1 | |
| 73 | 学校法人特別代理人選任 | 私立学校法第40条の5 | 私学部私学行政課 | 30 | | | 1 | |
| 74 | 私立学校法第64条第4項の法人の寄附行為認可 | 私立学校法第31条第1項 | 私学部私学行政課 | 360 | | | 1 | 私立専修学校・各種学校の設置認可が条件となる。 |

**図 3-11 ● 東京都の標準処理期間（生活文化局 - 私立学校・学校法人関係）**

出典：「東京都における窓口業務の標準処理期間」

**図 3-12● 大阪府の場合（Web による「審査基準及び標準処理期間検索」）**

## 3-5-3 申請「後」手続（行手法 7 条・8 条）

**7 条と 8 条**　今度は，申請「後」手続です。ここでは **2 つの条文**（行手法 7 条と 8 条）の**制度趣旨**の理解が重要です。まず 7 条は「**到達主義**」を，次に 8 条は，申請を拒否（きょひ）する場合の「**理由の提示**」義務を定めています。

**場合分け**　まずは行手法 **7 条**から。この条文は，次の **2 つに場合分け**しないと，理解が難しい。すなわち，

①申請が**形式要件**を「満たして**いない**」場合と，

②「満たして**いる**」場合です。

**満たしていない場合**　まず①の場合，行政庁は

㋐申請者に対し，相当の期間を定めて当該申請の「**補正**」を求めるか，

または

㋑申請により「求められた**許認可等を拒否**」しなければなりません（行手法 7 条）。

**補正の場合**　補正の結果，形式要件（＝ 1 次試験）を満たす申請が**再提出**さ

れれば, 実質要件（＝２次試験）の判断手続に移行し, その結果, **実質判断**（許可・不許可という）が下されることになります。

**２つの処分**　注意を要するのは，ここにいう「許認可の申請を**拒否する処分**」には，**次の２種**が含まれていること。つまり

ⓐ**不許可**，すなわち許認可の「**実質**要件を満たしていない」という判断を示す処分（＝**請求棄却**）のほか,

ⓑ申請が許認可の「**形式**要件を満たしていない」という判断を示す処分（＝**申請却下**）

も含まれるからです（総務省解説)。

**不利益処分ではない**　なお，申請を拒否する処分は,「**不利益処分**」（▶ p.79以下）**ではない**ことに要注意です（行手法２条４号ロ)。

**満たしている場合**　次は, 申請が「形式要件」を**満たしている**場合（前記②）です。「形式要件」とは **3 つ**。すなわち

①申請書の「記載事項に**不備がない**」

②「添付**書類が添付**されている」

③「**期間内**にされた」

ことです。この場合，行政庁には遅滞なく申請の**審査を開始し，応答する義務**があります。

**審査の開始•応答**　形式基準を満たした許認可の申請があると, 申請**内容（実質）の審査**, つまり「申請は審査基準に合致するか」の審査が開始されます。同時に, 応答の「目安」となる標準処理期間（行手法６条）も, 自動的にスタートする。だから，同期間が過ぎる頃までに，申請に対する諾否（承諾か否か）の**応答義務**が行政には発生するのです（同７条)。そして申請に対する不応答は, **「不作為」の問題**を引き起こす（その対抗策▶ p.120)。

**到達主義**　ともあれ行手法７条の理解のポイントは,「**到達主義**」（＝客観主義）が採用された，という点です。裏側から表現すると,「**受理主義**」（＝主観主義）**は否定**されたのです。

**「受理」とは**　行手法が施行される前まで，申請が到達しても，「受理」せねば**応答しなくてもいい**という行政実務が横行し，「いつ許認可がされるのか（されないのか)」，**不透明な状況**がありました。

**胸三寸**　「受理する・しない」と聞くと，まるで公務員に**裁量（判断余地）が**

**ある感じ**ですね。実際，言葉は悪いが窓口に出る公務員によって，**判断（受理するしないの）が食い違う**こともありました。

### 注意！　「受理」が法律に明記されていれば不受理あり

ただし！ 「受理」が**法律に明記**されていれば，話は別。現在，280件前後の法律に「受理」という語が使用されている（民法740条［婚姻の届出の受理］などのほか,戸籍法には「受理」という言葉が複数の条文に出てくる［戸籍法26条，27条の2，34条など］）。このように，立法者が「受理」行為に**独立した意味**を与えている場合には，**不受理はありうる**ことに注意しよう。

**そうでない場合**　そうでない場合，すなわち各根拠法に「受理」が明記されていない場合は，「受理しない」という取扱いは，**法的には無意味な行為**です。なぜなら，形式要件を満たした申請が窓口に到達すれば，そのことで審査・応答**義務が発生**するからです（行手法7条）。「不受理」で，この義務発生を止めることはできません。

なお，p.119以下には，ここで述べ切れなかった事柄を（届出との関連で）述べてあります。併せてお読みください。

**理由の提示義務**　次に，「許認可等を拒否する処分」をする場合，行手法は申請者に対し，**同時に**，拒否処分の**理由を提示**しなければなりません（行手法8条1項）。処分を書面でするときは,理由は**書面により示す義務**があります（同条2項）。

### 注意！　「同時に」「書面により」は頻出論点

「同時に」や「書面により」の部分は，各種試験（短答式）で問われやすい論点である。行手法以前は，「**理由の付記**（ふき）（附記）」が使われていた。しかし付「記」できるのは，処分が書面で行われる場合のみ。そこで行手法は，処分が**口頭で行われる場合も含め**，「理由を示せ」という意味で，「**提示**」という表現を採用した。なお，「理由の提示」というのは，後で別の場所でも出てくるので，合わせ覚えること（▶p.82以下）。理由提示の「機能」には，①不服申立て（もうした）の機会付与，②説得機能，③決定過程公開機能がある（▶レインボーp.215）。

**公正な手続**　拒否の「理由」がわかれば，対策の立てようもあります。

①「しかたない」と**あきらめる**のか，それとも

②**審査請求**や**取消訴訟**（とりけしそしょう）**を起こす**のか。

行手法８条は，まさに「透明で公正な手続」の具現化です。

### 行審法「簡易迅速かつ公正な手続の下で」

改正**行審法**（ぎょうしんほう）（行手法ではない！）では，旧第１条の「簡易迅速な手続」にプラスして，文言（もんごん）が新たに加えられ，「簡易迅速（じんそく）かつ**公正な**手続の下で（under simple, prompt and **fair** procedures)」となったことも，併せて記憶しておきたい。

**その他の条文**　なお，行手法９条（情報の提供），10 条（公聴会の開催等），11 条（複数の行政庁が関与する処分）については，スペースの関係で説明は割愛です（▶レインボー p.216）。

以上で行政手続法第２章（申請に対する処分）の学習を終え，第３章（不利益処分）の手続に移ります。



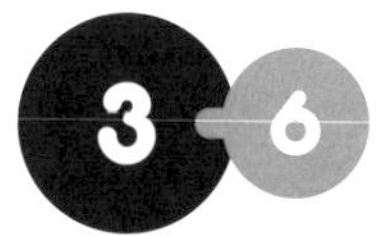


# 「不利益処分」の手続（行手法３章）

**行手法の中心**　行手法の条文数は合計 **48 か条**です。その中で，「どの手続の条文数が**最も多い**か」を調べてみると，これから学ぶ「**不利益処分**」の条文です。20 か条（**全体の４割強**）あります（四捨五入で 42％）。

**定義**　さて「不利益処分」とは，「行政庁が，法令に基づき，特定の者を名（な）あて人（にん）として，**直接に，これに義務を課し，又はその権利を制限する処分**をいう」

と定義されます（行手法２条４号本文）。この

①「義務を課し（impose duties upon them）」，または

②「権利を制限する（limit their rights）」

という部分が，理解のポイントです（各種試験で問われそうです）。後に法治主義のところで説明する，**「侵害留保（りゅうほ）」説**です。また「法令に基づき」という表現で，「**法律の優位**」の原則が示されています（▶ p.186 以下）。

**２種の「不利益」**　ここで注目すべきは，行手法にいう「不利益」には次の**２類型**，すなわち

①「**義務賦課（ふか）**型」の不利益（**自由**が凹（へこ）む）と，

②「**権利制限**型」の不利益（**権利**が凹む）がある，

という点です。よって不利益**処分にもまた，２類型がある**わけです（▶図3-13）。このことは，すでに第１章で学びました。図1-6（▶ p.36）と図1-7（▶ p.38）を，図3-13と照らし合わせて眺（なが）めれば，理解が一層深まるでしょう（許可と認可▶ p.9）。

**申請を拒否する処分**　すでに述べたように（▶ p.77），申請を拒否する処分（行手法７条）は，ここにいう**「不利益処分」には当たらない**ことは，行手法２条４号ロから明らかです。「引っかけ問題」を作られやすいので，要注意。

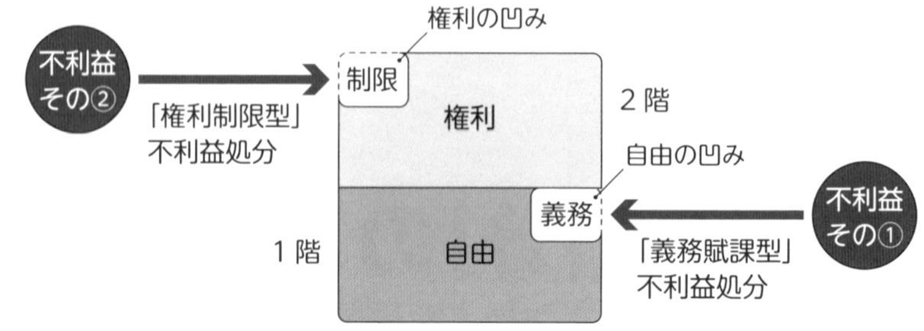


**図3-13●「不利益」の２類型**

**処分基準**　さて不利益処分に先立ち，行政庁には「**処分基準**（disposition standards）」を定め，かつ公表する努力義務があります（行手法12条）。処分基準とは，「不利益処分を**するかどうか**又は**どのような**不利益**処分とするか**についてその**法令の定めに従って判断**するために**必要とされる基準**」です（同２条８号ハ）。覚えましょう。

**関連判例**　風俗営業（パチンコ店）の**営業停止命令**について最高裁は，同じ処分基準による「処分を受けた**前歴**」があることを，2度目の不利益「処分の量定に**加重する**」旨の処分基準の定めは，「裁量権の範囲の**逸脱又はその濫用に当たる**」と判示しました（最判平27・3・3）。

**努力義務**　すでに学習したように，「申請に対する処分」の基準である**審査基準**は，その策定と公表は**義務**でした（▶ p.74）。これに対し**処分基準**は，「定め，かつ，これを公にしておくよう努めなければならない」，つまりは**努力義務**です。この違いは，どこから来るのでしょうか。

**手の内を明かす**　話を単純化し，ある許認可の処分基準が「1度目の違反＝口頭による注意・指導」「2度目＝文書による警告」「3度目＝不利益処分の発動」だったとして，これを公表したらどうなるか？

**違反は2回OK**　人間はずるい生き物ですから，「そっか。2回まで違反OKなのね！」と，ウラ読みする。それでは，かえって**違反行為を助長誘発**するおそれもあり，この事情から，場合によっては「手の内をすべて明かさなくてよい」という趣旨です。

**パブコメ手続**　なお，処分基準の**制定・改廃**にも，**パブコメ手続が必要**です（▶ p.121以下）。このように手続間をリンクさせて記憶することも重要です。

## 3-6-1 聴聞と弁明

**聴聞・弁明**　行手法によれば，不利益**処分に先立ち**，処分の相手方（「名あて人」と呼ばれる）に対し，

①**聴聞**（hearings）または

②**弁明**の機会の付与（granting of the opportunity for explanation）

かの，**どちらかの手続**を執る必要があります（行手法13条1項1号・2号）。

**共通点**　聴聞も弁明も，ともに不利益処分に対する「**事前手続**」です。2つを合わせ行手法は，「**意見陳述**のための手続（procedures for hearing statements of opinion of persons）」と呼んでいます（行手法13条1項本文）。なお，「陳」も「述」も，ともに「**述べる**」という意味です。

**4つの違い**　両者の違いは，**4つ**。すなわち，

①聴聞は処分によって相手方が受けるダメージが**大きい**場合に，また弁明はダメージが**大きくない**場合に執(と)られる。したがって，

②聴聞は**慎重**な手続なのに対し，弁明は**簡略**な手続。

③「慎重な手続」とは，聴聞が**口頭**で行われる手続だが，「簡略な手続」とは弁明が**書面**を提出して行われる手続という意味。

④聴聞は**3者構成**（処分者［行政庁］，被処分者［名あて人］にプラスして，「主宰者(しゅさいしゃ)」と呼ばれる第三者が加わる関係）で，弁明は**2者構成**（行政庁と被処分者のみの関係）で行われる手続（▶図3-14）。

この点は，カフェーパウゼ(2)（▶ p.88以下）でその深い意味を学びます。

## 3-6-2 聴聞と弁明の振り分け基準

**聴聞の場合**　では，どんな場合が「聴聞」で，どんな場合が「弁明手続」か。具体的に知りたいところです。聴聞手続を実施する場合は**4つ**あり，

①**許認可等を取り消す**不利益処分

②名あて人の**資格・地位を直接はく奪(だつ)する**不利益処分

③**法人役員の解任を命ずる**等の不利益処分

④これ以外の場合であって行政庁が「**相当と認めるとき**」

です（行手法13条1項1号イ～ニ）。

**弁明の場合**　次に弁明の機会の付与手続は，前号イからニまでの「**いずれにも該当しない**とき」（行手法13条1項2号）。消去法的な定義ですね。

## 3-6-3 理由の提示

**理由の提示**　不利益処分をする場合，行政庁は相手方に「**同時に**」「**書面で**」その理由を示さねばなりません。これを「不利益処分の**理由の提示**（showing of grounds for adverse dispositions)」といいます（行手法14条)。

**ほかにも**　あれれ？　覚えていますか。「理由の提示」は，別の場所にも出てきましたよね。そう。行手法第2章で，「申請を**拒否する処分**」をする場合でした（▷p.78)。その意味で，**第2章と第3章の手続をリンク**させて記憶すると，効率がいいです。

**関連判例**　これに関し最高裁は，国土交通大臣による一級建築士の**免許取消**（とりけし）処分（改正前の建築士法）が，処分基準の適用関係を示しておらず，名あて人が「**いかなる理由**に基づいて**どのような処分基準の適用**によって当該**処分が選択**されたのかを**知ることができ**」**ない**のは，「行政手続法14条1項本文の趣旨に照らし，同項本文の要求する理由提示としては**十分でな**」**く**，処分は「理由提示の要件を欠いた**違法な処分**である」としました（最判平23・6・7)。

## 3-6-4 聴聞の手続

**聴聞・弁明**　聴聞手続は，「**3者構成**」で行われます（▷図3-14)。ここも弁明手続（2者構成）と対比させましょう（▷p.90)。

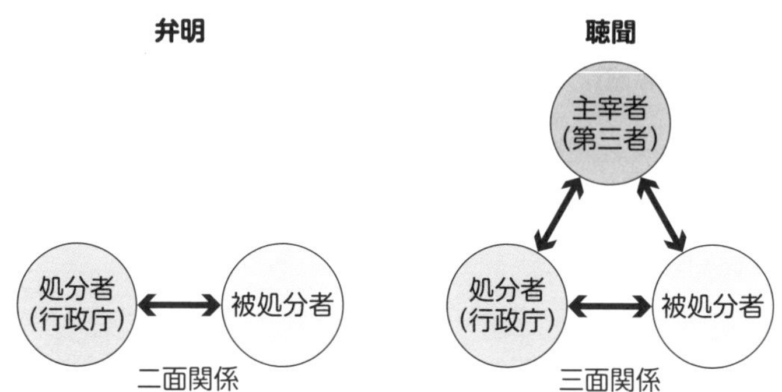


**図3-14●聴聞と弁明**

**聴聞の構成**　聴聞手続は，

①聴聞の**主宰者**（presiding officials）＝第三者（行手法17条1項，19条1項）の司会の下に，

②**行政庁**の職員（an official）＝「訴追者」（同20条1項）と

③処分の**名あて人**（the subject parties）＝「被訴追者」（同15条1項）とが向き合う3者構成，つまりは，**刑事裁判手続**に似た仕組みです。

**聴聞規則はWeb上で閲覧可能**

聴聞（と弁明）手続の詳細に関しては，国の場合，行手法を具体化した「○○**省聴聞手続規則**（Regulation on Hearing Procedures）」（省令，Order of Ministry）が制定されており，Web上で閲覧できる。なお，各地公体にも，**同様のルール**が存在する。読み比べると，いろいろな工夫がされていることがわかる。

**お色直し**　なお，不利益処分の「**名あて人**」（相手方）**は**，聴聞手続の間（＝図3-15の「聴聞期日の審理」を挟んで，その前後各1週間～10日間程度）は，「**聴聞の当事者**（parties to the hearing concerned）」**と呼び名が変わる**こと（＝「お色直し」）に注意しましょう（行手法16条1項）。

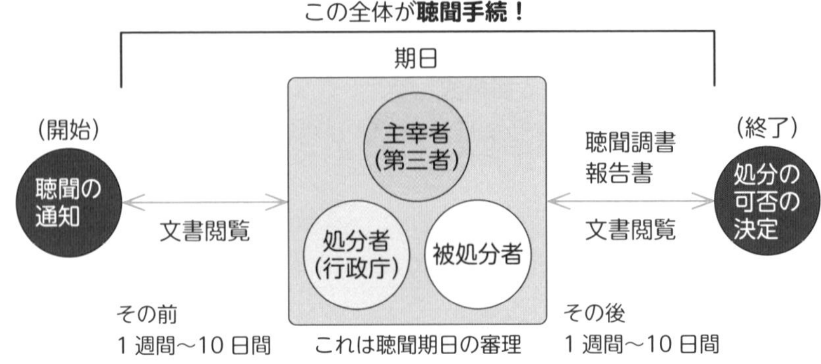


**図3-15● 聴聞手続**

**聴聞の通知**　聴聞期日までに，行政庁はまず**4つの項目**に関し，**書面**により**通知**（notice of formal hearings）を行います（行手法15条1項）。一種の「呼び出し状」ですが，争点を明確にする効果もあります。

**4つの項目**　それは，

㋐予定される「**処分の内容**」と「**根拠法令の条項**」

㋑処分の「**原因となる事実**」

㋒聴聞の「**期日と場所**」

㋓**連絡先**

です。

**数え歌 6**　さて行手法「数え歌」の中に,「**六人の手続参加者**」というのがあったのを覚えていますか（▶ p.66）。あの段階では先送りした事柄を，今ここで学びます。

**主役・脇役**　上述した 3 名の「**主役**」（**必要的**手続参加者）以外に,

④当事者の「**代理人**（agents)」（行手法 16 条 1 項),

⑤「**参加人**（intervenors)」（関係人, interested parties）（同 17 条 1 項), そして

⑥「**補佐人**（assistants)」（同 20 条 3 項）

が**脇役**として，聴聞手続に参加する可能性があります（**任意的**手続参加者）。これらを合わせて，数え歌では「六人の手続参加者」と呼びました。なお，注意すべきは行手法の中には, 補佐人と読み方が一緒の「**保佐人**（ほさにん）（curators)」（民法 11 条以下）も登場します（聴聞の「主宰者になれない人物」の例示として）。**両者は別物**なので，混同しないよう注意しましょう。

### 聴聞期日の審理手続

期日の当日は，①主宰者による人定尋問（じんていじんもん）→②行政庁職員による処分案件の説明→③当事者による質問→④行政庁側の回答→⑤当事者による意見の陳述→⑥行政庁側からの意見→⑦当事者による証拠書類等の提出といった感じ，つまりは裁判所の「交互尋問」にも似た形で，手続は進行していく（行手法 20 条各項)。審理手続に要する時間はおそらく **1 時間前後**であろう。

**聴聞規則**　なお，聴聞期日の審理手続は，**原則「非公開」**です（行手法 20 条 6 項)。「審理の公開を相当」と認めるときについては, 国の府省（ふしょう）や地公体の「**聴聞（手続）規則**（Regulation on Ministry of ... Hearings)」があります。

**文書閲覧権**　聴聞の当事者・代理人・参加人は，聴聞の通知から聴聞終結までの間,「調書その他の当該不利益処分の原因となる事実を証する**資料の閲覧を求める**こと」ができます（行手法 18 条)。このような手続的権利（＝**文書閲覧権**, inspection of records）を保障した点に，日本の行政手続法の**水準の高さ**が

表れています（▶図 3-15）。

**閲覧の対象**　閲覧の対象は，

①聴聞期日の**前**段階では「不利益処分の**原因となる事実を証する資料**」

ですが，

②聴聞期日の審理の**後**段階では，主宰者が作成する「2 通のレポート」

（＝**聴聞調書と報告書**。行手法 24 条）

です。この，文書閲覧権の保障のことは，記憶にとどめておきましょう。

**聴聞の主宰者**　主宰者には，「行政庁が指名する職員その他政令で定める者」が就任します（行手法 19 条 1 項）。一概に「誰」とはいえませんが，要は

①**処分には直接タッチしていないが**，

②**実務を知る者**

ということです。つまりヒラの係員ではだめで，一定の職位にある職員（課長など）になるはずです。ここも，後で学ぶ**審理員**（しんりいん）（審査請求）**との関係**で，興味深い論点です（▶ p.254 以下）。

**主宰者の役割**　主宰者の役割は，

①聴聞期日の当日の MC（＝**司会**）のほか，

②期日が終了した後には，**レポーター**

に「変身」します。すなわち，聴聞終結に際して主宰者は

㋐**聴聞調書**（record of hearings）と

㋑**報告書**（written reports）

と呼ばれる **2 通のレポート**を作成し，聴聞後速（すみ）やかに，処分行政庁に提出するのです（行手法 24 条 1 ～ 3 項）。

**調書と報告書**　㋐は，聴聞期日に行われた「**審理の記録**」です。つまり，年月日時間と，どこで誰が参加して聴聞が開催され，その内容はどうであったか，という**「事実」が記載**されます。これに対し㋑は，主宰者として聴聞を仕切ってみた「**評価**（どう思ったか）」です。つまり報告書には，「処分の原因となる事実に対する当事者等の主張に**理由があるかどうかについての意見**」が記載されます。㋐は事実の記録なので，誰が書いても同じです。しかし㋑のほうは，聴聞の主宰者の資質（法的知識，手続的センス，公正さ等）が表れます。

**文書閲覧**　㋐と㋑も，**文書閲覧**（えつらん）**の対象**です（行手法 24 条 4 項▶図 3-15）。なお，これら事前手続の書類は，**事後手続**（不利益処分に対する審査請求又は

及び取消訴訟の手続）に移行した段階では，**重要な証拠書類**となります。

**処分の決定**　聴聞手続（広義(こうぎ)）の最後の段階として，行政庁は聴聞の主宰者（第三者）が作成した聴聞調書と報告書を**十分に参酌(さんしゃく)**しながら，**処分を行うか否かを決定**します（行手法26条）。これだけ慎重な手続を踏めば，誤った不利益処分が行われる可能性は，**かなり減る**ことになるでしょう。

## 3-6-5 弁明手続

**弁明**　次に弁明は，聴聞に比べると，不利益処分によって受ける被処分者の不利益が「**大きくない**場合」に執(と)られる手続でした（▶ p.82）。

**弁明手続**　**聴聞が，口頭**による意見陳述の手続であったのに対し，弁明は原則として，被処分者が「**書面**」（**＝弁明書**，written explanation）を処分者（行政庁）に提出して行う手続です（行手法29条）。すでに述べたように，聴聞（3者構成）とは違い，弁明は「**2者構成**」で行われます（▶ p.82，図3-14）。

**手続の流れ**　弁明手続も，聴聞と同じく，最初に「**通知**（notice）」があり（行手法30条），そこに示された期限までに**弁明書**を，証拠書類とともに**提出**します（同29条）。行政庁は，それらを読んだうえで，不利益処分をするかどうかを**決定**することになります。

**他の手続**　行手法が定める他の手続，すなわち①行政指導，②パブコメ，③届出手続は，審査請求と取消訴訟のパラレル学習（第4章）の後，第5章で「肉づけ学習」します（▶ p.109以下）。

以上で，本章（処分の事前手続法＝行手法）の学習を終わります。この後は，カフェーパウゼ⑵「進化する手続」を挟んで，第4章では「処分の事後手続法」すなわち行審法と行訴法を「パラレル学習」しましょう。

# 進化する手続 ——「串刺し」のまとめも兼ねて

第3章と第4章の間に，2つ目の休憩所（きゅうけいじょ）（カフェーパウゼ）を置く。もし「おなか一杯」なら，今回ここは飛ばし読み。ひとまず先に進んで，学習と理解が深まった段階で，戻って復習してくれたまえ。重要なことが述べてあるから。

## 進化する手続(1) —— 刑事裁判手続

さて最初に，行政法とは「一見無関係」な刑事訴訟（そしょう）の話をする。今まで，「糺問（きゅうもん）主義」「弾劾（だんがい）主義」という言葉を聞いたことがあるだろうか（「糺問」は「糾問」とも書かれる）。これらは西欧の刑事裁判における運用方法の違いで，歴史上は先に糺問主義が発達し，後から弾劾主義が現れ，糺問主義に取って代わった。

まず「糺問主義（独 Inquisitionsprinzip（インクヴィズィツィオーンス・プリンツィープ））」とは，「刑事訴訟について，裁判官と訴追者（そついしゃ）との分離がなく，裁判官が職権（しょっけん）で手続を開始し，被告人を取り調べ，審理し，裁判する方式」。次に「弾劾主義（独 Akkusationsprinzip（アクザツィオーンス・プリンツィープ））」とは，「刑事訴訟について，裁判所以外の者の請求によって訴訟を開始するもの。（略）また，訴訟が裁判所，訴追者，被告人の間で進められるものをも弾劾主義という場合がある」（ともに『有斐閣（ゆうひかく）法律用語辞典』より）。

この定義だけでは，理解はちと難しい。そこで図解して，2つを左右に対比してみる（▶図1）。

糺問主義

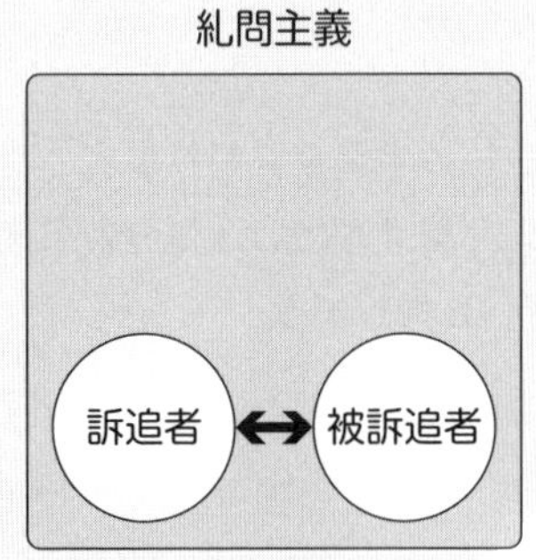


弾劾主義

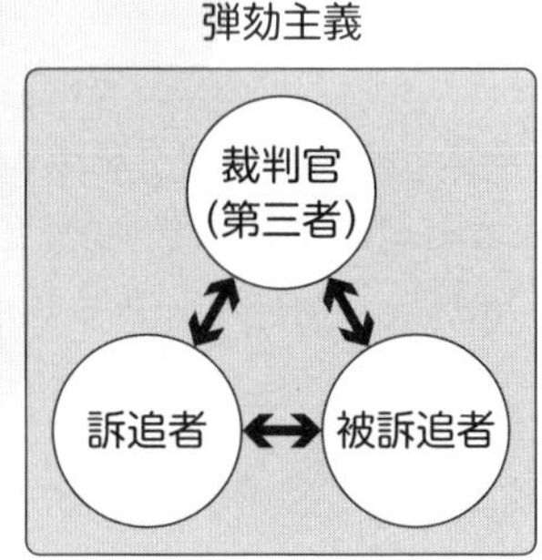


**図1● 糺問主義と弾劾主義**

どうだろう。グッとわかりやすくなったのではないか。それだけではなく，左右の図，つまり①糾問主義と②弾劾主義の違い（＝第三者が手続に関与するか否か）もまた，明らかになる。

この２つは刑事裁判における，相(あい)対立するスペックなのだ。今日(こんにち)の「常識」では，刑事裁判は当然に②の方式である。それは，明治初期には当時の先進国(ヨーロッパ)では，すでに①から②への移行を終えており，日本はそれを当たり前のように受け継いだ結果である。

さてカロリナ刑法典（ラテン語 Constitutio Criminalis Carolina(コンスティトゥティオ・クリミナーリス・カロリーナ)，CCC）という，「刑法の御先祖」がある。正式には，「カール５世刑事裁判令（独 Peinliche Gerichtsordnung Karls V.(パインリッヒェ ゲリヒツ・オルトヌング カールス デス・フュンフテン)）」と呼ばれる。1532（天文１）年（織田信長が生まれた頃）制定のこの法典は，とりわけ「魔女狩り（witch-hunt，独 Hexenverfolgung(ヘクセン・フェアフォルグング)，仏 chasse aux sorcières(シャス・ゾ ソルスィエール)）」に猛威を振るった。魔女狩りの最盛期は，1580（天正８）年から 1680（延宝８）年にかけての１世紀。最後の魔女裁判は，1759（宝暦９）年頃だそうだ。

カール５世（1500［明応９］～1558［永禄１］年）はハプスブルク家出身。神聖ローマ帝国皇帝（在位 1519［永正 16］～1556［弘治２）年］にして，スペイン王としては「カルロス１世」（在位 1516［永正 13］～1556［弘治２］年）を名乗った。日本の戦国時代初期，だいたい斎藤道三(さいとう・どうさん)，毛利元就(もうり・もとなり)，大内義隆(おおうち・よしたか)らと，ほぼ同時代の人である。

魔女裁判は，糾問主義の仕組みで行われていた。先ほどの定義にもあったように，糾問主義の下(もと)では，検察官と裁判官とは未分離である。糾問主義とは，言葉を換えると訴追者（処分者）と被訴追者（被処分者）だけの「２者構成」で行われる手続のことである。なお，ここは，次なる議論（進化する手続(2)）への伏線(ふくせん)である。

その後，暗黒の中世が終わり，ようやく「啓蒙(けいもう)の時代」が訪れた。その裁判手続への現れが，弾劾主義なのである。先の図１に描(えが)いたように，弾劾主義の下での裁判手続では，検察官と裁判官が組織的にも職能的にも分離する。その結果，刑事裁判は「３者構成」で行われる手続へと進化した。このように，手続に第三者を関与させることの重要性（＝偏見の排除，人権の保障）は，何度強調しても強調しすぎることはない。

## 進化する手続(2)——行政手続＝行政の「司法形態」化

さて，他人様の庭先（＝刑事訴訟法）を通るのは「冷汗もの」なのだが，以上が予備知識。「本論」はここから。司法手続が早い段階から「3 者構成」の手続に進化したのに比べると，行政手続はその後も「2 者構成」が維持されていた。そこで次に，かつて司法手続に押し寄せたのと同じ「波（動)」がようやく遅れて (200 年遅れ), 今や日本の行政手続にも及びつつある, というお話。

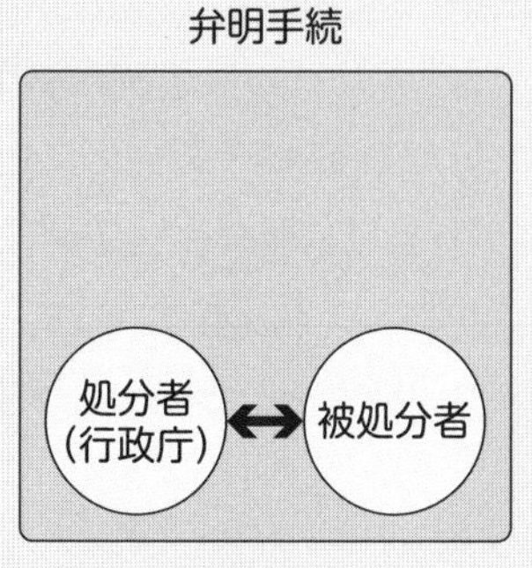


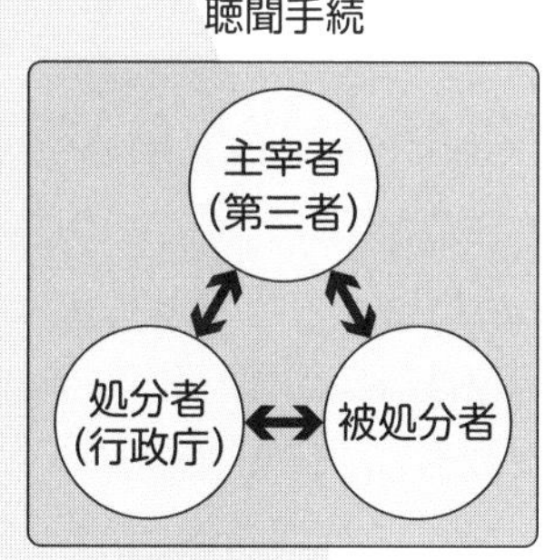


**図 2● 弁明手続と聴聞手続**

第 3 章で行政手続法を学んだ際，不利益処分手続（行手法 3 章）について，「聴聞手続」と「弁明手続」という言葉が出てきていた。そこで，図 2 を見てほしい。

もうおわかりと思うが, 刑事訴訟の言葉を借りると, 弁明手続は「糾問主義」的であり，聴聞手続は「弾劾主義」的なのである。

ということは，1994（平成 6）年 9 月 30 日まで，すなわち行政手続法が施行されるまでの日本の行政手続は，「糾問主義」的に行われていた。ごくまれに，聴聞手続が個別の法律で定められていることはあった（たとえば当時の道路交通法。しかし表記は聴「聞」ではなく，聴「問」だったことに注意)。しかしそれ以外の行政手続は，「糾問主義」的であった。糾問主義の最大の問題点は，上に述べたように，思い込み（偏見）である。思い込みは，「誤った判断」へとつながりやすい。

さぁここまで来れば，あと一息。今度は，目を「事前」行政手続（＝行政手続法）から「事後」行政手続へと転じよう。改正前の行政不服審査法には，異議申立てと審査請求という，２つの異なるタイプの不服申立ての種類があった（▶p.51，250）。図３には，「異議申立て」と「審査請求」の手続を，左右に対比して図示した。

異議申立手続

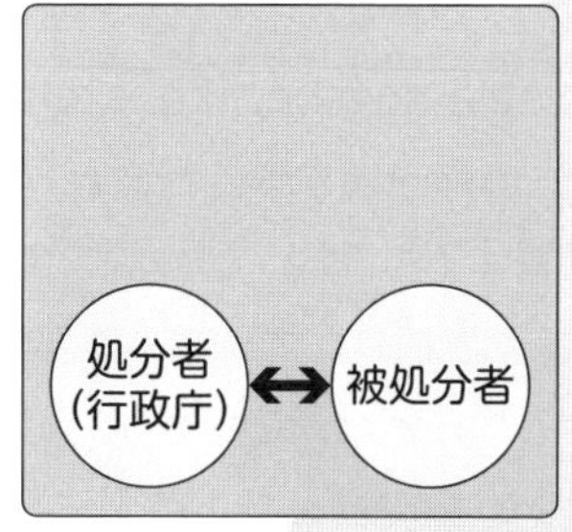


審査請求手続

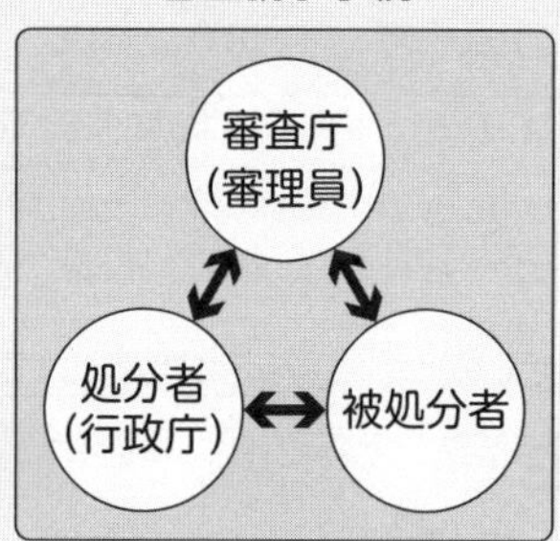


**図３● 異議申立手続と審査請求手続**

気がついただろうか？　そう。異議申立手続は「糺問主義」的，そして審査請求手続は「弾劾主義」的なのである！　旧行審法の２元制（異議申立て＋審査請求）が，2016（平成28）年４月１日施行の改正法によって，審査請求に一本化されたこと。そしてさらに，「審理員」と「行政不服審査会」の仕組みが加わったことで，行審法の手続における「第三者性」は，一層強化された。

かつてオットー・マイヤー（ドイツ行政法の父）は，「行政が司法の姿を纏うこと（Justizförmigkeit der Verwaltung）」が，「行政の正しい決定を保証する」と述べたのは，この，手続における「3者構成」のことを指していたのである。

このように，行手法（聴聞手続）といい，また行審法の改正（審査請求に一本化＋審理員＋審査会）といい，この四半世紀の間に日本の行政に訪れた「手続の進化」（＝偏見の排除＋手続の公正化）には，まさに目を見張るものがある。

それとともに，タテ割り（＝法典ごと）で眺めていたのではわからない事柄が，「串刺し学習」してみて初めて発見でき，そのことで理解も一層深まるということが，納得できただろう。暗記は不要なのだ。

ただし，ここでした説明は，「共通点」に関するものである。むろん各手続，すなわち「事前」手続を定める行手法と，「事後」手続を定める行審法では違う点もあり，また行訴法（司法手続法）には，行手・行審法（行政手続法［広義］）

とは違う特色がある。そこら辺にも気をつけながら，手続 3 法を学ぶとよい。

最後に蛇足(だそく)ながら，近代国家ができた頃の欧州では，今日の意味での「司法」と「行政」とが，未分離状態だった（特に末端部分で）。それがフランスでは 1820 年代頃，またドイツでは 1830 年代まで（日本の文化文政から天保(てんぽう)時代の頃）で，3 つのレベル，すなわち①中央（国），②中間（県や郡。仏 département(デパルトモン)，arrondissement(アロンディッスモン)，独 Regierungsbezirke(レギールングス・ベツィルケ), Kreise(クライゼ)），そして③地方（仏 commune(コミューヌ)，独 Gemeinde(ゲマインデ)）の最末端まで，行政と司法の分離が完了する。その「残りかす」が，行政に関する控除(こうじょ)説（消極説）の定義の中に存在している（「司法を取り除いて後に残ったもの」……という部分に）。また，公法と私法とが分化し，司法権に属する司法裁判所のほかに行政権に属する行政裁判所が置かれたのも，こういう理由からであった。英米法圏（1 つの法，1 つの裁判所▶ p.274）と比べてみると面白(おもしろ)い。

なお，3 つ目のカフェーパウゼは p.156 以下に置く。

# 第4章

# 処分の「事後」手続法

## 行審法と行訴法の「パラレル学習」

第３章では手続３法のうち，処分の事前手続を定める通則法である，行政手続法について学びました。続く本章では，処分の事後手続を定める２つの通則法，すなわち行政不服審査法と行政事件訴訟法を，一気に学習します。この同時並行方式が「パラレル学習」です。

# 4-1 はじめに

**一気に**　「一気に」という言葉には，さまざまな意味があります。冒頭「トリセツ」で述べたように，本書は数々の工夫を凝らした学習方法に基づいています。具体的には，第２章では「**串刺し学習**」でしたが，本章では「**パラレル学習**」という新方式を提案します。

**パラレル学習**　「パラレル学習」とは，**行審法と行訴法を**別個バラバラにではなく，互いに**対比させながら，同時並行**に学ぶ，という方式です。「ちょっと待ってよ。法律１つだけでも大変なのに，２つを同時並行なんて，無茶振りでしょ」と思う読者もいるでしょう。

**２倍ではない**　しかし，教育現場での実践経験によれば，「そんなことはない」のです。というのも，行審法と行訴法を別々に学ぶ時間に比べ，２つを同時並行で学習すれば，**「1.5 倍ぐらい」の時間と労力で，学習が可能**になるからです。

**一定の方法**　ただし無闇にパラレル学習したって，得られるものは少ない。むろんそれには，「**それなりの方法**」がある。その方法をとってこそ，パラレル学習はその真価を発揮するのです。

**共通部分**　「それなりの方法」とは，行審法と行訴法の**すべて**を学ぶの**ではない。共通する「背骨」**すなわち，処分に対する①**審査請求**（行審法）と②**取消訴訟**（行訴法）**に特化**して，２つを同時並行かつ**対比させて学ぶ**ことです。

**１石３鳥**　このパラレル学習によって実は，**行手法の知識も復習**できます。つまりは１石２鳥どころか，「**１石３鳥**」の学習効果が得られるのです。もし忘れてしまっていたら，図 2-3（▶ p.46）に戻り，周辺の解説をもう一度読み返してから，本章の学習に入ることをおすすめします。

**行政争訟法**　もともと「行政争訟法」という，**先人のアイデア**がありました。「争訟（lawsuits，独 Rechtsbehelf）」とは「**紛争を断ち切る**」という意味で，**同じ目的**を持つ行政不服申立てと行政事件訴訟の２つを，「**相合傘**（sharing one umbrella）」で論じるアイデアです。

## 3本の相合傘

1957（昭和32）年初版の法律学全集第9巻，今村成和（いまむら・しげかず）『国家補償（ほしょう）法』・雄川一郎（おがわ・いちろう）『行政争訟法』がその先例で，この「合巻（ごうかん）」形式が，**1本目の相合傘**。次に，今村著が，1冊で国家賠償（ばいしょう）と損失補償の2つを扱うので，これが**2本目**，そして最後に雄川著が，行政不服申立てと行政事件訴訟の双方を論じる（**3本目**）という構造になっている（▶図4-1）。

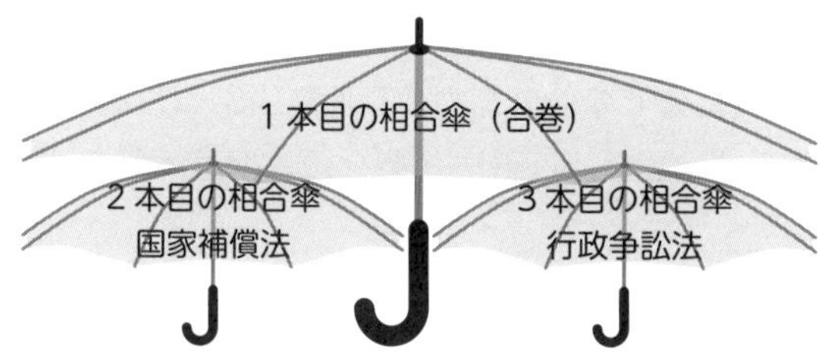


**図4-1●3本の相合傘**

**本書の方法**　このように「行政争訟法」では，行政不服申立てと司法不服申立て（行政事件訴訟）を「相合傘」で論じるのが一般なのですが，**中は別々**，つまり**両者を別個に**論じていました。これに対し本書が提唱する学習法は，

①ターゲットを審査請求と取消訴訟の**2つに絞り**，かつ

②両者を別個ではなく**同時並行（パラレル）**に学ぶ

点で，「**新しい**」と申せましょう。以上，先人に敬意を表する意味で「仁義（じんぎ）」を切りました。では，パラレル学習の中身に入りましょう。

## 注意！　処分の「事後」手続法に条例は存在せず

処分の「事前」手続法に関しては，法律（＝行手法）のほかに，**各地公体の条例**（＝行手条例）があった（▶p.62）。これに対し，処分の「事後」手続法の分野に存在するのは**法律**（＝行審法・行訴法）**のみ**。地公体には，「行政不服審査条例」や「行政事件訴訟条例」は存在しない。注意しよう。

# 審査請求と取消訴訟
## ――「パラレル学習」

**ターゲット**　さて，審査請求と取消訴訟の**共通点はその標的**(ターゲット)です。両者の対象はともに，「行政庁の処分その他公権力の行使に当たる行為」，**略して「処分」**です（行審法1条2項・2条，行訴法3条2項。関連：行手法2条2号▶表2-1，p.46）。

**「処分」とは**　ここでいう「処分（dispositions，独 Verfügung(フェアフューグング)）」とは何かですが，それはすでに学んだ

①**許認可の申請を拒否**(きょひ)**する処分**（行手法第2章▶ p.77以下）か，または

②**不利益処分**，つまりは第2章で与えられた許認可を**取り消し**たり**停止**したりする処分（行手法第3章▶ p.79以下）

です。

**共通点**　ゆえに審査請求も取消訴訟も，ともに「処分」に不服な国民が，**その取消し**を求めて起こす**行政争訟（救済）の手段**ということです。

### 第三者による審査請求・取消訴訟

ただし，行手法第2章で，**申請どおり**の処分がなされた場合にも，審査請求又は及び取消訴訟が起きてくる可能性があることに注意。たとえば，「3人（3社）の中から1人（1社）だけが選ばれる」（競願(きょうがん)関係）という場合など。選ばれたAは，許可を得て満足する。しかし，落選したBやCは不満だろう。つまり処分との関係では，**「第三者」が審査請求人・原告**となって，審査請求又は及び取消訴訟が起きる可能性がある（最判昭43・12・24［**東京12チャンネル事件**］）。さらに，改正行訴法で法定抗告(こうこく)訴訟となった，義務付け訴訟が起こされる余地もある（▶ p.280以下）。

**関連判例**　詳しくは後で学びますが，現段階では表 4-1 のような名前を記憶しておきましょう。これらの訴訟では，**第三者の原告適格が認められた**からです（▶ p.303 以下）。

| 事件名 | 裁判例 |
| --- | --- |
| **新潟空港**訴訟 | 最判平 1・2・17 |
| **もんじゅ**訴訟 | 最判平 4・9・22 |
| **小田急**訴訟 | 最大判平 17・12・7 |
| **サテライト大阪**訴訟 | 最判平 21・10・15 |
| **産廃施設**訴訟 | 最判平 26・7・29 |

**表 4-1 ● 第三者の原告適格が認められた裁判例**

## 4-2-1 審査請求と取消訴訟

**行審法と行訴法の関係**　さて，審査請求又は及び取消訴訟の提起が考えられる場合，2 つは「**どう関係**するか」。つまり電池で言えば，「**直列**つなぎ」と「**並列**つなぎ」のどちらなのか？　**答えは「並列」型**です。これを，審査請求と訴訟の「**自由選択主義**」といいます（▶ p.xvii，249，253）。ただし，根拠条文は行審法ではなく，**行訴法**（同 8 条）にあることに注意しましょう。

**原則→例外→その例外**　条文には，いろいろと難しく書かれています。簡単に言えば，**①原則→②例外→③そのまた例外**と覚えればいい。すなわち，

①原則＝**自由選択主義**（審査請求か取消訴訟の好きなほうを選べる）→

②例外＝ただし個別の法律に「審査請求を先に」と書いてあれば，それに従う（**審査請求前置主義**）→

③**そのまた例外**＝仮に②の場合でも，以下の「3 つの場合」には原則に戻り，**直ちに取消訴訟**を起こせる。

## 直ちに取消訴訟を起こせる「3つの場合」とは

すなわち，㋐審査請求があった日から3か月を経過しても**裁決がない**とき，㋑処分，処分の執行または手続の続行により生ずる**著しい損害**を避けるため**緊急の必要**があるとき，㋒その他裁決を経ないことにつき**正当な理由**があるとき（行訴法8条2項各号）。この辺は試験（短答式）で問われやすいところである。

**おさらい**　パラレル学習に先立ち，ここでは第2章で述べたことの復習を簡単にしておきます。以下，審査請求を①，取消訴訟を②と略します。

**根拠法**　まず根拠法については，もう自明のことだとは思いますが，①が**行審法**，②が**行訴法**です。

**裁断機関**　次に争訟の裁断機関は，①が行政機関（行政の「**自己**」統制）であるのに対して，②は司法機関（裁判所＝「**他者**（第三者）」による行政統制）です。

**手数料**　手数料は，①では**不要**ですが，②では「訴訟**費用**」がかかります。「民事訴訟費用等に関する**法律**」に基づき，細目は「民事訴訟費用等に関する規則」（1971［昭和46］年**最高裁規則**5号）が定めています。

**審理方式**　審理方式は①の**書面**主義に対し，②は**口頭**主義です。ただし，2016（平成28）年4月1日施行の改正行審法で導入された「審理員」と「行政不服審査会」制度の結果，双方に**口頭意見陳述の機会が保障**されたことには，注意しましょう（▶ p.256以下）。

**審理の対象**　最後の「審理の対象」については，記憶しておくべき**大きな違い**が存在します。すなわち②で争われるのは，処分の**違法性だけ**です。ところが①では，違法性にプラスして，処分の**不当性**も争うことが可能です。理由は，②が裁判所（他者）による行政統制の手段なのに対し，①は行政の自己統制の手段なので，裁量権**内部の審査もできる**のです。その結果，①では②よりも，**統制の範囲（審理の対象）が広くなる**のです（違法性＋不当性）。

**言葉の意味**　なお，法令に定義はないようですが，**違法性**（illegal，独rechtswidrig）とは理論上，「処分が根拠法律その他の**法に違反する状態**」をいい，これに対し**不当性**（unjust，独ungerecht）とは，「処分が適切・妥当ではない，つまりは**公益に違反する状態**」をいいます。要は当不当（＝妥当・不当）や適不適（＝適切・不適切）と表現される問題は，言葉を換えると**裁量**

(discretion，独 Ermessen) **の問題**なのです。

以上をまとめると，表 4-2 のとおりです。

| | 審査請求 | 取消訴訟 |
|---|---|---|
| 根拠法 | 行審法 | 行訴法 |
| 裁断機関 | 行政機関 | 司法機関 |
| 手数料 | 不要 | 訴訟費用が必要 |
| 審理方式 | 書面 | 口頭 |
| 審理の対象 | 処分の違法性＋不当性 | 処分の違法性 |

**表 4-2 ● 審査請求と取消訴訟のまとめ**

## 4-2-2 処分の「瑕疵」と裁量 ——「パラレル学習」の予備知識

**処分の根拠法**　「違法性」とは結局，処分の根拠を定める法律（＝**根拠法**）の**解釈問題**です。根拠法は共通して，処分の

①**主体**（誰が）
②**客体**（誰に対し）
③どのような**手続**と
④どのような**形式**（口頭か書面か）で
⑤いつまでに（**期限**）
⑥どんな**内容**の処分をするか（しないか）

を定めています。ですから，これらが審査請求と取消訴訟に**共通のチェックポイント**だ，ということです。うち③（手続）は，各個別法の問題ではなく，**通則法（＝行政手続法）**に吸収され，行手法の解釈問題になりました（第 3 章までで学習済み）。

**瑕疵ある処分**　ところで，これら「法定要件」に違反した処分は，「**瑕疵ある処分**」とか「**処分に瑕疵がある**」と表現されます（「瑕」も「疵」も，**「傷」という意**

**味**）。さらには，不当性もまた処分の瑕疵なので，結局，瑕疵には**２種類**のもの，すなわち①「**違法**の瑕疵」と，②「**不当**の瑕疵」とがあることになります。以上から，審査請求又は及び取消訴訟で争われる対象（ターゲット）は，これら「瑕疵ある処分」だということが明らかになりました。ここをしっかり押さえましょう。

**処分の「瑕疵」**　処分の「瑕疵（defect，独 Fehlerhaftigkeit（フェーラー・ハフティヒカイト））」とは，「処分の**効力発生を妨げる事情**」であると定義され，具体的には処分が

①「不当である（**妥当でない**）こと」又は及び

②「違法である（**適法でない**）こと」

の**２つの場合**を指します。ただし学説では，**瑕疵を「違法」に限定する立場**もあります（▶レインボー p.171）。

**処分の違法性**　まず「処分が違法」とは，その処分が**法定要件を「満たしていない状態」**を意味します。「法定要件」とは具体的には，各処分の**根拠法**（個別法）を参照するしかないのですが，これまで先人（せんじん）が探し出した「共通点」はおおむね**４つ**，つまり処分の①主体，②内容，③手続，④形式です。

**処分の違法事由**　ゆえに処分の違法事由（類型）もまた**４つ**，要は

①**主体**に関する瑕疵

②**内容**に関する瑕疵

③**手続**に関する瑕疵

④**形式**に関する瑕疵

の４つがあるわけです。詳しくは，第 12 章「取消訴訟の諸問題(1)」で学びます。

**違法の効果**　そして，処分の違法性が

㋐**重大かつ明白**な場合，処分の効果として処分は「**無効**（独 Nichtigkeit（ニヒティヒカイト））」であると表現され，また

㋑重大かつ明白**ではない**場合，処分は「**取り消しうべき**」または「取り消されるべき」（独 Anfechtbarkeit（アンフェヒトバーカイト））と表現されます。

**コメント２点**　これは歴史的に見ると，

①民法の**法律行為**（独 Rechtsgeschäft（レヒツ・ゲシェフト））の「無効と取消し」の議論が，行政法の**行政行為**（独 Verwaltungsakt（フェアヴァルトゥングス・アクト））論に導入された結果です。また後で見るように，

②処分の「無効か取消しか」の違いに応じて**訴訟でも，２つの異なる形式**，つまり**無効確認**訴訟と**取消**訴訟とが区別されます。うち本章では取消訴訟

のみを取り出して，共通点を持つ審査請求と「パラレル学習」し，無効確認訴訟については第 11 章・第 12 章に先送りします。

**処分の不当性**　次に「不当である」とは，処分が上記「違法にまでは至っていない」，つまりは「法定要件を満たしてはいる。しかし**公益要件を満たしていないこと**」を意味します。このように,「法定要件」の**対語**（ペア）**は「公益要件」**です。覚えておきましょう。

**裁量問題・法律問題**　処分が「違法でない」とは，

①行政には**裁量**が認められており，かつ

②処分は裁量権という「土俵の**内側**」にある状態

を意味します。裁判所は行政から見れば「他人」なので，取消訴訟では，裁量問題（独 Ermessensfrage（エァメッセンス・フラーゲ））の中身にまで，踏み込むことはできません。つまり司法審査が可能なのは，「**法律問題**（独 Rechtsfrage（レヒツ・フラーゲ））**に限る**」のです。

**逸脱・濫用**　逆に言えば裁判所は，処分が「裁量権の範囲をこえ又はその濫用（らんよう）があつた場合」に限り，「その処分を取り消すことができる」（行訴法 30 条：裁量権の「**逸脱**（いつだつ）**・濫用**」）。これに対し**審査請求**は，裁量権を有する行政の自己統制の手段です。ということは，裁量権の逸脱や濫用がない場合でも，自分の「縄張り（なわば）」内部の問題ですから，**裁量の審査が可能**なのです。なお，行政裁量の問題は，第 13 章「取消訴訟の諸問題⑵」で再論します（▶ p.323 以下）。

# 審査請求と取消訴訟の手続

以上の予備知識を前提に，審査請求と取消訴訟の「パラレル学習」に戻りましょう。

**期間制限**　①審査請求と②取消訴訟には，**期間制限**があります。すなわち①は，「処分があったことを知った日の翌日から起算して**3月**（略）を経過したとき」（行審法18条1項本文），また②は，「処分（略）があつたことを知つた日から**6箇月**を経過したとき」です（行訴法14条1項本文）。その結果，**審査請求期間**（period for filing request for review）・**出訴期間**（limitations for filing an action）が過ぎると，仮に処分が**違法であったとしても**，審査請求・取消訴訟は**提起できなくなります**。両者を図4-2にまとめました。

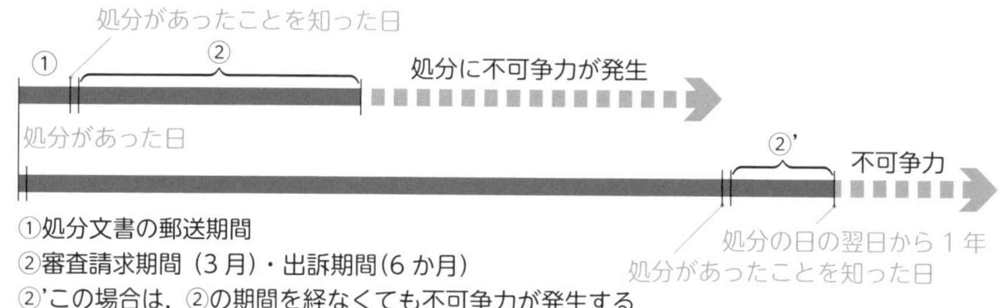


**図4-2●審査請求期間と出訴期間**

## 注意！　行審法と行訴法の期間起算日は同一（パラレル学習の醍醐味）

上述した，期間の起算日に関する行審法と行訴法の規定を見比べると，行審法は「処分があったことを知った日の翌日」，行訴法は「知つた日（＝その日）」とあって，起算日について一見，行審法は初日を算入せず，行訴法は算入する，と読める。だが実際には，行訴法7条（民訴法の例による）→民訴法95条1項（民法の期間計算に従う）→民法140条本文（「初日はカウントしない」）により，**行訴法の期間計算も実は，行審法と同じく「初日は不算入」**。だから，行訴法の「処分があつたことを知つた日」とは，実は「処分があったことを知った日の**翌日**」を指すことに注意。

**期間制限の理由**　このように，行政争訟に期間制限が設けられている理由は，審査請求・取消訴訟が**取消し**，つまり「傷はあるけれど，しかし**生きている処分**」**を殺す制度**だからです。要は，処分の取消しをいつまでも可能にすると，**法的**

**安定性**（legal certainty，独 Rechtssicherheit（レヒツ・ズィッヒャーハイト））が保てません。ところが無効な処分のほうは，処分が「**死んでいる状態**」なのですから，出訴期間に特段の期間制限はない。すなわち，**いつでも起こせる**のです（▶ p.284）。

**生タマゴとゆでタマゴ**　図 4-3 のように，**審査請求期間・出訴期間が過ぎるまでは**，処分はグニャグニャした，いわば**「生（なま）タマゴ」状態**です。これに対し，審査請求期間･出訴**期間が過ぎると**（これを「徒過（とか）」といいます），処分は**「ゆでタマゴ」のように固くなり，安定**して，上に乗る法律関係を支えるのです。

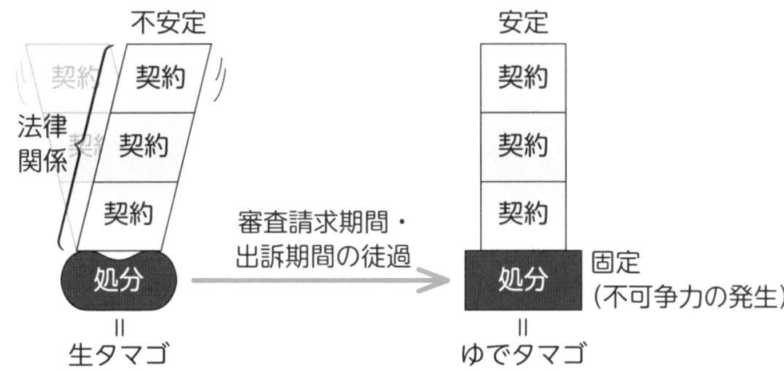


**図 4-3● 審査請求期間・出訴期間の徒過と法律関係**

## ただし書き

ただし「**正当な理由**があるとき」は，期間を過ぎても，審査請求・取消訴訟を提起することは**可能**(行審法 18 条 1 項ただし書き, 行訴法 14 条 1 項ただし書き)。これまた，**記憶にとどめる**とよい（改正前の行審法では「やむを得ない理由があるとき」と,「後向き」［**狭い**］の規定ぶりだったし, 旧行訴法では, 出訴期間は「**不変期間**とする」＝出訴期間は**延びない**，とされていた)。

## 主観的期間と客観的期間

ボーッと読んでいると理解できないのが，行審法 18 条 **1 項**（本文）**と 2 項**，そして行訴法 14 条 **1 項**（本文）**と 2 項の関係**。ともに，1 項は「処分があったことを**知った日**」なのに対し，2 項は「**処分の（あった）日**」だ。つまり，1 項（知った日）は**主観的**審査請求期間・出訴期間，2 項（あった日）は**客観的**審査請求・出訴期間なのだ。

たとえば，処分が2月1日にあった。だが，処分の相手方が長期の海外旅行で，帰国が翌年の1月15日だった。すると1月15日が「知った日」なのだから，一見そこから「**3月**」または「**6か月**」**の間**，審査請求・取消訴訟は**起こせそう**だ（行審法18条1項本文，行訴法14条1項本文）。

ところが，この場合，適用されるのは各条文の2項（客観的審査請求・出訴期間）だ。その結果，審査請求・取消訴訟は，**処分日の翌日から「1年を経過したとき」は，提起できない**（行審法18条2項，行訴法14条2項）。なお，これら規定（各2項の本文）にも例外があり，ややこしい（行審法18条2項ただし書き，行訴法14条2項ただし書き）。そこで，第12章で改めて整理する（▷表12-4, p.312）。

**不可争力**　その結果，不服申立（もうしたて）・出訴期間を過ぎると「国民の側からは，処分を争うことができなくなる」。このことを「効力の1つ」に見立てて，処分の「**不可争力**（ふかそうりょく）（独 Unanfechtbarkeit（ウン・アンフェヒトバーカイト））」と表現します。不可争力はまた，「**形式的確定力**（独 formelle Bestandskraft（フォルメレ ベシュタンツ・クラフト））」とも呼ばれます（▷ p.311，339）。

**標準審理期間**　手続3法は，相互に比較してみると面白（おもしろ）い。「標準処理期間」という定めが，行手法にはありました（行手法6条▷ p.75）。これを参考に改正行審法は，「**標準審理**（しんり）**期間**（standard period for proceedings）」という概念を，新しく取り入れました（行審法16条）。「審査請求がその事務所に**到達してから**当該審査請求に対する**裁決をするまでに**通常**要すべき標準的な期間**」と定義され，「設定は**努力義務**」，しかし設定されたら「**公表は義務**」です（同条）。現実には，特に**地公体**では，審査請求の提起件数が少ないため，標準審理期間が（まだ）**設定されていないケースが多い**ようです。しかし行手法と行審法の2つの標準期間は，ぜひ関連させて記憶しましょう。

**裁判迅速化法**　なお，取消訴訟には，標準処理期間・標準審理期間に対応する規定はありません。推測するに，「裁判所**本来の仕事は裁判**」（そのために訴訟「**費用**」を取る）。これに対し審査請求は，行政本来の仕事ではない「付帯的な業務」（行政本来の仕事は，政策の企画立案やその実行，また許認可事務）。だから行訴法に特段の規定を置かなくても，「**当然行われる**」ということ（裁判迅速（じんそく）化法▷ p.55）。また**最高裁**は2年に1度，「裁判の迅速化に係（かか）る検証に関する報告書」を公表しています。それによると，**民事第1審の平均審理期間**は，1973（昭和48）年の**17か月**が，直近（ちょっきん）では**9か月**に減少しています。

**手続の骨格**　図 4-4 と図 4-5 は，審査請求と取消訴訟の「**手続の骨格**」を示した「模式図」です。これは，前に見た手続 3 法に共通する模式図（▶図 2-6，p.48）を，審査請求と取消訴訟用にそれぞれ特化したものです。

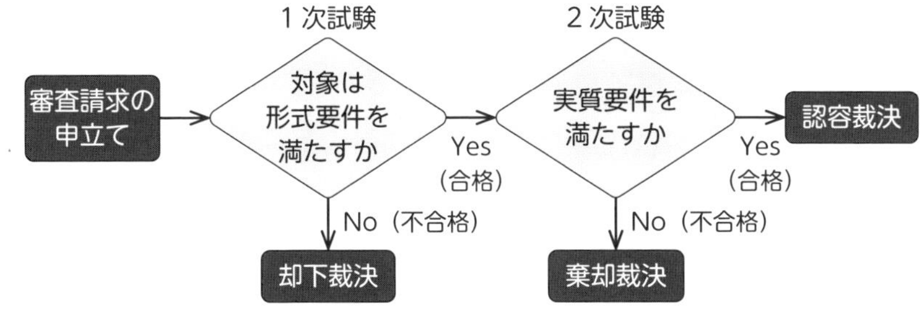


※行審法には，「事情裁決」（行審法 45 条 3 項）および「補正命令」（同 23 条）という仕組みがあるが，ここでは話を単純化するために省略してある。

**図 4-4 ● 審査請求手続の骨格（模式図）**

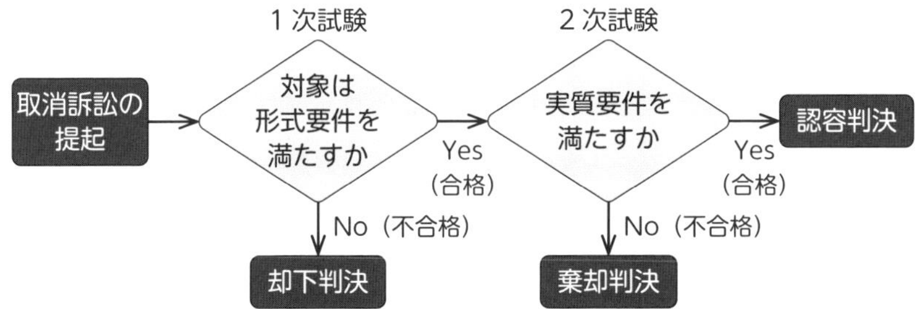


※行訴法にも，「事情判決」（行訴法 31 条）という仕組みがあるが，ここでは話を単純化するために省略してある。なお，補正命令について，行訴法には行審法のような明文規定は存在しないが，行訴法 7 条により民訴法が適用される結果，裁判長による補正命令はありうる（民訴法 137 条 1 項）。

**図 4-5 ● 取消訴訟手続の骨格（模式図）**

以下，要件審理（1 次試験）と本案審理（2 次試験）とに分けて，審査請求と取消訴訟の手続の骨格を簡略に学びます。

## 4-3-1 「1次試験」関係

**審査請求のあて先**　審査請求は，処分庁に上級行政庁が

①「**ない**場合」は**処分庁**に対して，また

②「**ある**場合」は**最上級庁**に対して

行います（行審法4条各号）。①と②を合わせて，「**審査庁**（しんさちょう）」と呼びます（同9条1項）。実は法改正で，行審法のこの部分の条文は，「理解がとても難しい」表現になりました。ですから現段階では，「**原則は上記①と②だ**」と理解しておけば十分です。

**取消訴訟のあて先**　取消訴訟は，

①「被告の普通裁判籍（ふつうさいばんせき）の所在地を管轄（かんかつ）する裁判所」または

②「処分若（も）しくは裁決をした行政庁の所在地を管轄する裁判所」

に対し提起します（行訴法12条1項）。これまた難しい表現ですが，要は**被告が国**の場合，

①「霞が関」を管轄する**東京地方裁判所のほか**，

②国の地方出先機関（国の府省（ふしょう）の多くは全国8ブロックに「地方○○局」といった名前の出先＝「地方支分部局（ちほうしぶんぶきょく）」を持つ▶ p.209）

がした処分なら，**その所在地を管轄する地方裁判所**，たとえば東北なら**仙台**，中国地方なら**広島**地方裁判所にも起こすことができる，という意味です。②の裁判所を，「**特定管轄裁判所**（specified court with jurisdiction）」といいます。

**不服申立・訴訟要件**　審査請求も取消訴訟も，1次試験（要件審理）でチェックされるのは，次の5点。審査請求では「**不服申立要件**」，取消訴訟では「**訴訟要件**」と呼ばれ，すなわち

①**処分性**

②**不服申立・原告適格**

③**申立・訴えの利益**

④**管轄**

⑤**不服申立・出訴期間**（前述）

です。取消訴訟の場合は加えて，

⑥**被告適格**

も審査されます（審査請求では，「あて先を間違う」ケースは少ない）。

**要件を満たさない場合**　審査の結果，「形式要件を満たさない」と判断された審査請求・取消訴訟は，「**不適法**（unlawful）」として**却下**（dismiss without prejudice）されます（▶図 4-4 の「却下裁決」と図 4-5 の「却下判決」）。つまりは，「1 次試験に不合格」という判断で，ここで**各手続は終了**（ゲーム・オーバー）となります。

**教示**　関連で，「**教示**」制度に触れておきます。行政庁は「不服申立て」すなわち審査請求，再調査の請求，他の法令に基づく不服申立てができる処分をする場合には，処分の相手方に対し**3 点**（①不服申立てが**できる**旨，②**あて先**の行政庁，③不服申立**期間**）を，**書面**で**情報提供する義務**があり，これを**教示**といいます（行審法 82 条）。**行訴法**も同様で，行政庁は取消訴訟ができる処分・裁決をする場合には，相手方に対し，「**書面**で教示しなければならない」と**教示義務**を定めています（行訴法 46 条）。教示の対象は**3 点**です（①取消訴訟の**被告**，②出訴**期間**に加え，③審査請求前置主義の場合は**その旨**）。

**救済方法**　教示を**誤った場合**の救済方法は，行審法 22 条（審査請求）と同 55 条（再調査の請求）にあります。行訴法には**同旨の規定はない**のですが，行訴法 15 条 1 項（被告を誤った訴えの救済）と同 14 条（出訴期間）の解釈で，**救済可能**と考えられています（▶レインボー p.285）。なお，英訳では，教示は行審法では instruction, 行訴法では informing と訳語が異なっています（英訳者が別人だから？）。

## 4-3-2 「2 次試験」関係

**本案審理**　次は，2 次試験（本案審理）関係です。1 次試験（要件審理）をパスした審査請求・取消訴訟は，次に**本案**（紛争事「案」の「本」体）**の審理**に進みます。審査請求・取消訴訟の本案とは，**処分が「違法**（illegal）」（審査請求・取消訴訟の双方）**または「不当**（unjust）」（審査請求の場合だけ）かどうか，ということです。これは前に説明しました。もし忘れてしまっていたら，復習しておきましょう（▶p.49 以下）。

**攻撃・防御**　審査請求・取消訴訟では，審査請求人・原告の側が「**攻め**（攻撃）」，行政庁の側が「**守り**（防御）」に分かれ，処分の**違法**（審査請求では**プラスして不当**）を巡って，攻防を繰り広げます。

**認容裁決・判決**　本案審理の結果，たとえば営業許可（＝処分 A）の**取消処分**（＝処分 B）を，審査庁・裁判所が「**違法**」（＝法定要件違反）と判断した場合，請求人・原告の主張である**請求**，つまり「処分 B は**違法**」との主張を「**認容**（upholding）」する裁決・判決が下されます（▶図 4-4 の「認容裁決」，図 4-5 の「認容判決」）。

**またの名を**　それら認容裁決・判決によって，処分 B（取消処分）は法的に当然に「**消えてなくなる**」のです（裁決・判決の「**形成効**（独 gestaltende Wirkung）」）。処分 B が消滅すると，処分 A（当初の営業許可）が**自動的に「復活」**します（つまり，処分庁が別途，**取り消す必要はない**）。このように認容裁決・判決は，処分を「取り消す」内容の裁決・判決ですから，またの名を「**取消裁決**（determination of revocation）」「**取消判決**（judgment of revocation）」とも呼ばれます。覚えておきましょう。

**棄却裁決・判決**　以上とは**反対に**，本案審理の結果，審査庁・裁判所が「処分は**違法ではない**」と判断した場合，請求人・原告の請求を「**棄却**（dismiss with prejudice）」する裁決・判決が下されます。なお，「**却下**」との違いは，棄却裁決・判決が **2 次試験の不合格**なの対し，却下裁決・判決は **1 次試験の不合格**だ，という点にあります（▶ p.49，107）。

**門前払い**　却下裁決・却下判決は，俗に「**門前払い**」裁決・判決とも呼ばれます。何の「門前」なのかと言えば，本案審理という「門」の前で，「**中には入れられない**。立ち去れぃ」と**拒否する判断**です。

**例外的な制度**　実はこの 3 種の裁決・判決（①却下，②棄却，③認容）のほかに，**例外的な制度**ともいえる，「**事情裁決**」と「**事情判決**」があります（行審法 45 条 3 項，行訴法 31 条）。これらについては，現段階では説明は省略します（▶ p.340 以下）。

なお，改正行審法で新しく導入された「審理員」と「行政不服審査会」については，のちの第 10 章（行審法の「落ち穂拾い」）に先送りします（▶ p.254 以下）。以上で，第 4 章の学習を終わります。

# 第5章

# 行政手続法
## 処分以外の手続

第４章までで，処分を中心とする手続３法の学習（＝行政法の「背骨」の話）をほぼ終えました。そこで本章からは，いわば２度目の「肉づけ学習」として，第４章までで「取りこぼした項目」の学習に入ります。その対象は再び行政手続法です。しかし本章で学ぶのは処分以外の手続，すなわち行政指導，届出，意見公募の３手続です。

# 行政指導とその手続
## ——行手法第4章の手続

**行政指導の定義**　行政手続法（ぎょうせいてつづきほう）によれば，行政指導（administrative guidance，独 Verwaltungsanleitung（フェアヴァルトゥングス・アンライトゥング））とは，「行政機関がその**任務**又は所掌（しょしょう）**事務の範囲内**において一定の行政**目的を実現**するため**特定の者**に一定の**作為又は不作為**を求める**指導，勧告，助言その他の行為**であって処分に該当しないもの」をいいます（行手法（ぎょうてほう）2条6号）。これが，行政指導の**法令上の定義**です。概略を記憶しましょう。

**処分との共通定義**　この定義で注意するべきは，**処分と行政指導には「共通項がある」**という点です。図5-1を見てください。つまり，「行政機関がその任務又は所掌事務の範囲内において一定の行政目的を実現するため特定の者に一定の作為又は不作為を求める（略）行為」というところまでは，処分と行政指導に「共通の定義」です。そして，そこから「処分」を取り除いて**後に残ったもの**（図5-1の破線部分）。それが「**行政指導**だ」というのが，行手法（立法者）の立場です。処分は**法行為**ですが，行政指導は**事実行為**です。ここは，しっかり押さえましょう。

共通定義

| | |
|---|---|
| ●行政機関がその任務又は所掌事務の範囲内において<br>●一定の行政目的を実現するため特定の者に<br>●一定の作為又は不作為を求める指導，勧告，助言その他の行為 | 処分 |

行政指導
（共通定義から「処分」を除いた後に残ったもの）

**図5-1●処分と行政指導の関係**

## 行政指導の「出世すごろく」

行政指導は，4段階の「出世」をして現在に至っている。すなわち，①業界用語→②マスコミ用語→③理論用語→④法令用語である。

まず行政指導は，役所内部の「**業界用語**（jargon，隠語）」であった（＝①）。1962（昭和37）年に，林修三（はやし・しゅうぞう）という当時の内閣法制局長官（のちに駒澤大学教授）が，「いわゆる行政指導について」という論文を，「行政と経営」という雑誌に公表した。これがごく早い時期の，行政指導に関する論文である。当時はちょうど，日本が高度経済成長期に差しかかった頃で，行政指導が「大活躍」していた。その前1950年代は，「日米貿易戦争」のうち繊維摩擦（せんいまさつ）が，次いで鉄鋼摩擦を経て60年代に入ると，自動車摩擦が火を吹く。これら摩擦の解消に使われたのが，通商産業省（当時）の行政指導であった。こうしてその前後から行政指導は，新聞・テレビ等でひんぱんに報道され始め，「**マスコミ用語**」(役所の外にも通用する言葉）になった（＝②）。

ただし①と②の段階では，行政指導には厳密な定義は，まだなされていなかった。それが1970年代半ば頃には理論用語，つまりは行政法テキストの項目に取り入れられ，行政指導に**理論的な定義**が試みられる（＝③）。そして最後に，1994（平成6）年10月1日の行政手続法の施行とともに，行政指導は「**法令用語**」にまで高められたのである（＝④）。なお今日（こんにち），欧米各国では日本の行政指導は有名で，Gyosei-Shidoとのローマ字書きで，そのまま通じる。

# 5-1-1 「行政手続法の施行に当たって」

**総務事務次官通知**　行手法の上記定義から，処分と非処分（行政指導）を「**どう見分けるか**」が重要だ，ということがわかりました。これについては，行手法を所管（しょかん）する総務省の事務次官から，各省庁の事務次官等にあてて発せられた通知「**行政手続法の施行（しこう）に当たって**」（平成6年9月13日総管第211号）が重要です（以下「次官通知」）。Web上で閲覧できます。一読しましょう。

**通知の内容**　重要なのは，次官通知の「第一　総則的事項」，特にその中の「一

**行政処分と行政指導との区分の考え方**」です。そこでは，「法令の規定に基づき行われる行政庁の行為が『処分』に当たるか否か（相手方が行政庁の求める作為又は不作為を行う義務を負うか否か）の**最終的な判断**は，当該行為を規定する**個別法の解釈**により行われるものであるが，参考のため，判断に際しての(総務省としての)**考え方の大筋**を示すと以下のとおりである」との状況説明と，回答とが述べられています（次官通知 p.1）。

**2つの大筋**　それによると，考え方の**大筋は2つ**あって，すなわち

①「処分性の有無について，法令の規定により**明確に判断**できる場合は，**それによって区分**すること」（当たり前）。次に，

②処分性の有無が「**明確に判断できない場合**には，（略）原則として**処分性を有しない**ものと解する」

ということです。

**原則「非処分」と解する理由**　その理由は，処分は「**国民の権利義務に変動を与える行為**であることから，（略）**積極的に処分と解することは適当でない**ため」だからです。要は，処分と解される積極的な根拠が見当たらない場合は，「**消極的に非処分**つまりは**行政指導と考える**」というのが考え方の基本です。「適当でない」理由は省略されていますが，石川の推測によると，処分は権利義務を**一方的**に，つまり相手方（国民）の同意がなくても，変動させることができる措置だからだと思われます。この点も，しっかり押さえておきましょう。

**具体例**　次に，**法令の規定ぶり**（書き方・表現方法）で，「処分性が**ある**」「処分性が**ない**」と解される例が，具体的に示されています。**処分と非処分**の判断基準（**振分け基準**）なので，ここは本書の中でも，**最も重要な部分**ですね。

**処分性あり**　まず，処分性が**肯定**されるケースは**3つ**。すなわち，

①「行政庁の求めに従わない，あるいは応じない場合に，**罰則による制裁**を課しうる」と定められているもの，

②「『求める』に該当する用語が，『**命ずる**』『**させる**』等と（**強制性を示唆**する形で）規定」されているもの，そして

③「『求める』に該当する用語が，『**指示する**』『**求める**』『**要求する**』等と規定されるものであって，以下のもの」

として，**4類型**が示されています。

**以下のもの**　「以下のもの」とは，

㋐「行政庁の行為について**不服申立てができる**旨や当該行為を『処分』とする**明示的な規定**があるもの」

㋑「行政庁の行為に**従わなければならない旨の義務**，その他相手方に**義務を課し**，その**権利を制限**することとなる法的効果についての規定があるもの」

㋒「行政庁の行為に従わない場合には，**そのことを直接の理由**にして不利益**処分による制裁を課しうる**もの」

㋓「条文の規定振りからみて，当該行為を**処分と解さないと，整合性のある解釈がなし得ない**もの」

です。

**処分性なし**　次に処分性が**否定**される，つまりは「**行政指導**」だと判断するべきケースが，**4つ**挙げられています。すなわち，

①「『求める』に該当する用語が，『**勧告**する』『**助言**する』『**指導**する』『**依頼**する』『**要請**する』規定とされるもの」

②「行政庁の行為（指示）に**従わない場合**に，改めて（**次の段階で今度は**），同一内容の作為又は不作為を求める**命令をすることができる**こととされている場合の当該『**指示**』」

③「行政庁の行為に従わない場合の最終担保措置が『その旨の**公表**』**にとどまる**もの」

④「協力，援助のような本来的に**相手方の自発的な意思**にゆだねられるべき**行為を求める**もの」

です（次官通知 p.1 ～ 3）。

# 5-1-2 行政指導と「五つの心得」

**数え歌 5**　そこで今度は，行手法が定める**行政指導の手続**の学習です。先に紹介した行政手続法「数え歌」の5に，「五つの心得」というのがあり，説明を先送りしていました（▶ p.66）。

**五つの心得**　行手法は，行政指導に携わる者（＝公務員）が理解しておくべき**「心得」を5つ**示しています（行手法 32 ～ 36 条）。なお，その後，行手法の

2007（平成 19）年改正で，**「対抗策」が新しく２つ**付け加わった（同 36 条の 2，36 条の 3）ので，**合計７つ**を以下に解説します。

**監視の必要**　指導の受け手である国民・事業者は，行われた行政指導が行手法に**違反**していないかどうか，また「**お行儀（ぎょうぎ）の悪い**行政指導」ではないか，**常に監視の目**を光らせておく必要があります。その**判断の基準**を提供するのが，5 つの「心得」です。

**心得 1：一般原則**　まず,「行政指導の**一般原則**（general principles)」です（行手法 32 条)。同条 1 項では，指導に当たる者は

①行政機関の任務・所掌事務の範囲を逸脱（いつだつ）してはならず（＝**越権（えっけん）行為の禁止**),

②指導内容が相手方の任意の協力によることに気を留（と）める義務（＝**任意協力留意義務**）があります。

また同条 2 項では,

③不服従を理由に，相手方に「不利益な取扱いをしてはならない」旨が定められています（＝**不利益取扱いの禁止**)。

いわゆる「江戸の敵（かたき）を長崎で討（う）つ」的な報復措置（いやがらせ）です。たとえば，指導に従わなかった事業者から出された（別件の）許認可申請の処理を，**わざと遅らせたりする**ことです。これは，アンフェアですものね。

**心得 2：申請関連指導**　申請の取下げまたは内容の変更を求める行政指導の場合，行政指導に携わる者は，申請者が「**指導に従う意思がない**」旨を表明したにもかかわらず当該行政指導を継続すること等により，当該申請者の**権利の行使を妨げるようなこと**をしてはならない(行手法33条＝**権利行使の妨害禁止**)。これなど，まさに「心得」ですね。

**関連判例**　下級審ですが，この規定を根拠に,「産廃業業者が行政指導には協力できないことを**明らかにした後**になっても，県が行政指導を継続し許可**申請の審査をしなかった**（＝不作為）のは**違法**」として，国家賠償（ばいしょう）法に基づく**損害賠償請求**を認めた判例があります（大阪高判平 16・5・28)。

**心得 3：許認可権限関連指導**　また，許認可等をする権限または許認可等に基づく処分をする権限を有する行政機関が，当該権限を行使することができない場合または行使する意思がない場合においてする行政指導の場合は，行政指導に携わる者は，**その権限を行使しうる旨を殊更（ことさら）に示す**ことにより相手方に当該行政指導に**従うことを余儀なくさせる**ようなことを**してはならない**（行手法

34条＝**不当な加圧の禁止**）。声の調子を急に変えて，「あっ，そう。おタクさんは，そういうつもりなんだ」とか……。アンフェアな振る舞いを禁ずる34条は，これまた行政指導の「心得」という表現がぴったりです。

**心得4：方式**　行政指導に関する4つ目の心得は，「行政**指導の方式**（means of administrative guidance）」です（行手法35条）。すなわち，行政指導に携わる者は，その相手方に対し

①「当該行政指導の**趣旨**及び**内容**並びに**責任者**を明確に示さなければなら」ず（同条1項＝**明示の義務**），

②「行政指導が口頭でされた場合において，その相手方から前項に規定する事項を記載した**書面の交付**を求められたときは，（略）行政上特別の支障がない限り，これを交付しなければならない」（同条3項＝書面**交付義務**）

のです。つまり指導の受け手にとっては，①と②を**公務員に対して要求できる**わけです。

**関連判例**　これに関し，生活保護の被保護者が自動車を保有していたことが，保護の**廃止決定の理由**になった事案で最高裁は，廃止決定の理由となった**指導・指示の内容**は「当該**書面自体**において指導・指示の**内容として記載**されていなければなら」ず，「本件自動車を処分すべきことも指示の内容に含まれているものと解すべき**記載は見当たらない**」との理由で，指導・指示が「国家賠償法上も違法と評価されるか」につき審理を尽くしていない**原判決を破棄**し，原審（大阪高裁）に差し戻しました（最判平26・10・23）。

**心得5：指針の策定・公表**　今までの「4つの心得」は，行政指導に携わる，個々の公務員が守るべき「心得」でした。これに対して5つ目の心得は，**「行政指導指針」の策定**とその**公表義務**です（行手法36条）。なお，「行政指導指針」の定義は36条ではなく，冒頭の**定義規定**（同2条）の中にあるので要注意。

**定義と趣旨**　**行政指導指針**（administrative guidance guidelines）とは，「同一の行政目的を実現するため一定の条件に該当する**複数の者**に対し行政指導をしようとするときにこれらの行政**指導に共通してその内容となるべき事項**をいう」と定義されます（行手法2条8号ニ）。要は，行政指導に**「共通のモノサシ」を策定・公表**することにより，**えこひいきなし**にしましょう，という趣旨です。

**パブコメ**　なお，行政指導指針はその原案の段階で，**パブコメ**（パブリックコメント）**の手続**（行手法第6章）に付される必要があります（同39条以下）。

これも，要記憶事項（メモリー・アイテム）です（▶ p.121 以下）。

## モノサシから想起すること

さて行手法で「モノサシ」と聞いて，思い出すのはまず，①申請に対する処分（行手法第２章）の「**審査基準**」と「**標準処理期間**」（同５条，６条▶ p.73）。そして次に，②不利益処分（同第３章）の「**処分基準**」だ（同 12 条▶ p.80）。これらモノサシは，策定と公表が**義務**だったり，**努力義務**だったりして少々ややこしいので，**行政指導指針**とも関連づけ，各自で整理（復習）をしておこう。

**対抗策**　さて改正行手法（2015［平成 27］年４月１日施行）で，「お行儀の悪い行政指導」への**対抗策が２つ**，新しく盛り込まれました。１つ目は，「行政**指導の中止等の求め**」です。すなわち，「法令に違反する行為の是正（ぜせい）を求める行政指導（略）の相手方は，当該行政指導が当該法律に規定する**要件に適合しないと思料（しりょう）**するときは，当該行政指導をした行政機関に対し，その旨を申し出て，当該行政指導の**中止その他必要な措置をとることを求めることができ**」ます（行手法 36 条の２第１項）。なお，ここにいう「行政指導」とは，「その根拠となる規定が**法律に置かれているもの**に限る」とされていることに注意。この辺も，試験（短答式）では問われそうですね。

**逆パターン**　またもう１つは「逆パターン」，すなわち「何人（なんぴと）も，法令に違反する事実がある場合において，その是正のためにされるべき（略）行政指導（略）が**されていないと思料**するときは，（略）当該行政指導をする権限を有する行政機関に対し，その旨を申し出て，当該（略）**行政指導をすることを求めることができる**」ことになりました（行手法 36 条の３第１項）。ここにいう「行政指導」も，上述の「中止を求める」場合と同じく，指導の「根拠となる規定が**法律に置かれているもの**に限る」とされています（同条同項カッコ書き）。

## 「思料する」

「思料する」は，「思量する」とも書く。聞き慣れない表現だが，法曹（ほうそう）関係者がよく使う。「**思いを巡らす**」という意味で，味わい（深み）のある表現だと，石川は思料する。

**名あて人の違い**　両者の違い，すなわち行手法**36条の2**第1項の場合，指導の中止を求めることができる者の範囲は，**指導の「相手方」**に限られますが，同**36条の3**第1項の場合，指導を求められるのは**「何人」（誰）でも可**だ，という違いにも要注意です。試験問題（短答式）が作りやすそう。

## 「何人も」は何と読む？

「何人も」は，「**なんぴとも**」と，美しい日本語で読んでほしい。以前，公務員研修で「**なんにんも**」と読まれ，参ったことがあった。さらに法科大学院では，「先生。『**なにじんも**』と読んだら，マズいですかね？」と問われ，思わず絶句した。こういう読まれ方があることを，立法者は知っているのだろうか？



**まとめ**　①行政指導をやめるべき場合の「**中止の求め**」，また逆に

②行政指導をすべきであるのにされていない場合の，指導を「**することの求め**」。

この2つが改正行手法で**新たに付け加わった**，ということです。

**板ばさみ**　その結果，**利害が対立**する複数の住民（グループ）がいる場合，Aからは行政指導を「**することの求め**」が出され，他方，対立するBからは行政指導の「**中止の求め**」が出されてくる可能性もあります（Aが迷惑施設建設の事業者，Bが周辺住民といったパターンもありえます）。板ばさみになる行政は，ハムレット（＝生きるべきか死すべきか？）か，はたまた平重盛の心境。「あちら立てればこちら立たず」……。行政指導をする側にとっては，なかなか難儀な時代になったものです。

## 進退谷まる——平重盛のジレンマ

1177（治承1）年，「**鹿ケ谷の陰謀**」（＝上皇［院］らによる平家追い落とし）が発覚した。怒った平清盛は後白河院（黒幕）を幽閉のため，出兵しようとする。その際，長男の重盛が父を諫めるために述べたといわれる言葉。重盛は，自分が仕官する後白河院に従えば，**父を裏切る**ことになる。また逆に父に従えば，**院の逆臣**となるジレンマに陥った。その心境を重盛は，「**進退ここに谷まれり**」と表現したのである（出典『平家物語』）。

**処分の求め**　なお，**「求め」の対象**は，行政指導ばかりではありません。「**処分の求め**」もあることに注意しましょう。つまり，「何人も，**法令に違反する事実**がある場合において，その是正のためにされるべき**処分**（略）**がされていないと思料**するときは，当該処分をする権限を有する行政庁（略）に対し，**その旨を申し出て**，当該**処分**（略）**をすることを求める**ことができる」のです（行手法 36 条の 3 第 1 項）。

**処分の中止の求め**　ただし，**「処分の中止の求め」はない**です（前述した行手法 36 条の 2 第 1 項には，「行政指導の中止」だけで，「処分の中止」は**定められていない**）。なぜか？　もし，処分の中止が簡単に求められたら，すでに学んだ①審査請求又は及び②取消訴訟（とりけしそしょう）を経由して当該処分を取り消すというメインルート（本道）に対し，**お手軽なバイパス（迂回路（うかいろ））**を認めることになります。それでは，審査請求・取消訴訟の**制度趣旨が崩壊**してしまうからです。

# 届出手続
## ――行手法第５章の手続

**届出手続**　続いて，「**届出**（とどけで）（notifications)」の手続の学習です。条文は**わずか 1 か条**（行手法 37 条)。復習ですが，「届出」が定義できますか？　「行政庁に対し**一定の事項の通知**をする行為(申請に該当するものを除く。)であって，法令により直接に当該**通知が義務付けられている**もの」でした（同 2 条 7 号)。

**申請との違い**　条文中の，**カッコ書きに注目**です。「除く」の前まで，つまり「行政庁に対し一定の事項の通知をする行為」というところまでは，**届出と申請は共通だ**，と行手法は言っています。そこで第 3 章では，かなりのスペースを割いて，両者の**共通点と相違点**を学んだのでした（▶ p.70 以下)。

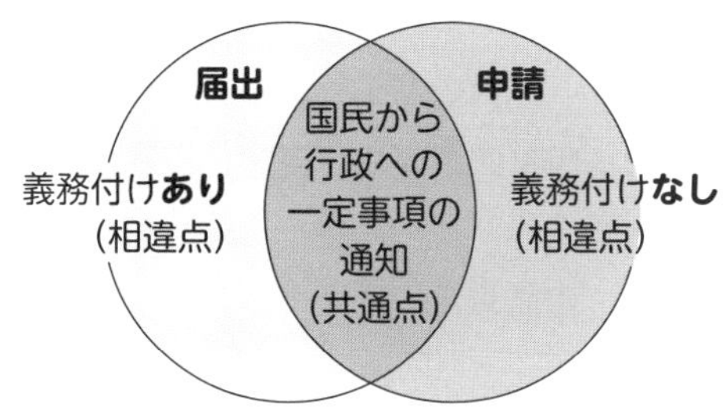


**図 5-2●届出と申請の違い（復習）**

**行手法 37 条**　行手法は届出について，「届出が届出書（とどけでしょ）の記載事項に不備がないこと，届出書に必要な書類が添付（てんぷ）されていることその他の法令に定められた届出の形式上の要件に適合している場合は，当該届出が法令により当該届出の提出先とされている**機関の事務所に到達したとき**に，当該届出をすべき手続上の**義務が履行（りこう）されたもの**とする」と定めています。（行手法 37 条）。

**手続の流れ**　つまり，行手法は届出手続の流れとしては，

①**届出**→②事務所への**到達**→③**形式審査**→④**義務の履行完了**

と続くのだ，と述べているのです。

**国民の行為**　届出は行政の行為ではなく，**国民の側**の行為です。なのになぜ，国民の行為が**「行政」手続法で定められている**のでしょうか？　それは届出（＝ボール）を「**受け止める行為**」があり，**それが行政手続だから**です。特に，行手法以前の実務では上記③と④の間に，届出を**「受け付けない」「受理しない」**という取り扱いがなされることがありました。「受理」しなければ，届出の義務は果たされていませんから，処罰されるおそれがあるのです。

**届出不受理の禁止**　そこで上記行手法 37 条は，この「届出の**不受理」という扱いを禁止**しました（総務省行政管理局『逐条（ちくじょう）解説　行政手続法　改正行審法（ぎょうしんほう）対応版』［ぎょうせい］）。あれ，どっかで聞いた話？（すぐ下で述べる）

**関連判例**　これに関して，親権者（しんけんしゃ）変更の家事審判（かじしんぱん）が確定したことに基づく**戸籍変更の届出**に対し，「審判は誤った法令の解釈に基づくものである」との理由で，市区町村長が**届出を「不受理」**とした事案につき最高裁は，「当該審判が無効で効力が生じない場合を除き，当該審判の**法令違反を理由に**当該届出を**不受理**とする処分をすることは**できない**」と判示（はんじ）しました（最決平 26・4・14）。

**申請**　同じことは「申請」についてもいえました。以下は，**申請の話**です。**届**

**出の話ではありません**。さて行手法７条は，

①申請の事務所への到達→②遅滞なき（申請の）審査開始→③応答

ということを定めており，①と②の間に**「受理」行為が介在する余地はない**のです（逐条解説７条解説部分）。

**書類の不備**　したがって，申請書類に不備がある等の場合は，

①申請者に**補正**を求めるか，それとも

②申請された許認可を**拒否する処分**をするべき

であり，その**中間の曖昧な取り扱いは禁止**されます（行手法７条▶ p.76）。

**到達主義**　窓口の公務員が，いくら「受理しない」と力んでも，形式要件を備えた申請書類が窓口に（郵送であれ持参であれ）**到達すれば**，標準処理期間が**自動的にスタート**し，**応答義務が生じる**。これが「到達主義」の意味です。

**「不作為」**　その結果，標準処理期間が経過してかなり時間が経ったのに，「ウン」とも「スン」とも言わない（言えない）状態は，行審法と行訴法上の**「不作為」を構成**する（行審法３条カッコ書き，行訴法３条５項）ので，**申請者からの反撃**を受けることになります（申請なければ不作為なし▶ p.283）。

**４つの対抗策**　不作為という状況で，「**どう反撃（反転攻勢）するか**」ですが，対抗策は**４つ**考えられます。

①**不作為に対する審査請求**（request for review with regard to inaction，行審法３条）

②**「不作為の違法確認」訴訟**（action for the declaration of illegality of inaction，行訴法３条５項）

③**義務付け訴訟**（mandamus action，行訴法３条６項１号）

④**国家賠償請求訴訟**（State Redress Act ←これは国賠法の英訳，国賠法１条１項）

です。うち①②③は「**原因**」に対する，また④は「**結果**」に対する策です。

**４策の解説**　このうちでは，**③が最も直接的・効果的**な反撃です。なぜなら，「**許可せよ**」と裁判所が，行政庁に**命じてくれる**からです。①と②は，審査庁と裁判所から処分庁に対し，「今の状態（＝申請の不処理）は違法だよ」と宣告してもらうだけなので，**効果は間接的**です。つまり処分庁は，違法なことは続けられないので，**申請の処理**には入ります。審査の結果，許可が出るかもしれない。だが，**不許可**になるかもしれない。不許可になったら，処分取消しの**審査請求**

又は及び**取消訴訟**を起こすという，「**二度手間**」です。これに対し④は，原因（＝不作為）は「そのまま」で，**結果**（＝金銭［損害賠償］）**だけを得る**，という方法です。国賠訴訟については，後で学習します（▶ p.351 以下）。

**取消訴訟**　「取消訴訟はどうした？」と思う読者がいるかもしれません。取消訴訟で，いけますか？　いや**無理**ですよ。だって，取消訴訟は「処分」＝**作為**に対して，それを取り消して，「作為（処分）が**なかった状態を作り出す**」ことが目的。ところが，**不作為**はそもそも「**行われていない**（申請の処理を怠っている）」のだから，**取り消しようがない**。だから，**別の救済策**（上記）が必要なのです。この辺も，きっちり間違えないように学習しましょうね。

以上で，届出手続の学習を終え，行手法最後の手続である，パブコメ手続の学習に移りましょう。

# パブコメ手続（意見公募手続等）
## ――行手法第6章の手続

**パブコメとは**　**パブコメ**とは，「**パブリックコメント**」の略語です。行手法改正のはるか前，1999（平成11）年3月23日に閣議決定され，翌2000（平成12）年12月26日一部改正された制度で，当時は「規制の設定又は改廃に係る意見提出手続」と呼ばれていました。その後，2005（平成17）年の行手法改正（2006［平成18］年4月1日施行）によって，閣議決定（行政マター）から**法律事項**（立法マター）に「格上げ」されたのです（閣議決定▶ p.2）。

**総務省の定義**　行手法第6章にいう「**意見公募手続等**（public comment procedures）」（行手法38条から45条までの8か条）とは，総務省によると，「行政機関が命令等（政令，省令など）を制定するに当たって，**事前に命令等の案を示し**，その案について**広く国民から意見や情報を募集**するもの」をいいます。

**行手法の定義**　行手法自体の定義は，かなり複雑な構造で，条文をあちこち見比べ，立法技術（法制執務）に通じていないと，読みこなせません。ですからここでは，総務省の上記定義で，パブコメを理解しておいてください。

**「命令等」の定義**　ただし「命令等」の定義は，覚えておく必要があります。行手法によると，「**命令等**（administrative orders, etc.）」とは「内閣又は行政機関が定める次に掲げるもの」（行手法２条８号）として，**４種**（同条同号イからニまで）が列挙されています。すなわち，

①**法律に基づく命令または規則**（orders established pursuant to acts）
②**審査基準**（review standards）
③**処分基準**（disposition standards）
④**行政指導指針**（administrative guidance guidelines）

の４つです。①は未習ですが，②③④は本書を通読してきた読者なら，それらが何かはもうおわかりですね（② p.74，③ p.80，④ p.115）。これらが，**必要的（法定）意見公募手続**として，パブコメの対象になるわけです。

## 大きな話題を呼んだパブコメ手続

先頃，外国為替及び外国貿易法（外為法）に基づく輸出貿易管理令４条（＝同法48条１項の「輸出の許可」を不要とする特例）の対象国名を具体的に列挙する同別表第３が定める「グループA」（＝旧称「ホワイト国」27か国）から，半島の隣国の**国名を削除する内容**の「輸出貿易管理令の一部を改正する**政令**」**のパブコメ手続**が，大きな話題となった（図0-1，p.3）。

行手法という目立たぬ法律が定める，通常なら（業界）関係者以外からはめったに注目されないパブコメ手続が，国際的にもこんなに注目されたのは，**異例のこと**だ。パブコメの原案は，同令「別表第３中『，大韓民国』を削る。」という，**たった16文字**だった。

「異例」といえば，募集期間内に寄せられた「意見総数：**4万666件**」という**件数の多さ**と，しかも内訳が「概ね**賛成 約95%超**　概ね反対 約1%」という結果（経産省資料）。その後，同政令改正案は閣議決定され，「公布の日から起算して21日を経過した日（2019［令和1］年8月28日）から施行」された。旧「非ホワイト国」は**3区分**され（グループB，C，D），同国は「**グループB**」に属す

ることになった。なお，この背景には，**ワッセナー・アレンジメント**がある（▶ p.333）。

**任意のパブコメ**　行手法が定める「意見公募手続等の要件」に当てはまらなければ，パブコメ手続は**必要ではありません**。しかし「念のため」と，意見を聞く「**任意の（非法定）パブコメ**」はありえます。今日，国民の中には，いろいろな経験や知識を持った専門家がたくさんいます（海外生活の経験者も含め）。だから官僚では考えつかない「思いもよらぬ有益な意見」が出てくる可能性も高いからです。

**一般原則**　行手法は，命令等制定機関に対し，

①命令等を定める場合には，当該命令等がこれを定める根拠となる**法令の趣旨に適合**するものになるようにしなければならないこと，及び

②命令等を定めた後においても**必要に応じて**当該命令等の**内容について検討**を加え，その**適正を確保**するよう努めなければならないこと

を義務付けています。これを「**一般原則**（general principles）」といいます（行手法 38 条）。

**関連判例**　一時期マスコミ等で話題を呼んだ，いわゆる「**医薬品のインターネット（郵送）販売**」に関し最高裁は，厚生労働**省令**が一般用医薬品のうち「第 1 類医薬品」と「第 2 類医薬品」については

①「店舗において対面で販売させ又は授与させなければなら」ず，かつ

②「店舗内の情報提供を行う場所において情報の提供を対面により行わせなければならない」として，

③「郵便等販売を**してはならない**」と定めたのは「改正**薬事法の趣旨に適合するものではなく**，新薬事法の**委任の範囲を逸脱**した**違法なもの**として**無効**である」

と判示しました（最判平 25・1・11）。

**パブコメ手続**　次にパブコメ手続に関しては，

①命令等を定めようとする場合には，命令等制定機関は当該命令等の案等を**あらかじめ公示**し，意見提出期間を定めて**広く一般の意見**を求めなければならない（行手法 39 条 1 項），また

②公示する命令等の案は**具体的かつ明確な内容**であって，当該命令等の題名

や命令等を定める**根拠**を示さなければならない（同条２項）。

③意見提出期間は，命令等の案の公示の日から起算して **30 日以上**でなければならない（同条３項）。

**提出意見の考慮**　命令等制定機関は，意見提出期間内に命令等制定機関に提出された命令等の案についての**意見を十分に考慮**しなければなりません（行手法 42 条）。

**結果の公示等**　命令等制定機関は，意見公募手続を実施して命令等を定めた場合には，当該命令等の公布と同時期に，**４つの事項**（①命令等の**題名**，②命令等の**案の公示日**，③提出**意見**，④提出意見を**考慮した結果**及びその**理由）を公示**しなければなりません（行手法 43 条）。

**公示の方法**　命令等の案とパブコメ結果の公示は，「電子情報処理組織を使用する方法その他の**情報通信の技術を利用する方法**」を用いて行います（行手法 45 条）。普通の言葉に翻訳すると，「**イーガブ**（e-Gov）」**を用いる，という意味**です（平成 18 年３月 20 日総務省行政管理局長通知「行政手続法第６章に定める意見公募手続等の運用について」[総管第 139 号]「3．公示の方法」）。

# 付論：行政立法

パブコメ手続（行手法第６章）で，「命令等」が出てきたので，関連で，理論上の「行政立法」に触れておく（▶表 1-1，p.23）。

**行政立法** → 「**行政立法**」とは **２つの意味**を持つ。

①行政自身による組織・作用の基準となる**ルール作り**（＝**行為**）のこと。

②行為の結果としての**ルール**（＝**規範**）のこと。「規範」の語源 norma（ノルマ）は，ラテン語で「**直角定規**」の意味。

**規範** ➔「規範」とは,「もしも○○であるならば（＝原因），××を行う（＝結果)」という具合に因果をリンクさせ，原因（条件）を満たした場合に行われるべき**行動の予告**（プログラム）のこと。「**因果ないし条件プログラム**（独 Kausal-（カォザール） bzw. Konditionalprogramm（コンディツィオナール・プログラム））」ともいわれる。

**行政立法の分類** ➔ 行政立法は，伝統的に次の**2つ**に分けられてきた（ドイツ法の影響）。ドイツ行政法（理論）の影響は，日本ばかりではなく韓国や台湾など，東アジア諸国にも及んでいる。

| | |
|---|---|
| **法規命令** | Rechtsverordnung（レヒツ・フェアオルドヌング）の翻訳語 |
| **行政規則** | Verwaltungsvorschrift（フェアヴァルトゥングス・フォアシュリフト）の翻訳語 |

**分類の基準** ➔ 両者の区分は，行政の作ったルール（行政立法）が①**外部効果**を持つか，それとも②**内部効果**を持つにとどまるかということ。

- 法規命令は**①のタイプ**，行政規則は**②のタイプ**。このテーマの学習には条文知識・判例の知識よりも，**理論**に関する知識が要求される（ただし「**通達**（つうたつ）」に関しては，判例の知識が必要)。

**外部効果（独 Außenwirkung）** ➔ 行政の**外部**，すなわち**国民（の権義**（けんぎ）**）に影響を与える**という意味。これに対し「内部効果(独 Binnenwirkung（ビンネン・ヴィルクング）)」とは，国民の権義には**なんら影響を与えない**，すなわち行政**組織内部に関する事項**という意味（「法律による行政」の原理▶ p.182 以下)。

# 5-4-1 法規命令

**法規命令と法規の語義** ➔「**法規命令**」とは「**法規**（独 Rechtssatz（レヒツ・ザッツ））**を内容に含む命令**」,「法規」とは「**国民の権義に関する事項**」という意味。「法規」は次ページの①～③のように多義的だが,「法規命令」という場合は**③の意味**。

①**すべての「法規」範**という意味（＝広義）

②処分（個別・具体的な）に対し，**一般的・抽象的内容を定める「法規」範**という意味（＝狭義）

③国民の**権利・義務に関して**一般的・抽象的内容を定める**「法規」範**という意味（＝最狭義）

**法規命令の特徴** ➡ 法規命令は，法規（国民の権義マター）を内容に含む行政立法なので**法律の根拠が必要**。

- 理由：立法権は国民を代表するが，行政権は**国民を代表していない**ため。
- 「法律の**法規創造力**（独 rechtssatzschaffende Kraft des Gesetzes）」：国民を代表する立法権とその機関（国会）のみが「法規」を定めることができ，行政権は一存では「法規」を定めることができないという原理。
- 法律の法規創造力は，**法治主義**（「法律による行政」の原理▶ p.182 以下）に関係する。

**法規命令の種別** ➡ 法律との関係の違いに応じて，法規命令は①と②に細分される。

①**執行命令**（独 Durchführungsvorschrift）

②**委任命令**（独 Auftragsvorschrift）

**明治憲法の緊急命令・独立命令** ➡ 明治憲法は以下の①②の法形式を認めていたが，日本国憲法の原理（**国民主権**）**とは相容れない**ため，現在では**ともに認められていない**。

| | |
|---|---|
| ①**緊急命令** | 「天皇は公共の安全を保持し又は其の災厄を避くる為緊急の必要に由り帝国議会閉会の場合に於て法律に代るへき勅令を発す」（明治憲法8条1項） |
| ②**独立命令** | 「天皇は法律を執行する為に又は公共の安寧秩序を保持し及臣民の幸福を増進する為に必要なる命令を発し又は発せしむ」（同9条） |

※原文のカタカナをひらがなに変更。

**執行命令と委任命令の違い** ➡「**執行命令**」は法律に**「すでに根拠がある」法規の詳細**を定める。「**委任命令**」は法律が**「明定していない法規」を新しく生み出す**。

●執行命令：法律ですでに定まっている届出書の**様式の細目**（① A4 判か B5 判か，②タテ書きかヨコ書きか等）を定める。

●委任命令：法律が明定していない**「空白」事項**（排出規制を受ける自動車の種類を「排気量で区分する」等）を定める行政立法。

**制定者別分類** ➡ **誰が作るか**（＝制定者の違い）に応じて，法規命令は以下の①～④などに細分される。

| | |
|---|---|
| ①**政令** | **内閣**が作る命令 |
| ②**内閣府令** | 内閣**府の長としての内閣総理大臣**が作る命令 |
| ③**省令** | 11 **省の長官たる大臣**が作る命令 |
| ④**外局規則** | 各**庁の長官**または**委員会**が作る命令 |

**施行令・施行規則** ➡ 法律が○○法であるのに対し，政令と府省令は次の名称を持つ場合が多い（e-Gov で調べてみよう）。

●政令：○○法**施行令**

●府省令：○○法**施行規則**

●施行は「**せこう**」と慣用読みされることもあるが，**「施工」と誤解**されやすい。正式には「**しこう**」と読む。

**外局と外局規則** ➡ 庁と委員会を合わせて「**外局**」という（第 8 章 ▶ p.208）。「外局規則」とは次の①②を指す。

| |
|---|
| ①**庁の長官**が制定する法規命令（たとえば**海上保安庁令**） |
| ②（合議体としての）**委員会**が制定する法規命令（たとえば［「もとの職場」に敬意を表して］，**運輸安全委員会規則**） |

**罰則の可否** ➡ 法規命令で**罰則**を定めることは，**法律の委任があれば，許容**される。

●政令への罰則の委任は，日本国**憲法自身これを明言**している（憲法 73 条 6 号ただし書き）。

●内閣法の「政令には，**法律の委任がなければ**，義務を課し，又は権利を制限する規定を設けることができない」（内閣法 11 条）の定めにも留意。

## 5-4-2 行政規則

**行政規則の語義** ➔「**行政規則**（独 Verwaltungsvorschrift（フェアヴァルトゥングス・フォアシュリフト）, Verwaltungsrichtlinie（フェアヴァルトゥングス・リヒトリーニェ））」とは「法規」を**内容に含まない命令**，つまり「**非法規命令**」という意味。

**行政規則の特徴** ➔ 行政規則は「法規」を内容に含まないので，法規命令とは違い，その制定に**法律の根拠は不要**。

- 「行政が**一存で作れる**規則」という意味で，「行政規則」と呼ばれる。

**「非法規」＝法規でない事項** ➔ 国民の**権義には直接関係しない**，行政の**内部事項**のこと。

- 例：府省等の「局」（「部」）「課」「室」（**組織**）の**配置**，行政**事務の分配**方法，**物品・設備の管理**事項など。

**行政規則の種類** ➔ 以下の①～③などの種類がある（行組法 14 条。英訳は「国家行政組織法［National Government Organization Act］」から採録）。

①**告示**（こくじ）（public notice）
②**訓令**（くんれい）（instruction）
③**通達**（circular notice）

**通達は取消訴訟の対象外** ➔ 通達は**「外部効果性」を欠く**。すなわち国民の権義に直接関係しないので，**取消訴訟の対象とはならない**。

| | |
|---|---|
| 具体例① | 「墓地の管理者に異教徒（いきょうと）の埋葬拒否を認めないこととした通達は，**専**（もっぱ）**ら行政機関を拘束**するにとどまり，国民は直接これに拘束されることはない［＝**「外部効果」性を持たない**］から，行政**処分には当たらない**」（最判昭 43・12・24） |
| 具体例② | 「頭髪・丸刈りとする」などとする「中学校**生徒心得」の定め**は「生徒の守るべき一般的な心得を示すにとどまり，それ以上に個々の生徒に対する具体的な権利義務を形成するなどの**法的効果を生ずるものではない**」から，取消訴訟の対象とはならない（最判平 8・2・22） |

- 具体例①は有名な最高裁判例なので押さえておこう。

第6章

# 処罰と強制

## 行政法における義務論の「裏側」

本章では，第１章で学んだ「義務」に関する基礎知識を前提に，①義務違反があった場合（＝処罰）と，②国民が義務を果たさない場合（＝強制）の２局面へと考察を発展させます。本章の記述が難しく感じるかもしれない理由は，㋐「処罰と強制」の制度の仕組みが難しいこと。㋑「処罰」については，刑事法の知識が必要なこと。㋒複数の似た言葉（○○罰）が出てきて，ややこしいことです。ざっと読んで場面のイメージをつかんだ後，じっくり復習しましょう。

# はじめに

**場面①処罰**　まず「**進入禁止**」の交通標識を無視して，**車が逆走**した。この場合，**ドライバーは処罰**されます。すでに本書前半でも「罰則」として触れました（▶ p.7，70）が，これが「処罰」が登場する場面です。

**場面②強制**　次に，道幅が狭い道路に面した家を改修する際，火災時に消防車が入れないような形で，ガレージの**屋根が道路側にはみ出て**しまった場合，建築主には**改めてもらう必要**があります。これが「強制（執行）」が登場する場面です。

**両者の関係**　このように処罰と強制は，**関係がありそう**です。しかし具体的には，「どう」関係しているのでしょうか？　「処罰と強制」の学習に入る前に，この点について考えてみましょう。

# 処罰と強制の関係
## ——3つの違い

**違反建築物の例**　処罰と強制の関係は，読者の身近で起きる，**違反建築物の例**で考えるのが一番わかりやすいと思います。これについては，3つの図を先に見てください（▶図6-1～図6-3）。

**3つの図**　各図では，処罰と強制の関係（**違い**）を，**3点**に分けて説明してみました。すなわち

①**対象**
②**因果**
③**時制**

の３つです。図を眺め（なが），解説を読みながら，「頭の整理」をしましょう。

図 6-1　まず図 6-1 は，処罰と強制では，その「**対象が違う**」ことを示しています。つまり**強制**の対象は「**物**」（建物）ですが，**処罰**の対象は「**人**」（建築主）です。

**図 6-1 ● 強制と処罰の関係①対象**

図 6-2　次の図 6-2 は，処罰と強制では，「**因果が違う**」ことを示しています。「因果」とはむろん，「原因と結果」です。この観点からは，**処罰**の対象が（建物を建てたという「**原因**」行為としての）**人の行為**に向けられています。これに対し**強制**の対象は，（原因行為の「**結果**」として）**建てられた建物**に向けられています。

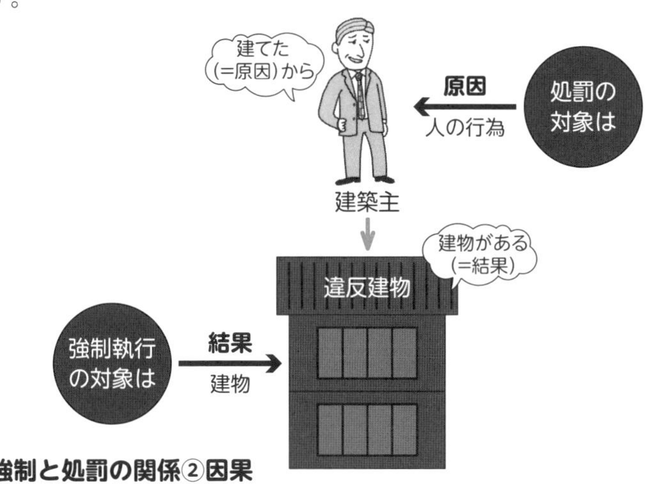


**図 6-2 ● 強制と処罰の関係②因果**

**図 6-3**　最後の図 6-3 は，処罰と強制では，**「時制が違う」**ことを示しています。この図では特に，処罰と強制で**「現在」の位置が違って**（**移動**して）**いること**に注意してください。まず強制が行われる時点では，建物は「まだ建っている」。つまり取り壊されてはいない。だからこそ建物を強制撤去するわけなのですが，ここからわかるのは，**強制は「将来（未来)」**に向けられた行為だということ。しかし建物を強制撤去しても，「違反建築物を**建てた**」という非行の事実は，残ります。だから処罰することで，**建築主に責任を取ってもらう**のです。つまり**処罰は「過去」**に向けられた措置ということです。

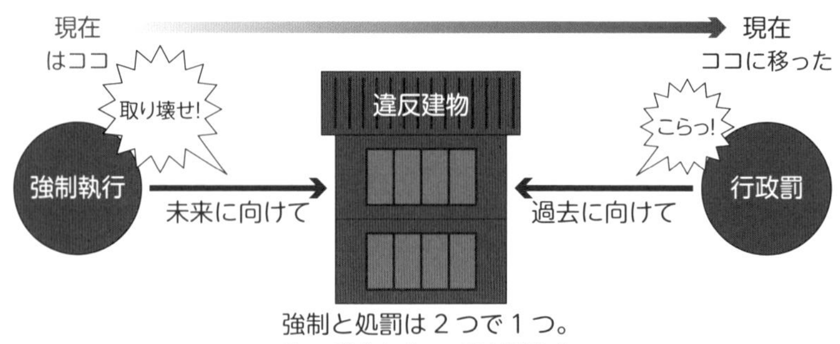


**図 6-3 ● 強制と処罰③時制**

**2 つで 1 つ**　このように**強制と処罰**は互いに補い合い，**法違反の状態を解消**して，もとの状態に戻す（原状＝法的**平和の回復**）という目的を達成する手段です。図 6-3 に，強制と処罰は「**2 つで 1 つ**」と書いたのは，そういう意味です。

では，先に処罰（行政罰）を学び，その後，強制の問題（強制執行）を学びましょう。

# 行政罰

**復習**　3つの図のうち，図6-3で説明したように，強制執行（代執行）によって義務**違反の状態は解消**できました（違反建築物の撤去）。しかし，義務者が「義務違反をした」（違反建築物を建てた）という**過去の非行事実**は依然として残っています。そこで過去の**非行を咎め**，それに対して**課す制裁**を理論上，「**行政罰**（独 Verwaltungsstrafe）」といいます。行政罰は，

①**行政刑罰**と

②行政上の**秩序罰**（過料）

に大別されます。なお，行政罰には一般法（通則法）は存在しておらず，ゆえに理論を学ぶ必要があるのです。

| 行政罰 | 行政刑罰 | 行政上の秩序罰 |
|---|---|---|
| 種類 | 刑法に刑名の定めある刑罰（懲役，禁錮，罰金，拘留，科料） | 過料（科料は刑罰だが，過料は刑罰ではない） |
| 処罰の対象 | 行政上の重大な義務違反 | 軽微な義務違反 |
| 刑法総則 | 適用あり | 適用なし |
| 科罰手続 | 刑事訴訟法（検察官の起訴に基づき，裁判所が科する） | 非訟事件手続法（に基づき，裁判所が科する） |
| 備考 | 科罰手続の例外として，通告処分と即決裁判*あり | 地方自治法に基づく過料もあり |

＊通告処分と即決裁判については，レインボー p.132 以下を参照のこと。

**表6-1●行政刑罰と行政上の秩序罰**

## 6-3-1 行政刑罰

**定義**　行政罰のうち，「**行政刑罰**（独 Verwaltungsstrafe）」とは，**重大な**義務違反（たとえば交通事故）に対する制裁として課される罰のことです。これに対し行政上の**秩序罰**は，**軽微な**義務違反に対する制裁です。

**行政刑罰の種類**　**刑罰**（独 Strafe）という名前が示すように，行政刑罰は「**刑法に刑名の定めがある刑罰**」であり，主刑（独立して科すことのできる刑）としては**5種類**があります。すなわち，

①**懲役**（独 Zuchthausstrafe）
②**禁錮**（独 Arreststrafe）
③**罰金**（独 Geldstrafe）
④**拘留**（独 Haftstrafe）
⑤**科料**（独 Geldbuße）

です。さらに付加刑として，「没収（独 Einziehung）」があります。

**適用ルール**　したがって行政刑罰には，**刑法総則が適用**されます（罪数・過失など）。また行政刑罰の科罰手続は，**刑事訴訟法**の定めに従います。すなわち検察官の起訴に基づき，**裁判所**が行政刑罰を科すことになります。

## 6-3-2 行政上の秩序罰（過料）

**実例**　転入届の提出（住民基本台帳法 22 条）を怠る行為は，直ちに社会公共に実害を及ぼすわけではありません。しかし「小さい」とはいえ「**義務違反行為**」なので，何の制裁もなければ不心得者が続出し，行政**法秩序**（これが「秩序［独 Ordnung］」罰と呼ばれる理由）**が保てなく**なります。

**ネーミング**　そこで，行政刑罰を科するには「大げさすぎる」**軽微な**義務違反行為にも，**秩序維持**（独 Ordnungshaltung）という目的から，制裁（金銭罰）を科すことにしました。この**金銭罰**のことを，「行政上の**秩序罰**（独 Ordnungsstrafe）」または「**過料**（独 Bußgeld）」といいます。

**適用ルール**　しかし，行政上の秩序罰としての過料は**刑罰ではない**ので，行政刑罰（▶ p.134）のように**刑法**総則**の適用はなく**，また科罰手続も**刑事訴訟法の適用はない**のです。過料は，非訟事件手続法（Non-Contentious Case Procedures Act）の定めに従い，**裁判所が科する**ことになります。

**地公体**　ただし，国（＝裁判所）による過料のほか，**地方自治法に基づく過料**も存在することに注意しましょう（自治法 15 条 2 項，255 条の 3）。

## 注意！　「あやまち」料と「とが」料

ここで，注意事項を 2 つ述べる。1 つ目は，**用語（漢字）のこと**（＝「過料」）。後で見る執行罰（しっこうばつ）（▶ p.145）のところでも，「行政上の秩序罰（過料）」という表記が出てくる。だからぼーっと読んでいると，頭が混乱する。結論は，こういうこと。つまり「行政上の秩序罰」とは，**理論**用語。これに対し「過料」は，**法令**用語。法令用語だから，いろいろな法令に登場する。

ざっくり調べると，600 本前後の法律に「過料」が定められている。結果，法令用語の「過料」の理論上の性質は，**圧倒的多数が「行政上の秩序罰（行政罰）」**。なのだが，理論上**「執行罰（強制執行）」としての性質**を持つものも，皆無とはいえない。実際，後で紹介する砂防法（明治 30 年法律 29 号）36 条が，「500 円以内に於（おい）て指定したる**過料**」を定めている（▶ p.146）。現行法律では**唯一の例**といわれ，有名なので覚えておこう。

2 つ目の注意事項は，**読み方**（発音＝「かりょう」）。特に口頭では，両者を混同しないよう，過料は**「あやまち」料**（＝前科に「ならない」），また科料は**「とが」料**（＝前科に「なる」）と呼び分けられる。**科料**は「行政**刑罰**」だが，**過料**は**刑罰ではない**（秩序罰）ということを，再度確認しよう。

## 「罰則」と「罰則国家」

通常，法律の第 1 章には「総則」が置かれるのに対し，最終章のタイトル（章題）が「罰則」だ。ざっくり調べると，本書執筆時現在，現行法律のうち **1,321 本に，「罰則」**がついている。年代別内訳（うちわけ）は①明治時代の制定法律が 19 本，②大正時代 12 本，③昭和時代 732 本，そして④平成時代 558 本である。また法律のほか**条例でも，罰則を定めることが可能**である（自治法 14 条 3 項）。

こうなると，日本は**法治国家であり，かつ「罰則国家」**と呼ぶべきかもしれない。もっとも総務省が公表している「義務を課し又は権利を制限する条例の制定状況

(各団体が独自に制定した条例のうち罰則を設けているものに関する調)」によると，都道府県と市町村を合わせて**159本**（うち都道府県分32本，市町村分127本）とのことなので，**「罰則つき条例」の数はさほど多くはない。**

# 行政強制(1)
## ——行政上の強制執行

## 6-4-1 行政上の強制執行

### (1) 3段階執行と2段階執行

**藤田本**　かつて藤田宙靖（ふじた・ときやす）教授（東北大学名誉教授，元最高裁判事）が，**「3段階構造」モデル**というのを提唱されました（『行政法Ⅰ（総論）』，初版1980［昭和55］年・青林書院）。簡単に言えば，①法律→②命令（＝処分）→③実力行使という，行政過程の**原則となる3段階**の仕組みのことで，それに対置されるのが，**「2段階構造」モデル**（①法律→②実力行使）です（ただし藤田先生ご自身は，「2段階構造モデル」とは表現されていなかったように記憶します）。うち，「3段階」が行政作用の原則で，「2段階」は例外です。

**3段階モデル**　3段階構造モデルの適例は，**違反建築**です。この場合，手続は①建築基準法（**法律**）→②違反建築物の除却（じょきゃく）「**命令**」（＝処分）（建基法9条1項，都市計画法81条1項）→③除却（**強制**＝行政代執行法）と進行します。

**2段階モデル**　では，**火事場**の場合は？　火事場でも，3段階執行は**可能**です。なぜなら①消防法（＝法律）→②義務者への消火命令（義務付け）→③消防士の消火，という手順を踏めばいいからです。ただし②の段階を入れている間に，**現場は火の海**になり，消火活動をする頃は「もう**手遅れ**」でしょう。よって，このような場合には**例外的に②を省き**，①→③が許されるのです。

**2段階と3段階**　この，**2段階**の実力行使の方法を「行政上の**即時強制**」といいます。近年では，「**即時執行**」という呼び方も有力です。これに対し**3段階**の実力行使の方法を，「行政上の**強制執行**」と呼びます。覚えておきましょう。そこで以下，即時執行型を「**2段階執行**」，また強制執行型を「**3段階執行**」と表現します。

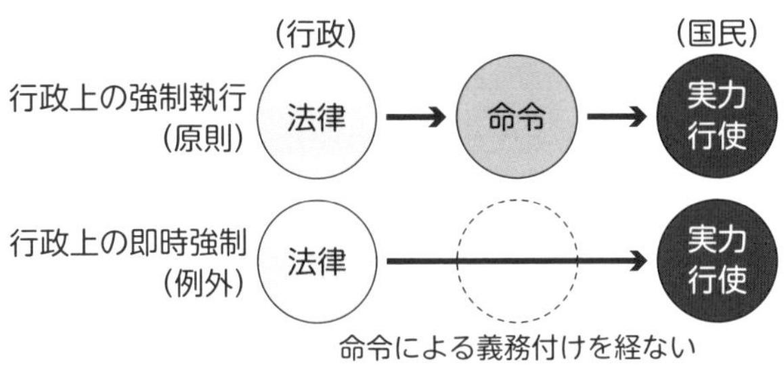


**図 6-4 ● 3段階執行と2段階執行**

## (2) 他力執行と自力執行

**強制執行**　行政上の強制執行は，**民事上**の強制執行に対応するもので，「義務者が行政上の義務の履行(りこう)をしないときに，権利者たる行政主体が，**自らの手**で，**義務履行の実現**を図る制度である」（塩野宏(しおの・ひろし)教授）と定義されます。

**他力執行**　民事法では，「自力救済」は**原則禁止**です（例外＝**正当防衛**［self-defense，独 Notwehr(ノート・ヴェーァ)］＋**緊急避難**［aversion of present danger，独 Notstand(ノート・シュタント)］［民法 720 条］）。その結果，民事執行（民事上の強制執行）は，第三者である「裁判所又は執行官」（民事執行法 2 条）という「他人」の力を借りて行われる，「**他力執行**(たりき)」です。

**自力執行**　これに対し行政法の分野では，「行政目的の早期達成」という観点から，行政権による「**自力執行**(じりき)」の例が多く見られます（行政代執行法 1 条，建基法 9 条 12 項，土地収用法 102 条の 2 第 2 項，都市再開発法 98 条 2 項など 24 法律）。つまり行政は，司法（裁判所）の手を借りる必要はない。しかし「当然に」ではなく，**個別の法律**に，**明文の根拠**規定が必要です。なお，図 6-5 は横浜市作成の資料に基づく図ですが（行政の側から見た「債権」は国民の側から見れば「債務」となる），実務では「行政的執行（自力執行）」のほか，「司法的執行（他力執行）」も視野に入れていることが，見てとれます。

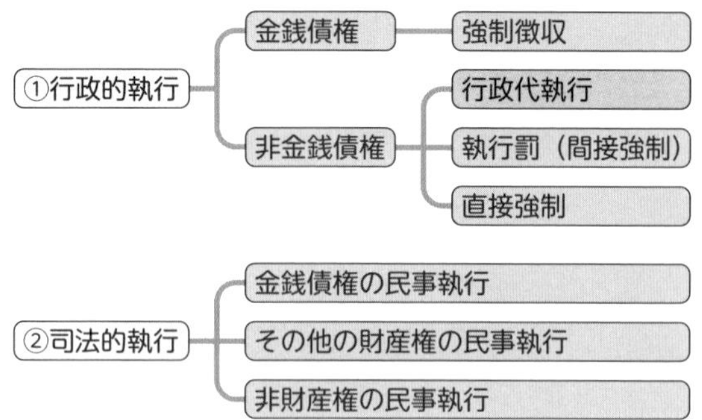


**図 6-5 ● 行政の強制執行**
出典：横浜市会ジャーナル特別編　法制情報第 4 号
https://www.city.yokohama.lg.jp/shikai/gikaikyoku/journal.files/0125_20190313.pdf

## (3) 行政上の強制執行の種類

**強制執行の種類**　行政上の強制執行は，理論上 **4 つに整理**できます。すなわち，

①行政上の**代執行**，

②**執行罰**（間接強制），

③行政上の**直接強制**，そして

④行政上の**強制徴収**（ちょうしゅう）

です。このうち**中心**になるのは**代執行**です（▶ p.139 以下）。

**代執行の前提**　先ほどの定義からも読み取れるように，行政上の強制執行は，「義務とその不履行（果たさない）」ということが，その前提です。

**国民の義務**　なお，本章で論じる「**義務**」とは，行政の側の義務ではなく，行政作用の相手方である**国民の義務**です。むろん行政の側にも，義務がありえます。たとえば，すでに学習した行手法（ぎょうてほう）の申請に対する「応答義務」です（行手法 2 条 3 号，同 7 条）。しかし以下には，国民の義務について述べます。行政の側の義務については，行政救済法（第 10 章～第 13 章）で論じます。

# 6-4-2 代執行

**一般法**　行政上の強制執行，特に**代執行**（独 Ersatzvornahme（エァザッツ・フォアナーメ））に関しては「**行政代執行法**」という**一般法（通則法）**があります（昭和 23 年法律 43 号）。「一般法（通則法）」と聞いて思い出すのはすでに学んだ手続3法（てつづきさんぽう）でしょう。代執法も手続法の部分がある（後述）ので，それを加えて「**手続 4 法**」と呼びたいところです。しかしこれまで代執行は**あまり活用されてきませんでした**。

### 空き家対策と実態調査

高齢社会と人口減少の時代を迎え，日本全国に**空き家**（あきや）が目立つようになった。空家法すなわち「空家等対策の推進に関する特別措置法」（平成 26 年法律 127 号）も制定され，それらの**撤去手段**として，代執行が注目され始めている。いわゆる「ごみ屋敷」対策としても同様。

こうした背景の下（もと）に，総務省が近年公表した「空き家対策に関する実態調査結果**報告書**」を見ると，2015（平成 27）年から 2017（平成 29）年の 3 年で，各地公体が実施した「空き家対策措置」は**全体で 1 万 1,396 件**もある。内訳は，①助言・指導 1 万 676 件，②勧告 552 件，③命令 70 件，④行政代執行 23 件，⑤略式代執行 75 件である。

### 空き家対策の法化未だし

圧倒的多数（98.5%）を占める①と②（＝行政指導）の 1 万 1,228 件に対し，代執行 23 件は全体の 0.02%にすぎず，略式代執行を加えた 98 件も，**全体の 1%にはるかに達しない**（なお，「略式代執行」とは，空家法 14 条 10 項に基づく措置。現段階では，代執行が行われると大きなニュースになるくらいだ）。よって，この分野での「法化」は手続 3 法に比べると「**未だし**（いまだし）（まだまだ）」の感がある。今後の課題である。だから「手続 4 法」とは呼べないのである。

**義務の種類**　ところで，行政上の**義務には 4 種類**があることは，すでに第 1 章で学びました（▶ p.29 以下）。だいぶ前だから，忘れてしまったかな？すなわち，

①**作為**(さくい)義務（独 Handlungspflicht(ハンドルングス・プフリヒト)）
②**不作為**義務（独 Unterlassungspflicht(ウンターラッスングス・プフリヒト)）
③**受忍**(じゅにん)義務（独 Duldungspflicht(ドゥルドゥングス・プフリヒト)）
④**給付**義務（独 Leistungspflicht(ライストゥングス・プフヒリト)）

の４つです（①から③までは非金銭債務，④は金銭債務）。

**義務強制の手法**　うち，①から③までの義務の不履行(ふりこう)を強制する方法としては，

㋐**代執行**
㋑**執行罰（間接強制）**
㋒**直接強制**

という３つの方法があり，また④の義務の不履行を強制する手法としては，

㋓**強制徴収**

があります。

**対応関係**　ただし上記のうち，㋓**強制徴収は④**（＝給付義務）に対する強制方法ですが，それ以外の①②③は㋐㋑㋒と「**1 対 1 の対応関係**」にあるわけ**ではない**ことに注意してください。

**代執行の対象**　まず，代執行の対象となる義務は「**代替的作為**義務」に限られます。行政代執行法２条の言葉を借りると，**「他人が代ってすることのできる」義務**という意味です。たとえば，違反建築物を取り壊す義務や違法駐車の車を移動させる義務などです。

**効き目なし**　裏側から言えば，

①**非代替**的作為義務（本人がするしかない義務。例：定期健康診断の受診義務［労働安全衛生法 66 条５項］），
②**受忍**義務（昨今(さっこん)話題の児童虐待(ぎゃくたい)や高齢者虐待が疑われる場合の立入(たちいり)）や
③**不作為**義務（例：危険物を売り歩かない義務）

に対しては，代執行は**「効き目」がない**。

**「効き目がない」理由**　なぜか。それは，これらの義務が，「本人が果たすしかない」義務（**為**(な)**す債務**▶ p.30）**だから**です。面倒(めんどう)くさがる本人に代わって，お医者が健康診断を受けても意味はない（上記①の場合）し，知事が危険物を売り歩いている人物と同じ格好をして，知事室でじっと動かない（③の場合）のが代執行ですが，どちらもナンセンスでしょう。

**制限される自由**　①の作為義務によって，「**行為をしない自由**」が制限されま

す。違反建築物の除却義務（建基法9条）や車両の徐行義務（道交法42条）が，作為義務の具体例です。②の不作為義務によって，「命じられた内容を**しない自由**」が制限されます。③の受忍義務によって，「行政のある行為（測量のための土地への立入，健康診断のための診療，予防接種）に**抵抗する自由**」が制限されます。④**給付義務**については後述します（▶ p.147以下）。

**受忍義務**　受忍義務については，参考までに，第1章で示した図1-2を図6-6として再掲します。

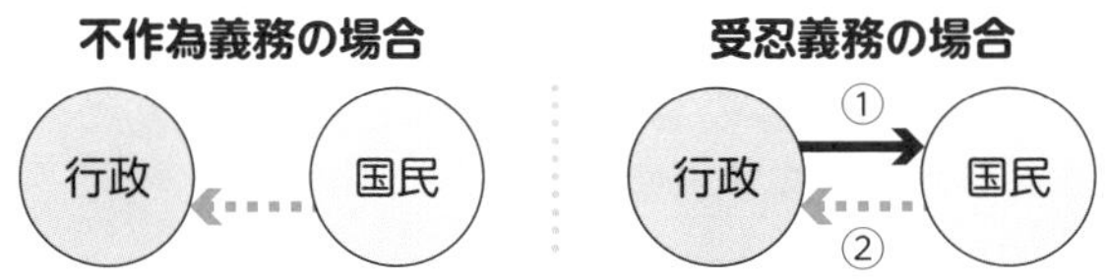


※図1-2の再掲。青色の破線矢印は，あることを「しない」という意味。

**図6-6 ● 不作為義務と受忍義務**

**受忍義務と罰則**　結局，受忍義務があるかどうかは一概には言えません。立入りや調査が，「**任意か強制か**」次第だからです。各根拠法で「**罰則**」が定められていれば**強制**立入・調査であり，その背後には**受忍義務がある**，と推定されます。つまりここに，**処罰と強制の「交錯点」**があるのです。

## 6-4-3 行政代執行法 ——代執行の一般法

**代執行**　代執行とは，義務者が義務を果たさない場合，他人（＝行政）が義務者**本人に「代わって実行」**し（ゆえに「代執行」），それに要した**費用を義務者から徴収**する強制執行の方法です。代執行については，行政代執行法という**一般法が存在**することは先に述べたとおりです（▶ p.139）。

**行政代執行法**　この法律の条文はたったの**6か条**なので，条文を参照しましょう。同法によれば，

①代執行は「行政上の**義務の履行確保**」の手段であり（代執法1条），

②**法令**（法律または命令）によって**命じられた**行為（＝**作為義務**）について，

義務者がこれを**履行しない場合**に，**行政庁が**「**自ら**義務者のなすべき**行為をなし**，又は**第三者をしてこれをなさしめ**，その**費用を義務者から徴収**」すること（同２条），

と定義されます。

**2 つの要件**　代執行は相手方（義務者たる国民）の**抵抗を排除**しても強行しうる実力行使の手段であり，国民の**自由や財産を強度に制限・侵害**する行政作用です。そこで代執行が認められるためには，

①**実体**的要件と

②**手続**的要件

の **2 つ**を満たす必要があります（▶図 6-7）。

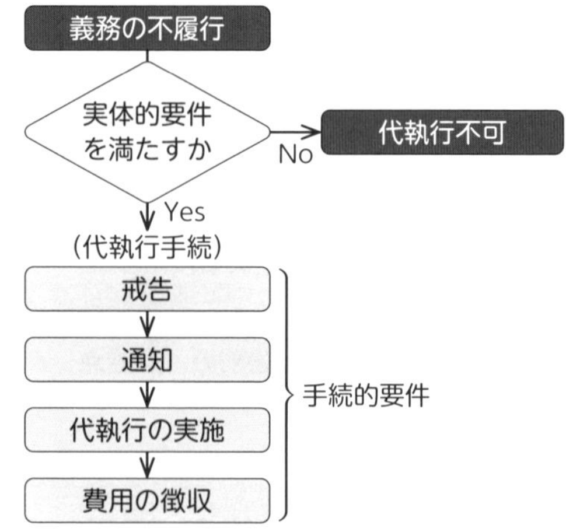


**図 6-7 ● 代執行のチャート**

**代執行の実体的要件**　まず代執行の**実体**的要件は，

①他の手段（行政指導や行政罰）によっては義務の**履行の確保が困難**であり，かつ

②その**不履行を放置**することが**著**(いちじる)**しく公益に反する**

ときです（代執法２条）。この２つを満たさなければ，そもそも代執行に着手ができません。

**代執行の手続的要件**　上に述べた実体的要件を満たし，代執行に進むためには，さらに次のような**手続**的要件を満たす必要があります。すなわち，

①代執行の**戒告**→②代執行令書による**通知**→③代執行の**実施**

です（代執法３条）。

**費用の徴収**　かかった「**コストの回収**」も重要です。代執行に要した費用の徴収については，

④**納付命令**が発せられ（代執法５条），費用の徴収手続は「**国税滞納処分の例による**」（同６条）ので，⑤**督促**（国税通則法 37 条）→⑥**差押**→⑦**公売**（＝差押財産の換金）→⑧代金の**配当**

という順で進みます（国税徴収法 47 条以下）。

**戒告と取消訴訟**　行政代執行の**戒告**（代執法３条１項）は，**新しく義務**を課する**法的措置ではなく**，**事実行為**（独 Realakt）です。ここはわかりにくいと思うので，先ほどの違法建築の例で説明すると，**義務を課す手段は**戒告ではなく，**建物の「除却命令」**です（建基法９条）。同命令は明らかに「**処分**」なので，**取消訴訟の対象**となります。ですから，行政上の強制執行に移り，代執行が行われる以前の段階で，普通ならば**対策をとる**でしょう。ただなんらかの理由でそれができない場合，代執行の**戒告もまた取消訴訟の対象となる**，とする**肯定説が有力**のようです。理由は，戒告が**独自の手続的効果を有する**からです。ここはのちの第 12 章「取消訴訟の諸問題⑴」で立ち戻ることにしましょう（▶ p.287 以下）。

**否定説**　戦前の行政裁判所は，旧法（行政執行法）の下で，**否定的見解**をとっていました（行判昭 2・3・11，行判昭 11・11・11）。戦後でも，否定論に立った判例はあります。その理由はすでに述べたように，戒告は「**新たな義務を課すものではない**」からです（東京地判昭 28・12・28）。

**肯定説**　これに対して**判例の大勢**は，代執行の戒告を抗告訴訟の対象とする**肯定説**に立ちます（なお，最高裁判例はまだないようです）。

**代執行の対象**　すでに学んだように，代執行の対象は**代替的作為義務**（＝為す債務）なので，庁舎の明渡しや立退き（＝**与える債務**）は代執行の対象に**ならない**（大阪高決昭 40・10・5）。また，作為義務であっても**代替性のない義務**は，代執行で強制できない（横浜地判昭 53・9・27［川崎国際Ｃ・Ｃ事件］）。

**民事の強制徴収との関係**　県の農業共済組合連合会が，その傘下にある市の農済組合の組合員の**掛け金の滞納に対し民事訴訟**を提起した事件で最高裁は，本件のように，行政上の「強制徴収の手段が与えられていながら，この手段に

よることなく，（略）民訴法上の強制執行の手段によってこれら債権の実現を図ることは，（略）**許されない**」**と判示**しています（最大判昭41・2・23）。

**代執行が可能な場合**　**無許可の砂利採取行為**に対して，原状回復命令を出した。にもかかわらず，業者がこれに**従わなかった**場合は，河川法には「何ら**強制執行の規定がない**以上，非常の場合の救済手段である行政代執行法による代執行によらないで」，**民事訴訟を提起することは適法**であるとした下級審判例があります（岐阜地判昭44・11・27）。

**行政強制が不可能な場合**　およそ行政上の**強制執行の手法が認められてない**場合は，条例に違反して行われたパチンコ店の建築工事の続行禁止を求めて，**市は民事の仮処分**を利用することが**可能**です（大阪高決昭60・11・25）。

**宝塚市パチンコ条例事件**　面白い事件としては，兵庫県宝塚市長が，市内へのパチンコ店の出店者に対し，パチンコ店等規制条例に基づき，建築工事の**中止命令**を発した。が，これに従わなかったため，「同工事を続行してはならない」旨の裁判を求めた事案で，**第1審**は本件訴えを「**適法**」と扱い，**原審**（大阪高判平10・6・2）は第1審判決を**維持**し，控訴人の**控訴を棄却**した。**最高裁**は，地公体が「専ら**行政権の主体**として国民に対して行政上の義務の履行を求める訴訟は**不適法**」であり，したがって「市長が発した建築工事の中止命令の名あて人に対し，同工事を続行してはならない旨の裁判を求める訴えは**不適法**」であるとして「原判決を破棄し，第1審判決を取り消」し（主文第1項），「本件訴えを却下」（第2項）しました（**破棄自判**。最判平14・7・9）。

## 「行政権の主体」の対語は「財産権の主体」

上記の判決文に登場する「**行政権の主体**」（＝権力［非水平］関係）の対語は「**財産権の主体**」（＝非権力［水平］関係▶p.71）。また，**権力関係は3条訴訟**（抗告訴訟），**非権力関係は4条訴訟**（当事者訴訟▶p.266以下）で争われる。

**ヨット係留杭事件**　これまた珍しい事件として，河川にヨットなどが**無許可で係留**され，漁船等の**航行を妨害**していたため，千葉県浦安町長（当時）がヨットクラブの打ち込んだ係留用**鉄杭を強制撤去**したことを争った住民訴訟（自治法242条の2）があります。**最高裁**は，本件撤去の強行は「漁港法及び行政代執行法上適法」ではないが，「緊急の事態に対処するためにとられた**やむを**

**得ない措置**」で**違法とはいえない**，と判示しました（最判平3・3・8）。

## 6-4-4 執行罰（間接強制）

**執行罰**　非代替的作為義務・受忍義務・不作為義務の不履行の場合，代執行は理論上可能ですが，**効き目はまったくない**（▶ p.140）。これらは義務者「本人が果たさなければ意味がない行為」（為す債務）だからです。

**過料**　そこで，「**過料**（civil fine，独 Bußgeld（ブース・ゲルト））」と呼ばれる**金銭の納付**を命じ，その**威嚇力**（いかくりょく）によって**間接的に強制**するという義務の強制方法があり，これを**執行罰**（独 Exekutivstrafe（エクセクティーフ・シュトラーフェ））といいます。語尾が「罰」となっていますが，性質は**刑罰**（犯罪者に科せられる制裁）**ではなく**，執行罰は行政上の**強制執行の一手段**である点に注意です。

### 刑罰と強制

近代法が成立する19世紀の初め頃まで，欧州では刑罰と強制は必ずしも明確には区別されておらず，むしろ**渾然一体**（こんぜん）の状態にあった。冒頭に述べた言葉の「ややこしさ」は，この辺の事情に由来している。

### 執行罰と行政罰の関係

すでに学んだように，強制執行と処罰（行政罰）では**「時制」が違う**。つまり行政罰は，**過去**の非行を処罰の対象とする。これに対し執行罰は，**将来**に向けて，ある行為を強制的に促す。よって「現在」を基準にすると，**時間の向きが逆**になる（「過去←現在」［＝行政罰］か「現在→将来」［＝強制執行］か）。もし忘れてしまっていたら，図6-3も参照して，復習すること。

**間接強制**　執行罰は履行の期限までに義務が果たされない場合，一定額の金銭（＝過料）の納付を命ずることによって義務者に**心理的な圧迫**を加え，義務の履行を間接的に強制する手段です。ゆえに，「**間接強制**（独 mittelbarer Zwang（ミッテルバーラー ツヴァング））」とも呼ばれます。しかしまさに，強制が間接であるがために，執行罰は**有効とはいえない**。よって現行法では，砂防法 36 条に**唯一の実例**があるのみ（「整理ミス」といわれます）。なお，「行政上の**秩序罰**」のところでも「過料」が出てきました。ですから「注意事項」はそこに書いてあります（▷ p.135）。

## 砂防法 36 条

「私人ニ於テ此ノ法律若ハ此ノ法律ニ基キテ発スル命令ニ依ル義務ヲ怠ルトキハ国土交通大臣若ハ都道府県知事ハ一定ノ期限ヲ示シ若シ期限内ニ履行セサルトキ若ハ之ヲ履行スルモ不充分ナルトキハ **500 円以内**ニ於テ指定シタル過料ニ処スルコトヲ予告シテ其ノ履行ヲ命スルコトヲ得」

って，勘弁してください。漢字カタカナ文。に加えて，句読点も打たれていない！同法は1897(明治30)年法律29号だから，**御年120歳はるか超えの,「超高齢者」**。日本の最高齢者よりもご老体。

## かつて存在した「行政執行法」

同じく「ご老体つながり」で，名前は似ているが行政「代執行」法ではなく，**行政「執行」法**という法律が，明治憲法時代には存在した。1900（明治 33）年法律 84 号だから，砂防法より「3 歳年下」。**代執法の前にあった法律**である。同法が①代執行のほかに，②間接強制（執行罰）と，③直接強制を定めていた。これが，今日でも執行罰や直接強制が，今なお論じられ続けている背景である。

## 強制執行手段のやせ細りに危機感

もっとも，この，現代日本における行政上の強制執行の手段の「か細さ」「やせ細り」に，危機感を抱く動きもある。たとえば西津政信教授（愛知大学）はドイツ法を素材に，「**新しい行政強制の手法**」を研究し，積極的に提言されている。特に地公体では，代用物として行政指導を「活用する」という手法を開発した。しかし今日，行政手続法の「縛り」がある関係で**指導には限界**があるし，同じく代用物である「氏名の公表」とか「行政サービスの拒否」など（▷ p.153）も，行手法の観点からは**問題と限界**がある。

## 6-4-5 直接強制

**直接強制**　間接強制が手ぬるければ，**直接に実力行使**をすればいい。嫌がる本人を医師の前まで **「腕尽く」で引っ張って**行き，検診を受けさせる。また，危険物を売り歩けないよう，行商人の**身柄を拘束**してしまう。この方法を，「**直接強制**（独 unmittelbarer Zwang）」といいます。旧行政執行法時代（1947［昭和 22］年まで）には認められていましたが，極めて「**手荒な方法**」です。それを安易に認めると，基本的人権を著しく侵害します。ゆえに現行法（行政代執行法）はこれを受け継がず，現在では，**法律に明文の根拠規定**がなければ，直接強制は許されません。つまり**直接強制**については，**「通則法（一般法）」はない**のです。

**法律の根拠と具体例**　今日，直接強制を認めている**例はさほど多くはありません**（出入国管理及び難民認定法［入管法］が定める**退去強制**［入管法 24 条以下］，精神保健及び精神障害者福祉に関する法律［精神保健福祉法］の**措置入院**［精神保健福祉法 22 条以下，特に 29 条以下］など）。昨今の新型コロナウイルス感染症（以下「新コロ」）対策をきっかけに，法整備が始まりました（▶ p.149 以下）。

## 6-4-6 行政上の強制徴収

**行政上の強制徴収**　最後に，行政上の**金銭給付義務**が果たされない場合，義務者の**財産に実力**を加え，義務が果たされたのと**同じ状態を実現**する作用があります。これを「**行政上の強制徴収**（独 Zwangszahlung）」といいます。租税債権など，極めて**大量に発生**する行政上の金銭債権を，いちいち裁判判決を得てから徴収する（他力執行）のでは，滞納者が続出するでしょう。そこで，行政代執行法，国民年金法，地方税法，地方自治法などでは，行政上の金銭債権の徴収については「**国税滞納処分の例による**」とすることが多いのです（▶ p.138，図 6-5）。

**徴収の手続**　その手続は，①督促→②差押→③公売による換金→④代金の配当と進みます（国税徴収法 47 条以下，国税通則法 37 条）。ただし**明文の根拠規定**が欠けている場合（公営住宅の家賃・敷金など）は行政上の行政強制（＝自力執行）ではなく，**原則**に戻って**民事司法上の強制執行の手段**（**他力執行**）によることとなります（「宝塚市パチンコ条例事件」最高裁判決 ▶ p.144）。

# 行政強制(2)
## ——行政上の即時強制（即時執行）

**定義**　行政上の強制執行と並ぶ，行政強制の**２番目の種類**は**即時強制**（独 sofortiger Zwang（ゾフォルティガー ツヴァング））です。伝統的には，即時強制には**２つの種類**がある，と説かれてきました。すなわち，

①義務を命ずる「**時間的余裕がない**場合」と，

②義務を命ずるのでは「**目的が達成できない**場合」

の２つです。これらの場合に，即時強制とは「相手方の**義務の存在を前提とせずに**，行政機関が**直接に身体**または**財産に実力を行使**して行政上**望ましい状態を実現する作用**」と定義されます（▶ レインボー p.49 以下）。なお，近年，即時強制が「**即時執行**」とも呼ばれるようになったことは前に述べました（▶ p.137）。

**直接強制との違い**　さて，またまた「ややこしい」話で恐縮です。「国民の体や財産に行政が直接に手を出す」という意味では，**即時強制**は**直接強制**（▶ p.147）**とよく似て**いますね。しかし直接強制は**３段階**執行（行政上の強制執行）の一種ですから，①法律→②命令（処分による義務付け）→③（不履行の場合）強制と進んでいきます。これに対し即時強制のほうは**２段階**執行なので，①法律→②強制と進みます。つまりは，命令（処分）による**義務付けの段階を**

**欠く**のです（ゆえに「即時（独 sofort）」▶図 6-4）。

**明文の根拠**　即時強制は**効率性**（行政目的の即時的な実現）の観点からは，行政側にとっては好ましいでしょう。しかし，公務員が**判断を誤る**と**取り返しのつかない事態**（原状回復の不能）が生じます（狂犬病と事実誤認して，保健所の職員が犬を殺してしまった場合など）。そこで，法律に明文の根拠がある場合に限り，即時強制は可能です。つまり**即時強制にも，通則法（一般法）はない**のです。なんだか，こう眺めてくると，新コロ対策なども含め，日本の「近未来の立法課題」が見えてきますね。それを実現するのは読者の皆さんです。期待しています！

**警職法**　「通則法（一般法）はない」と書きましたが，実は**警察官の行う**即時強制については，警察官職務執行法（**警職法**）という通則法（一般法）が存在します。

**特別法**　そのほか，**特別法**（個別法）が認める**即時強制の種類**としては，

①**身体**に対する即時強制（健康診断の強制［感染症法 17 条］，強制入院［同 19 条］など）

②**家宅**に対する即時強制（家宅・営業所への立入［風営法 37 条］，臨検検査［食品衛生法 28 条］，住居等の捜索［国税徴収法 142 条］など）

③**財産**に対する即時強制（土地物件の使用・処分［消防法 29 条，成田国際空港の安全確保に関する緊急措置法〈成田新法〉3 条］，見本品の無償収去［食品衛生法 28 条，医薬品，医療機器等の品質，有効性及び安全性の確保等に関する法律〈薬機法〉69 条 4 項］など）

などがあります。

**抜打ち検査**　これら個別法を見ていくと，**典型的・伝統的**な即時強制，つまり「義務を命ずる時間的余裕がない場合」とは，**性質の違う類型がある**ことに気づきます。それは，先ほどの定義の**後半部分**すなわち，「義務を命ずるのでは**目的達成ができない場合**」です。たとえば，立入の場合，飲食店に事前に「食器を清潔に洗っておきなさい」と予告（義務付け）して，その後に立入検査をする，というのではナンセンスでしょう。つまり，「**抜打ち検査**（unannounced check)」をしないと，意味のない場合です。

**新コロ関係①**　新型コロナウイルス感染症を「**指定感染症**」（感染症法 6 条 8 項）**に指定する政令**（令和 2 年政令 11 号）が施行され（2020［令和 2］年 2 月 1 日），

罹患者の強制入院が可能になりました。ただし，感染症法の仕組みでは**処分は介在せず**，知事がまず入院を「**勧告**」し（感染症法 19 条 1 項），次に勧告に従わないときは,「**入院**させることができる」となっています（同条 3 項）。よって類型としては, 3 段階執行型（直接強制）ではなく, **2 段階執行型**（即時強制）のようです。

**新コロ関係②**　また，新型インフルエンザ等対策**特別措置法が改正**され（同法附則 1 条の 2），新コロの発生・蔓延に際して，政府対策本部長（**内閣総理大臣**—同 16 条 1 項）が「**緊急事態宣言**」を出し（同 32 条 1 項），また「まん延防止等重点措置（まん防）」を実施（同 31 条の 4）することで，都道府県知事や市町村長が適切な措置を執るための**法的根拠が整備**されました（同第 4 章）。

# 行政調査
## ——即時強制との相違

**行政調査**　前述した抜打ち検査のような作用は当初，伝統的な即時強制の中に含められてきました。しかし近年では，「**行政調査**（administrative investigation）」という**別の類型を立てて説明**される傾向が強いようです。行政調査とは理論上の概念で，「行政機関が**行政目的で行う調査**」と定義されます（▶レインボー p.98）。その例として，

①**税務調査**（国税通則法 74 条の 2）や，

②**立入検査**（食品衛生法 47 条，収用法 11 条など）

が挙げられます。

**伝統理論**　「伝統理論」と呼ばれる**田中行政法テキスト**には「行政調査」という項目は**存在していない**。ですから行政調査が論じられるようになったのは比較的最近の事柄に属するのです。

**即時強制との違い**　行政調査は即時強制とは違い，

①**「緊急性」が欠けている**こと

②**他の目的**（公正な税制の維持・公衆衛生の向上といった）**に奉仕する手段**であること

③行政調査により達せられるべき目的は「**積極目的**」が多いこと（即時強制は**消極目的**）

④抵抗には**実力行使をせず**，なるべく「**罰則で対処**」すべきであること

といった諸点を挙げることができます。これらのことから，行政調査は即時強制とは切り離して，**別個に扱う**合理性があると思われます。いくつかの学説のパターンをご紹介します。

**藤田説**　冒頭に「3段階執行」と「2段階執行」の部分でご紹介した藤田教授は，「即時強制・行政調査」という同一のカテゴリーで，両者を論じています。ただし藤田説の特色は，即時強制も行政調査も**3段階執行の「例外」**と位置づける点にあります。

**芝池説**　これに対し芝池義一（しばいけ・よしかず）教授は，「非権力的・補助的行政活動」という大枠（おおわく）の中に，行政計画・行政契約・行政指導と並んで**独立の章**を立て，「行政調査」を説明しています（即時強制のほうは，「権力的行政活動」の中で論じている点が，藤田説とは異なる）。

**塩野説**　「独立の章を用意する」という点では**塩野説も同様**です。しかし塩野説の特色は，行政調査を「行政上の**一般的制度**」の一つとして位置づけている点に見られるようです。

**宇賀説**　最後に宇賀説では，「行政**情報の収集・管理・利用**」という章の中に，行政調査を位置づけています。

**中間まとめ**　このように見てくると，**学説の対応はさまざま**です。伝統理論(田中説）から約半世紀の間に，行政調査は一方で**無視できぬ存在**になりました。しかし他方，行政法**理論の「どこに，どう」位置づける**かについてはまだ**定説はなく**，いささか大げさに言うと，**各人の「世界観**（ものの見方)」が反映されており，まだ一致点は見いだされてはいないようです。

**行政調査の種別**　行政調査の種別としては，たとえば

①国民に対し個別的に行われる調査(**個別的調査**＝許認可事務のための調査）と，

②「それ以外の調査」(**一般的調査**＝国勢調査など)

に分ける考えがあります(芝池説)。

**任意調査・強制調査**　次に行政調査は,

①相手方の任意の協力を得て行われる調査(**任意調査**＝罰則が置かれていない調査)と,

②相手方に義務を課し,またはその抵抗を排除して行える調査(**強制調査**)

に分けられます。

**法律の根拠の要否**　行政調査は,

①**実力行使**を伴うもの

②調査妨害に**罰則**で対処するもの

③**任意**調査

に大別されます。**法治主義**との関係では,①と②の類型には**法律の根拠**が必要ですが,③には**不要**と考えられます(塩野説)。

**判例の動向**　次に判例の動向につき,簡略にまとめます(▷表6-2)。

| | |
|---|---|
| **所持品検査** | 警察官による**所持品検査**は,原則として職務質問に伴う**任意**的手段だが,具体的な状況次第では,承諾なくして検査が**可能な場合がありうる**(最判昭53・9・7) |
| **自動車検問** | 警察官による**自動車検問**については,**任意の協力**を求め,かつドライバーの自由を不当に制約しない方法・態様でのみ認められる(最決昭55・9・22)。最高裁は結局,所持品検査よりも**検問のほうを厳格に解している**ようだ |
| **川崎民商事件** | 極めて著名なこの事件では,憲法35条(**令状主義**)が刑事手続だけではなく,**行政手続**(税務調査)**にも適用されるか**否かが問題となった。最高裁は,一般論として行政手続にも**適用の余地がありうる**としつつも,しかし**本件**(所得税法に基づく質問検査)**には適用がない**,と判示(最大判昭47・11・22) |

**表6-2●行政調査に関する裁判例**

**事実行為**　ともあれ,再び即時強制(即時執行)も視野に入れると,行政調査も即時強制も,

①その性質は**事実行為**なので,行手法上の「不利益**処分**」(行手法第3章)**には当たらない**(行手法2条4号イで,同法の**適用除外**)。また

②「処分」ではないことから,行審法(ぎょうしんほう)・行訴法(ぎょうそほう)の**審査請求・取消訴訟の対象**

**でもない**

ことに注意しましょう（事実行為▶ p.177 以下，図 7-6）。

# 「新しい行政手法」の登場



**問題の背景**　すでに学んだように，行政代執行（代替的作為義務の不履行に対処）を除くと，現代日本では，義務の不履行の場合に，対処する**有効な手だてが十分ではない**，「やせ細りの現状」があります（▶ p.146）。そこでその**すき間**(ま)を埋めるために，さまざまな**新しい行政手法**が開発されてきました。

**具体例**　たとえば

①（授益的）許認可の**取消**(とりけし)・**撤回**(てっかい)，

②指導に従わなかった場合，その旨と従わなかった者の「**氏名の公表**」。

次に

③同じく行政指導に従わない場合に行政**サービス**（給水・ごみ集めなど）の**拒否**(きょひ)。最後に，

④一定の経済的不利益（「**課徴金**」と呼ばれることが多い）

を課す手法などです。

**ふぞろいの林檎たち**　これら新たな行政手法は，それぞれ**別々に開発**され，相互に**統一性があるわけではない**。その意味で，昔のテレビドラマの題名「ふぞろいの林檎(りんご)たち」のようです（**法的性格をまったく異**にする）。

**地公体**　また，これらの手法は国ではなく，むしろ**地公体によって開発**されてきた歴史があります。特に上記②や③は，**行政指導とリンク**（連動）させることによって，その**「威力」を発揮**させてきたのです。

**行手法**　しかし，このうち①については，行手法 **33 条**（申請関連指導）**と同 34 条**（許認可権限関連指導）**との抵触**(ていしょく)を疑わなければなりません。また②に

ついても，行手法の「**不利益取扱いの禁止**」（同 32 条 2 項）との関係で問題と限界があることは，本書で学んできた読者にはきっと理解できることでしょう。また改正行手法が，「行政**指導の中止等の求め**」（同 36 条の 2）を定めたことも，すでに学びました（▶ p.116）。

**給水拒否**　最後に③は，行政指導に従わなかった者に対し給水拒否（＝水攻め），建築確認の留保，ごみ集めの停止といった手段に訴える方法です。たとえば，建築確認を取得しないで給水装置の新設の申込みがなされたため，**建築基準法の違反**を理由に**市が給水を拒否**したため，上告人が賠償を請求した事件で，**最高裁**は「建築基準法違反の状態を是正したうえで申込みをするよう勧告し，申込みの**諾否を一定期間放置**したことは**不法行為には当たらない**」と解しました（最判昭 56・7・16）。

**武蔵野マンション事件**　同じく「水攻め」として有名な判例に，「**武蔵野マンション事件**」があります。バブル前の時代のこと。東京都武蔵野市（「住みたい街ランキング」などで人気の「吉祥寺」の所在地）が，「宅開要綱（宅地開発指導要綱）」を定め，それに基づいてマンション業者に**行政指導**をしました。指導に従わない事業者が上水道の**給水申込み**をしたところ，**市が拒否**した事件です。**最高裁**は「給水契約を締結して給水することが公序良俗違反を助長するような事情がないにもかかわらず，市の宅地開発指導要綱を順守させるための**圧力手段**として，マンション建設業者らとの給水契約の締結を拒んだ場合には，水道法 15 条 1 項にいう『**正当な理由』は認められない**」と判示しました（最決平 1・11・8［武蔵野市長給水拒否事件］）。

**負担金返還**　同じく武蔵野市で，マンションの建築主に対し，指導要綱に基づき算定した「**教育施設負担金**」（1,500 万円余）の**寄付を市が強要**したとして，**事業者が返還**を求めた事件で，**最高裁**は寄付金の納付を求める行為は「任意性を損なうことがない限り，違法ということはできない」が，**本件では**行政**指導に行きすぎがあった**として，業者の請求を認めました（最判平 5・2・18［教育施設負担金返還］）。

**カイワレ大根事件**　大阪府堺市で，給食のカイワレ大根を食べた児童たちが，血便や下痢などを発症しました。発症者 6,561 名，うち女児 2 名が死亡という悲惨なこの**集団食中毒事件**で，厚生省（当時）は原因究明の PT（プロジェクトチーム）を立ち上げました。調査の結果，腸管出血性**大腸菌 O-157** が付着した**カイワレ大根**を食べたことが原因と疑われました。ところが，発表のしかたに問題があったため，**風評被害**を被った生産者が国賠請求訴訟を起こした事件で，**東京高裁**は「貝割れ大根が集団食中毒の原因と断定するに至らない調査結果にもかかわらず，記者会見を通じ，食品関係者に『何について』注意を喚起するかなどについて所管行政庁としての判断等を明示せず，**曖昧な調査結果の内容をそのまま公表**し，かえって貝割れ大根が原因食材であると疑われているとの誤解を広く生じさせ，市場における評価の毀損を招いたことは，国家賠償法 1 条 1 項にいう**違法な行為に当たる**」と判示したのです（東京高判平15・5・21［カイワレ大根食中毒損害賠償請求事件］）。

**課徴金**　最後に「**課徴金**（surcharge, administrative monetary penalty）」ですが，種々の性質のものがあります。検索したところ，10 本の法律が課徴金を定めています。国民生活安定緊急措置法 11 条，私的独占の禁止及び公正取引の確保に関する法律（独占禁止法）7 条の 2，同 8 条の 3 などに定める課徴金は，**不当に得た利益を「吐き出させる」**手法です。なお，国民生活安定緊急措置法は，今回の新コロ蔓延に伴うマスク転売行為（「転売ヤー」）に適用されました。

**学説の 3 類型**　こうした行政実務の新しい動向にどう対応するかを巡って，学説の考え方はいくつかの類型に分かれるようです。言葉遣いの違いに着目すると，

①「行政上の**義務履行確保**」説
②「行政の**実効性確保**」説
③「**行政制裁**」説

などがあります。①は最もオーソドックスな考え方で，新手法を**伝統的手法の変種**と見ます。③は「行政制裁」を「行政上の**義務に違反**した者に課される**不利益**」と広く定義し，新しい手法をそこに位置づけます。最後に②は，①と③のいわば**「中間」に位置する説**のようです。

論点はほぼ洗い出せたと思われるので，以上で「処罰と強制」の学習を終わります。

# 「行政」と「行政法」を考える

カフェーパウゼ(1)（▶ p.57 以下）と(2)（▶ p.88 以下）に続き，最後のカフェーパウゼでは，次章（第７章「行政法の３本柱」）の内容を理解するための予備知識を提供する。

## 少し違う角度から行政法を論じる

通常の行政法テキストでは，初めの部分で「行政とは何か」，そして「行政法とは何か」といったテーマが論じられる。これに対し本書では，そのような抽象論に深入りすることはあえて避け，いきなり具体的な，つまりは読者がイメージをつかみやすい「許認可」の話から入った。

さてしかし，学習もかなり深まり（本書全体の３分の１強），なおかつ「行政」「行政庁」といった言葉遣（づか）いにも，そろそろ慣れてきた頃だろう。そこで「行政」とは，そして「行政法とは何か」という問題を，この辺で考えてみたい。しかしここでもまた，通常のテキストとは「少し違う角度」から論じてみる。

## 「行政」とは何だろう

通常，「行政」に関する消極説（控除（こうじょ）説），積極説（目的実現説）といった学説の説明がなされる。しかし，ここではそれとは違う角度（＝われわれ目線）から，「行政とは何か」を考えてみる。

それにしても「行政」とは一体全体「何（誰（だれ））」なのだろう。本書では慣例に従って，「行政」が「許認可を行う」というような書き方をしてきた。つまりは，擬人化（ぎじんか）した（人になぞらえた）表現だ。「国が○○する」とか「県が××する」というのも，同じく擬人化表現である。しかし皆さん。「国」や「県」や「市」を，実際に目撃したことがあるか？　ゴジラやウルトラマンではあるまいし，「この前，国が歩いているのを見た」と言ったら，笑われてしまう。

そこでこのカフェーパウゼでは「われわれ目線」で考えてみる。われわれが「行政」だと思って（思い込んで）いるのは，結局はヒト（公務員）とその動きである。国では，今年入省した新人職員から各府省（ふしょう）の局長・事務次官までの一般職国家公務員，さらには各省大臣や内閣総理大臣といった特別職公務員。また地公体では，今年入庁したての新人職員から，局長（東京都庁・神奈川県庁など）・部長（都道府県庁・市区役所・町村役場）までの一般職地方公務員，さらには知事・市区町村長や副知事・副市区町村長といった特別職公務員。これらがざっくり言うと，われわれ目線で見た「行政」と思われる人々である。なお，道府県では，局は部の下に置かれる例が多い。

- 人事院の調査によると，2019［平成 31］年度末現在の公務員総数は約 333 万人である。内訳は国家公務員が約 58.5 万人（17.6％），地方公務員が約 274.4 万人（82.4％）。前者では一般職が約 28.7 万人（49.1％）に対し，特別職が約 29.8 万人（50.9％）。後者（地方公務員）の数は「平成 30 年地方公共団体定員管理調査」に基づく一般職公務員だけの数字。
- 特別職国家公務員を見てみると，何といっても数が多いのが防衛省職員で，約 26 万 8,000 人（うち自衛官の定員は 24 万 7,154 人）。特別職の約 9 割に当たる。ほかは大臣・副大臣，大臣政務官，大使・公使等が約 500 人，裁判官・裁判所職員が 2 万 6,000 人，国会職員が約 4,000 人など。なお，「判検事（はんけんじ）」とひとくくりにされるが，裁判官（約 3,900 人）が「特別職」なのに対し，検察官（約 3,000 人）は「一般職」の国家公務員であることを知っていただろうか？

しかし，公務員が直ちに「行政」なのではない。上記・人事院調査の内訳を見ると，そこには行政府に属する公務員のほか，立法府（国会職員）も司法府（裁判官・裁判所職員）も含まれているからである。ともあれ，公務員採用試験に合格し，行政府に職員として採用された者が，われわれが多くの場合「公務員」と考える人々のようだ。

## 「路上のコスプレダンス」から知る 2 枚の「レンズ」の存在

一度「前出し」した例（▶ p.13）だが，交差点の真ん中で，笛を吹き鳴らしながら踊っている制服・制帽の人がいる。そう。おまわりさんの交通整理だ。だが，これを初めて見た幼児はきっと，「変なオジさんが踊ってるよ」と，指差すだろう。一方お母さんは，別段「変だ」とは思わない。すると，この違いは一体どこから来るのだろう。このような，日常の身近な例から考えてみると面白（おもしろ）い。

1 つの答えは，幼児は「裸眼（らがん）」で見ている。これに対して，お母さんのほうは（ご本人がそう自覚しているかどうかは別にして）「眼鏡のレンズ」を通して見ているからだ，というもの。しかも後述のように，「レンズは 2 枚」ある。

ただの人（＝非公務員）が笛を吹いて踊っても，それは単なる「変なオジさん」だ。だからまず第 1 に，その人は試験に合格し，採用された警察官（公務員）である必要がある。つまり「公務員法」が，おまわりさんと「変なオジさん」とを分ける「1 枚目のレンズ」ということ。しかし第 2 に，この人には交通取締の権限が与えられている必要がある。具体名を挙げれば「道路交通法」。これが，「2 枚目のレンズ」である。

このように，行政法に特有の観察方法は「2 枚の法的レンズを通して対象を見る」という点にある（「二眼レフカメラ」）。この「レンズを通して見る」ということが理解できないと，行政法は理解できない（▶ p.13）。

答えは実はすでに書いてある。「おまわりさん（＝人）」の「交通整理（＝動き）」と書いたところだ（▶ p.157）。「人に関するレンズ」を理論上「行政組織法」と呼び，「(人の）動きに関するレンズ」を「行政作用法」と呼ぶ。

まず，組織法が行政の「身体(組織)」を作り，次に作用法が身体に「動き(作用)」を与える。このように，①作用法に基づく動き（＝交通整理）をしている人が，②警察という行政の組織に属しているという，2 つの条件が満たされた時に初めて，われわれはその人の動きを「私的」ではなく，「公的な，つまりは行政の動き」＝「公権力の行使」だと了解して，安心（？）するわけである。

## 行政の「ウチ」と「ソト」

このように行政法（正確に表現すれば，行政法学または行政法理論）は，伝統的に行政の「ウチ」と「ソト」を区別して考察してきた。行政の「内部法」関係と「外部法」関係である。

こう考えてみよう。先ほどの，交差点での踊り（警察官の交通整理）は誰に向けられているのか？　もちろん，国民に対してである。道路交通法（以下「道交法」と略）は，行政（警察官）と国民（ドライバー）の関係，つまり行政と外部者との関係を規律するという意味で，「外部法」なのである。外部法はまた，国民に向けた行政の働きかけ（＝作用）を定めているという意味で，「行政作用法」とも呼ばれる。

## 行政の「ソト」＝行政外部法（行政作用法）

ここで，道交法を「チラ見」してみる。「警察官（略）は，手信号（略）により交通整理を行なうことができる」（道交法６条１項）。また警察官は一定の場合，車両の通行を禁止・制限し，個別のドライバーに対し，然（しか）るべき行動を命ずることができる（同条２項）。ではドライバーが従わなかった場合，どうなるか？　「第６条（警察官等の交通規制）第２項の規定による警察官の禁止，制限又は命令に従わなかつた車両等の運転者」は「5万円以下の罰金」に処される（同120条１号）。

「罰則（ばっそく）つき」ということは，その前提には義務があるはず。そう。すでに本書の冒頭で学んだとおりである（▶p.29以下）。むろん，義務だけではなく権利もある。だから行政作用法は「権義（けんぎ）に関する法」という特色を持つ。後で見るように（▶p.167），ミレニアムの頃の日本には1,300本ほどの行政作用法があったと見られる。

このように作用法の数が多いのは，一方では今日（こんにち），行政活動の範囲が広がっていること。また他方，その根拠を法律（国民代表が制定したルール）で定めておき（「法律による行政」の原理），違法な行政作用があった場合は，司法審査で事後的に救済する必要があるからである（＝行政救済法の原理）（▶p.182以下）。

## 行政の「ウチ」＝行政内部法（行政組織法）

では，行政内部法（行政組織法）はどうか。第７章で見るように，行政組織の編制権（へんせいけん）は，現在では立法府（国会）にあるが，明治憲法時代（1947［昭和22］年５月２日まで）は行政自身の手にあった。

なぜなら作用法とは異なり，組織法は「権利と義務の体系」ではないからだ。組織法はむしろ，行政組織内部での「権限と責務の分配」を定めるルールである。ビスマルク帝国時代に活躍した公法学者ラーバント（1838［天保9］～1918［大正7］年）は両者の違いを説明するのに，「不浸透説（ふしんとうせつ）（独 Impermeabilitätslehre（イムペルメアビリテーツ・レーレ））」を唱えた。

それによれば，「法治国原理」の核心は「どうすれば違法な行政作用から国民の権利・自由を守ることができるか」（＝行政外部法関係）ということに尽きる。その結果，行政組織の在り方（行政内部法関係）は「国民の権利・自由には直接に関係しない」。つまり「行政外部法の原理は，行政内部法には浸透しない（浸み込まない）」と主張したので，ラーバントの所説は「不浸透説」と呼ばれる。

この理論は実は「プロイセン憲法争議」として有名な，軍事予算の支出を巡る君主と議会の対立（日本の幕末，1859［安政 6］～1866［慶応 2］年）を背景に，君主の立場を擁護する理論だったのだが，本書では立ち入らない（このように背景や歴史を知ると，法というものは下手な小説よりもはるかに人間くさくて面白い）。

不浸透説に「賛成するかどうか」は別にして，第 8 章（国の組織）と第 9 章（地方自治法）で「組織法の話」を読んでほしい。作用法の話とは「ずいぶんと味わいが違う」ことが実感できると思う。

# 第7章
# 行政法の3本柱

第６章までで，行政法の「イッキ学習」を終えました。スピード重視の，かなり乱暴な方法だったので，ここらで一息つきましょう。「一息」というのは，第７章では少しゆっくり「行政法とは何か」を学び，後半の学習へとつなげよう，という意味です。行政法の３本柱とは「組織法」「作用法」「救済法」のことです。

7-1

# はじめに

**ここで復習**　冒頭の「トリセツ」で,「行政法とは何か」に触れました。そこでは,行政法の学習を始めた読者にとって**最初のハードル**が,「**学習対象＝行政法が見えない**」という問題だ，というお話でした。そして関連で，形式的と実質的意味の行政法のことにも触れました（▶ p.xv 以下)。本章はいわば**その続き**のお話です。

**手続3法典の存在**　確かに,「六法」のような単一の行政法典，すなわち形式的意味の行政法は存在していません。でも,「**それに代わるもの**」ならあります。それが本書で注目した**行政法の「背骨」**，つまりは**手続3法**(てつづきさんぽう)なのです。

**通則法典の拡充**　今から四半世紀(しはんせいき)ほど前に，行政手続法(ぎょうせいてつづきほう)が制定された頃（第81代村山内閣▶ p.60)，同法は手続3法の残り2法とは，**必ずしも連携(れんけい)していません**でした。しかし,

①2004（平成16）年の**行訴法**(ぎょうそほう)改正，そして

②2014（平成26）年の**行審法**(ぎょうしんほう)改正，さらには

③同じ年の**行手法**(ぎょうてほう)**の改正**

を通じて，手続3法（行政通則(つうそく)法典）は互いの**連携を強め**，今では目を見張るほどに拡大充実されました。

# 行政法とは何か

**ルールの束**　そのような行政通則３法典（手続３法）を意識しつつ，本章では改めて「行政法とは何か」を考えてみたいと思います。結論から言えば行政法とは，**行政の組織と作用に関する数多くのルールの束**（たば）のことです（＝実質的意味の行政法）。この「ルール」には，大別（たいべつ）すると，

①**成文化**（せいぶんか）されたルールと，そうでない

②**不文**（ふぶん）のルール

の２つがあります。これは「**行政法の法源**（ほうげん）」，つまり「何が裁判の拠（よ）り所（どころ）となる『法』か」に関する議論です（▶レインボー p.3）。

**行政法の法源論**　別の言い方をすれば，行政法は**「どんな姿形（すがたかたち）」で存在**しているのか（法の**存在形式**），というお話です。まず成文ルール（成文法源）については，さらに

①国（ナショナル）のルール（**法令**）と

②ローカル・ルール（＝地公体の**例規**（れいき））

を区別する必要があります。

**注意事項**　次に不文ルールについては，少しばかりコメントが必要です。ここで「不文」とは「文章化されていない」という意味ではなく，正確には「**条文化されていない**」という意味です。つまり，「第○条　○○したときは，○○とする(となる)」という形をとっていないルールのことです。伝統的には**慣習・条理・判例**などが，「裁判の拠り所」となる**不文法源の例**として挙げられてきました。このうち少なくとも**最高裁判所の判例**は下級審を拘束しますから（参考：裁判所法４条），その意味で不文法源です。本書でも重要な最高裁**判例を引用している理由**は，それが不文**法源**（実質的意味の行政法）**だから**です。

**行政実例**　なお，行政法の分野では，判例のほか，**行政実例（先例）**にも注目する必要があるでしょう。本書で出した例では「**公共的団体**」の解釈（▶ p.12）を挙げておきます。では，成文法から解説しましょう。

**成文法のこと**　上に述べたように，成文法では

①国のルール（**法令**）と，

②地公体のルール（**例規**）

を区別する必要があります（なお，「法」令と例「規」を合わせて「**法規**」と呼ぶ用語法もあり，覚えておいていいかもしれません）。

**現行法令**　そこで以下にはまず，法令の「**見える化**」を試みます。2020（令和2）年1月1日現在の日本の**現行法令の総数**は**2万8,557本**です。ビックリですね。その内訳（うちわけ）は表7-1のとおりです。

| 法形式 | 件数 |
|---|---|
| 憲法・法律 | 2,283 |
| 条約 | 793 |
| 立法機関の命令 | 101 |
| 司法機関の命令 | 196 |
| 政令 | 3,035 |
| 勅令（ちょくれい） | 157 |
| 閣令 | 13 |
| 府省令（ふしょうれい） | 4,131 |
| その他の行政機関の命令 | 393 |
| 告示（こくじ）・訓令（くんれい） | 17,475 |
| その他（太政官布告（だじょうかんふこく）・達（たっし）等） | 9 |
| 合計* | 28,557 |

| 法形式 | 件数 |
|---|---|
| 憲法・法律 | 14,138 |
| 条約 | 1,497 |
| 立法機関の命令 | 496 |
| 司法機関の命令 | 600 |
| 政令 | 28,104 |
| 勅令 | 25,359 |
| 閣令 | 382 |
| 府省令 | 37,127 |
| その他の行政機関の命令 | 2,766 |
| 告示・訓令 | 39,534 |
| その他（太政官布告・達等） | 546 |
| 合計* | 150,523 |

＊他の法形式で「法律扱い」の法令が重複して集計されているため，法形式別の単純合計と合計欄の件数は一致しない。

**表7-1● 日本の「現行法令」の数**　　**表7-2● 日本の「制定法令」の累計**

出典：https://hourei.ndl.go.jp/（「法令検索」を用いて，石川が検索・作表）

**現行法律**　表7-1の「憲法・法律」のうち，「憲法」には日本国憲法（形式的意味の憲法，憲法典）のほか，実質的意味の憲法（**憲法附属（ふぞく）法令**）も含まれて

います。その数は1本（皇統譜令）で，よって憲法附属法令に日本国憲法を加えた数（＝2本）を差し引いた「**現行法律**」の数は，**2,281本**になります。

**制定法令の累計**　参考までに，明治時代から現在までに制定された法令の累計数を表7-2として，表7-1と対比して並べました。これまた，気の遠くなるような数字です。

**立法爆発**　このように，特に近年の日本では法律の数が増え，法改正も頻繁に行われるようになりました。この現象を，「**立法爆発**」と呼ぶ人もいます(榎並利博さん［富士通総研経済研究所］)。図7-1には，1884（明治17）年から2014（平成26）年7月まで（＝131年間）の各年に「公布され，現在施行されている法律の数」を引用させてもらいました。

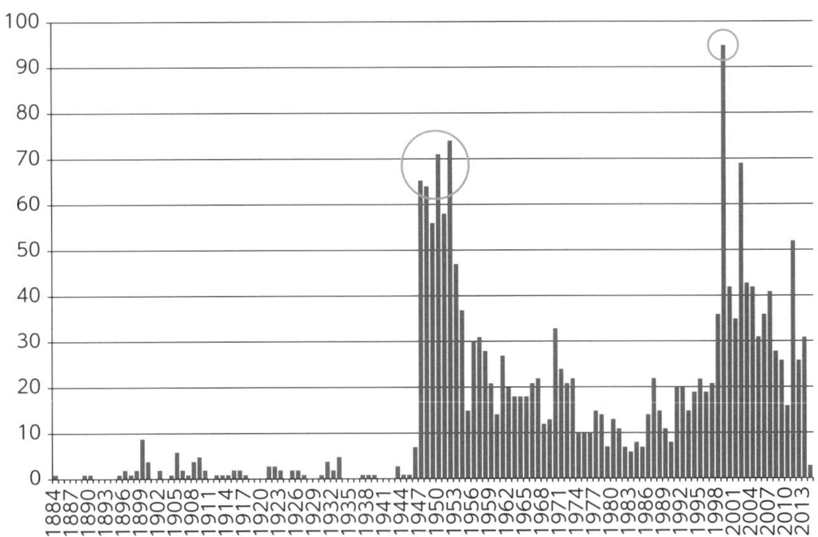


**図7-1● 法律制定の数**（1884［明治17］年から2014［平成26］年7月まで）
出典：榎並「立法爆発と法律のオープン化」第1回「立法爆発の実態と専門家の限界」
https://judiciary.asahi.com/fukabori/2015091500002.html
なお，原図のタイトルは「図表1　法律制定（その年に公布され，現在施行されている法律）の数」。ただし，図中の囲みは石川による

## 図7-1に関する若干のコメント

図7-1には「**2つのピーク**」が見て取れる（2個の円で囲んだ）。**1度目**のピークは**戦後の1947（昭和22）年からの数年**である。この時期は日本国憲法の制定

をはじめ，戦前から戦後への**原理・制度転換期**である。また**2度目**のピークは**ミレニアム**，すなわち世紀の変わり目を控えた1999（平成11）年である。この時期には「中央省庁等改革」と新地方自治法の制定が行われ，**現行法の「総取っ替え」**が行われた。すぐ下で解説する。

**法律の洪水**　この現象は日本に限った話ではなく，石川の知る例ではドイツに「**法律の洪水**（flood of legislation，独 Gesetzesflut）」という，**類似の表現**があります。上記「立法爆発」の要因としては，次の5点が挙げられています。

①**会社法**（資本主義経済の法的インフラの根幹）の大改正

②**刑事法**分野での基本原理を転換する抜本改正

③**行政事件訴訟法**における主要部分の大改正

④民法（**債権法**）の大改正

⑤宣言的規定を含む「○○基本法」や「○○推進法」が，**議員立法により量産**されていること（榎並・前掲参照）

**狭義の法令**　なお，表7-1の法令（広義）に対し，**狭義の法令**は，「法」律と政「令」です。

**中央省庁等改革**　ところで，ミレニアム期（20世紀から21世紀への移行期）の日本では，**実に驚くべきこと**が起きました。それは，当時の「**現行法律を超える数の法律が改正**された」のです。「中央省庁等改革」と呼ばれるこの大改革を，手短に振り返ります。その副産物として，（実質的意味の）**行政法の概数が判明**したからです。

**ミレニアム改正**　当時は**橋本龍太郎内閣**（第82・83代）の時代で，同内閣が掲げた「**6つの改革**」の1つに，「行政改革」がありました。それを推進した「行革会議」最終報告（1997［平成9］年12月3日）に基づき，3種の法律が制定されました。すなわち，

①中央省庁等改革**基本法**（1本），

②中央省庁等**改革関連法**（17本），そして

③中央省庁等改革**関係法施行法**（1本）

です。これらによって，1999（平成11）年の後半，**約1,600本の法律が改正**されたのです。

## 地方自治法の大改正

これに加えて当時，地方自治法の大改正作業も進んでおり，1999（平成 11）年 7 月 16 日，地方分権一括法（ぶんけんいっかつ）（▶ p.231）により，**475 本の法律**が改正された。つまり中央省庁等改革と合わせると，改正された法律の数は，この年の**後半の約半年間**（7 月半ばから 12 月下旬）だけで，実に合計**約 2,100 本**に上った。当時の法律の数は約 1,800 本だったから，現行法律の数を上回る数だが，それは **2 回，3 回と改正された法律**もあったためである。

## 粛々と進められた上からの改革

こんな大改正が行われたのに，記憶に残っているだろうか？　たぶん，答えは「ノー」だと思う。それは中央省庁等改革が「**上からの改革**」として，行革会議事務局に集（つど）った当時の**若手官僚たちの手で，法令改廃の準備作業が粛々（しゅくしゅく）と進められた**からである。これはある意味，日本という建物の「**建て替え工事**（リニューアル）」であった。

**行政法の数**　この，ミレニアム改正の副産物として，当時の現行法律に占める「**行政法の概数**」が明らかになりました。先にも示した約 1,600 本に及ぶ法律改正の内訳は**組織法が約 300 本**で，**作用法**（さようほう）**が約 1,300 本**でした。

**Web 例規集**　次は，**例規**の「見える化」です。このところの IT 社会の急激な進展（**Society 5.0 の開闢**（かいびゃく））とともに，昔だと現地（県庁・市役所など）に出向かなければわからなかった「ローカル・ルール」が，今では自宅のパソコン上で簡単に閲覧できる時代になりました。すなわち一方で，各地公体が Web 上で**「例規集」を公開**しており，また他方，その**リンク集を作成**しているWeb サイトも複数あります。そのうちの 1 つ「**洋々亭**（ようようてい）**の法務ページ**」では本書執筆時現在，合計 1,727 団体の例規集が一覧できます（47 都道府県，812 市，868 町村等）。

## 5 番目の新しい社会「Society 5.0」

内閣府の Web サイトによると，「**Society 5.0**」（ソサエティ・ごー・てん・ゼロ）とは「狩猟社会（Society 1.0），農耕社会（Society 2.0），工業社会（Society 3.0），情報社会（Society 4.0）に続く，人類史上 **5 番目の新しい社会**」のこと。「第 4

次産業革命によって，新しい価値やサービスが次々と創出され，人々に豊かさをもたらしていきます」とある。「サイバー空間（**仮想空間**）とフィジカル空間（**現実空間**）**を高度に融合させたシステム**により，経済発展と社会的課題の解決を両立する，**人間中心の社会**」のこと。読者の皆さんが世の中で活躍する社会は，まさにこの Society 5.0 なのである（政府広報オンライン「ソサエティ 5.0」は一読に値する）。

**例規**　さて「法令」に比べると，「例規」という言葉はあまりなじみがないかもしれません。地公体の 2 大ルールである，**条「例」**（議会が議決）**と「規」則**（長（ちょう）が制定）**を合成した言葉**です。ただし例規集には，これら**狭義**の例規のほかに，各地公体の訓令・告示，各種委員会規則・規程なども収められています。これらは条例・規則に対しては，**広義**の例規です。

## 例規の総数 130 万 9,415 本

　ところで現在の日本には一体**どれぐらいの数の例規**が存在するのだろう。「条例 Web アーカイブデータベース」（▶ p.40）によると，本書執筆時現在，全国 **1,747 団体**の例規総数は **「130 万 9,415 本」** とのこと。収録団体の数は 47 都道府県のほか，市区町村等が 1,700 団体である。その内訳は，政令市 20，中核市 84，その他の市 687，特別区 23，町 728，村 158 であり，そのほか「未収集」が 41 団体ある（16 町 25 村。なお，未収集は上記・町村数にはカウントしていない）。「**条例**」で検索（けんさく）したところ，その**総数は「40 万 1,565 本」**と出た。単純計算では，1 団体当たり**平均 229 本**の条例を持っていることになる。これに対し「**規則**」の総数は「**38 万 4,375 本**」とのこと。

　内訳は，団体別では降順（こうじゅん）（多い順）に，

| | |
|---|---|
| ①（政令市・中核市を除く）**市**条例 16 万 9,903 本 | ②**町**条例 14 万 3,244 本 |
| ③**村**条例 2 万 8,310 本 | ④**中核市**条例 2 万 7,619 本 |
| ⑤**都道府県**条例 1 万 8,665 本 | ⑥**政令市**条例 8,075 本 |
| ⑦**特別区**条例 5,749 本 | |

である。

都道府県別の条例数「トップ 10」は，降順に

| | |
|---|---|
| ①福島県 **568 本** | ②東京都 **565 本** |
| ③宮城県 **505 本** | ④群馬県 **485 本** |
| ⑤秋田県 **480 本** | ⑥新潟県 **429 本** |
| ⑦岡山県 **424 本** | ⑧滋賀県 **418 本** |
| ⑨三重県 **416 本** | ⑩栃木県 **413 本** |

1 都道府県当たりでは，平均 397 本の条例があることになる。東京都条例の数が全国最多ではないという，「意外な結果」が出た。あとは各自で調べてみてほしい。



**条例の数**　以上のように，上記データベースによると，例規のうち**条例**の数は，**都道府県**では 1 団体当たり **397 本**です。また**市区町村**は，押し並べると 1 団体当たりの条例数は **225 本**です。そのほぼすべてが，（**実質的意味の**）**行政法**と思われ，なんとも気の遠くなるような数字です。なお，例規集に関しては，前記「洋々亭の法務ページ」のほか，「全国条例データベース powered by eLen」（鹿児島大学司法政策教育研究センター）もあります。

**行政法判例の数**　最後に，民間のデータベースに収録されている**判例の総数**は**約 29 万件**だそうです（LEX/DB インターネット）。同 DB によると，上記のうち「行政事件」で検索した裁判例は 2 万 5,384 件，また「国家賠償法」の裁判例が 9,576 件で，両者の合計は **3 万 4,960 件**となります。

**審級別**　審級別で見ると, 行政事件の裁判例は最高裁 2,406 件, 高裁 8,778 件, 地裁 1 万 4,200 件です。また国賠法の裁判例は，最高裁 498 件，高裁 2,134 件, 地裁 6,919 件 , 簡裁 25 件となります。なお, これら数字は, 一応の「目安」とお考えください。

## 事物管轄（少しマニアック）

**事物管轄**とは，事件の性質の違いに基づいて定められる管轄のことである。国賠訴訟の性質は民事訴訟なので，訴額の少ないものは**簡易裁判所**が管轄する（現行は 140 万円以下 [裁判所法 33 条 1 項 1 号]）。これに対し，行政事件訴訟には簡裁の裁判権は及ばず（同条同項同号カッコ書き），**第 1 審は地方裁判所**である。

また行訴が地裁の**本庁**でしか裁判されないのに対し，民訴（国賠）は地裁の**支部**でも裁判が可能（地方裁判所及び家庭裁判所支部設置規則１条２項）。

**中間まとめ**　ともあれ以上の検討結果をまとめると，実質的意味の行政法は①法律が約 1,600 本, ②条例が約 40 万本, ③判例が約 3 万 5,000 件, と出ました。数が多すぎて,「**手がつけられない状況**」ですね。

# 行政法の「3本柱」

**先人の知恵**　今のように IT 化が進む前の時代，先人（せんじん）たちは，上に示したような具体的数値は知りえませんでしたが，それでも「(実質的意味の）**行政法の数は多い**」という事実を，経験から把握（はあく）していました。そして，この「手がつけられない状況」を**なんとか打開**しようと，努力を重ねていたのです。

**体系化の試み**　そのような試行錯誤（しこうさくご）の中から昭和初期，**織田萬**（おだ・よろず）は『日本行政法原理』（1934［昭和 9］年・有斐閣（ゆうひかく））の中で，行政法を

①**総則編**

②人の法（＝**行政組織編**）

③物の法（＝**行政活動編**）

④訴訟の法（＝**行政救済編**）

に編別しました。

**織田萬**

織田は佐賀藩士族の家に生まれ，司法省法学校予科から帝国大学法科大学に進学。**穂積八束**（ほづみ・やつか）の下で行政法を学び, 欧州留学後, 京都帝国大学教授となった。のちに, 常設国際司法裁判所判事を経て，関西大学学長を務めた「すごい人」。なお，常設

国際司法裁判所（PCIJ）は国際連盟下で，現在（国連）の国際司法裁判所（ICJ）の前身組織。

### 3 編別のルーツはローマ法

この 3 編別（＝**人の法，物の法，訴訟の法**）のアイデアは，古代ローマの法学者**ガイウス**（Gaius, A.D.130 年頃〜 180 年頃）著『**法学提要**（Institutiones)』（4 巻，AD170 年頃）にまで遡る。これまた，気の遠くなるような話だ。

**行政法の「3 本柱」** 前記・織田著の，「総則編」を除いた**行政法の 3 編別**，すなわち

①「行政組織」編

②「行政活動」編

③「行政救済」編

という体系は，**後世に受け継がれ**ました。そこで旧プロゼミで石川は，これを「**行政法の 3 本柱**」と呼んだのでした（▶図 7-2）。なお，織田分類では，行政「活動」とありますが，同じ意味で行政**「作用」との表記が多い**ようなので，本書でもそれに従います。

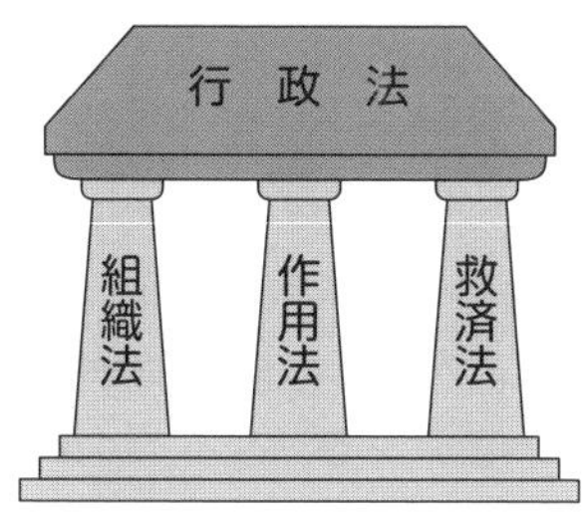


**図 7-2● 行政法の 3 本柱**

**鬼に金棒** そこで以下には，「行政法の 3 本柱」を概説します（レインボー p.1 では「**行政法の三類型**」）。これさえ記憶しておけば，「鬼に金棒」。実質的意味の行政法の数がいくら多くても，怖れることは何もないのです。

**3 本柱の発想** ここで，「部屋の中一杯に，積み木が散乱している状態」をイメージしてみましょう。つまり一見「**手がつけられない，途方に暮れる状態**」です。でも，こう考えたらどうでしょう。**積み木**（実質的意味の行政法）の数が**いく**

**らたくさん**あったとしても，その「**切り口**」（＝断面）の形は**そう多くない**。「基本の形」は**3つ**だろう（＝○△□）。だったら，おもちゃ箱を3つ用意して，切り口の**形が同じ積み木ごと**に，同じおもちゃ箱に収納すればいい。これが，「行政法の3本柱」の発想です。

**基本は「2」**　ところで，行政の「3」本柱ですが，実は**始まりは「2」**なのです。その源は，本章直前のカフェーパウゼ(3)でも述べた行政の**①内部と②外部を区別する発想**です（▶ p.158）。そして，数多い行政に関するルール（実質的意味の行政法）を仕分けし，①のルールを「行政**内部法**（独 Binnenrecht, **intra**personales Recht［人格**内**・関係法］)」と呼び，また②のルールを「行政**外部法**（独 Außenrecht, **inter**personales Recht［人格**外**・関係法，人際関係法］)」と呼ぶのです（▶ 図7-3）。

**図7-3 ● 行政内部法・行政外部法**

## intraとinter

「**インター**ネット（Internet）」によく似た言葉に，「**イントラ**ネット（Intranet）」がある。「学内・社内インターネット」との訳語からも明らかなように，intraは「○○**内の**」という意味の形容詞。一方，interはinternational（国際的）というように，「○○（と××）の**間の**」という意味。もともとは両方ともラテン語だ。よって，（上記）intrapersonalは「**人内**」，またinterpersonalは「人間（「にんげん」ではなく「**じんかん**」），**人際**」と訳せる。なお，**intraの対義語は**interではなく**extra**（エクストラ・エキストラ）なので，間違えないように。

**内部・外部**　まず，行政の「**内部法**」とは，上記の織田分類では「**人の法**」です。つまり行政を擬人化すれば，行政の**身体を形作る法，身体の内側の法**（＝**行政組織法**）という意味なので，わかりますよね？　これに対し「外部」法のほうは，若干の注釈が必要です。

**外部には**　カフェーパウゼ(3)でも述べたとおり，行政の「外部」には**国民**がいます。織田分類の表現では「**物の法**」です。文字だけ見ると，まるで国民が

「**物＝奴隷**」のようです。でも，そうではない。「物の法」には，

①**物権法**（＝**物に対する人**の支配の関係）のほか，

②**債権・債務法**＝**人と人**との関係（＝**権利主体間関係**，国際ならぬ**「人際」関係**）**が含まれる**からです。「人」を行政，「別の人」を国民と置き換えれば，織田の言う「**行政活動法**」関係になります。これは「行政と外部（にいる国民）との関係を定める法」という意味で，「**外部法**」関係です。

**外部法が2分割**　今までの話から**行政法関係が2つ**，つまりは行政**内部法**関係と行政**外部法**関係とに大きく分かれる，というところまではわかりましたね？　そして**次の段階**で，外部法関係が今度は**さらに2つ**，すなわち

①行政「**作用法**」関係と，

②行政「**救済法**」関係

とに分かれてくるのです（▶図7-4）。

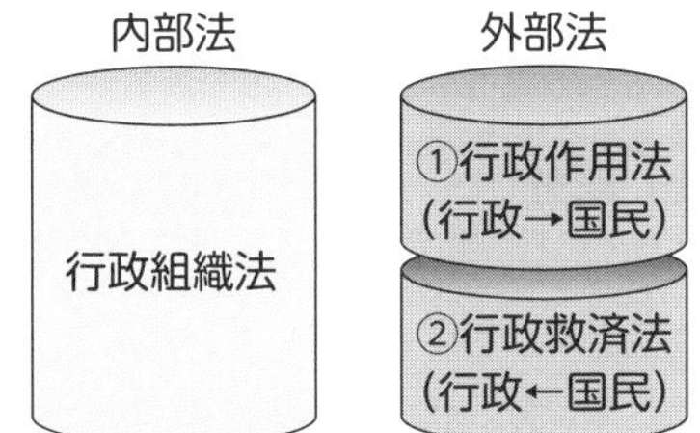


**図7-4● 組織法・作用法・救済法の関係**

**作用・反作用**　図の右側に示したように，行政作用とは，行政（組織）の**外部（国民）に対しての**，行政からの**働きかけ**です（▶図7-4の①）。しかし，行政作用が「常に正しい」とは限らない。そこで**行審法と行訴法**，つまりは行政**救済法が登場**してくるのです（▶第4章「パラレル学習」）。行政作用（action）に対する国民の側からの「反作用・反撃（reaction）」，そしてその方法・手段を定めるのが「行政救済法」だからです（▶図7-4の②）。図の①と②では，**矢印の向きが真逆**であること（「→」と「←」）に，真逆お気づきではない？

ただし救済法には実際には，このほか国家賠償法など（**国家補償法**）も含まれてきます（▶ p.244以下）。

# 7-4 内部法の世界と外部法の世界

**図の再掲**　さて，冒頭の「トリセツ」で，次の図を示しました（▶ p.xvii）。

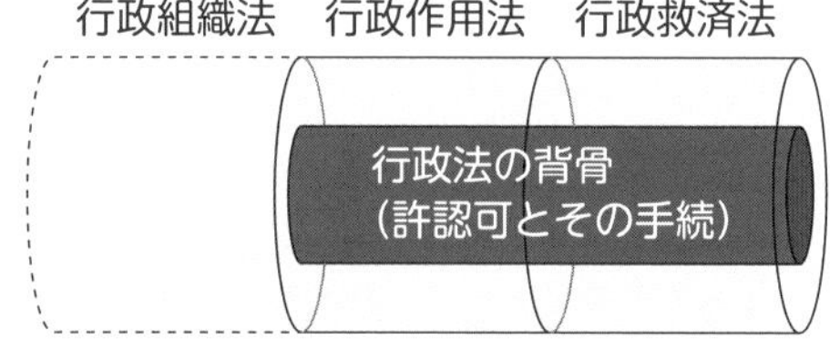


**図 7-5●「行政法の背骨」部分**
トリセツ図３　本書の方法――「行政法の背骨」部分の再掲

**組織法を敬遠**　本書では，行政法の「背骨」を「許認可とその手続」であると見立て，それに基づいて第０章から第５章までで，行政法の「イッキ学習」を試みました。この試みは，**見方を変えれば**，実は**作用法と救済法のイッキ学習**であったことがわかります（▶ 図 7-5）。トリセツ図３（▶ 再掲後の図 7-5）では，行政組織法（＝図の一番左）を**破線で描**(えが)**いておいた**のですが，お気づきでしたか？　あの段階（＝本書の導入部分）では，**行政組織法を「避けて通るよ」**という意味を，**暗示**しておいたのです。

**敬遠の理由**　敬遠の理由は，

①行政組織法が「**内部法**」であり，

②国民の権義(けんぎ)には**直接関係しない法**

だからです。

**２つの別世界**　外部法関係は「**権利と義務**」の世界です。権義の関係であるからこそ，**権利主体間（行政と国民）の関係に紛争**(トラブル)が起きた場合，第三者（**裁判所**）が裁定者として**介入・登場**します。これに対し内部法関係は「**権限と責務**」

の世界です。内部法関係でのトラブルは「**行政責任の原則**」，すなわち行政組織の内部で，**自主的・自律的に解決・処理**されることになります。それを象徴する法規定が，内閣総理大臣の「**権限疑義(ぎぎ)の裁定権**」です（内閣法7条）。裁定権とは組織**内部の裁判権**なのであって，外部の裁判権を行使する組織である司法（裁判所）は，原則として行政**組織の内部問題には介入しない**のです。

**その例外**　「原則として」と書いたのは**その例外**，つまり組織内部または機関間の争議に**（外部の）裁判所が介入することもある**からです。それが立法政策的に認められる**機関訴訟**で（行訴法6条），後で詳(くわ)しく学びます（▶ p.265）。



# 7-5 行政作用法総説

## 7-5-1 行政作用の分類

**行政作用法**　以下では，「行政作用法」を**理論面**から解説します。ただし，「行政作用法」という名の法典は存在しない。実際に存在するのは，個々の行政活動に権限を与える**数多くの法律**であり，**その全体**を理論上「**行政作用法**」と呼ぶのです。

### 「課」の数と作用法

中央省庁等改革（▶ p.199）前の「霞が関」には**1,200個**の課（室を含む）があった。それを改革で，**1,000個**にまで縮減した（**約20％減**）。直近(ちょっきん)の「課」の数は**909個**である（「平成30年10月1日現在の国の行政機関の組織」［2018〈平成30〉年12月25日公示］を使用）。霞が関の仕事の**基本単位**は，この「課」

である。「**内向き**（内部管理）」の仕事（後述する「**私経済行政作用**」）をしている課を除くと，対外的行政（**公行政**）作用に従事する課の数は **800 個ぐらい**だろう。**1 課が 2 本**の法律を所管するとして，行政（作用）法律の数はもうこれだけで **1,600 本**に達してしまう。

## 行政機構図と「所掌事務一覧」

関連で，「**行政機構図**」に触れておく。書籍版は（一財）行政管理研究センターから刊行されている。また Web 版は**内閣官房の Web サイト**に「行政機構図」として掲載されており，組織の詳細が確認できる。特に，機構図の付録「**所掌事務一覧**」は重宝な存在で，各府省の**局・課ごとの事務**を知ることができる。

**作用法の 2 つの機能**　行政作用法は，

①行政に**作用の根拠（権限）**を与える機能（＝**積極的**機能）と，

②与えられた権限を超えては作動しないように，行政に**歯止め**をかける機能（＝**消極的**機能）

の 2 つを持っています。①は行政作用に対する「**アクセル**（＝授権・推進）機能」，そして②は行政作用に対する「**ブレーキ**（＝規制・制動）機能」です（「法律の優位」▶ p.186）。

**作用の前提**　ところで，「作用」という現象の**前提**にあるのは **2 人の人**，つまりは

①働きかける人（＝**主体**）と

②その受け手（＝**客体**）

の存在です。野球でいえばピッチャーとキャッチャーですが，行手法で学習したように，常に行政がピッチャーというわけではありません。ただ「行政」作用という場合，**国や地公体が主体**となって，国民を相手に「公権力の行使」すなわち「法律が行政に与えた権限」の行使として行う働きかけのことを指します（「公権力の行使」の意味については▶ p.10）。行政作用，とりわけ処分が行われると，国民の権利・義務が**一方的に動く**ことは，すでに学んだとおりです（▶ p.112）。

## 7-5-2 行政作用と権利・義務

**権利変動**　ところで，**権義の発生・変更・消滅**を引っくるめて，「**権利変動**」と呼びます。権義もまた，われわれ人間と同じように生まれ，育ち，そして死んでゆくのです。

**要件と効果**　権義の変動とはいわば「**結果**」，専門用語では「**法律効果**（独 Rechtsfolge（レヒツ・フォルゲ））」です。結果があればその「原因」もあるはずで，法律効果を引き起こす**原因**のことを,「**法律要件**（独 Tatbestand（タート・ベシュタント））」といいます。法文中の,「(もしも) ○○**ならば**(if)」の部分が「(法律) **要件**」, また「○○**たるべし**(then)」の部分が「(法律) **効果**」です。

**行政作用の意義**　つまり，処分を中心とする**行政作用は**，行政法の世界における**最も重要な法律要件**なのです。それゆえ突っ込んだ，法的分析（ぶんせき）が必要になります。

**事実行為・法行為**　行政作用の中でも，行政指導が「**事実行為**（独 Realakt（レアール・アクト））」だということは前に学びました（▶ p.110）。事実行為のペア（対（つい）概念）は「**法行為**（独 Rechtsakt（レヒツ・アクト））」です。「法行為」とは法律**効果を引き起こす**, すなわち「権義を**動かす行為**」という意味です。これに対し「事実行為」とは，特に「権義を**動かさない**」，何の法律**効果も引き起こさない行為**という意味です。

**具体例**　事実行為･法行為は，行政作用（行政の行為）についてのお話ですが，わかりやすく，あなた（「私人（しじん）」）の身近な例で考えてみます。たとえばあなたが，ノートに自分の名前を「**いたずら書き**」しました。そこからは別に，**何の権義も**出てきません。だからこの**署名（サイン）は事実行為**です。ところが，今度は「**売買契約書**」とかクレジット･**カードの署名欄**に名前を書いたら, どうなります？そう。言うまでもなく，そこからは**権義が発生**します（商品を受け取る権利，代金を支払う義務）。ですから，この場合の**署名は法行為**なのです。

**処分と非処分**　同じことは，行政の側の行為についても，当てはまります。行政の行為にも,

①**法行為**（処分）と

②**事実行為**（行政指導などの非処分）

との区別があることは，行政手続法のところで，総務事務次官通知に則して,

すでに学んだとおりです（▷ p.111 以下）。

**法行為**　**法行為**には，

①**適法**（法律要件を満たしている）・**違法**（満たしていない）という区別のほかに，

②**有効**（法律効果が発生する）・**無効**（発生しない）の区別

があります。

**事実行為**　ところが**事実行為**の場合には，

①**適法・違法の区別はある**（事実行為も人の行為である以上，ルールに違反することはありうる。その場合，事実行為も「違法」と判断される）けれども，

②**有効・無効の区別（効力問題）は生じない**

のです（▷ 図 7-6）。

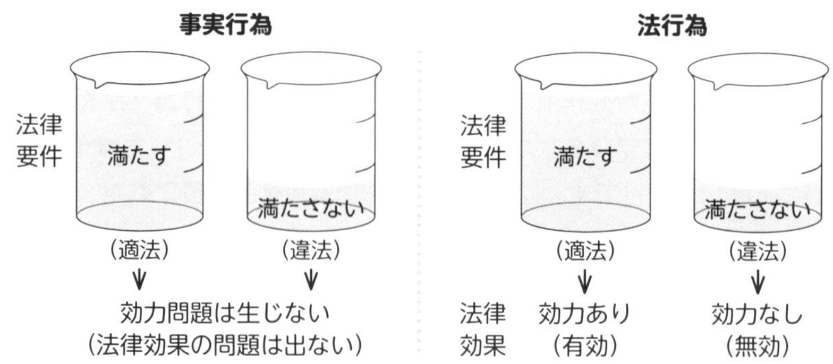


**図 7-6 ● 事実行為と法行為**

**事実行為の取消し？**　以上の結論として，「**事実行為の取消し**」というのは概念**矛盾なので**，**法論理上ありえない**ことになります。なぜなら「**取消し**（独 Aufhebung（アウフ・ヘーブング））」**とは**，**法行為**から**出てくる法律効果**，すなわちすでに引き起こされた**権義の変動を否定**し，権義を**もとの状態に戻す**（原状（げんじょう）回復を図る）ことです。だとすれば，そもそも権義の変動を引き起こしていない事実行為は，論理上「**取り消しようがない**」わけです。

## 7-5-3 行政作用を分析する視点

**通則法の欠如**　行政作用は非常に広範囲に及んでいます。ですからその「共通点」をとらえることは，思いのほか難しい作業です。すでに学んだ行政手続法は，幅広い行政作用に「**共通する手続**」に着目したアイデアでした（だから本書でも同法に注目した）。しかし行手法を除くと，行政「作用の**通則法**」**は存在していない**。そこで，「法律がなければ**理論的**に考えてみよう」というのが，この項目の意味です。

**4つのモノサシ**　今まで先人たちによって発見された，行政作用の**法的共通点**を測る「理論的**モノサシ**」としては次の**4つ**があります。すなわち，作用の

①**主体**（誰（だれ）が）

②**内容**（何を）

③**性質**（どのように）

④**形式**（どんな手法で）

の4つです（すでに述べた「手続」も加えれば**5つ**）。

| 基準 | 区別される行政作用 |
|---|---|
| **主体**（誰が） | 国，地方公共団体，その他の行政主体の作用 |
| | 省庁別分類（総務行政，法務行政，外務行政，財務行政，……） |
| **内容**（何を） | 規制行政 vs. 給付行政 |
| **性質**（どのように） | 権力行政 vs. 非権力行政 |
| **形式**（どんな手法で） | 行政計画，行政立法，行政処分，行政強制，行政罰，行政指導，行政契約，…… |

**表 7-3 ● 行政作用とその分類基準**

**主体別分類**　最初の分類は，行政作用を担（にな）っている**「人」の違い**に着眼し，

①**国**の，

②**地公体**の，そして

③**その他の行政主体**の

行政作用を区別する分類です。わかりやすいですが，法的分類としてはあまり

7 行政法の3本柱

意味はないです。

**省庁別分類**　では**国の作用**に着眼して，それをさらに総務行政，法務行政，外務行政，財務行政，……（▶ p.2）という具合に分類する方法はどうでしょうか？**事務配分**は理論というよりむしろ，**歴史的・政策的に決定**されるものです。一例を挙げれば，近年，経済産業省から分離・新設された**原子力規制委員会**と**原子力規制庁**が，どうして**内閣府**ではなく，**環境省**に置かれたのか（原子力規制委員会設置法２条)。「原理原則」では説明できないはずです。

**注意事項**　そこで，**残る３つ**のモノサシ（＝内容別，性質別，形式別分類）を順次見ていきます。その際に注意を要するのは，これら分類はともに，国民を相手にした，**対外的に行われる行政作用の分類**だ，という点です。

**公行政作用**　これを「**公行政作用**（独 öffentliche Verwaltung)」といいます。その対語が，行政の「**私経済行政作用**（独 Privatwirtschaftsverwaltung)」です（翻訳語のゆえに難しい)。

**私経済行政作用**　「私経済行政作用」とは，公行政作用の**前提・土台**（独 Basis）にあって，そのいわば「**準備段階**」の活動です。人事・組織・会計・物品の管理や，庁舎管理といった作用で，国民に向けて（対外的）ではなく，もっぱら**対内的に行われる作用**である，という特徴を持ちます。

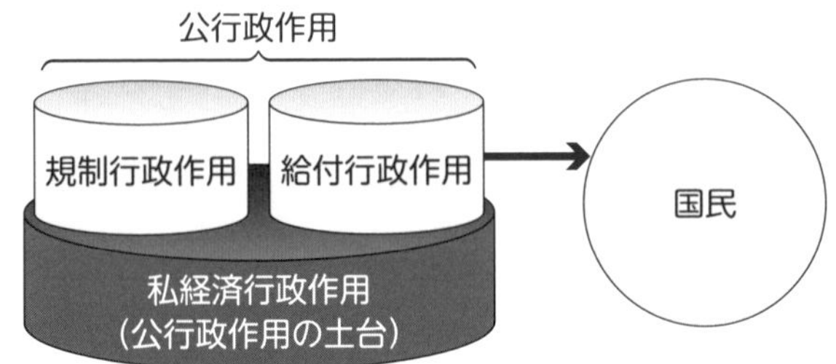


**図 7-7 ● 公行政作用と私経済行政作用**

**内容別分類**　以上が予備知識です。これを前提に，第２の「**内容別**分類」では行政作用を，

①**規制行政**（独 Ordnungsverwaltung）と

②**給付行政**（独 Leistungsverwaltung）

に分けて把握しようとします。規制行政は，建築「規制」や交通「規制」のよ

うに，国民の**活動に「待った」**をかける行政活動です。これに対し給付行政は，生活保護や補助金・資金の交付，公営住宅の建設のように，国民の**活動を「応援」**する行政活動です。これは，権利を「奪う」か「与える」かという違いなので，**法的に意味のある分類**です。

**性質別分類**　第３の「**性質別**分類」では，行政活動が「**どのように**」行われているかの違いに着眼して，

①**権力行政**（独 Hoheitsverwaltung（ホーハイツ・フェアヴァルトゥング））と

②**非権力行政**（独 Nichthoheitsverwaltung（ニヒト・ホーハイツ・フェアヴァルトゥング））を

区分します。国民に**服従を強要**できる（＝①）か，できない（＝②）かという観点に基づく分類なので，一定の範囲・限度で，**法的に意味ある分類**です。

**注意点**　ただし注意を要するのは，たとえば建築「規制」分野で「非権力」作用（行政指導）が行われることがあり，逆に「給付」行政（社会保障）の分野で「権力的」な手法（生活保護「決定」）が行われることがある。つまり**規制行政＝権力行政で**，**給付行政＝非権力行政だ**というわけ**ではない**，ということに注意しましょう。

**形式別分類**　最後の「**形式別**分類」とは，行政作用の**入れ物**（容器＝法形式ないし行為形式［独 Rechts-（レヒツ） bzw. Handlungsform der Verwaltung（ハンドルングス・フォルム デア フェアヴァルトゥング）］）**に着目**し，行政活動を「行政計画」「行政立法」「行政処分」「行政強制」「行政罰」「行政指導」「行政契約」などに分けて論じてゆく方式です。これが，**伝統的行政法理論の採用する方法**であり，行政法のテキストではこれに従うものが多いです。

# 付論：「法律による行政」の原理

「行政法の３本柱」に関連して，ここで**「法律による行政」の原理**（独 Grundsatz der Gesetzmäßigkeit der Verwaltung）について解説する。この原理は，近代行政法の**最も重要かつ根本的な原理**ゆえ，内容をしっかり理解しておこう。

## 7-6-1 はじめに

**「法律による行政」の原理とは** ➡「行政は，たとえどのような名目（たとえば，「公共の福祉」「国民の生命の安全」等々）であろうとも，**行政権の担い手の独自の判断**で行われてはならず，国民の代表たる議会（国会）が定めた**一般的ルール（法律）に従ってのみ**行われなければならない」ことを意味する（藤田宙靖教授）。

**なぜ行政（作用）は法律に従って行われることを要するか** ➡「**行政は国民を代表していない**」から。

- 行政は「処分」によって義務を課し，または権利を制限するなどの形で，国民との法律関係（**権利義務関係**）を**一方的に変動**させることができる。
- よって国民を代表しない行政が，「一存で好き勝手に」国民の権義を動かせることになれば，**とても恐ろしい事態**を招く。
- だから法治行政とは，「**放置行政の否定**」なのである。

**法治行政の背景** ➡ 国民の権利義務に関する事柄（＝「法規」▶ p.125 以下）については，必ず国民を代表する機関（国会）の定めたルール，すなわち**法律**

**で定める**ことにし，ルールを具体化する行政作用は「**法律に基づいてのみ可能**」ということにすれば，国民への「**不意打ち**」を防止できる。

- 法律による原理の根底には，**近代国家の２大原理**，すなわち**自由主義**と**民主主義**とが横たわっている。

## 7-6-2 法治主義・法治国家

**法治主義との異同** ➔「法律による行政」の原理は，時に「法治主義」と**同じ意味**に用いられる。

- だが，法治主義は「**国家権力**（行政権だけではない）**が法**（法律だけではない）**に拘束される**」という意味だから，法治主義のほうが広い。
- 「法律による行政」の原理は，法治主義という「**光源**（こうげん）」から出た**光が，行政法の平面に「投影」**されたもの（projection）である。

**法治国家** ➔ **法治主義が実現**されている国家をいう（state founded on the rule of law，独 Rechtsstaat（レヒツ・シュタート），仏 État de Droit（エタ ドゥ ドゥロワ））。

- 今日（こんにち）の言葉では「**立憲国家**（constitutional state，独 Verfassungsstaat（フェアファッスングス・シュタート），konstitutioneller Staat（コンスティトゥーツィオネラー シュタート））」という意味。
- 法治国家確立の狙（ねら）いは，その対立物である前時代（絶対主義時代）の**警察国家**（独 Polizeistaat（ポリツァイ・シュタート））**を否定**し，行政という「暴れ馬」を法律の**「手綱（たづな）」で拘束・束縛**することで，**国民の自由を確保**しようとするところにあった。

### 「法」の旧字「灋」は意味深な漢字

これは，西洋と中華大陸の発想の単なる「偶然の一致」なのだろうが，「法」の旧字体である「灋」は意味深（いみしん）であり，実に興味深い。すなわち「灋」は三水偏（さんずいへん）に，旁（つくり）の上が「廌（たい）」，下は「去（らせ）る」である。**「タイ」は下半身が「馬」で，上半身が「鹿」**という，**想像上の神獣（しんじゅう）**（「馬鹿」とは無関係？　米津玄師？）。

藤堂明保（とうどう・あきやす）博士によると，法の旧字「灋」は「水と，廌（略）と，去（ひっこめる）との会意（かいい）。池の中にある島に珍獣を押しこめ，外に出られない状態にしたさまを示す」とのこと（『昭文漢和辞典』［昭文社］）。まさに，**「法律による行政」の発想**

**と一致**する。

**「法律による行政」の原理＝事前チェック** ➔「法律による行政」の原理は，近代法治国家を構成する最も重要な**基本原理の1つ**。

● だが，法律によって行政活動を単に**「事前に」拘束**するだけでは，実は不十分。

● なぜなら，「法律による行政」の原理（**理念**）があるだけでは，「**現実**に」違法な行政活動が行われないという**保証はまったくない**から。

**行政裁判制度＝事後チェック** ➔ だから念には念で，行政活動が法律に違反して行われなかったかどうかを，行政とは独立の地位を有する**裁判機関**によって，**「事後的」に審査**（チェック）させる仕組み＝**行政裁判制度**（すでに学び，またのちに学ぶ**抗告**（こうこく）**訴訟・取消訴訟**（とりけしそしょう）［▶ p.55，143，260，268］**の原型**）ができた。

● 仮にこれを「**行政救済法の原理**」と呼ぶならば，この原理は「法律による行政」の原理の実効性を担保し，それを**裏側（下側）から支える**近代法治国家の，**もう1つの重要な基本原理**。

● それゆえに，「法律による行政」の原理と「近代行政救済法」の原理を合わせて，「**行政法における近代法治国家の原理**」と呼ぶ論者もいる（藤田説）。

**拡充を要する法治国家原理** ➔ われわれが生きる21世紀の現代法治国家の時代では，法治国家原理は**さらに拡充される必要**がある。

● すなわち，近代法治国家の段階では「**行政組織の在**（あ）**り方**」は，国民の権利義務とは**まったく無関係**と考えられており，しかも行政組織を設置・改廃する「**組織権力**（独 Organisationsgewalt（オルガニザツィオンス・ゲヴァルト））」**は君主の手に留保**（りゅうほ）されていた（明治憲法の用語では，「**官制大権**（かんせいたいけん）」［明治憲法10条「天皇（てんのう）ハ行政各部ノ官制［略］ヲ定メ」ル］）。

● そのために「法律の支配」（▶ p.185）は，**未**（いま）**だ行政組織にまでは及んでいなかった**（いわゆる「不浸透説（ふしんとうせつ）」：カフェーパウゼ(3)▶ p.159）。

**新たに確立された「法律による行政組織」の原理** ➔ これに対し今日（こんにち）では，「**行政組織（基本）法定主義**」（「法律による行政組織」の原理）が確立されている。

● 現代法治国家の原理の意味内容は，①法律による**行政（作用）**の原理＋②行政**救済法**の原理＋③法律による**行政組織の原理**。

● 結局は，行政法の**「3本柱」**（▶ 第7章）**のすべて**に**法律が浸透**した（**浸**（し）**み込んだ**），ということになる。

# 7-6-3 「法律による行政」の原理の意味内容

**「法律による行政」の原理を構成する3つの下位原理**

①**法律の「法規」創造力**（独 rechtssatzschaffende Kraft des Gesetzes）

②**法律の優位**（独 Vorrang des Gesetzes）

③**法律の留保**（独 Vorbehalt des Gesetzes）

- 近代行政法学を完成させたオットー・マイヤー（1846［弘化3］～1924［大正13］年）が，「**法律の支配**（独 Herrschaft des Gesetzes）」として理論構成したところに由来する。
- 詳しくは塩野宏『オットー・マイヤー行政法学の構造』（1962［昭和37］年・有斐閣）を参照。

**「法規」概念** ➡「法規」という語は，Rechtssatz（独）（原義「**法・権利命題**」）の訳語として成立。

| | |
|---|---|
| ①**広く** | すべての「法規」範を意味する |
| ②**狭く** | 個別・具体的性質を有する処分や裁判判決に対し，一般的・抽象的性質を有する「法規」範のことを指す |
| ③**最も狭く** | 国民の権利義務に関する「法規」範を意味する（行政立法▶ p.125） |

**最狭義の「法規」** ➡「法律による行政の原理」の第1の意味内容（＝法律の「法規」創造力）にいう「**法規**」は，このうち**最狭義**③で用いられている（▶ p.125以下）。

**法律の「法規」創造力** ➡「新たに『法規』を作るのは法律＝立法権の専権に属することであり，法律が権限を与えていない限り，**行政権は『法規』を（一存では）創造することはできない**」という意味（藤田説をベースに概説）。

- **憲法41条後段**（「国会（略）は，国の唯一の立法機関である」）はこの**原則を承認**したもの。
- その結果，行政立法のうち**法規命令**は，国民の権利義務に変動を及ぼすから，**必ず法律による授権**（「権」限の「授」与）**を要する**ことになる（▶ p.126）。いわゆる**委任立法の問題**。

**法律の優位** ➔「法律による行政の原理」の第２の意味内容は「**法律の優位**」と呼ばれる。「行政作用は**法律に違反してはならない**」という意味。

- したがって同原理によれば，行政作用（国民非代表者の意思）と立法作用（国民代表者の意思）が衝突・矛盾する場合は**法律が優位**し，**法律の定めに違反する行政作用**は**効力を否定**される（それゆえ法律の優位は「法律の**優先**」とも呼ばれることがある）。
- 憲法41条**前段**（ぜんだん）（「国会は，国権の最高機関であつて」）は**法律の優位の表現**である。

**法律の優位の原則はすべての行政作用に妥当** ➔ 一般・抽象的であるか（＝行政立法や行政計画），個別・具体的であるか（＝処分），権力的であるか（＝行政強制や行政罰），非権力的であるか（＝行政指導・行政契約）を問わず，**すべての行政作用に妥当**する。その結果，法律の定めに違反する（＝違法な）行政作用は

| | |
|---|---|
| ①行政機関自身の発意（はつい）によって， | ＝**職権**（しょっけん）**取消し** |
| ②また作用の相手方である国民からの申立て（もうしたて）に基づいて， | ＝**争訟**（そうしょう）**取消し** |

その効力を否認される。

- 後で詳しく学ぶ争訟取消し，すなわち審査請求（行審法）と取消訴訟（行訴法）に見られる「**処分の取消し」が可能だという現象の理論的根拠**はここ（＝法律の優位）に求められる。

# 7-6-4 法律の優位と法律の留保

**「法律の優位」と「法律の留保」の異同**

- 「法律の優位」は，法律が「**存在する場合**」には，行政作用は法律に**違反してはならない**，という「**消極的**」内容を定めるにすぎない。
- したがって法律が「存在**しない場合**」または「**沈黙**している（定めを置いていない）場合」に**行政作用は可能**か，という問いに対する答えは，**法律の優位の原則からは出てこない**。

- こうして次に,「法律による行政」の原理の,もう1つの意味内容である**「法律の留保」について論ずる実益**が出てくる。

**「法律の留保」を論ずる意味** ➡「法律の留保」とは,「法律が存在しなくても」行える行政作用はあるか。裏から言えば,**行政作用は「どの程度まで」法律の根拠を必要**とするか,という「**積極的**」内容に関する原理である。

- 憲法**30条**(「法律の定めるところ」による納税の義務)及び同**84条**(租税法律主義)は法律の留保の表れと解される(藤田説)。

**法律の留保とは** ➡「行政作用が行われるためには,必ず法律の根拠(法律による権限授与=授権)を要する」という原則である。

- 「法律の優位」原則は単に「法律が存在すれば,その定めに違反してはならない」という消極的意味しか持たない。
- ゆえに単純に考えれば法律が存在していなければ,**行政は「なんでもできる」**ことになってしまう。これでは具合が悪い。

**「法律の留保」原則の狙い** ➡ 行政作用が既存の法律にはなんら違反しなくとも,その作用を行うには**さらに進んで**,「**積極的な法律の授権(根拠づけ)が必要**である」と主張する点。

- かくして,「法律の優位」と「法律の留保」という2つの原則が相まって,行政作用は消極・積極両面からの「**ダブル拘束**」を受け,「予測に反して人権を侵害しない」という最低限度の保証が得られる。
- 結局,「今日のこの生活が,明日も確実に続いていくこと」(法的安定性)。それを行政に**しっかり守らせる**ことが最も重要。

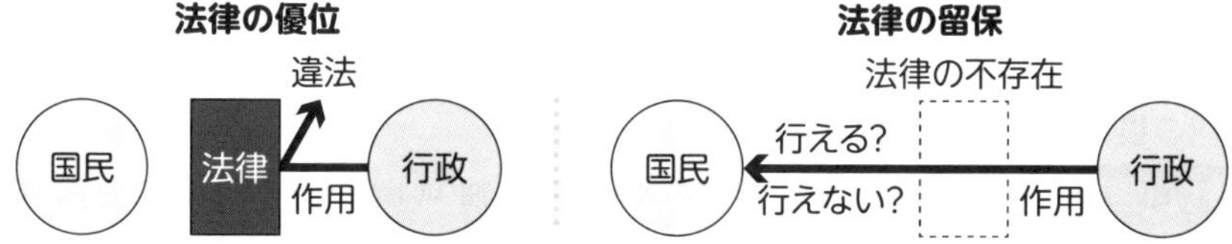


**図 7-8 ● 法律の優位と法律の留保**

# 7-6-5 「留保の範囲」を巡る諸説

**法律の留保に関する争い** ➔ 法律に留保された行政作用の「**範囲はどこまでか**」という点に存する。

- 言い換えると，はたして法律の根拠は「すべての行政作用に必要」なのか。それとも，法律に根拠がなくても「行える行政作用はあるのか」に帰着する。

**侵害留保説** ➔ 伝統理論は「**侵害留保説**（独 Eingriffsvorbehaltstheorie（アイングリッフス・フォアベハルツ・テオリー））」と呼ばれる。

- 国民の「**自由と財産を侵害する行政作用**」（徴税・警察作用など）**にのみ法律の根拠**（留保）**は必要**で，補助金の交付や行政指導などの非侵害作用には法律の根拠は不要と説く（地方自治法 14 条 2 項▶ p.189）。

**全部留保説または公行政留保説** ➔ 侵害留保説を批判し，法律の留保の**範囲を拡張**して，「国民の権利義務の変動を結果として生じさせる**一切の行政作用**」（**公行政作用**）には**全部，法律の根拠**を要求する学説。

- この説によると，侵害留保説では法律の根拠が不要であった補助金交付や行政指導にも，法律の根拠が必要になる。

**権力（作用）留保説** ➔ 全部留保説ほどは留保の範囲を拡大せず，さりとて侵害留保説ほどは縮小しない，いわば「**中庸（ちゅうよう）の立場**」に立つ見解として有力に唱えられた。

- **権力的手法を用いて行われる行政作用には必ず法律の根拠**を要する，という見解。
- この説によれば，補助金の交付には法律の根拠を要するが，行政指導には法律の根拠を要しない。

**本質（重要）事項留保説** ➔ 行政の**本質事項**（独 Wesentlichkeit（ヴェーゼントリヒカイト））**に法律（議会制定法）による定め**を要求する考え方。

- 現在のドイツにおいて主流で，裁判所も支持する。
- わが国でも，法律の留保を行政作用のみならず，**行政組織にまで拡大**しようとするこの説が，近年，力を得てきている。

## 7-6-6 まとめ

**ミニマムとしての侵害留保** → 以上の諸説のうち，その**内容・範囲が最も明確**なのは**侵害留保説**。

- なぜならこの説は，伝統的「法規」概念に立脚(りっきゃく)し，法規すなわち「国民の権利義務に関する事項に影響を及ぼす行政作用のみ」に，法律の留保を限定しているから。
- 他の説はいずれも**侵害留保説を批判**し，留保の**範囲を拡大する意図**を持つ点で共通。つまり，どの説に立つにせよ，「侵害留保は**ミニマムだ**」と考えられている。
- 2000（平成 12）年改正の**地方自治法**は，**14 条 2 項で条例**につき，**侵害留保説**の立場を**明文化**した（▶ p.188）。

**権力留保説の評価**

- 侵害留保説は衰退し，代わって**権力（作用）留保説が力**を得てきている。
- だが，これに対しては「一見合理的であるようにみえるが，仔細(しさい)にみればかならずしもそうとはいえない。（略）この説は，授益的行為に統制をほとんど及ぼしていない点で，侵害留保説の枠内(わくない)にあり，しかも，侵害的であるが非権力的な行為については法律の授権を要しないとする点で，近時(きんじ)の修正侵害留保説にも及ばないのである」との**手厳(てきび)しい批判**がある（芝池義一(しばいけ・よしかず)教授）。
- 芝池教授自身は「原則としてすべての公行政には法律の授権が必要とみるのが適切であろう」と述べ，前述した全部留保説と完全全部留保説の**「中間」の立場**，すなわち「**原則（公行政）全部留保説**」とでも呼ぶべき考え方を提唱する（芝池説）。

**発想のシフト（転換）** → 現在では議論の焦点は「○○留保」説でざっくり切るよりも，むしろ「法律による行政の原則は，何よりも**人権保障のための手段**として機能すべきであるから，どの程度の法律による拘束が必要かということは，**それぞれの具体的な行政の領域**において，**人権とのかかわり**において決定すべき事柄であろう」という発想（村上武則(むらかみ・たけのり)教授）にシフトしている。

- 言い換えれば，ある行政作用に法律の根拠が必要であるとして，その「**法律**」とは一体「**いかなる性質のものが必要**なのか」ということ。

- この点に関しては，①「**組織規範**」(＝自然人の行為を国家に帰属させる規範)，②「**根拠規範**」(＝行政作用に根拠を与える規範)，③「**規制規範**（手続規範)」(＝行政作用に一定の規制を加える規範）の **3 者を区別**する立場がある。
- 伝統的に「法律」とは，**もっぱら根拠規範**を意味したが，たとえば行政指導，補助金交付，公共施設の設置といった個別の行為類型ごとに，根拠規範がなくとも**組織規範のみで足りるか**，あるいは根拠規範がなくても，**規制規範が存在するからその行政作用は可能である**とかいう具合に考えよう，というのである（塩野教授，宇賀（うが）教授)。

**まとめ** ➔ 法律による行政の原理，とりわけ法律の留保の範囲を巡っては，一般論を展開しても無意味である。

- 仮に出題されたら答案では具体例を設定し，それに即した理論構成を試みる必要があるだろう。

以上で，「法律による行政」の原理も含め，「行政法の３本柱」の概要が頭に入ったかと思います。次の第８章では「国の行政組織」を，また第９章では「地方自治法」を学びます。そのうえで，最後の項目（行政救済法）の学習（第 10 章～第 14 章）に入ることになります。

第8章

# 行政組織法の骨格

## 国の行政組織

「行政法の３本柱」（組織法・作用法・救済法）のうち，本書の前半では「背骨としての手続３法」を重点的に，かなり丁寧に学びました。これは結局，「行政外部法のイッキ学習」だったことになります。ここまでの学習で，行政法への理解もだいぶ深まってきたと思われます。そこで本章では，今まで意識的に避けてきた「行政組織法の骨格」を学びます。

8-1

# 行政組織と法

**国の場合**　国については，まず**組織の大枠**を

①内閣法及び国家行政組織法が定め，次に

②内閣府設置法及び「○○省設置法」と総称される法律が**各府省の組織**の骨格を定める。そしてさらに，

③政令（内閣府本府組織令及び「○○省組織令」）と

④省令（内閣府本府組織規則及び「○○省組織規則」と呼ばれる）

など，下位の法令が各**組織の「肉づけ」**をしているのです（法律と命令［政省令］の役割分担。行政立法▶ p.124 以下）。

**地公体の場合**　地方公共団体の場合は，**地方自治法**（＝法律）が定める大枠の中で，現実に組織を形づくっているものは**条例**です。国の法律と政省令の関係と同じように，ここでも**条例は「骨格」**を定めるのみ（○○県［市］行政組織条例）で，**規則**（長が制定）**が**組織の**「肉づけ」**をしています（○○県［市］行政組織規則）。

**組織法の伝統的構成**　伝統理論によれば，行政組織法は

①狭義の**行政組織法**にプラスして，

②**公務員法**（＝組織の「**人的手段**」法）と

③**公物法**（＝組織の「**物的手段**」法）から成り立つ，

と説かれていました。ゆえに，かつて石川も旧プロゼミでは，②と③を取り扱いました。しかし時代が変わり，またスペースの関係もあるので，本書では大変申し訳ないですが，**②と③は割愛**します（詳しくは宇賀Ⅲを参照）。

# 組織法の3つのキーワード

**組織法攻略のキーワード**　行政組織法を理解・攻略するキーワードは**3つ**あります。すなわち①**行政主体**，②**行政機関**，そして③**権限**です。記憶にしっかり刻みましょう。以下，順を追って解説します。



## 8-2-1 行政主体（身体）

**行政主体**　組織法の１つ目のキーワードである「**行政主体**」は，本書の初めに解説しました（▶ p.11）。「**行政活動を主体的・能動的に行う者**」という意味で，**３種類**（①国，②地公体，③その他の行政主体）があります。

**法人性**　行政主体は，自然人のように目に見える存在ではない。しかし，**法律上は「人」**（権義（けんぎ）の担（にな）い手），すなわち「**法人**」として扱われます。地方自治法は，「地方公共団体は，法人とする」として，**明文で**地公体の法人性を定めています（自治法２条１項）。これに対し**国（日本国）**の法人格については，正面から定めた法規定は存在しません。ただし民法35条１項が，**外国国家に法人性**を認めていることの「反対解釈」から，日本国にも法人格を認める前提に立っているものと思われます。

**透明人間？**　さて，国は私たちの目には見えない。見えないですが，**確かに存在**しています（まさにこれが「**法人**」）。目に見えない国には，**生身（なまみ）の身体（からだ）が欠けているから**です。いわば透明人間（invisible man）のようなものです。

## 8-2-2 行政機関（身体を動かす装置）

**行政機関**　しかし身体がないと，**動くことができない**。そこで，国を動かすための「**動力装置**（power unit）」が必要になります。たとえば，国の場合の**大臣**です。これが，組織法の２つ目のキーワードである「**行政機関**」です。同じことは都道府県と**知事**の関係，市区町村と**市区町村長**の関係についても当てはまります。

**法人と機関**　**国や地公体**は「**法人**（juridical person，独 juristische Person（ユリスティッシェ ペルゾーン），仏 personne morale（ペルソンヌ モラール））」であり，**大臣・知事・市区町村長**は法人の「**機関**（独 Organ（オルガーン））」なのです。機関とは，「**法人のために**法人に代わって活動する**生身の人（自然人）が**座るイス（**占める地位**）」だと定義されます。

## 8-2-3 権限（装置の動力）

**権限**　最後に，組織法の３つ目のキーワードは「**権限**」です。権限については，前に義務について述べたところで，**権利と対比**させて解説しました。権利とは，「**自分**自身」の利益を守るためのパワー。これに対し**権限**とは，法人という**「他人」の利益**を守るために与えられた**パワー**でした（▶ p.28 以下）。

**限りある力**　ここからが新しいお話になります。権限は「限」りある「力」（＝権）と書きますね。つまり権限パワーには，**さまざまな「限り**（＝**限界**）」がある。具体的には，次の **３つの限界**があることを知りましょう。

**１つ目の限界**　１つ目は**「時間的」限界**。たとえば特別職公務員（国会・地方議会の議員や，石川がそうであった委員）には，「**任期**」があります。また一般職公務員にも，「**定年**」があります。**任期・定年**（時間的限界）を超えては，機関担当者（独 Organwalter（オルガーン・ヴァルター））は**権限を行使できない**のです。

**２つ目の限界**　時間とくれば，次は空間ですね。権限には，**「空間的」（土地・地理的）限界**があります（訴訟（そしょう）法の用語では「**土地管轄（かんかつ）**」）。日本国の首相は，アメリカ合衆国の領土（たとえばハワイ）では権限を行使できません。また大阪府知事は，兵庫県や京都府の領域では権限を行使できません。

**3つ目の限界**　最後に,権限には**「内容的」（事物・事項的）限界**があります（訴訟法の用語では「**事物管轄**」▶ p.169）。各府省等は所管法律についての「**有権解釈権**（authoritative interpretation）」を持っており，他府省庁委員会はこれに介入できません。

**限界を超えると？**　以上の限界を「超えてなされた権限の行使」は，**組織法上「違法」**であり「**無効**」と考えられます（権限が「無」いわけですから）。ただし組織法上の違法（**内部違法**）が直ちに，作用法上の違法（**外部違法**）を引き起こすとは限りません。ここは上級論点なので,本書で立ち入るのは無理です。

**外部法では**　なお,内部法（組織法）の言葉である「**権限**」を,**外側＝外部法**（作用法）**の世界**から眺めると,その核心はまさに,本書の冒頭からでずっとトレースしてきた**「許認可（処分）」ということ**になります。これで，組織法と作用法が頭の中で「連結」しましたね？

# 行政機関の理論上の分類

**理論上の分類**　与えられた**権限の違い**に基づいて，行政機関は理論上,

①行政庁（意思機関）
②補助機関
③諮問機関
④執行機関

の**4つ**に分類されます（**行政官庁理論**）。これは図8-1のように，行政主体をわれわれの身体(人体)に引き直して考えてみると,わかりやすいかと思います。

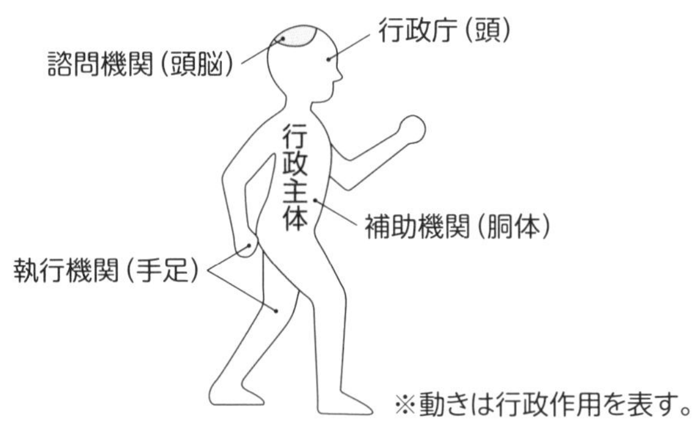


**図 8-1 ● 行政主体と各機関の関係**

## 8-3-1 行政庁

**行政庁**　まず「**行政庁**（行手法などでの英訳 administrative agencies，独 Verwaltungsbehörde)」とは，行政主体の「**首**（**頭**）」に当たる行政機関です。大臣や委員会が国の，また知事・市区町村長・委員会が地公体の行政庁の例です。大臣・知事・市区町村長は，行政庁の地位を占める人の数が **1 人**なので「単独制（または**独任制**）（独 Bürosystem)」の行政庁と呼ばれ，委員会は人が**複数**なので「**合議制**（独 Kollegialsystem)」の行政庁と呼ばれます。

**定義**　行政庁は「行政主体のために**内部**で意思決定をし，（決定された意思を）**外部**に表示する**権限**を与えられた行政機関」と定義されます。行政庁は，このように**行政主体の意思決定と表示**にかかわる権限を有しており，このことから「**意思機関**（独 Willensorgan)」とも呼ばれるのです。

## 8-3-2 行政庁以外の行政機関

**補助機関**　次に，「**補助機関**（独 Hilfsorgan（ヒルフス・オルガーン））」とは，行政主体の「**胴体**」に当たる行政機関です。「行政庁を**補佐する権限**を付与された行政機関」と定義されます。**国**の場合は，大臣・委員会を補佐する権限を有する**事務次官・局長**から，今年入省したての新米**事務官**まで，また**地公体**の場合は**副知事・副市区町村長，会計管理者**から，入職したての**ヒラの職員**までが，「補助機関」として把握（はあく）されることになります。われわれが，常識的に「公務員」と理解しているものの大半が，理論上は「補助機関」です。

**諮問機関**　3つ目に，「**諮問機関**（独 Beratungsorgan（ベラートゥングス・オルガーン））」とは，行政主体の「**頭脳**（ブレイン）」に当たる行政機関です。「行政庁の命を受け，または自ら進んで**意見を述べる権限**を付与された行政機関」と定義されます。一般に「審議会」「協議会」「調査会」といった名前を持ちます（かつて国には220あまりの審議会が置かれていましたが，中央省庁等改革の結果，現在は134個に減りました）。

**執行機関**　最後に，「**執行機関**（独 Vollstreckungsorgan（フォルシュトレックングス・オルガーン））」は行政主体の「**手足**」に当たる行政機関です。「行政庁の命を受け，国民に対して行政主体の意思を**実力行使**（強制執行）**する権限**を付与された行政機関」と定義されます。警察官や税務職員が，執行機関の例です。

### 注意！　地方自治法上の「執行機関」

地方自治法は，「**議決機関**」（議会）に対し，知事・市区町村長・委員会・委員を「**執行機関**（executive agency, 独 Exekutivorgan（エグゼクティフ・オルガーン））」と呼ぶ（自治法139条，180条の5）。これは，議会が決めた事柄を「**執（と）」り「行」う機関**という意味で使われており，上に述べた「理論上の執行機関」（**強制執行の権限**を持つ機関）とは**異なる意味**で用いられている。知事・市区町村長など，自治法上の「執行機関」は，**理論上**はむしろ「**行政庁**」であることに注意したい。

# 8-4 国の行政組織

**行組法**　多くの読者はおそらく，国家行政組織法（以下「行組法（ぎょうそほう）」と略）という法律を知らないでしょう。削除された条文を差し引くと，全文でたったの 27 か条。ですから法律としてはかなり「小ぶり」です。しかも，行組法を見て「おやっ？」と思うのは，**章に小分けされていない**ことです。ここからして，組織法は普通の法律（行政作用法）とは「**面相（めんそう）（顔つき）**」が，**だいぶ違う**。これが論点 1。次に，2001（平成 13）年の「中央省庁等改革」により，この間に**日本の行政組織は大きく変わった**，ということ（54 年ぶり）。これが論点 2。

## 8-4-1 2つの「断絶」

**論点 1：行組法定主義**　明治憲法は「天皇ハ行政各部ノ官制（かんせい）（略）ヲ定メ」るとして，**天皇に**行政組織の**編成権**（「官制大権（たいけん）（独 Organisationsgewalt（オルガニザツィオンス・ゲヴァルト））」）を認めていました（明治憲法 10 条）。別の言い方をすると，行政各部の官制（＝行政組織）は「法律事項」**ではなかった**。これに対し，日本国憲法が明記する**国民主権**原理（憲法前文，1 条）の下（もと），行政組織編制権は立法府＝国会（**国民代表）の手**に移りました。つまり，「大権事項」から**「法律事項」に変わった**のです。その結果，行政組織の「骨格」を定める内閣府設置法，国家行政組織法，各省設置法などが，**法律で**定められました。これを「**行政組織（基本）法定主義**」といいます。これは，**戦前と戦後の間に「断絶」**がある，というお話です。

**論点 2：中央省庁等改革**　次に 2001（平成 13）年 1 月 6 日，日本の行政組織は**半世紀ぶりにリニューアル**されました（なお，前回のリニューアルは 1949［昭和 24］年 6 月 1 日でした。国家行政組織法の施行（しこう）日です［行組法附則 26 条］）。若い読者はまだ赤ちゃんだったから，覚えていないかもしれません。「内閣府」が新設され，大蔵省が「財務省」に，また建設省と運輸省と北海道開発庁と国土庁が合体して「国土交通省」になりました。独立行政法人（独法）という新しい組織もできました。

## 8-4-2 中央省庁等改革

**中央省庁等改革**　実は「中央省庁等改革」とは**法令用語**です。なぜなら中央省庁等改革基本法という法律があり，「中央省庁等改革」とは「平成９年12月３日に行われた行政改革会議の最終報告の趣旨にのっとって行われる（①）内閣機能の強化，（②）国の行政機関の再編成並びに（③）国の行政組織並びに事務及び事業の減量，効率化等の改革をいう」と定義しているからです（中央省庁等改革基本法１条。カッコと丸数字は石川）。スペースの限られた本書では立ち入れませんが，この中央省庁等改革は，**20世紀と21世紀の間に「断絶」**がある，というお話なのです。

**残る「痕跡」**　このように２度の「断絶」を経て，日本の行政組織は**すっかり変わりました**。それにしても行政組織法は，他の法律すなわち冒頭から本書で注目してきた許認可の根拠を定める膨大な数の法律，つまり行政**作用法とは**やはり「**性質が違う**」と感じます。その「痕跡（こんせき）」が，国家行政組織法には「**章がない**」という点に見られます。これが，第７章で「**２つの別世界**」と述べたことの意味内容です（▶ p.174以下）。ただし，これは「不浸透説（ふしんとうせつ）」（ラーバント▶ p.159）とは違うレベルの話ですが。

### 即日施行される行政組織法

行政作用法は国民の権義を変動させるため，公布と施行の間に一定の**「周知期間」（時差）を設ける**。これに対し，組織法は権義に影響を与えないので，公布の日から施行される（**即日施行**）。これが組織法の，もう１つの特徴である。

# 8-5 内閣法の概要

## 8-5-1 内閣と内閣法

**内閣の性格**　内閣については憲法で学びます。日本国憲法によれば,「行政権は,内閣に属する」（憲法65条）。したがって，内閣は一方では行政権の「**帰属主体**」です。しかし他方，内閣は行政権の行使について，国会に対して**連帯責任**を負うことから，行政権の「**責任主体**」でもあります（憲法66条3項，内閣法1条2項)。内閣法 (Cabinet Act) のこの部分は,中央省庁等改革の過程で,国民主権の原理を表現する文言(もんごん)が挿入されましたが，詳細は省略します。

**内閣の構成**　内閣は，その首長(しゅちょう)（口で言うときは慣用で「くびちょう」と読む）である**内閣総理大臣**（Prime Minister，PM）と，**14人以内の「国務大臣**（Ministers of State)」で構成される合議機関です（憲法66条1項，内閣法2条1項・2項)。ただし，「特別に必要がある場合においては，3人を限度にその数を増加し，**17人以内**とすることができ」ます（内閣法2条2項ただし書き)。

**内閣と内閣総理大臣**　内閣は閣議(かくぎ)（cabinet meeting）を通じて職権(しょっけん)を行い，主宰者(しゅさいしゃ)は内閣総理大臣です（内閣法4条)。内閣総理大臣の権限としては，

①内閣の**代表権**（同5条）
②行政各部の**指揮・監督権**（同6条）
③**権限疑義(ぎぎ)の裁定権**（同7条）
④処分・命令の**中止権**（同8条）

の**4種**は，確実に覚えておきたいものです。また内閣は**政令制定権**を有しています。政令には，法律の委任があれば，**罰則(ばっそく)**を設けられます（同11条)。その他の「内閣の職権」については，憲法73条を参照してください。

**内閣と国の行政組織**　次に国の行政組織は「内閣の統轄の下に，（略）任務及びこれを達成するため必要となる明確な範囲の所掌事務を有する行政機関の全体によつて，**系統的に構成**されなければならない」（行組法２条１項）。内閣法は「各大臣は，別に法律の定めるところにより，**主任の大臣**として，**行政事務を分担管理**する」と定めます（内閣法３条１項）。ただし「行政事務を分担管理しない大臣の存することを**妨げるものではない**」とも定めています（同条２項）。この規定の意味が，おわかりでしょうか？　別の表現をすると，①内閣法と②「別に定める法律」との関係と言い換えてもいいです。

## 8-5-2 大臣２面相

**無任所大臣**　内閣法３条２項の大臣は「**無任所大臣**」と呼ばれ，仏語の Ministre sans portefeuille に由来します。金融・投資分野で使われる「ポートフォリオ」と同根で，もとは「書類入れ，カバン。その中の書類」という意味です。直訳すれば，「**カバン**（所管事項）**を持たない大臣**」です。無任所大臣の理解には，大臣の「２つの顔」を知る必要があります。

**大臣の「２つの顔」**　大臣はローマ神話のヤーヌス神（Janus）のように，**異なる「２つの顔」**を持っています（図 8-2）。なお，日本でも，似たお話に両面宿儺があります（『日本書紀』）。

**図 8-2 ● ヤーヌス（英語読み：ジェイナス）**

**国務大臣・行政大臣**　1つ目は「内閣のメンバーとしての顔」であり，これを**国務大臣**（Cabinet Minister, Minister of State）と呼びます。「国務大臣」は**法令用語**です(たとえば憲法7条5号,内閣法2条など)。またもう1つは「行政事務を分担管理する主任の大臣」（内閣法3条1項）としての顔です。縮めて「**行政大臣**（Minister of Chief Executive)」と呼ばれ，これは法令用語ではなく**理論用語**です。各府省のトップ（行政長官，Chief Executive）という意味です。

**大臣2面相**　大臣は原則として，1人で国務大臣と行政大臣の2面を兼ねるのです。「かいじん（怪人）二十面相（めんそう）」ならぬ「**だいじん（大臣）2面相**」(一人二役（ひとりふたやく）) というわけです。内閣総理大臣は内閣の首長（国務大臣）である**と同時に**，内閣府という行政組織の長官（行政大臣）でもあります。また総務大臣は総務省という行政組織の長官（行政大臣）である**と同時に**，内閣の構成員（国務大臣）でもあるのです。

**意識されない原因**　この，大臣の「2つの顔」が意識されにくい原因は名称にあるようです。総理大臣の場合は**国務大臣の印象**が強く，行政大臣の顔が陰に隠れてしまっている。また総務大臣（等）の場合は，逆に**行政大臣の表記**が前面に出て，国務大臣としての顔が陰に隠れてしまっているのです。

**2面相の例外**　ただし，この「2面相」には**例外**があります。それが，上に見た**無任所大臣**です。すなわち**国務大臣**ですが,**行政大臣**(内閣法3条1項の「主任の大臣」)**ではない大臣**のこと。**広い**意味では**各省大臣以外の大臣**，たとえば内閣官房（かんぼう）長官，国家公安委員会委員長など。また**狭い**意味では，それ以外の「**どの行政組織も担務しない大臣**」のことです。昔は，政界の重鎮（じゅうちん）を「副総理」格で国務大臣（だけ）に処遇しました。ところが中央省庁等改革（▶ p.199）以降,**国務大臣の数が制限**されました（改革前（ビフォア）「20人以内」→後（アフター）「14人［最大17人］以内」［内閣法2条2項］。なお，同法附則に基づく増員が定められている)。

**特命担当大臣・内閣担当大臣**　また他方，新たな行政需要が次々と生まれており（たとえば，新コロ対策),「**内閣府特命担当大臣**」(内閣府設置法9条）のほかに,内閣官房に置かれる「**内閣担当大臣**」(内閣法12条に基づく）もおり，もはや純粋な意味での「無任所大臣」はいない,といっても過言ではありません。

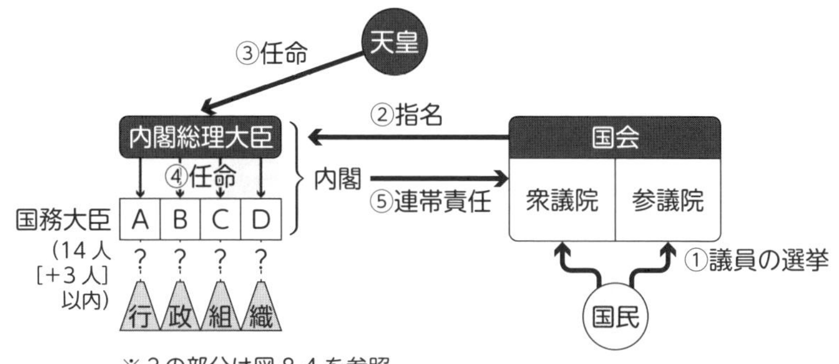


**図 8-3 ● 国民と行政組織**

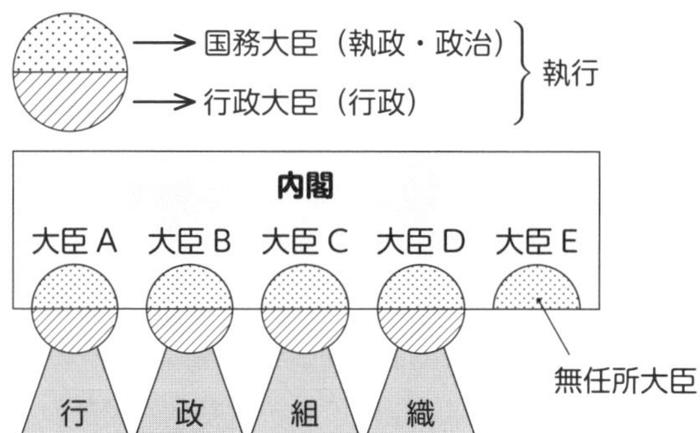


**図 8-4 ● 大臣「2 面相」と無任所大臣**

# 8-6 内閣府と同設置法

## 8-6-1 内閣法と行組法

**行組法**　すでに学んだ内閣法は，内閣すなわち「国務大臣会議」に関する法律でした。これに対し，国務大臣に「行政事務を分担管理」，つまり**行政大臣を兼担**（けんたん）させる根拠法（内閣法３条１項の「別に定める法律」）が**国家行政組織法**（National Government Organization Act）で，**略称は行組法**（読みは「**ぎょうそほう**」。だが，これだと音（おん）が行訴法（ぎょうそほう）［行政事件訴訟法］とダブるので，口頭では慣用で「**ぎょうくみほう**」と呼ぶ）。

**各省大臣**　行組法によれば，各省大臣（行政大臣）は「**国務大臣**の中から，内閣**総理大臣**がこれを命ずる」（行組法５条３項）。同法の目的は「内閣の統轄の下における行政機関で内閣府以外のもの（略）の組織の基準を定め，もつて国の行政事務の能率的な遂行のために必要な国家行政組織を整えること」にあり（同１条），かくて，整然とした**ピラミッド状の行政組織**が形成されることになるのです（同２条）。

**とても複雑**　なお，先に見た中央省庁等改革によって，**内閣府が新設**されました。その結果，国の組織は改革前の状況に比べると，**とても複雑**になりました。類似・同一の規定が内閣府設置法と行組法の双方に置かれたりして，短く説明するのは困難です。しかし以下，なるべく簡潔に解説を試みます。

# 内閣府

**内閣府**　**内閣府**（Cabinet Office, CAO）**は内閣**に置かれ（内閣府設置法２条），任務は「内閣の重要政策に関する**内閣の事務を助ける**こと」です（同３条１項）。つまり

①**内閣総理大臣を首長**とし，

②重要政策の「企画立案」と並んで，**各省庁間の「総合調整」の機能**も期待されている（同４条１項本文）。

以上の点が，他省とは違う内閣府の**特色**です。

**内府法の意味**　内閣府設置法（以下「内府法（ないふほう）」と略）が，次に見る行組法と「**別の法律**」として制定された理由は，**旧総理府**は他の**省と同格**（ワンノブゼム）の組織でした。これに対し，内閣府は一頭地（いっとうち）を抜く（**省の上に位置**する）組織です。そこでそのような組織に「**格上げ**」させるために，**内府法が制定**されたのです。これが「内閣に，内閣府を置く」（内府法２条）という文言の意味です。

**２つの事務**　ただし内閣府の事務には，

①内閣の**補助事務**と

②**分担管理事務**

の２つを区別する必要があります。「省の上に位置する」と表現したのは，**①のこと**です。内閣は各省の上に位置しますから，内閣を補助する内閣府の事務（＝①）も，その「反射」として，各省の上に位置することになります。これに対し②は，同府が他の「**各省と同じ立場**」で行う，同府の所管事務です（栄典，政府広報，公文書管理等）。

**内閣府**　「内閣府の**長は，内閣総理大臣**」です（内府法６条１項）。また，「内閣府に，**副大臣３人**を置」き（同13条１項），それ以外に「**他省の副大臣の職を占める者**をもって充（あ）てられる副大臣を置くことができる」とされています（同条２項）。

**副大臣**　**副大臣**（英文日本法令ではSenior Vice-Ministersですが，実際には各省ごとに英訳表記はまちまちです）は，中央省庁等改革前の「**政務次官**（Parliamentary Vice-Minister）」の**後継職**です。副大臣の定数は**３人**です（内府法13条１項）。ただ大臣に比べ，権限の少なかった政務次官（しばしば「盲腸」と陰口）に比べると，**権限が強化**されました。すなわち「副大臣は，内閣官房長官又は特命担当大臣の**命を受け**，**政策及び企画**（略）をつかさどり，**政務**（略）**を処理**」します（同条３項）。副大臣の職務の範囲については，内閣**総理大臣**が定めます（同条４項）。

**大臣政務官**　さらに,「内閣府に,**大臣政務官**３人を置く」（内府法14条１項）。それ以外に,「他省の大臣政務官の職を占める者をもって充てられる大臣政務官を置くことができる」とされています（同条２項）。政務官（Parliamentary Secretaries）は「内閣**官房長官**又は**特命担当大臣の命を受け**,**政策及び企画**（略）をつかさどり，**政務**（略）を**処理**」します（同条３項）。なお，政務官の職務の範囲についても，内閣**総理大臣**が定めます（同条４項）。

**副大臣との違い**　副大臣と政務官の**違い**は，**前者**が府の政策「**全般**」につき大臣を助けるのに対し，**後者**は「**個別**」の政策で大臣を助ける点にある，ということです。

**特命担当大臣**　なお，上に述べたように，政策の「総合調整」を任務とする内閣府には，複数の「**特命担当大臣**（Minister of State for Special Missions）」が置かれます。特命担当大臣は，内閣総理大臣を助け，その命を受けて一定の「事務（略）を掌理（しょうり）する職」で（内府法９条１項),「国務大臣をもって充てる」ことになっており（同条２項），**定数は決まっていません**。上に述べた「一定の事務」を短く要約することは不可能です。現在，内閣府には**10人前後**の特命担当大臣がいます（東京･霞が関の中央合同庁舎８号館に入ると,「○○大臣」と書かれた名字の名札が並んで掛けられており，実に壮観です)。

## 8-6-3 内閣府の外局等・重要政策会議

**外局等**　内閣府には「**外局等**（がいきょく）（external bureau etc.）」として，**3庁4委員会**が置かれています（①宮内庁，②公正取引委員会，③国家公安委員会，④個人情報保護委員会，⑤カジノ管理委員会，⑥金融庁，⑦消費者庁)。「等」というのは，**宮内庁**（Imperial Household Agency）のことです。

**重要政策会議**　内閣府には，内閣及び内閣総理大臣を助ける「**知恵の場**」としての機能を十分に果たせるよう，内閣総理大臣または内閣官房長官を議長とし，関係大臣と有識者からなる，重要政策に関する**5つの会議**（重要政策会議）が置かれています。すなわち

①経済財政諮問会議，

②総合科学技術・イノベーション会議（以上，内府法18条1項。①につき同19～25条，②につき同26～36条），

③国家戦略特別区域諮問会議，

④中央防災会議，そして

⑤男女共同参画会議（以上，同18条2項。根拠法は，③が国家戦略特別区域法，④が災害対策基本法，⑤が男女共同参画社会基本法）

です。

# 国家行政組織法
## ——日本株式会社の「会社法」

### 8-7-1 国の行政機関

**国の行政機関**　国家行政組織法が定める「**国の行政機関**（administrative organ(s) of the state)」には**3種**，すなわち**省**，**委員会**及び**庁**（ministries, commissions and agencies）があり，その設置・廃止は別に法律（各省庁設置法）をもって定めることとされています（行組法3条2項。前述した「行政組織（基本）法定主義」▷ p.198）。

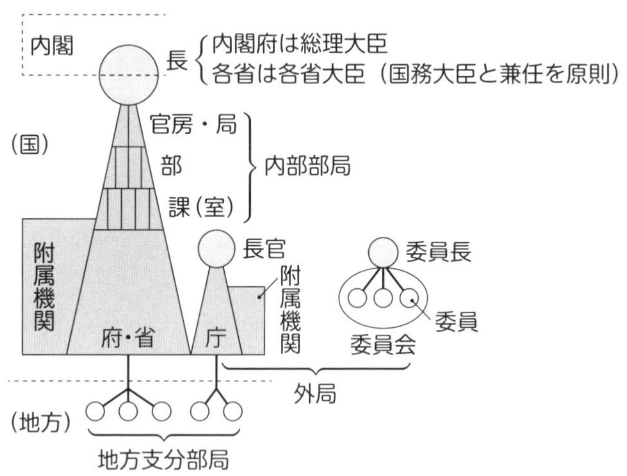


**図 8-5 ● 国の行政機関**

**3 条機関**　これを俗に，「**3 条機関**」といいます。その法的根拠が行組法 3 条だからです。これに対し行組法 8 条の審議会などを，「**8 条機関**」といいます。ペアで覚えましょう。各省の副大臣と大臣政務官の数は同法**別表第 3** 参照。

**その数**　行組法上の「3 条機関」の数は，同法**別表第 1** に出ている **31 個**です（11 省 5 委員会 15 庁）。ただし，この「**企画立案庁**（planning and drafting agency）」とは別に「**政策実施庁**（implementing agency）」として **5 庁**が，同法**別表第 2** には列挙されています。ともあれ中央省庁等改革以降，組織法の話は簡単に説明するのが難しくなりました。ごめんなさい。

## 8-7-2 省の外局と附属機関

**外局**　委員会及び庁は，省に「**外局**（external organ）」として置かれる行政機関です。外局とは，**「外」部部「局」**ないし**省「外局」部**を縮めた語で，「内部部局（内局，internal bureaus and departments）」に対置されます。

**内局**　内部部局は，省に置かれる「**官房**及び**局**（きょく）（a secretariat and bureaus）」（行組法 7 条 1 項），官房・局に置かれる「**部**（departments）」（同条 2 項），

庁に置かれる官房及び部（同条3項），そして庁・官房・局・部に置かれる「**課及びこれに準ずる室**（divisions and offices)」（同条5項）です。内部部局は法律ではなく，**政令または省令で設置が可能**です（同条4～6項）。先ほどの，内部法と外部法（▶ p.158以下，172以下）の「綱引き」の結果ですね。

**外局の長とその権限**　外局のうち，委員会の長は「**委員長**（Chairperson)」，庁の長は「**長官**（Director-General)」と呼ばれます（行組法6条）。外局は内部部局とは異なる，なんらかの**特殊な事務**をつかさどるか，または1個の内部部局とするには**事務量が膨大**（ぼうだい）なために，「外出し」された部局です。内部部局との最大の違いは，外局の長は**命令制定権**（special orders）を有する点です（同13条1項）。

**附属機関**　省，委員会または庁（**3条機関**）**に付置される**各種**機関**を，一般に「**附属**（ふぞく）**機関**」と呼びます（ただし，行組法には出てこない理論用語）。審議会，試験研究機関，検査検定機関，文教研修施設，医療更生施設，矯正（きょうせい）収容施設，作業施設，その他の「**特別の機関**」がそれに当たります（行組法8条～8条の3)。先ほど述べた「**8条機関**」です。附属機関のつかさどる事務は特定の**専門・技術的事項**が多く，それらの能力を有する公務員（研究者など）によって組織される「**職能**（専門職）**集団**」だという点に，その著（いちじる）しい特色があるのです。

### 特別の機関いろいろ

「特別の機関」は，庁に準ずる**「準外局」**という意味合いを持ち，日本学術会議は内閣府の，警察庁は国家公安委員会の，中央選挙管理会は総務省の，検察庁は法務省の，大使館など在外公館は外務省の，国税不服審判所は国税庁の，日本学士院は文部科学省の，国土地理院・海難審判所は国土交通省の，そして幕僚監部・自衛隊の部隊及び機関は防衛省の，それぞれ「特別の機関」である。

**地方支分部局**　3条機関（東京都千代田区霞が関にある）に，必要がある場合に置かれる「国の**出先機関**」を，「**地方支分部局**（ちほうしぶんぶきょく）（local branch bureaus and departments)」と呼びます（行組法9条）。たとえば，内閣府の沖縄総合事務局，宮内庁の京都事務所，総務省の管区行政評価局，法務省の法務局・地方法務局（「登記所」），財務省の財務局・税関，国税庁の国税局・税務署，林野庁の森林管理局（旧営林署），経済産業省の経済産業局，国土交通省の地方整備局・北海道開発局・地方運輸局・地方航空局，気象庁の管区気象台・地方気象台，海上保安庁の管区海上保安本部（11 個）などです。

**自治法の規定**　しかし国の出先機関があまりはびこると，**地方自治への脅威**(きょうい)になりかねません。そこで，「国の地方行政機関（略）は，**国会の承認を経なければ**，設けてはならない。国の地方行政機関の設置及び運営に要する**経費は，国において負担**しなければならない」（自治法 156 条 4 項）との**制約がある**ことにも注意しましょう。なお，第 9 章「地方自治法」で学ぶ「地方分権改革」の流れの中で，地方支分部局は現在，**縮小・廃止の傾向**にあります。

## 8-7-3 行政機関の長とその権限

**行政機関の長**　行政機関の長は，**大臣**及び**外局の長**です。外局の長は○○庁「**長官**」，及び××委員会「**委員長**」と呼ばれます（行組法 5 条，6 条）。

**長の権限**　長の**権限**としては，

①**機関事務統括権**及び**職員服務統督権**(ふくむとうとく)（行組法 10 条）

②**命令制定権**（同 12 条，13 条）

③**告示権**(こくじ)，**訓令**(くんれい)・**通達権**(つうたつ)（同 14 条）

④行政機関相互の調整に必要な**資料の提出**及び**説明の徴求**(ちょうきゅう)，政策に関する**意見具申権**(ぐしん)（同 15 条）

といった程度は覚えておきましょう。

なお，行政組織法は「内部法」ですから，原則として**裁判所が介入することはなく**，したがって**裁判例もない**。その意味で試験に「出にくい」分野ですが，「出ない」という保証はありません。以上で，行政組織法の学習を終えますが，どうですか。作用法とはだいぶ**雰囲気が違う**でしょう？　組織法について詳しく知りたい人は宇賀Ⅲを参照してください。

# 第9章 地方自治法

地方自治法は国と地方公共団体の関係（団体自治）や，地公体内部の関係（住民自治）について定める，重要な法律です。特に近年の「地方分権」の動きには，目を見張るものがあり，その抜本改正である2000（平成12）年改正の結果，「新地方自治法」と呼ばれるに至りました。それら最新の動向を踏まえ，本章では地方自治法の要点を学びます。

9-1

# はじめに

**地方自治法は大法典**　地方自治法（Local Autonomy Act）は**大法典**ですが，条文が削除されたり（20 ~ 73 条など），逆に枝番（えだばん）（例：○○条の 2）が付いたりで，全体で「何か条あるのか」がわかりにくい法典です。今回カウントしてみたところ，**475 か条**でした。20 年前に比べると，**100 か条ほど増**えています。最近は下火にはなりましたが，一時期，自治法の**重要な改正**が相次いだからです。

**「行政主体」性**　憲法のほか行政法でも地方自治法を学ぶ理由は，地公体が国と並ぶ，**第 2 の「行政主体」**だからです（▶ p.11）。

**国との関係**　かつて国と地公体との関係は，「上下・主従の関係」と考えられていた時代がありました。それがまず，**第 1 次地方分権改革**（2000［平成 12］年 4 月 1 日施行（しこう）の改正自治法）によって，「**対等・協力の関係**」へと転換されました。続いて 2006（平成 18）年頃に始まり，現在も進行中の**第 2 次分権改革**では，一連の「分権一括法（ぶんけんいっかつ）」を通じて，国と地方の関係が「**対等なパートナーシップの関係**」へと切り替えられようとしています。

**平成の大合併**　ところで，この間（かん）に**市町村合併**があり，お住まいの市町村が消えて名前が変わった，という読者もおられるかと思います。これは「**平成の大合併**」と呼ばれます。その結果，1999（平成 11）年 4 月には **3,229** 個あった市町村の数（671 市 1,990 町 568 村）が，2010（平成 22）年 3 月には **1,727 個に減**りました（786 市 757 町 184 村）。一番減ったのは「**村**」で **7 割減**。次が「**町**」で **6 割減**。「**市**」の数は逆に，**17%ほど増え**ました。

以下，自治法と地公体について学びますが，その背後には上に略述したような，実にダイナミックな動きがあるということを，どうかお忘れなく。

# 地方公共団体

**地公体の定義**　自治法に「**地方公共団体**（local public entity, local government）」の**定義規定はない**ので，**理論**に頼るしかありません。伝統学説では，地方公共団体とは「**国の下**(もと)に国の**領土を自己の区域**とし，その区域内のすべての**住民に対し**て，国法(こくほう)の認める限度において**支配権を有する団体**である」と定義されてきました（田中二郎(たなか・じろう)説）。

**地公体の３要素**　この定義のポイントは，

①区域，

②住民，そして

③支配権（自治権）

という３つの要素です。①は**土地**の要素，②は**人**の要素，③は土地と人を**束**(たば)**ねる要素**です。要するに，国に関する「**国家３要素説**（独 Drei-Elementen-Lehre(ドライ エレメンテン レーレ)）」類推(アナロジー)なのですが，詳(くわ)しくは憲法の本を見てください。

**地方公共団体・地方自治体**　この分野では，「地方**公共団体**」という呼び名と「地方**自治体**」という呼び名が混在しており，後者は前者の「通称」だという説明が多いようです（なお，法律上は，後者の名称は出てきません）。

**著者の理解**　石川の理解では，「地方公共団体」と呼ぶときは**行政主体性**，つまり**住民との関係**で，住民に対し**「公権力」を行使する立場**を，また「地方自治体」と呼ぶときは，**国との関係で，**国に対して**「自治権」を主張する立場**を表す局面で，それぞれ使われる傾向があるように思われます。なお，本書では原則「地方公共団体」を採用し，「地公体」と略記します（▶ p.xx）。

**地公体の種類**　自治法によれば，地公体には**２種**，つまり

①**普通**地方公共団体（ordinary local public entities）と

②**特別**地方公共団体（special local public entities）

があります（自治法１条の３第１項）。まず「普通地方公共団体は，**都道府県**及び**市町村**」の**２種**であり（同条第２項），また「特別地方公共団体は，**特別区**，

地方公共団体の**組合**及び**財産区**」の **3 種**です（同条第３項）。なお，「地方公共団体は，**法人**」である（同２条１項），つまり権利義務の担い手であることにも注意しましょう。

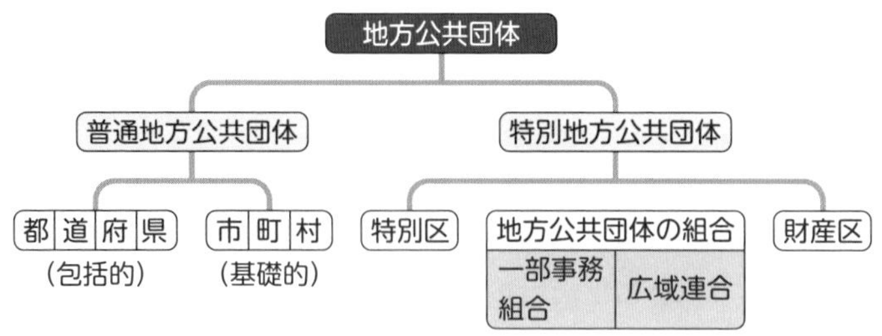


**図 9-1 ● 地方公共団体の種類**

## 9-2-1 普通地方公共団体

### (1) 都道府県

**都道府県**　日本全国に現在，**47 個の都道府県**（47 prefectures，to-do-fu-ken）が存在することは小学生でも知っています。現在，若干停滞していますが，「**道州制**（doshu-system）」の議論があります。要は現在の**都道府県を廃止**し，全国を１個の「道」（北海道）と複数の「州」に分けるアイデアです。ざっくり言うと，道州に与えられる**権限には 3 案**あり（①広域行政権，②プラス財政運営権，③さらにプラス立法権），また**区割案**についても **3 案**があります（①9 個，② 11 個，③ 13 個）。詳しいことは割愛しますが，真剣に検討すべき「日本の未来像」です（総務省の Web サイトで「**地方制度調査会**」を見てください）。

### (2) 市町村

**市の 4 区分**　**市町村**（municipalities）の中で，**市**（cities）には現在，**次の 4 区分**があります。すなわち

①**指定都市**
②**中核市**
③**特例市**（経過措置）
④**その他の市**
です。

## 市の区分「政令指定都市」「中核市」「特例市」「その他の市」

①は「**政令指定都市**（designated cities by ordinance)」とも呼ばれ，「人口 **50 万以上**の市のうちから**政令で指定**するもの」をいう（自治法 252 条の 19 以下)。現在，①の数は**全国で 20 個**である。

政令指定都市は，**都道府県が処理**するとされている児童福祉，身体障害者の福祉，生活保護，精神保健及び精神障害者の福祉，都市計画に関する**事務などの全部または一部**を，**特例として処理**することができる。

②**中核市**（core cities）は，「人口 **20 万以上**の市の申出（もうしで）に基づき政令で指定するもの」（同 252 条の 22 以下)。要件が二転三転し，2014（平成 26）年以降は，**人口要件**のみとなった。「中核市市長会」の Web サイトには，**中核市 59 市**と移行予定の **8 市**，合計 **67 個**の市が名を連ねている。

中核市は，**都道府県が処理**するとされている**事務の特例と**して**政令指定都市が処理することができる事務のうち**，都道府県が処理するほうが効率的な事務その他中核市において処理することが適当でない事務**以外の事務**，すなわち民生行政，保健衛生行政，環境保全行政，都市計画等，文教行政に関する**事務などの全部または一部**を**特例として処理**することができる。

③**特例市**（designated special cities）は**当初**，「**人口 20 万**以上の市の申出に基づき政令で指定」するものであった（改正前の自治法 252 条の 26 の 3［特例市の権能］)。その後，ジグザグの経過をたどり，2015（平成 27）年 4 月 1 日施行の改正自治法で**廃止**され，上記**②と統合**された。その結果，「経過措置」として現在残る②は「**施行時特例市**」と呼ばれている。「全国施行時特例市市長会」の Web サイトによると，**27 個の市**がメンバー。

特例市は，**都道府県が処理**するとされている**事務の特例**として上記**中核市が処理することができる事務のうち**，都道府県が処理するほうが効率的な事務その他施行時特例市において処理することが適当でない事務**以外の事務**，すなわち環境保全行政，都市計画等に関する**事務などの全部又は一部を特例として処理**することができる。また，施行時特例市は，平成 32（令和 2）年 3 月 31 日まで**人口**

**20万未満**であっても**中核市の指定**を受けることができる。

①②③の**共通点**は「**大都市**（large cities）」であり，ゆえに**市でありながら**特例として**「県の仕事の一部」ができる規模の市**のこと。①②③ごとに事務の範囲は違うので，詳しくは総務省（自治行政局）のWebサイトを参照されたい。

最後に④**その他の市**は「**人口5万以上**」を要件とする（自治法8条1項1号）。総務省によると，政令指定都市，中核市及び施行時特例市**以外の市**を「**都市**」という。**中都市**とは，都市のうち**人口10万以上の市**をいい，**小都市**とは，**人口10万未満の市**をいう（『地方財政白書』）。

## 政令市に置かれる「区」は行政区（非法人区）

政令市は**面積が広い**ので，**条例**で市域を分けて**「区」を置く**ことができる。これを「**行政区**（designated-city wards）」という（自治法252条の20第1項。ただし，「行政区」は法令用語ではなく理論用語）。**特別区**（法人区，special wards）と違い，行政区は「**法人格を持たない区**」であることが特徴。

## 大阪市に全国初の総合区誕生なるか

また政令市は，行政区に代えて，「**総合区**（general wards）」を設置できる（自治法252条の20の2第1項）。**総合区長**（総合区の区長）は**任期4年**の**特別職**であり，この点で**一般職**の職員が任命される**行政区の区長と異なる**。法人格を持たない点では行政区と同じだが，市から見ると**「半独立」の組織**（「大阪都」構想では，総合区長と市会は**公選制**）。大阪では「大阪都構想」が再度の住民投票で否決された後，総合区の導入が検討されているようだが，現在，全国に総合区は**まだ存在しない**模様。

**町村**　地方自治法1条の3第2項で定める普通地方公共団体のうち，**都道府県及び市以外**のものを「**町村**」といいます。村が「**町**（towns）」になるためには，「都道府県の**条例で定める町としての要件**」が必要です（自治法8条2項）。「**村**（villages）」**たる要件**を，自治法は**特に定めていません**。ムラは自治法の前，それどころか市制町村制（1888［明治21］年）の以前から，日本に存在している**地縁**（ちえん）**共同体**に由来する団体だからです。

**都道府県と市町村**　かつて，都道府県と市町村は「上級団体」「下級団体」と呼ばれた時代もありました。しかし自治法上，両者は普通地公体としては**同格**

**の存在**です。**違い**は，市町村が「**基礎的**な地方公共団体」（自治法２条３項）であるのに対し，都道府県は「（市町村を包括する）**広域の**地方公共団体」だ（同条５項）という点。ただし，「市町村（略）は，当該都道府県の**条例に違反**してその事務を処理してはならない」（同条16項）との**制約**があり，その限りで都道府県が市町村に優位する，とはいえそうです。

**平成の大合併の後始末として導入された「地域自治区」**

自治法は「**地域自治区**」という新制度を導入した（自治法202条の4以下）。要するに，合併で**消滅した旧市町村**（新市町村内の一定の区域）を単位とするもので，**法人格は有しない**。「区長」（**特別職**）を置くことができ，住所表示としては，○○市「××区」とするほか，**消えた旧町村の名前**を冠する（「△△町」「□□村」）ことも可能。平成の大合併の「後始末（粋な計らい）」といえよう。



## 9-2-2 特別地方公共団体

**特別地公体の３種**　**特別**地方公共団体（special local public entities）には次の**３種**があります。すなわち，

①**特別区**（special wards，Tokyo 23 wards）

②普通地公体の**組合**（associations）

③**財産区**（property wards）

です（自治法１条の３第３項）。以下，分説します。

### (1) 東京都制と特別区

**特別区**　東京「**都の区**は，これを**特別区**という」（自治法281条１項）。現在，全国で約１億2,600万人余の日本の総人口のうち，**約１割超の人**が東京都に住んでいます（約1,385万人）。うち区部の人口は**957万人**です。すなわち総人口の13人に１人，率にして7.6%に当たります。

**東京都制**　特別区は，東京**都制と裏腹（一体）の関係**にあります。東京は今も昔も日本の首都ですが，**戦前の東京**には，東京**府**と東京**市**という**２個の巨大な団体**がありました（1940［昭和15］年の東京府の人口735万人，東京市の人口677万人。当時の日本の総人口7,300万人。なお，**京都**と**大阪**には今日(こんにち)でも**府と市**がある）。それが，「**二重行政**」の弊害(へいがい)除去と**戦争遂行**上の問題の双方から，1943（昭和18）年７月１日，東京府と東京市が**廃止**され，ガッチャンコして，「**東京都制**」（昭和18年法律89号）（という名の**旧法律**）が施行されました（自治法に吸収されて現在では消滅）。

**府県との違い**　通常の**府県が**，府県と市町村との「**２階建て**の建物」（２層制）だとすると，東京都と特別区は「**変形平屋建て**(ひらやだ)」です。都は，

①通常の**府県**が処理する**事務のほか**，

②**市町村**が処理する事務のうち，**大都市地域行政の一体性・統一性**の確保の観点から，都が一体的に処理することが必要な事務

を処理しているからです（自治法281条の２第１項）。「**平屋建て**」と表現したのは，**通常の府県（２階）の仕事**のほかに都は，通常の**市（１階）の仕事の一部**も担っているからです。これを「**都区制度**」といいます。

**具体例**　**都の処理する事務**は，①上下水道，②消防，③特定街区での面積が1ha(ヘクタール)を超える都市計画決定，④延床(のべゆか)面積１万$m^2$を超える建築物に係(かか)る建築主事の事務，⑤施行区域面積が3ha以上の市街地再開発事業，⑥施行規模が20ha以上の土地区画整理事業，⑦100戸程度規模以上の公営住宅の設置・管理，⑧広域的な都道の設置・管理，⑨10ha以上の公園の設置・管理などです。

**特別区の事務**　また特別区は「都が一体的に処理するものを除き，**市町村が処理する事務**」を処理します（自治法281条の２第２項）。加えて，「市町村における東京都の事務処理の特例に関する**条例**」（平成11年東京都条例107号）により，**30個前後の都の事務**が，**市町村に移譲**されています。

**東京市・大阪都構想**　東京には「（新）**東京市**」構想（＝23区を合併して東京市を復活させる）がある一方で，大阪には（逆の）「**大阪都**」構想もあります。また，東京には個別の区を「市」に移行するという構想もあります。

## (2) 一部事務組合と広域連合

**一組・広連**　特別地公体の２番手は，地公体の「**組合**」です。①**一部事務組合**（partial affairs association）及び②**広域連合**（wide area local public bodies [unions]）とされます（自治法 284 条１項）。要は①も②も，**複数の地公体**が集まって，行政サービスの一部（消防・上下水道・ごみ処理，介護保険，学校の運営など）を**共同運営する仕組み**で，「**地公体版EU（欧州連合）**」のようなものです（特に②は呼び名も広域「連合」[union]）。①は「**一組**(いちくみ)」，②は「**広連**(こうれん)」と略されているようです。

**一部事務組合**　自治法 284 条２項の規定による都道府県，市町村，特別区等が，その**事務の一部を共同処理**するために**設ける団体**のことを「**一部事務組合**」といいます。

**広域連合**　また，自治法284条３項の規定による都道府県，市町村，特別区等が，**広域にわたり処理**することが適切であると認めるものに関し，広域にわたる**総合的な計画を策定**し，**処理**するために**設ける団体**のことを「**広域連合**」といいます。

**両者の違い**　一組は**当初から存在**していましたが，広連は**改正自治法**で 1995（平成７）年４月１日，中核市制度（▶ p.215）と同時に導入されました。（▶ 表 9-1 で両者を比較）。

9 地方自治法

| | 一部事務組合 | 広域連合 |
|---|---|---|
| 法的性格 | 特別地方公共団体 | 特別地方公共団体 |
| 構成員 | 都道府県，市町村及び特別区 | 都道府県，市町村及び特別区 |
| 設置目的 | 構成団体またはその執行機関の事務の一部の共同処理 | ①多様化した広域行政需要に適切・効率的に対応<br>②国からの権限移譲の「受け皿」として整備 |
| 国等からの事務権限の委任 | 「受け皿」としての役割は想定されていない（いなかった） | ①国・都道府県は，広連に対し法令・条例の定めるところにより，直接事務を処理することとさせることが可能<br>②都道府県の加入する広連は国に，その他の広連は知事に，その権限に属する事務の一部を広連が処理できるよう要請が可能 |
| 構成団体との関係等 | — | ①構成団体に規約変更の要請が可能<br>②「広域計画」を策定し，その実施について構成団体に対し，勧告が可能<br>③広連は，協議会（国の地方行政機関，知事，地域の公共的団体等の代表から構成）を設置可能 |
| 設置手続 | 関係地公体が，その議会の議決を経た協議により規約を定め，都道府県の加入するものは総務大臣，その他のものは都道府県知事の許可を得て設ける | 左に同じ（ただし，広連の設立についての国の関与は必要最小限のもの） |
| 組織（機関） | ①議会（議決機関）<br>②管理者（執行機関）<br>（①②必置）<br>③選挙管理委員会<br>④監査委員<br>⑤公平委員会<br>⑥会計管理者など | ①議会（議決機関）<br>②広域連合長（執行機関）<br>③選挙管理委員会（①～③必置）<br>④監査委員<br>⑤公平委員会<br>⑥会計管理者など<br>⑦広連の条例で，協議会の設置が可能。<br>協議会＝広域計画に定める事項を一体的・円滑に推進のため必要な協議を行う機関 |
| 広域計画 | — | 広連は，当該広連の設置後，速（すみ）やかに，議会の議決を経て，広域計画を作成する必要 |

**表 9-1 ● 一部事務組合と広域連合の比較**

（公財）特別区協議会ほか，いくつかの地公体の Web サイトを参照しつつ，石川が作成。なお，複合的一部事務組合については，表では省略

**一組・広連の数**　総務省調べでは2016（平成28）年現在，①の数は1,320団体，②の数は113団体です。①では**ごみ・し尿処理関係**が断トツで459組合，続いて**消防関係**が271組合です。①で最も有名なのは，**特別区のごみ処理**です（「東京二十三区清掃一部事務組合」。略称「**清掃一組**（せいそういちくみ）」。条例で定める職員定数は1,523人）。また②では，**後期高齢者医療**や**介護保険関係**が多いですが，最も有名な広連は，複数の府県が加入するという意味でも「広域関西」，すなわち**関西広域連合**でしょう（8府県＋域内4政令市）。

## 組合立学校

珍しい例としては，**組合立**（くみあいりつ）**の学校**がある。大学が4校（事務組合立3校，広域連合立1校（公立はこだて未来大学［函館圏公立大学広域連合］），高等学校が3校（群馬県1校，福岡県2校），中学校が13校，小学校が6校である。幼稚園・保育園については割愛する。

**一組・広連の機関**　一組・広連の機関については表9-1の「組織」を見てください。前述した広域関西は，広連の中に「**情報公開審査会・個人情報保護審議会**（「審査会」ではない）」が置かれています（**行政不服審査会はない**）。

## 広域関西の構成団体は2府6県4政令市

広域関西の構成団体は2府6県4政令市，①京都府，②大阪府，③滋賀県，④兵庫県，⑤奈良県，⑥和歌山県，⑦鳥取県，⑧徳島県にプラスして，⑨京都市，⑩大阪市，⑪堺市，⑫神戸市。まさに壮観である。域内人口は**2,000万人超**で，「**日本一の人口の地公体**」である。

## 世界一の消防組織「東消（TFD）」

世界一の消防組織（職員数1万8,500人）である「**東京消防庁**（東消（とうしょう））」（Tokyo Fire Department，TFD）は，「東京**都**の消防本部」ではなく「**23区の**消防本部」という意味で，**見かけは一組に似て**いる。しかし23区が特殊な性格なので，東消もまた唯一無二（ゆいいつむに）の性格で，**都条例**（「東京消防庁の設置等に関する条例」）**によって設立**されている。なお，世界第2位は，職員数1万1,000人の**ニューヨーク市消防局**（New York City Fire Department）。詳しくは「海外消防情報センター」のWebサイトを参照。

9 地方自治法

## ⑶財産区

**財産区**　特別地公体のしんがり（3番手）は，**財産区**です。自治法の定義（自治法294条1項）からはわかりにくいですが，「財産区」の正体は，古くから日本各地に存在した**旧共有地（入会地（いりあいち））**，具体的には山林（梅園など），原野，宅地，用水地（ため池），沼地，共同墓地**その他の土地**（不動産）で，温泉，観光農園や公民館もあります。

**由来**　これら不動産（財産）をかつて維持・管理していた**旧町村が，町村合併で消滅**した後，合併後の新市町村に当該財産を帰属させず，**旧町村に残したい**。そのために，**財産のみに法人格**を与えた，いわば「**旧町村の亡霊**」（財団法人？）が財産区です。

**財産区の数**　「財産区に関する調（しらべ）」（総務省）では，2018（平成30）年4月1日現在，財産区のある市町村の数は436団体，また財産区の数は4,000区です。全国に**ほぼ満遍（まんべん）なく**分布しますが，**北海道にはなく**，**埼玉**県・**佐賀**県・**鹿児島**県・**沖縄**県にも**皆無**です。

**財産区の機関**　財産区の**機関には4類型**があります。

①**議会**（自治法295条）

②**総会**（同条）

③**管理会**（同296条の2第1項）

④**機関を設けていない**財産区

です。最も多いのは②で1,684区，続いて④の1,521区，①の622区，そして③の22区です。

**都府県別財産区数ランキングは「西」高「東」低？**

財産区が多い都府県の中で断トツは，**関西の2府県**＝①大阪府（651区）と②兵庫県（511区）で，以下「3ケタ」は③岡山県（404区），④青森県（274区），⑤山梨県（195区），⑥長野県（189区），⑦福岡県（179区），⑧京都府（118区），⑨滋賀県（108区），⑩奈良県（106区），⑪静岡県（102区）と続く。

以上で特別地方公共団体の学習を終え，次は普通地方公共団体です。

# 普通地方公共団体の機関

**3つの機関**　**普通地公体の機関**（「動力装置」）として，自治法は**3種**を置いています。すなわち

①**議決**機関

②**執行**機関

③**補助**機関

です。これらは**法令用語**です。覚えてしまいましょう。

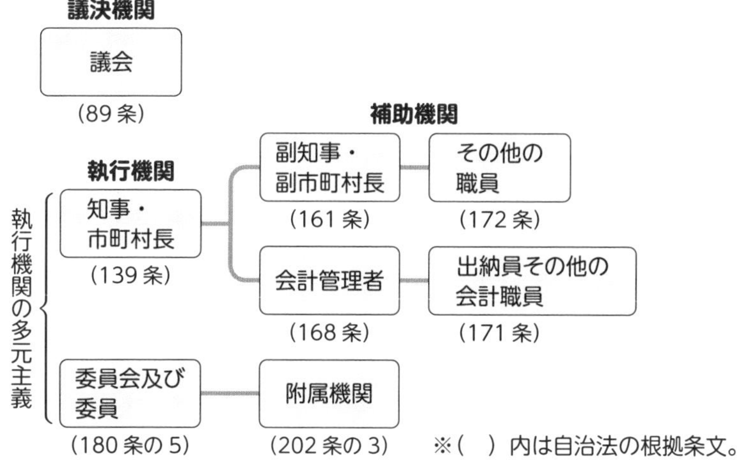


**図 9-2 ● 普通公共団体の機関**

9 地方自治法

# 9-3-1 議決機関

**議決機関**　「議決機関」とは，**議会**（assembly）のことです（自治法 89 条）。極めて**人口が少ない町村**では，議会の代わりに**条例**によって，「**町村総会**（town meeting）」すなわち**有権者全員の会合**を置くことが可能です（同 94 条，95 条）。

**町村総会の設置例過去 2 例**

過去に 2 例を数えるのみで，現在，**設置例はない。**

| 名称 | 人口 | 有権者数 | 備考 |
|---|---|---|---|
| ①芦之湯村（1925［大正 14］年 4 月時点） | 36 人 | 6 人（公民数） | 1947（昭和 22）年 4 月より議会制を採用 |
| ②宇津木村（1951［昭和 26］年 1 月時点） | 65 人 | 38 人 | 1955（昭和 30）年 4 月八丈町に編入 |

※①は町村制施行当時で，神奈川県足柄下郡に所在（現同郡箱根町の一部），また
②は東京都八丈支庁管内にあったが，町村合併で八丈町の一部となった。

**表 9-2 ● 町村総会の過去例**
出典：「町村議会のあり方に関する課題等について」（総務省自治行政局行政課）

**議員定数**　**議員の定数**は人口ごとに異なり，「**条例**で定める」ことになっています（自治法 90 条［都道府県議会］，91 条［市町村議会］）。議員**任期**はともに **4 年**です（同 93 条 1 項）。「オリンピックと一緒」と覚えましょう。昨今では地方議会，特に市町村議会議員の「なり手がいない」ことが，問題になっています。

## 都道府県議会と市区町村議会の議員定数等

都道府県議会と市区町村議会の議員定数等は表 9-3 のとおり。

| 議会名 | 数 | 定数合計 | 最多 | 最少 |
|---|---|---|---|---|
| 都道府県議会 | 47 | 2,687 人 | 127 人（東京都） | 35 人（鳥取県） |
| 市議会 | 792 | 18,390 人 | 86 人<br>（横浜市及び大阪市） | 8 人（歌志内市［北海道］） |
| 特別区議会 | 23 | 902 人 | 50 人<br>（大田・世田谷・練馬区） | 25 人<br>（千代田区） |
| 町村議会 | 927 | 11,138 人 | 20 人（音更町・幕別町［ともに北海道］・東海村［茨城県］・福智町［福岡県］） | 5 人<br>（北大東村［沖縄県］） |
| 合計 | 1,789 | 33,117 人 | | |

※都道府県議会議員のうち，女性議員は 262 人（10.0%），また市区町村議会議員のうち，女性議員は 3,997 人（13.4%）。

**表 9-3 ● 都道府県議会と市区町村議会の議員定数等**

出典：「地方公共団体の議会の議員数及び地方公共団体の長の数」（総務省統計局。2019［平成 31］年 4 月 1 日現在），「市議会議員定数に関する調査結果」（全国市議会議長会。2018［平成 30］年 12 月 31 日現在）及び「町村議会実態調査結果の概要　議員定数」（全国町村議会議長会。2018［平成 30］年 7 月 1 日現在）

| | 任期 | 定数 | 内訳 |
|---|---|---|---|
| 衆議院議員 | 4 年 | 465 人 | 小選挙区 289 人，比例代表 176 人 |
| 参議院議員 | 6 年 | 248 人 | 比例代表 100 人，選挙区選出 148 人<br>うち半数（124 人）が 3 年に一度改選（憲法 46 条） |

**表 9-4 ●（参考）国会議員の議員定数（公職選挙法 4 条 1 項・2 項）**

## 9-3-2 執行機関

**執行機関**　「執行機関」には**3種**のものがあります。すなわち

①**長**（ちょう）（知事・市町村長）

②**委員会**

③**委員**

です（自治法138条の4第1項)。これを「執行機関の**多元主義**」といい，執行機関の一元主義（＝**長の独裁）を防ぐ**意味合いがあります。

**独任制の執行機関**　都道府県の長は「**知事**」，また市町村の長は「**市町村長**」であることは常識です。法的根拠は**自治法139条**で，任期はともに**4年**です（自治法140条1項)。知事・市町村長は**特別職**の地方公務員です（地方公務員法3条3項1号)。

### 執行機関の2義

先に見た行政組織法（第8章）の理論用語で，行政庁との対比で語られる「**執行機関**」がある（▶ p.197)。後者は，**実力行使（強制）権限**を有する警察官や税務職員を指す用語法であった。つまり，自治法（実定法）に言う議決機関（議会）と対比される意味での執行機関，要は「決定（plan)」に対する「実行（do)」を担当する機関とは，**意味合いを異にする**ので注意のこと。このように「**実行**」には，①**「実」際に「行」うという意味**と，②**「実」力を「行」使する（強制）**という，重なり合う部分はあるが，ニュアンスの違う**2つの用法**があることにも注意したい。

**合議制の執行機関**　委員会の種類（共通4委員会プラス①都道府県は5個＝**9個**，また②市町村は2個の委員会＝**6個**。自治法180条の5）については表9-5を参照のこと。なお，**監査委員**のみ，法定の場合以外は**単独で活動**できるため，監査委員「会」ではなく，**監査「委員」**と呼ばれることにも注意（同195条以下)。

| | 名称 |
|---|---|
| 共通（4 委員会・委員） | ①教育委員会，②選挙管理委員会，<br>③人事委員会または公平委員会，④監査委員 |
| 都道府県（5 委員会） | ⑤公安委員会，⑥労働委員会，⑦収用委員会，<br>⑧海区漁業調整委員会，⑨内水面漁場管理委員会 |
| 市町村（2 委員会） | ⑤農業委員会，⑥固定資産評価審査委員会 |

**表 9-5 ● 都道府県と市町村に置かなければならない委員会・委員**

## 9-3-3 補助機関



**補助機関**　「**補助機関**」とは，**自治法上の用語**（第 7 章［執行機関］第 2 節［普通地公体の長］第 3 款（かん）［補助機関］のタイトル）。ここは，この間に自治法の改正があったので，**新旧 2 つの制度**を見ておく必要があります。

**2 つの系列**　補助機関につき，自治法は

①「**一般事務職員**」（自治法 161 条以下）と

②「**会計職員**」の系列（同 168 条以下）

とを区別しています。まず①としては，**副知事**（都道府県）及び**副市町村長**（市町村）があります（同 161 条 1 項）。副市町村長は，2007（平成 19）年 4 月 1 日の自治法改正前までは「**助役**」と呼ばれていた職位です。副知事・副市町村長は**条例で置かない**こともでき（同条同項ただし書き），**定数は条例**で定めます（同条 2 項）。

### 副知事・副市町村長の数

総務省「副知事・副市町村長の定数に関する調」（2018［平成 30］年 4 月 1 日現在）」によると，**都道府県**条例上の**副知事の定員**（現員＝実数ではない）の合計は **101 人**。つまり，1 都道府県当たり **2 人強の副知事**がいることになる。最も数の多いのは**東京都**で，同「副知事の定数条例」によると，「都に副知事 **4 人**を置く」とある。

次に**市町村**に目を転じると，**副市町村長**の定数合計は **1,741 人**で，内訳は降順に 4 人 1 団体，3 人 22 団体，2 人 320 団体，1 人 1,376 団体で，0 人も 22 団体ある。なお，**4 人の副市長**を置くのは，「**人口日本最大の市**」（375 万人）神奈川県**横浜市**である。

**副知事・副市町村長**　副知事・副市町村長は，「普通地方公共団体の**長を補佐**し，普通地公体の**長の命を受け**政策及び企画をつかさどり，その補助機関である職員の担任する**事務を監督**し，別に定めるところにより，普通地方公共団体の**長の職務を代理**」します（自治法 167 条 1 項）。両者は「普通地方公共団体の長が**議会の同意を得て**これを**選任**」します（自治法 162 条）。地公法によると，「就任について（略）地方公共団体の議会の（略）同意によることを必要とする職」は「**特別職**」（地公法 3 条 3 項 1 号）なので，両者は**特別職の地方公務員**です（旧助役もまた特別職でした）。

## 吏員から職員へ

なお，改正前の自治法では，「**吏員**」と「**その他の職員**」が区別されていた。これは「公吏」と「雇傭（＝雇員・傭人）」を区別する，戦前の用法を引きずったもの。つまり，①**公法上の任命行為**に基づく「公吏（吏員）」は行政権（公権力）を**行使する**のに対し，②「雇傭（雇員・傭人）」は**私法上の雇用（雇傭）契約**に基づいて採用され，行政権を**行使しない**，と考えられていた。蛇足ながら，同様のことは**国家公務員**についても当てはまり，戦前の制度では，同じく「**官吏**」と「**雇傭**」の別があった。なお，「官吏」とは，中華大陸にかつて存在した「**官人胥吏**」の略語といわれている（**官人は高等官，胥吏はその他**）。

ともあれ 2007（平成 19）年 4 月 1 日施行の法改正で，自治法は「吏員」と「その他の職員」の**区分を廃止**し，長の補助機関としては，**用語を「職員」に統一**した。だから現在の自治法には，附則を除いて，「吏員」の語は出てこない。そのことでようやく，「**戦前との決別**」が図られたのである。

**会計管理者**　次に②（「会計職員」）の系列として，「普通地方公共団体に**会計管理者 1 人**を置く」（自治法 168 条 1 項）。会計管理者は，都道府県・市町村の**会計事務**をつかさどる**地方公務員**です。前述の改正前までは，**出納長**（都道府県）及び**収入役**（市町村）と呼ばれていました。ただし旧出納長と旧助役が

「**特別職**」の地方公務員であったのに対し，**会計管理者は一般職**の地方公務員です（「議会の同意」は**規定されていない**）。注意しましょう。なお，会計管理者の**事務を補助**させるため，「**出納員その他の会計職員**」が置かれます。ただし，**町村**においては，**出納員を置かない**ことができます（自治法171条1項）。

**特別区**　**特別区**については先に一言しました（▶ p.217以下）が，自治法第3編第2章（同281条以下）に定めがあり，**普通地公体の規定**（同第2編同5条以下）**が準用**されています（「**適用**」は，ルールを**「そのまま」当てはめる**こと。「**準用**」は，「ピッタリ同じ」ではないが，**「類似のもの」に当てはめる**こと）。

# 地方公共団体内部，国地方間の争い

**機関訴訟**　地公体の機関，たとえば長（**執行機関**）と議会（**議決機関**）**の間の紛争**は，本来は「**法律上の争訟**」（裁判所法3条）には該当しませんが，立法者はあえて**政策的**に，**司法審査**（裁判所の判断）にゆだねることにしました（自治法176条7項）。これを「**機関訴訟**」といい，「国又は公共団体の機関相互間における権限の存否又はその行使に関する紛争についての訴訟」と定義されます（行訴法6条）。大阪市が，大阪府国民健康保険審査会の裁決に対して取消訴訟（**主観訴訟**）**を提起**した事件で，最高裁はそれが「**機関訴訟（客観訴訟）に当たる**」との理由で，**訴えを却下**しました（最判昭49・5・30）。なお，主観訴訟・客観訴訟については，第11章「行政事件訴訟の『鳥瞰図』」を参照（▶ p.263以下）。

## 国と地方の争い

同じく機関訴訟としては昨今，日米間で返還の合意がされた**普天間飛行場**（沖縄県宜野湾市）**の代替施設**を建設するための，**辺野古（名護市）沿岸域**の公有水面の埋立承認（沖縄県知事）を巡る，**国と沖縄県の紛争**がある。

事案と経過は複雑なので詳細は割愛するが，本件を巡っては**国から県へ3件**の訴訟が，また逆に**県から国へ2件の訴訟**が提起された。最も有名なのは，**県の不作為の違法確認訴訟**（自治法251条の7第1項）に関する最判平28・12・20である。他方，県は**国地方係争処理委員会（総務省）**に対し，2件の「**審査の申出**」をした（同250条の13第1項）。うち，埋立承認（国の関与）については最高裁の判断が下り，国の機関が行審法7条2項にいう「固有の資格」において相手方となるものということはできないとの理由で，最高裁は原審（福岡高裁那覇支部）の判断を支持し，沖縄県の敗訴が確定した（最判令2・3・26）。

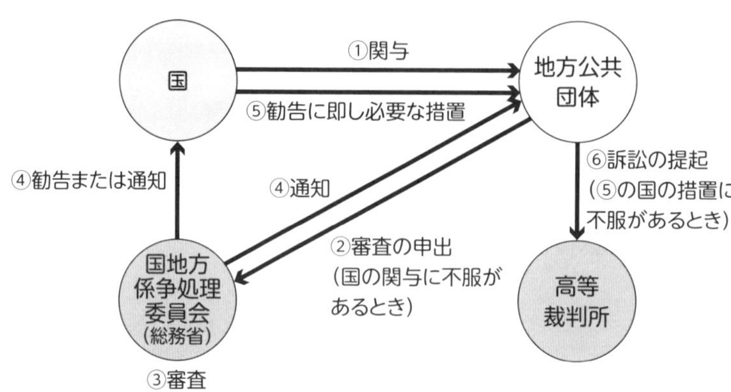


**図 9-3 ● 地方自治法に基づく国と地公体との間の係争処理の仕組み**

**ふるさと納税訴訟**　いわゆる「ふるさと納税指定制度」（地方税法）を巡り，大阪府泉佐野市が同37条の2（寄附金税額控除の指定）に基づく指定除外（不指定）の通知を総務大臣から受け，市は国地方係争処理委員会に**審査申出**をしました。係争委による「再検討」の勧告を承けて，総務大臣は指定除外の維持を決定し，同市に通知しました。これに不服とする同市が争っていた取消訴訟で，大阪高裁は国の裁量を認め，同市の請求を棄却しました（大阪高判令2・1・30）が，最高裁が高裁判断を覆しました（最判令2・6・30）。

**住民訴訟**　なお，地方自治法関係では，もう1つの興味深い訴訟が，**住民訴訟**です（自治法242条の2以下）。これは，行訴法5条に定める「**民衆訴訟**」に当たります。すなわち，「国又は公共団体の機関の法規に適合しない行為の是正（ぜせい）を求める訴訟で，選挙人たる資格その他自己の法律上の利益にかかわらない資格で提起するもの」と定義されます。民衆訴訟については機関訴訟とともに，のちに行訴法の拠（よ）って立つ「**6つの原則と例外**」の部分で，理論的にきっちり学習します（▶ p.260以下）。ここも**自治法の改正**があり，住民訴訟は今日では，**行政統制の手段**として住民によって多様に活用されています（特にいわゆる4号請求▶レインボー p.398以下）。

# 国の関与等
## ——第2行政手続法

**新自治法**　1999(平成11)年7月16日に公布･施行された**地方分権一括法**(「地方分権の推進を図るための関係法律の整備等に関する法律」）により，**地方自治法が大改正**されました（2000［平成12］年4月1日施行)。自治法は当時までに実に202回（！）もの改正を経てきていましたが，203回目の改正は，同法の施行以来初めての**本質的・抜本的改正**となり，ゆえに「**新地方自治法**」とも呼ばれます。

**国と地方の役割の変化**　まず何といっても注目に値するのは，改正後の自治法の冒頭に置かれた「**地方公共団体の役割と国の役割**」という見出しの規定です。これは，本来ならば日本国憲法（第8章「地方自治」または別の然（しか）るべき場所）に置かれてもいい内容です。したがって，自治法（＝通常の法律）に規定されてはいますが，「**実質的意味の憲法**」規定です。

**地公体の役割**　新自治法によれば,「地方公共団体は,**住民の福祉の増進**を図ることを基本として,**地域における行政を自主的かつ総合的に実施する役割**を**広く担う**ものとする」(自治法1条の2第1項)。

**国の役割**　これに対して国は,「**国が本来果たすべき役割**を**重点的に担**」**う**(自治法1条の2第2項前段(ぜんだん))。具体的には,**3つのもの**が例示されています。すなわち

①「国際社会における**国家としての存立**にかかわる事務」,

②「**全国的に統一**して定めることが望ましい**国民の諸活動**若(も)しくは**地方自治に関する基本的な準則**に関する事務又は**全国的な規模**で若しくは全国的な**視点に立つて行わなければならない施策**」,そして

③「**事業の実施**その他」の事務

です。このような国と地方の**明確な役割分担**に関する定めは今まで存在していませんでした。

**配慮条項**　その結果,国は「**住民に身近な行政**はできる限り**地方公共団体にゆだねることを基本**として,地方公共団体との間で**適切に役割を分担**するとともに,地方公共団体に関する**制度の策定**及び**施策の実施**に当たつて,地方公共団体の**自主性及び自立性が十分に発揮されるよう**にしなければならない」(自治法1条の2第2項後段(こうだん))。

**指導原理**　この「**配慮条項**」はさらに,次のような指導原理へとつながっていきます。すなわち,「地方公共団体に関する**法令の規定**は,**地方自治の本旨**に基づいて,かつ,国と地方公共団体との**適切な役割分担を踏まえ**」**たもの**でなければならない(自治法2条12項)。

**3つの機能**　なお,この規定は,第一義的には**立法**に対する指導原理として機能しますが,第二義的には国(内閣)が**政令を制定**する際の指導原理となり,さらに第三義的には,国と地方の関係を巡って紛争が生じた場合,**国地方係争処理委員会と裁判所(司法)**が紛争を解決するための指導原理としても機能することになるでしょう。

# 自治事務と法定受託事務

**機関委任事務の廃止**　ところで, 自治法の平成12年改正の最も重要なキーワードは「**機関委任事務の廃止**」ということでした。そして，新しく「**法定受託事務**」が導入されました。そのことで国と地方の関係は，従来の上下服従の関係から**対等・協力の関係へと，大きく転換**することになったのです。

**自治法の立場**　**法定受託事務**（statutory entrusted functions）とは，**自治事務**（autonomous functions）**の対**(つい)**概念**です。この区分は，後述する**「国の関与」との関係**（第15章▶ p.374以下）で，意味を持ちます。自治法の立場は，**先に法定受託事務を定義し**，そのうえで「地方公共団体が処理する事務のうち，法定受託事務**以外のもの**」を「**自治事務**」としています（自治法2条8項）。

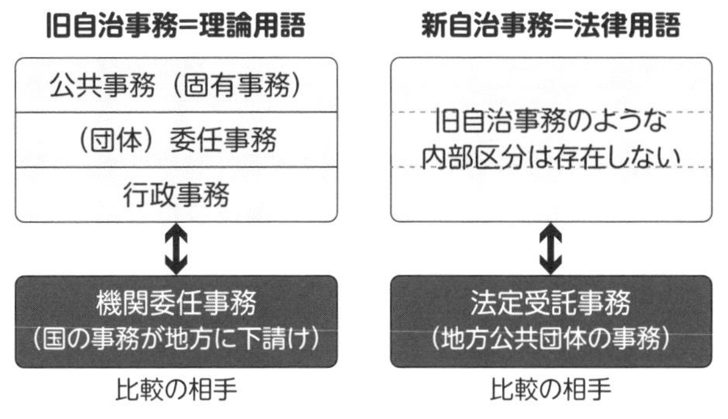


**図 9-4 ● 新旧「自治事務」の比較**

**自治事務**　自治事務には,

①**法令により**地公体に事務処理が義務付けられるもの（介護保険，国民健康保険の給付，児童福祉・老人福祉・障害者福祉など）と,

②法令に基づかず, 地公体が**任意で行う**もの（各種助成金等の交付, 文化ホール，生涯学習センター，スポーツセンターなど公共施設の管理など）

の**2つ**があります。自治事務に対する「国の関与」は，**助言・勧告，資料提出の要求，協議**，そして**是正の要求どまり**です（「弱い関与」)。**是正の指示や**

**代執行**など，国の**「強い関与」は認められません。**

**法定受託事務**　法定受託事務は，**法令により地公体にその事務処理が義務付けられるもの**で，たとえば国政選挙，旅券の交付，国の指定統計，国道の管理，戸籍事務，生活保護などがあります。法定受託事務には，上に述べた「是正の要求」を超えて，**是正の指示や代執行**など，国の**「強い関与」が認められます。**

**2種の法定受託**　法定受託事務は**2種**に分かれます。「**第1号**法定受託事務」と「**第2号**法定受託事務」です（自治法2条9項）。ざっくり言えば**前者**は，法令に基づき「**都道府県市区町村**が処理する事務」のうちで「**国**が本来果たすべき役割」に関係し，ゆえに「**国において**その適正な処理を特に確保する必要があるもの」（同条同項1号）。また**後者**は，法令により「**市区町村**が処理する事務」のうち「**都道府県**が本来果たすべき役割」に関係し，ゆえに「**都道府県において**その適正な処理を特に確保する必要があるもの」をいいます（同条同項2号）。

**2つの別表**　これらの定義は難解ですが，**第1号**法定受託事務は自治法「**別表第1**」に，**根拠となる222法律**とそれに基づく**事務のリスト**として，また**第2号**法定受託事務は「**別表第2**」に，**根拠となる25法律**とそれに基づく**事務のリスト**として，**それぞれ列挙**されています。

**都道府県の立場**　このように，**都道府県の立場は「二重」**で，第1号では市町村とともに国の関与の「**受ける立場**」ですが，第2号では市町村に対し「**関与する立場**」に回ります。この二重性にも注意しましょう。

## 9-5-2 法定受託事務と国の関与

**3つの関与形態**　法定受託事務は「**国の関与**」を受けます。関与の**形態**には次の**3つ**があります。すなわち，地公体に対する国の

①**立法的**関与
②**行政的**関与
③**司法的**関与

です。

**立法的関与**　このうち①は，国が「**法律の制定**」を通じて，つまりは**立法者として**，地公体に関与する形態です。地公体に対して，国が行う**「事前」の関与**と言い換えてもいいですね。

**行政的と司法的関与**　次に②は，国がその**行政権を通じて**地方に関与する形態で，これまた①と**同様に「事前」の関与**です。これに対し③は，紛争が起きた**後で**，国がその**司法権を通じて**，地公体に関与するわけなので，**「事後」の関与**という性格を持ちます。

**多すぎる関与**　以上の中で，従来は②（**行政的関与**）があまりに多すぎました。とりわけ，頻繁（ひんぱん）に改廃される省令（しょうれい）や告示（こくじ）や通達（つうたつ）などです。旧機関委任事務が法定受託事務に変わっても，①（＝**国の立法的関与**）は残る。法律が全部なくなる，ということはありえない。また③（＝国の**司法的関与**）も残るのです。

**肉づけ**　結果，一番大きく変わったのは**行政的関与**です。法律（国の立法的関与）の規定は肉づけを要するので，法律を具体化するために国は㋐政令，㋑省令，㋒告示，㋓通達，㋔要綱といった各種の，行政権が策定するルールを定めます。しかしその結果，とりわけ**より下位のルール**によって，**地公体はがんじがらめ**に縛られてきました。

**事務次官等会議**　上記のうち㋐は，かつては**事務次官等会議**（閣議（かくぎ）の前日開催）を経て，**閣議**（定例は週２回，火曜日と金曜日）**で決定**されました。政令は，**全府省庁（ふしょうちょう）及び全閣僚の合意（コンセンサス）を書き留めたルール**で，その意味では法律に次ぐ**「民主的」なルール**ともいえます。極論すれば，１省の１課長が反対したら，その省の次官は事務次官等会議で「異を唱える」ことになります。すると，それだけで**政令は頓挫（とんざ）**してしまうわけで，ある意味，**法律よりも「民主的」**かもしれません（**少数者の拒否（きょひ）権**を保障？）。

## 事務次官等会議と次官連絡会議

2009（平成 21）年の第 45 回衆議院議員総選挙（8 月 30 日）で，「**政権交代**」が起きたことを覚えているだろう。その結果，**民主党の鳩山由紀夫（はとやま・ゆきお）内閣**が同年 9 月 16 日に誕生した。翌 9 月 17 日に，鳩山首相は事務次官らを集め「**事務次官等会議の廃止**」を宣言した。これをもって，1886（明治 19）年頃から 124 年続いてきた同会議はあっけなく廃止された。その約 3 年後，再政権交代があり，事務次官等会議は 2012（平成 24）年 12 月 28 日に，「**次官連絡会議**」と呼び名を変えて再設置され，現在に至っている。

実はその前，**民主党政権下でも**，東日本大震災（2011［平成 23］年 3 月 11 日）が起き，**省庁間の調整が必要**になったため，菅直人（かん・なおと）内閣は「**被災者生活支援各府省連絡会議**」を設けた。その後，野田佳彦（のだ・よしひこ）内閣では，特にテーマを定めない「**各府省連絡会議**」が設置された。第 2 次安倍晋三（あべ・しんぞう）内閣の「**次官連絡会議**」はその延長線上にあるものだといえる。旧・事務次官等会議は毎週 2 回，定例閣議の前日（月曜日と木曜日）に開かれていたのに対し，現在の「次官連絡会議」は毎週金曜日の閣議の後に開催される点が，最大の違いである。会議には正副官房長官が出席し，内閣官房副長官（事務担当＝官僚トップ）が司会役を務める。

なお，旧会議が事務次官「等」会議と称したのは，各府省の次官のほか，内閣法制次長（内閣法制「局」次長ではない），警察庁長官，金融庁長官及び消費者庁長官も構成員であったため。

**省令など**　これに対し㋑から㋔までは，**省議・局議など「内輪」の会議**を開いてはいますが，国の各府省がいわば**一存で決めることができる**。つまり政令に比べると，はるかに「**作りやすいルール**」です。そこでついつい「小さな親切，大きなお世話」というわけで，各省は「口うるさい親」のように，地公体のやることに**いろいろと口を出し**，その長い間の積み重ね（＝約 1 世紀）は，地方の**創意工夫の発揮を妨げてきた**のでした。

**新ルール**　そこで新自治法は，今後も「法律とそれに基づく政令で基準を定めることは妨げない」。しかし「**行政的関与は政令どまり**」と決めたのです。

**法的根拠**　「どこに書かれてあるか」というと，前にも引用した改正後の自治法の **1 条の 2 第 2 項前段**で，**国の役割が「限定的」**に定められていました。そのうちの，「**全国的に統一**して定めることが望ましい（略）**地方自治に関する基本的な準則**に関する事務」というのが，まさにこのことを意味しているわけです。つまり国のルールに代わって，地方ルール＝**条例の果たす役割**が飛躍的に高まったのです。

## 国の関与の実態把握

なお，第 0 章で述べたように，総務省は「**許認可等の統一的把握（はあく）の結果**」を公表している（▶ p.2 以下）。これとパラレルな形で，かつて総務省の前身である総務庁は，「昭和 62 年度に講ずべき措置を中心とする行政改革の実施方針について」（1986［昭和 61］年 12 月 30 日閣議決定）に基づき，各省庁の協力を得て毎年，**地公体に対する「国の関与」の実態把握**を行い，結果を公表していた。

**機関委任事務があった時代**なので，現在とは状況が違うが，その最後の調査結果によれば，1996（平成 8）年 3 月 31 日現在で把握した国の**関与の総数は 3,346 件**であり，前回調査時（1995［平成 7］年 3 月 31 日現在）の 3,333 件に比べ，**13 件の増加**となっていた。総務省行政評価局の Web サイトで，「国の関与の実態把握の結果について」を検索（けんさく）すると，ヒットする。理由は不明であるが，この調査が実施されなくなったことは残念である。

## 9-5-3 新旧地方自治法と条例

**条例に関する規定**　そこで次に，**条例制定権**について見ることにします。改正前の旧自治法は条例に関し，次のように定めていました。

**第 14 条〔条例〕**　普通地方公共団体は，法令に違反しない限りにおいて第 2 条第 2 項の事務に関し，条例を制定することができる。

2　普通地方公共団体は，行政事務の処理に関しては，法令に特別の定があるものを除く外（ほか），条例でこれを定めなければならない。

3　都道府県は，市町村の行政事務に関し，法令に特別の定（さだめ）があるものを除く外，条例で必要な規定を設けることができる。

4　行政事務に関する市町村の条例が前項の規定による都道府県の条例に違反するときは，当該市町村の条例は，これを無効とする。

5　普通地方公共団体は，法令に特別の定めがあるものを除くほか，その条例中に，条例に違反した者に対し，2 年以下の懲役（ちょうえき）若しくは禁錮（きんこ），100 万円以下の罰金，拘留（こうりゅう），科料（かりょう）又は没収の刑を科する旨（むね）の規定を設けることができる。

6　前項の罪に関する事件は，国の裁判所がこれを管轄（かんかつ）する。

**改正後**　これに対し新自治法の 14 条では，第 2 項以下が次のように改正されました。

2　普通地方公共団体は，**義務を課し，又は権利を制限するには**，法令に特別の定めがある場合を除くほか，**条例によらなければならない。**

3　普通地方公共団体は，法令に特別の定めがあるものを除くほか，その条例中に，条例に違反した者に対し，2年以下の懲役若しくは禁錮，100万円以下の罰金，拘留，科料若しくは没収の刑**又は5万円以下の過料**（かりょう）を科する旨の規定を設けることができる。

**侵害留保**　新旧規定を比較して目につくのは，第1に「**侵害留保**（りゅうほ）の原則」が**新たに明示**されたことです。「今さら」感もありますが，これは**法治主義の観点**からは，**注目に値する出来事**です（侵害留保説については▶p.188）。

**その意味**　確認すれば，「普通地方公共団体は，**義務を課し**，又は**権利を制限する**には，法令に特別の定めがある場合を除くほか，**条例によらなければならない**」との原理原則です。その**反対解釈**として，長が制定する「**規則では**義務を課したり，権利を制限したりすることは**できない**」という意味です。

## 「法定受託事務に関する条例制定権」についての旧自治大臣答弁

**法定受託事務に関する条例制定権**については，次のような**自治大臣**（当時。その後継職は総務大臣）**答弁**があったことを記憶にとどめておきたい。すなわち，「法令に違反しない限りにおいて，**自治事務であると法定受託事務であるとを問わず条例制定権の対象になる。法定受託事務**についても**法令の明示的な委任を要さないで条例を制定**できる」と（1999［平成11］年5月26日，衆議院行政改革特別委員会・野田毅（のだ・たけし）自治大臣答弁［小渕恵三（おぶち・けいぞう）内閣］）。

**統制条例の廃止**　第2に，今は昔の物語ですが，「**統制条例**」（すごい名前！）**が廃止**されたのも地方自治，とりわけ基礎自治体である**市町村の自律性**（及び自立性）**を高める観点**からは**意味のある法改正**でした。なお，「統制条例」とは，上に引用した旧自治法14条3項・4項にいう「条例」のことです。

では以上で，第9章の学習を終えます。地方自治法の「3つの手続」については，情報公開法との抱合せで最終章（第 15 章）に，「3 つの手続：応用編——地方自治法と情報公開法」と題し，別途説明してあります。

この後は，行政救済法（第 10 章〜第 14 章）です。そこで，読者が本筋を見失わないように，第 2 幕のシノプシス（あらすじ）をつけることにします。第 1 幕のシノプシス（第 1 章〜第 6 章）は p.14 以下を参照のこと。

なお，途中の 3 つの章(第 7 章〜第 9 章)についてはシノプシスはありません。シノプシスをつけるまでもなく，「読めばわかる」からです。

# 第2幕のシノプシス
## （第10章～第15章＝行政救済法）

p.14以下に，1回目のシノプシス（行政法物語**第1幕**の「**あらすじ・梗概**」）を置いた。そこでは，続く6つの章（第1章～第6章）の概略を描写した。その後，第7章（行政法の3本柱），第8章（行政組織法の骨格），そして第9章（地方自治法）という，性質の違う話（総論＋行政組織法）が入った関係で，この場所すなわち第10章が始まる前に，**2回目のシノプシス**を置き，物語後半の進行を概説・描写する。

| 章 | タイトル | シノプシス |
| --- | --- | --- |
| **第10章** | **行政救済法の総説と行審法の「落ち穂拾い」** | 行政法物語第2幕の冒頭の章なので，**第2幕全体**すなわち「行政救済法」の**大まかな組立て**（総説）を学ぶ。特に，行政救済法の**2つのパーツ**（①「原因」を消す行政争訟法＋②「結果」を消す国家補償法）**の相互関係**をしっかり認識する（キーワードは**1・2・3・4**）。続く後半では，第1幕でもその一部を学んだ**行審法**（処分の事後手続法）**の「落ち穂拾い」**，すなわち審査請求以外の**2つの手続**，すなわち「**再調査の請求**」と「**再審査請求**」の手続，そして改正法で，審査請求手続に新たに導入された2制度，つまり「**審理員**」と**「行政不服審査会」の制度**を概説する。 |
| **第11章** | **行政事件訴訟の「鳥瞰図」** | ここでは，続く2章に先立ち，行訴法という大舞台を貫く「**6つの原則と例外**」を大づかみしていただく。すなわち①主観訴訟 vs. 客観訴訟，②抗告訴訟 vs. 当事者訴訟，③法定抗告訴訟 vs. 法定外抗告訴訟，④対作為の抗告訴訟 vs. 対不作為の抗告訴訟，⑤取消訴訟 vs. 無効確認訴訟，そして第1次処分の取消訴訟 vs. 第2次処分（裁決・決定その他の行為）の取消訴訟につき，各前者が**なぜ「原則」**で，**各後者が「例外」**なのかを，**大空を羽ばたく鳥の目から眺め** |

| | | |
|---|---|---|
| | | **る**（鳥瞰図）。特に本章では，皆が（弁護士でさえも）「**特に難しい**」と言う（公法上の）**当事者訴訟**を，一方では**取消訴訟**，他方では**民事訴訟と対比させる**ことで，その本質を極める。 |
| 第 12 章 | **取消訴訟の諸問題(1)——総説・要件審理など** | 前章で学んだ鳥瞰図から，行政事件訴訟法の**中心は取消訴訟**であることが判明したので，その「**総説**」と，取消訴訟手続の**1 次試験**，すなわち**要件審理の手続**を，重要論点ごとに 1 つずつクリアしていく。 |
| 第 13 章 | **取消訴訟の諸問題(2)——本案審理・訴訟の終了** | 取消訴訟手続の**後半である 2 次試験**，すなわち**本案審理手続**の諸問題を取り扱いながら，取消訴訟の**終了までの手続**を，重要論点ごとに見ていく。本章で強調したのは「やはり**訴訟法は難しい**」ということ。理由は，**訴訟法が裁判規範**であり，その**あて先が裁判官**だから。またもう 1 つ，行政事件訴訟法は「**替え歌**」なのであり，その元歌（もとうた）すなわち行訴法の 10 倍近い条文数を持つ**民事訴訟法をマスターしていないと，わかったとはいえない**ことも強調した。 |
| 第 14 章 | **国家補償法** | まず冒頭で**行政争訟法**（行審法・行訴法）が「**原因**」を消す制度なのに対し，**国家補償法**は「**結果**」を消す制度であることを確認する。そのうえで，一方では「**違法**」な行政作用に起因する**損害の賠償**（ばいしょう）方法を定める**国家賠償法（法典）**の内容と，他方，「**適法**」な行政作用に起因する**損失の補塡**（ほてん）方法を定める**損失補償法の理論**を学習する。国賠法（こくばいほう）は**2 つの責任類型**（1 条・公権力責任と 2 条・営造物（えいぞうぶつ）責任）を中心に，また**損失補償法**は**憲法 29 条**を前提に，①個別法が**補償規定を欠く**場合の問題，②損失補償の**要件の問題**，そして③損失補償の**内容の問題**について，学説・判例の考え方を概観する。 |

| 第 15 章 | **3 つの手続：応用編——地方自治法と情報公開法** | 最終章として，**「3 つの手続：応用編」**と題し，一方では**地方自治法**，また他方では**情報公開法**の中に存在する**「3 つの手続」**を概観する。本書の基本コンセプトの 1 つは「3 つの手続」に着眼するということであった。その「**総論**」（基礎編）である**手続 3 法**（行手法・行審法・行訴法）**に対し**，本章では，「**各論**」（応用編）として，**地方自治法と情報公開法に存在する「3 つの手続」**を眺めてみる。「力試し」だと思って，チャレンジしてみてほしい。同時にこの作業は「手続 3 法」（総論）の復習と知識の定着にも役立つ。なお，地方自治法では**客観訴訟**，また情報公開法では**主観訴訟**が問題となることにも注意を促す。 |
|---|---|---|

なお，巻末には，**「共通的な到達目標モデル（コアカリ）」の説明**を置いた。本書の読者のほとんどが，その存在と重要性をご存じないと思われるからである。

以上で，行政法物語第 2 幕（行政救済法）のシノプシスを閉じる。次章では行政救済法「総説」と，行審法の「落ち穂拾い」を試みる。

第10章

# 行政救済法の総説と行審法の「落ち穂拾い」

本章から，行政救済法の学習に入ります。ただし，「行政救済法」という名前の法律は存在しません。前半では行政救済法の全体像を紹介し，後半では行審法の残り部分を学びます。第４章で積み残した２つの手続と，改正法で導入された２つの新制度，すなわち再調査の請求，再審査請求，審理員，行政不服審査会を学びます。

# はじめに

**救済法の内容**　行政救済法では，具体的には「救済３法」プラス損失補償という，合計**４つの法制度**を学びます。救済３法は各制度の**通則法**ですが，損失補償に関する通則法はなく，個別の法律に規定が「ばらけて」存在しています。つまり損失補償で学ぶのは，通則「法」ではなく，**通則「理論」**なのです。

**救済３法**　さて「**救済３法**」とは，**初登場の言葉**です。しかも「手続３法」と似ていて，紛らわしい。結論を言えば，手続３法から行政手続法を除き，代わりに国家賠償法を加えたもの。それが救済３法です。つまりは

①**行審法**，②**行訴法**，③**国賠法**

です。③は現段階では未習ですが，後でじっくり学びます（第14章▶p.343以下）。また①②については第４章の「肉づけ学習」になります。

**1・2・3・4**　なお，「予告編」として，**行政救済法では「ワン・トゥー・スリー・フォー」が重要だ**，と記憶しておきましょう。すなわち，

①ワン（＝国賠法**１条**：公権力責任）
②トゥー（＝国賠法**２条**：営造物責任）
③スリー（＝行訴法**３条**：取消訴訟）
④フォー（＝行訴法**４条**：当事者訴訟）

のことで，この４つが**救済法学習では中心**になります。「救済法」と聞いたら，「1・2・3・4」という舞台（大枠）を思い出しましょう。

**相合傘**　このキーワードに示されているように，行政救済法の**中心**は

①国家賠償（請求）訴訟と
②行政事件訴訟

の２つ。つまりは，**国賠・行訴の「相合傘」**ですね（相合傘については▶p.95）。

**出題傾向**　読者が希望する各種試験の出題傾向をざっと見渡してみると，行政救済法では，救済３法の**条文**知識に加え，行訴法と国賠法に関しては特に，**判例**知識が問われています。したがって，その点に留意しながら解説します。

# 「行政救済法」総説

## 10-2-1 語義と内容

**語義**　さて「行政救済」「行政救済法」という言葉の意味は，「行政を救済すること」「行政を救済する法」ではなく，**その逆**，つまりは行政作用の被害者となった「**国民を救済すること**」（行政救済），そしてその「**救済方法を定めた法**」（行政救済法）という意味です。

**救済法の役割**　行政救済法は，行政法の3本柱（①組織法，②作用法，③救済法）の中では「**3番手**」に位置しています。野球の3番打者は，2番打者が「しくじった」場合の**後始末役**です。この役割，つまり行政作用の「**事後処理（尻拭い）**」という救済法の役割を，まずは記憶にとどめましょう（行政の，しくじりなければ救済法なし）。

**4つの制度**　先に述べたように，「行政救済法」では**4つ**の法制度を扱います。つまり，**「救済3法」＋損失補償**です。4つだと覚えにくいですが，それらは「**2ペア**」に整理が可能です。1つ目は**行審法と行訴法**です。もう1つのペアは**国家賠償と損失補償**です（▶図10-1）。

**行政争訟・国家補償**　行審法と行訴法を合わせて，「**行政争訟法**」と呼びます。「争訟」とは「紛争の裁断・解決」という意味（▶p.94）。また「国家」賠償と損失「補償」を合わせて，「**国家補償**」と呼びます。覚えましょう。

**行政救済法**　このように，行政救済法は**2つのパーツ**，すなわち

①行政争訟法と

②国家補償法

という2つの制度から成るのです（▶図10-1）。

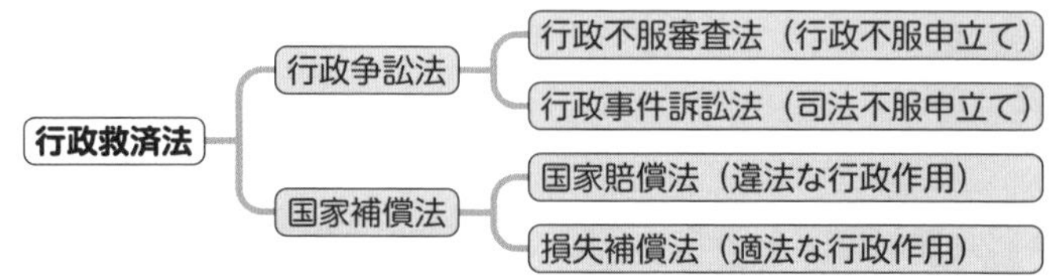


**図 10-1 ● 行政救済法の全体構成**

## 10-2-2 2つのパーツの相互関係

**相互関係**　そこで次なる課題は，図 10-1 の，行政救済法を組成する２つのパーツ，すなわち行政争訟法と国家補償法は，制度として**「互いにどう関係」しているか**を知ることです。特に，両者の異同（「異」なる点と「同」じ点）を，しっかり把握しておく必要があります。

**２つの訴訟**　つまり場合によっては，**１個**の行政活動から**２個の訴訟**（取消訴訟＋国賠訴訟）が起こされてくるのですが，そのわけをきちんと理解し，かつ論証できるだけの能力を身につけましょう。

**両者の異同**　まず**共通点**ですが，行政争訟と国家補償はともに，**「行政作用に関係**する」ということです。次に両者の**相違点**は，行政争訟法が「**原因**(cause)」を消す制度であるのに対し，国家補償法は「**結果**（effect)」を消す制度だ，という点にあります。

**救済が必要な「場面」**　たとえ話で説明すると，行政救済(法)が登場する場面は，列車「行政」号が脱線・転覆しました。さぁ，「**被害者をどうやって助けますか？**」ということです（▶図 10-2)。

**図 10-2 ● 行政救済法の登場場面**

**2つの方法**　図10-3に示したように，まず

①列車を**もとの「線路に戻す」**という救済方法

があります(これで**「原因」が消える**)。でも，まだ列車の形の穴凹が残ったまま。ということは，①のほかにさらに

②**穴を「埋め戻す」**という救済方法

もまた必要なことがわかります。つまり被害を金銭価値に換算し，被害に見合う額を被害者（＝国民）に支払うのです（こうして**「結果」も消える**)。

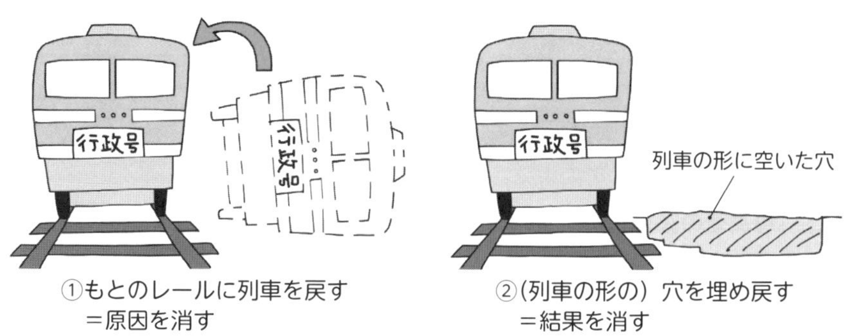


**図10-3●2つの救済方法**

**原因と結果**　2つの救済方法のうち，①が**取消争訟**（審査請求・取消訴訟）であり，②が**国賠訴訟**です。①は被害の「**原因**」となった行政作用，特に**処分を取り消し**，「なかったこと」にする救済方法です。これに対し②は，行政活動が原因となって国民に生じた被害（物損・人損）＝「**結果**」を**金銭補填**（穴埋め）し，「なかったこと」にする救済方法です（▶図10-4)。

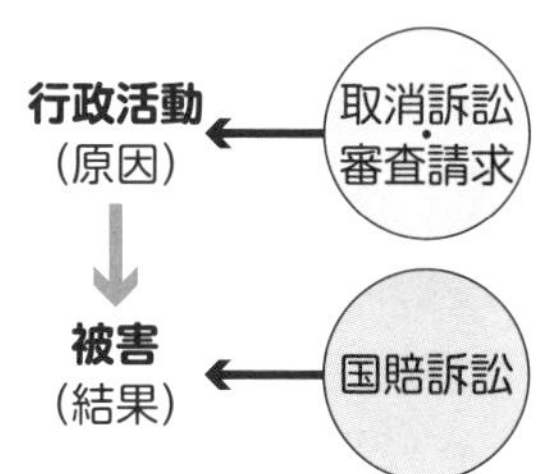


**図10-4●取消争訟と国賠訴訟の関係**

**10-3**

# 行政不服審査法の落ち穂拾い

**はじめに** 行政救済法の「総説」(前項まで)は分量が多くなく，それだけで単独の章とするには，あまりに全体のバランスが悪い。そこで「美的」ではないのですが,行政不服審査法の「落ち穂拾い」と合体させることにしました(相合傘)。「落ち穂拾い」の内容は，

①「**再調査の請求**」(行審法5条,同第3章［54～61条］)と「**再審査請求**」(同6条，同第4章［62～66条］)，そして

②新制度である「**審理員**」と「**行政不服審査会**」

の**4点**です。

## 「申立て」と「審査」の関係

さて，ここでクイズを1つ。題名は行政不服「審査」法なのに，条文中では行政不服「申立て」だ。この2つの関係が，説明できるだろうか？ 場面を描写すると,違法・不当な処分が行われ,それに不服な相手方・第三者が行政を相手に争う,というシーン。つまり,舞台の上には「2人の主役」が立っている。そこで,①**「争う側」＝国民**から見ると不服「**申立て**」であり，また逆に②**「受ける側」＝行政**から見ると，その仕事は不服「**審査**」になる，ということなのだろう。

## 「行政不服審査条例」は存在しない

なお，すでに学んだ処分の「事前」手続では，法律(行手法)のほか，各地公体に「行手条例」があった(▶ p.42)。これに対し，処分の「事後」手続については，法律(行審法)だけで，**「行政不服審査条例」は存在しない**ということにも注意しよう(「行政事件訴訟条例」もまた存在しない)。

# 10-3-1 行審法の改正

**改正行審法**　すでに学んだ（▶ p.51）ように，行審法は 52 年ぶりに全部改正されました。では最初に，図 10-5 を見ながら，**改正行審法の「全体構造」**を一気に把握してしまいましょう。その際，次に学ぶ行政事件訴訟法（第 11 章～第 13 章）との関連も，視野に収めることが大切です。

**自由選択主義**　まず行審法と行訴法の関係ですが，個別法に例外の定めがなければ，処分に対して

①審査請求（行政不服申立て）を経由するか，それとも直ちに

②取消訴訟（司法不服申立て）を選ぶか

は利用者（国民）の自由です。これを「**自由選択主義**」といいます（▶ p.xvii, 97）。

**行審法の内部**　行審法を選んだ場合，**審査請求が原則**です。ただし，その**例外**として次の 2 つ，つまり「**再調査の請求**」と「**再審査請求**」があります。これが，行訴法を含めた行審法の「全体構造」です（▶ 図 10-5）。

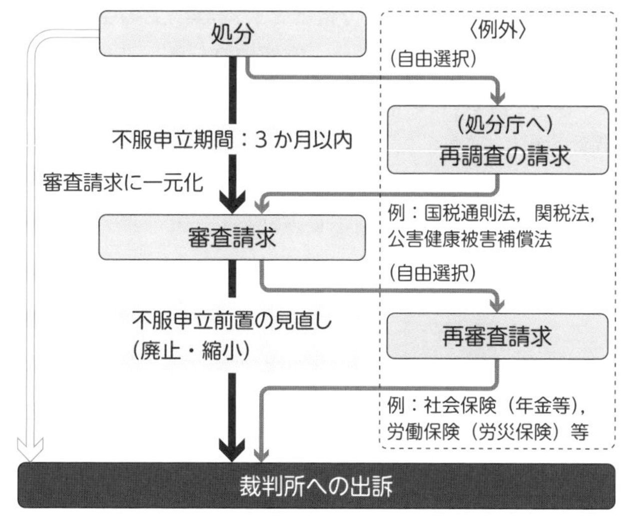


**図 10-5 ● 行審法の原則と例外（行訴法との関連も含めた）**
出典：「行政不服審査法関連三法について」（平成 26 年 6 月 総務省行政管理局）

**旧法では**　さて**旧行審法**には，「**不服申立ての種類**」という見出しを持つ条文がありました（旧行審法３条１項）。そこには，「この法律による不服申立ては，行政庁の処分又は不作為について行なうものにあつては（①）**審査請求**又は（②）**異議申立て**とし，審査請求の裁決を経た後さらに行なうものにあつては（③）**再審査請求**とする」と定められていました（丸数字は石川）。ですから一見して，不服申立てには**３種類ある**ことが明らかでした。

**改正法の大枠**　これに対し**改正行審法**では，対応する**条文が削除**されました。これは，不服申立ての手段が**審査請求に一本化**されたことの反映です。結果，

①不服申立ての手段は**１種類**（審査請求）になった。ただし，

②個別の法律に「できる」旨の明文規定がある場合は，例外的に「**再調査の請求**」が可能（行審法５条１項）。また同じく

③個別の法律に「できる」旨の明文規定がある場合は，例外的に「**再審査請求**」が可能（同６条１項）

ということです。この３点を，しっかり頭に入れましょう。

**整備法**　なお，改正行審法と並んで制定された「**整備法**」（行政不服審査法の施行に伴う関係法律の整備等に関する法律）では，行審法（一般法）の特例を定めていた法律 361 本について，行審法と「**同等以上の手続水準の確保**」を基本とする改正が行われました。特に，**不服申立前置**（不服申立てを経なければ出訴できないとする定め）が**廃止・縮小**されたことが，注目に値します。

**新旧比較**　審査請求については，すでに取消訴訟と「パラレル学習」しました（第４章▷ p.96 以下）。そこで図 10-6 に基づいて，以下には **２つの例外**である「再調査の請求」及び「再審査請求」を解説します。

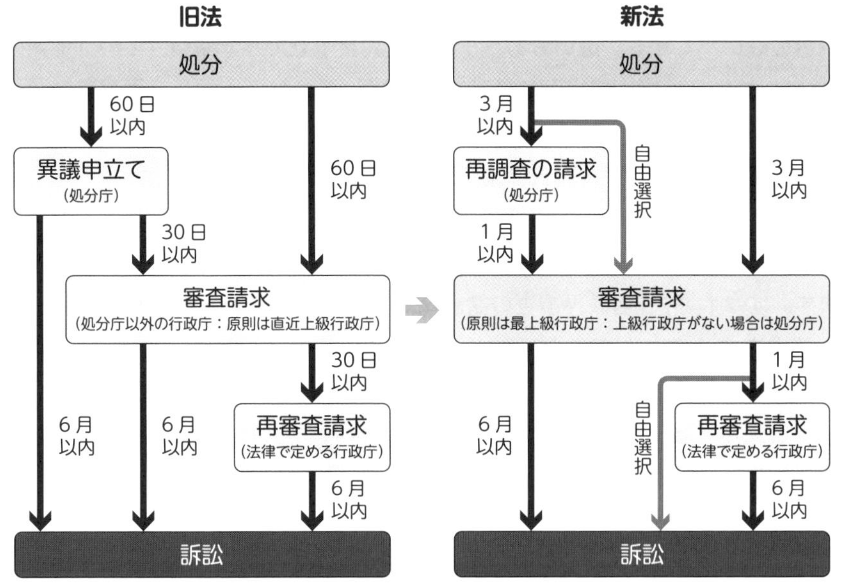


**図 10-6 ● 新旧行政不服審査法の相互比較**
出典：政府広報・総務省協力「『行政不服審査制度』をご利用ください」

## 10-3-2 再調査の請求

**再調査の請求**　1つ目の例外は，**再調査の請求**（request for re-investigation）です。図10-6の左右を見比べれば明らかなように，再調査の請求は，旧法にあった**異議申立ての「忘れ形見（がたみ）」**です。なぜなら審査請求のあて先が，処分庁の上級行政庁であるのに比べて，異議申立て（旧法）も再調査の請求（新法）も，あて先はともに「**処分庁**（administrative agency reaching the disposition）」だからです。

**認められる分野**　現在，再調査の請求を認める個別法は35本あるようですが，**大量に処分**がなされる**税務の分野**に多く見られます（▷図10-5）。大量処分の分野では，処分とその事情をよく知る本人（＝処分庁）にあてた再調査の請求のほうが，審査請求よりも**救済の可能性が高い**からです。実際これらの分野で実務は，再調査の請求を旧異議申立てと**同列**に位置づけているようです。

**両者の違い**　しかし，**違い**もあります。旧異議申立てが不服申立ての「種類の1つ」，つまりは審査請求とは「独立の手続」だったのに対し，再調査の請求は審査請求のいわば「**先行（予備）手続**」だからです。

**請求期間と「縛り」**　「再調査の請求は，処分があったことを知った日の翌日から起算して**3月**（さんげつ）を経過したときは，することができない」（行審法54条1項）。ただし再調査の請求をしたときは，審査請求には次のような「**縛り**（しば）」がかかります。すなわち，「当該再調査の請求についての**決定を経た後でなければ**，審査請求をすることができない」との「縛り」です（同5条2項本文。なお，同条同項「ただし書き」＝後述にも注意のこと ▶表12-4，p.312）。

**裁決と決定**　審査請求への回答は「**裁決**（determination）」（行審法44条）であるのに対し，再調査の請求への回答は「**決定**（decision）」といいます（同58条以下）。**意図的に呼び分け**られているので，しっかり覚えましょう。

### 「申請に対する処分」

行審法の「審査請求→裁決」「再調査の請求→決定」は事後手続の話だが，これを事前手続（＝行手法（ぎょうてほう））の用語で表現すれば，「**申請に対する処分**」の関係であることに注意しよう。ただし事前手続の「処分」との対比では，裁決・決定は「**第2次**処分」に当たる。この，第1次処分・第2次処分の区別は，後で学ぶ**行訴法との関係で意味**を持ってくる（▶p.286）ので，記憶にとどめておこう。

**決定の種類**　再調査の請求が，

①**不適法**（ふてきほう）である場合には，「請求**却下**（きゃっか）」の決定が（行審法58条1項），
②請求に**理由がない**場合には，「請求**棄却**（ききゃく）」の決定が（同条2項），そして
③請求に**理由がある**場合には，「請求**認容**（にんよう）」の決定，すなわち「当該処分の全部若（も）しくは一部を**取り消し，又は**これを**変更する**」**決定**

が下されます（同59条1項）。また同5条2項の**ただし書き**で，審査請求と再調査の請求が**併存**（へいぞん）**して提起**された場合であって，審査請求の裁決が先行したときは，「再調査の請求は，**取り下げられたものとみなす**」（同56条本文）。

**注意！ 「不服申立て」**

行審法は①審査請求，②再調査の請求，③「他の法令に基づく不服申立て」を合わせて「行政不服申立て」ではなく**「不服申立て」と総称**している（行審法82条）。

## 10-3-3 再審査請求

**再審査請求** 改正行審法の2つ目の「例外」は，**再審査請求**（request for re-examination）です（行審法62条以下）。「再調査の請求」と呼び名がよく似ているため，混同しないよう注意が必要です。しかし，実は簡単なのです。

**あて先の違い** まず**再調査の請求**は，すでに学んだように「処分庁」（＝**本人**）に対して行います。次に**再審査請求**は「再度」の「審査請求」ですから，あて先は「審査庁（しんさちょう）」（＝**他人**）です。現在，70本あまりの法律が，再審査請求を認めています。**年金など社会保険や，労災（ろうさい）関係の分野**に多いようです（▶図10-5）。

**その理由** これらの分野は**専門性が高く**，ゆえに「審査請求→裁判所」という2段階よりは，「審査請求→再審査請求→裁判所」というステップを踏ませたほうが，**実効的な救済が受けやすい**からだ，と考えられます。

**請求期間** 「再審査請求は，原（げん）裁決があったことを知った日の翌日から起算して**1月（いちげつ）**を経過したときは，することができない」（行審法62条1項本文―**主観的期間**）。同じく，「原裁決があった日の翌日から起算して**1年**を経過したときは，することができない」（同条2項本文―**客観的期間**）。主観的期間も客観的期間も，「正当な理由があるときは」**延長**されます（同条1項・2項ただし書き）。記憶しましょう（▶表12-4，p.312）。

**まとめ** 以上をまとめると，**次の4点**になります。

①行審と行訴の関係は「**自由選択主義**」。

行審法の内部では，

②**審査請求**が原則→③再調査の請求（**例外**）→④再審査請求（**例外**）

となります。

# 10-3-4 審理員・行政不服審査会

## (1) 審理員

**行審法改正**　第４章（1 度目の学習）では，改正行審法の「目玉」の１つである「審理員」制度を，本章に先送りしました（▶ p.108）。文字だけでは理解が難しいと思われるので，２枚の図で，手続の「**見える化**」を試みます（▶ 図 10-7，図 10-8）。なお，付け加えておくと，この「審理員」制度は，再調査の請求でも再審査請求でもなく，**審査請求の手続**に関するものだ，ということです。この点，くれぐれも誤解のないように。

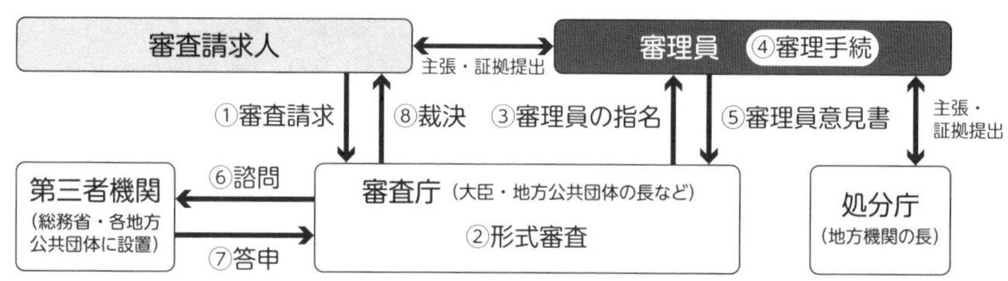


**図 10-7● 審査請求手続（全体フロー図）**
出典：政府広報・総務省協力「『行政不服審査制度』をご利用ください」（石川が補足）

**5 人の登場人物**　図 10-7 のように，改正行審法の審査請求手続では，「**5 人の登場人物**」に注目です。すなわち

①審査請求人，②審査庁，③処分庁，④審理員，⑤第三者機関

です。行手法を学んだときに使った言葉（▶ p.85）でいえば，５人の「**手続参加者**」です。図では①から⑧まで数字（ノンブル）が振ってあるので，順を追って見ていけば，審査請求の手続の流れはおのずと頭に入ることでしょう。

**図の説明**　簡単に解説します。

①審査請求人から審査庁に対して**審査請求の提起**→②**形式審査**（「要件審理」）→③**審理員の指名**→④審理員の主宰（しゅさい）による**審査請求の審理**→⑤審理終了後，審理員による**意見書（審理員意見書）の**審査庁への**提出**→⑥第三者機関（**行政不服審査会**）**への諮問（しもん）**→⑦行政不服審査会による**答申（とうしん）**→⑧（審理員の意見

書及び行政不服審査会の答申を踏まえた）審査庁による**審査請求の裁決**，という流れです。

**審理員**　このうち，審査請求手続において重要な役割を演じるのが，新設された審理員です。「**審理員**(review officers)」とは「審査庁に所属する職員」であって，審査請求手続における**審理の主宰者**（MC）です（行審法９条以下)。審査庁の職員（公務員）ですから，実務はよく知っています。ただし，審理員は審査請求の対象である**処分**（「原処分」と呼ぶ）**に関与した者であってはなりません**。

**Web 公開**　指名された審理員が誰かは，国の場合，「候補者名簿」がおおむね Web 上で**公開**されています（掲載は個人名の場合と職名の場合がある)。地公体，特に市町村では，不服申立て自体の件数があまり多くないことも関係するようですが，所によっては，**弁護士を非常勤職員に任用**のうえ，**審理員に指名**しているところもあります。これは一案です。

**フロー図**　図 10-8 には，審理員の主宰の下に行われる審査請求の審理手続の「フロー図」を示します。なお，この図は，図 10-7 の ④（＝審査請求の審理手続の部分）の「**内部を開いて拡大した図**」です。

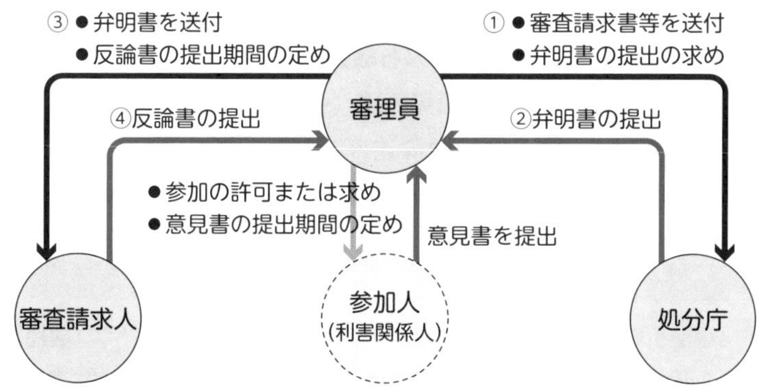


**図 10-8 ● 審査請求における審理員による審理手続フロー図**
出典：青森市資料
https://www.city.aomori.aomori.jp/somu/shiseijouhou/jyouhou-koukai/tyougi/heise27-tyougi-gaiyo/h27-7-teirei/documents/271013-02-09-02.pdf

**3 者構成**　ここでも，番号を順に追っていけば，審査請求の審理手続の大まかな流れがわかります。まず審査請求は「**3 者構成**」の手続です（＝①審理員，②審査請求人，③処分庁）。手続 3 法の大局の中で眺めると，それは一方では事前手続（行手法）における「**聴聞手続**」（＝①聴聞の主宰者，②聴聞の当事者［被処分者］，③処分庁▶ p.82 以下）と，また他方では，**取消訴訟の仕組み**（①＝裁判官，②原告，③被告）**との共通点**があります。その趣旨は，審理手続の**公正さと客観性の担保**，別の表現では「**偏見（思い込み）」を排除**するところにあります（カフェーパウゼ(2)「進化する手続」▶ p.88 以下）。

**図の説明**　図を簡単に説明すると，審査請求人から審査請求書が審査庁に到達すると，

　①審理員が処分庁に対し**審査請求書等を送付**→②処分庁からの「**弁明書」の提出**→③審理員を通じて**請求人へ弁明書の送付**→④請求人による**反論書の提出**（→図には書かれていないが⑤審理員による**処分庁への反論書の送付**……）

という具合に，手続は進行していきます。

**口頭意見陳述**　このように，審査請求手続は訴訟（＝口頭主義）に比べると，書面を交わし合う「**書面主義」が原則**です。ただし，請求人からの申立てがあったときには，「**口頭で意見を述べる機会**」を与えなければなりません（行審法 31 条 1 項）。これを「**口頭意見陳述**（stating an opinion orally）」（略称「口陳」）といいます。口頭意見陳述は「審理員が期日及び**場所を指定**し，**全ての審理関係人を招集**してさせる」ことになります（同条 2 項）。

### 行手法と行審法の「弁明書」の違いに注意！

　行手法（**事前**手続）では，「弁明書」を出すのは，不利益処分の**受け手（国民）**（行手法 29 条 1 項）。ところが，行審法（**事後**手続）の世界に移ると，「弁明書」は**処分庁（行政）から提出**される。つまり，「**攻守**」（攻撃と守備）**が交代**していることに注意。しかも偶然の一致だが，行審法も行手法も，ともに第 29 条が「弁明書」提出の根拠条文。また弁明書の英訳が，行手法も行審法も written explanation で同じ。

**質問権の保障**　口頭意見陳述に際し，「申立人は，審理員の許可を得て，審査請求に係る事件に関し，処分庁等に対して，質問を発することができ」ます（行審法 31 条 5 項）。この，**質問権の保障**も，改正行審法の重要なポイントです。

**書類の閲覧交付権**　また，審査請求人は**審理員に対し**，証拠書類等の**閲覧のほか，写しの交付等を求める**ことができ，審理員は正当な理由がなければ，「閲覧又は交付を**拒むことができない**」（行審法 38 条 1 項）。

**審理員意見書**　審理員は，「審理手続を終結したときは，遅滞なく，審査庁が**すべき裁決に関する意見書**（略）を作成」し（行審法 42 条 1 項），「審理員意見書を作成したときは，速やかに，これを事件記録とともに，**審査庁に提出**」しなければならない（同条 2 項）。審理員意見書（review officer's written opinion）の提出を受けた審査庁は，一定の場合を除き，裁決をなす前に，**行政不服審査会**（国の場合）に**諮問する義務**がある（must consult）（同 43 条 1 項）。この流れを記憶しましょう。

## ⑵ 行政不服審査会（第三者機関）

**行政不服審査会**　そこで最後に，改正行審法のもう 1 つの「目玉」である，新設の行政不服審査会（行審法 43 条，67 条以下）に触れておきましょう。**行政不服審査会**（Administrative Complaint Review Board, 以下「審査会」と略）は国の場合，**総務省**に置かれます（行審法 67 条 1 項，総務省設置法 8 条 2 項，17 条の 2）。なお，各地公体にも国と同様の第三者機関が置かれ，「○○県・○○市・○○区行政不服審査会」と名乗る例が多いようです。

**審査会の構成**　国の審査会は **9 人の委員**で構成され（常勤 3 人，非常勤 6 人），**3 つの部会**に分かれます（委員**任期は 3 年**）。各部会長には**法曹・官僚 OB** が就任し，非常勤委員には**弁護士・行政法の大学教授**などが任命されています（名簿は総務省の Web サイト参照）。なお，審査会の調査審議は「**非公開**」で行われます（行政不服審査会運営規則 28 条）。地公体の審査会も，同様のところが多いようです。

**審査会の任務**　審査会の任務は，審査庁から諮問された案件（＝審査請求の対象である**処分の適否**）を，**第三者としての立場でチェック**することで，その結果を「**答申**（a report to its consultation）」としてまとめます。答申は審査会に諮問した審査庁に送付され，**審査庁は**審査会の答申及び（先ほど学んだ）審理員の「意見書」を踏まえて，**遅滞なく，裁決**をしなければなりません（行審法 44 条）。なお，審査会の**答申は公表**されており，特に国の場合，「行政不服審査裁決・答申検索データベース」で**検索が可能**です。

### 隔世之感

今から 30 年以上前のこと。ある高名な行政法の先生が，行政不服申立ての「実態を解明しよう」と思い立ち，研究を始められた。ところが，すぐさま「大きな壁」にぶつかった。公務員の守秘義務に阻まれ，「行政不服審査の**実態解明など，夢のまた夢**だよ」と溜息をついておられたことを思い出す。まだ，情報公開法もなかった時代のことである。上に述べたデータベース（DB）を眺めるにつけ，「世の中，変わったなぁ（**隔世之感**）」との実感を抱く。

**口頭意見陳述**　ところで，**審理員との関係**で学んだ「口陳（**口頭意見陳述**）」（▶ p.98，256）は，**審査会の手続**についても存在します。すなわち，「審査会は，審査関係人の申立てがあった場合には，当該審査関係人に**口頭で意見を述べる機会**を与えなければならない」のです（行審法 75 条 1 項本文）。この，2 つの口頭意見陳述，関連させて記憶しましょう（できれば根拠条文も）。

**答申書の構成**　答申書は，国の審査会の場合，「**結論**」と「**理由**」という **2 つの部分**で構成されています。裁判判決の「主文（main text, 独 Tenor）」と「理由（reason，独 Begründung）」がお手本のようです。

**答申書の文言**　「理由」の文言には，いくつかのバリエーションがありますが，話が細かくなるので立ち入りません。なお，国の行政不服審査会がした答申は，先ほどの DB で検索・閲覧が可能です。

**本項のまとめ**　以上，審理員と第三者機関（行政不服審査会）の新設を中心に，改正行審法を深掘りしました。日本の行政不服審査制度が，国際比較の中で見ても，その公正さと客観性の点において，「**ハイスペックの制度**」に生まれ変わったことが確認できたと思われます。このように，行審法は行訴法と並んで，**法治国原理を下支えし**，日本国の**法治行政の質と信頼性を高めるための，重要な法的インフラ**なのです。ですから，単なる受験知識に終わらせる（受かったら忘れる）のは，あまりにもったいない。

第11章

# 行政事件訴訟の「鳥瞰図」

本章では，「行政事件訴訟法」について学びます。うち同法の中心である取消訴訟については，すでに第４章で，審査請求との「パラレル学習」をしました。そこで本章では，取消訴訟も含めた，行政事件訴訟という「舞台」の全体構造を概観するところから始めます。ここは，本書全体の「山場」です。ここを越えれば，行政法ロードの踏破はあと一息。

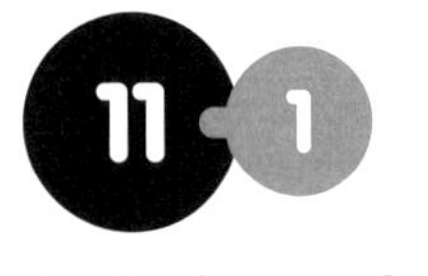

# はじめに
## ——全体の鳥瞰図

**鳥瞰図**　この行政事件訴訟という舞台，かなり「凝った設え」になっています。絢爛豪華といってもいい。そこで図 11-1 には，舞台全体を「**鳥瞰図**（bird's eye view)」として示しました。それを眺めながら，行訴法を一気にマスターしてしまいましょう。

**6 つの原則と例外**　その際重要なのは，行訴法の拠って立つ「**6 つの原則と例外**」を知り，その**内容を正確に理解**することです（▶表 11-1）。

| | | |
|---|---|---|
| 第 1 原則 | 行政事件訴訟の中では | **原則**：主観訴訟<br>**例外**：客観訴訟 |
| 第 2 原則 | 主観訴訟の中では | **原則**：抗告訴訟（行訴法 3 条）<br>**例外**：当事者訴訟（4 条）<br>※ただし改正行訴法（2004［平成 16］年公布）によって立法者は，「4 条訴訟（当事者訴訟）の活用」というメッセージを発した |
| 第 3 原則 | 抗告訴訟の中では | **原則**：法定抗告訴訟（3 条 2 ～ 7 項）<br>**例外**：法定外抗告訴訟（無名抗告訴訟）（同条 1 項） |
| 第 4 原則 | 法定抗告訴訟の中では | **原則**：作為を争う抗告訴訟（3 条 2 ～ 4 項・7 項）<br>**例外**：不作為の抗告訴訟（同条 5 項・6 項）<br>※ただし，ここでも改正行訴法に注意。それにより，「義務付け訴訟」（同条 6 項）と「差止め訴訟」（同条 7 項）が新設されたから |
| 第 5 原則 | 作為を争う抗告訴訟の中では | **原則**：取消訴訟（3 条 2 項・3 項）<br>**例外**：無効等確認訴訟（同条 4 項） |
| 第 6 原則 | 取消訴訟の中では | **原則**：第 1 次処分の取消訴訟（3 条 2 項）<br>**例外**：第 2 次処分の取消訴訟（同条 3 項） |

**表 11-1 ● 行訴法における「6 つの原則と例外」**

**「原則」「例外」の意味**　なお，仮に，10 件の訴訟が起こされたとして，そのうちの **8 〜 9 割**であれば「**原則**」と呼び，そうでなければ「**例外**」と呼ぶ，という意味です。

**図の説明**　鳥瞰図では，特に第 1 列から第 6 列へ，つまりは**左下から右上へ**と上昇していく「**青い太線**」に注目してください。このブルーラインは，上記「6 つの原則」を貫いていますね。そして各列の中では，**濃い灰色の枠内**(わくない)の訴訟（各列の**上部**）が「**原則**」で，**下部**が「**例外**」です。こう描(えが)いてみると，みごとな二分法(ディコトミー)を示しており，法律の本に書く表現ではないですが，実に「美しい(エステティック)」ですね。

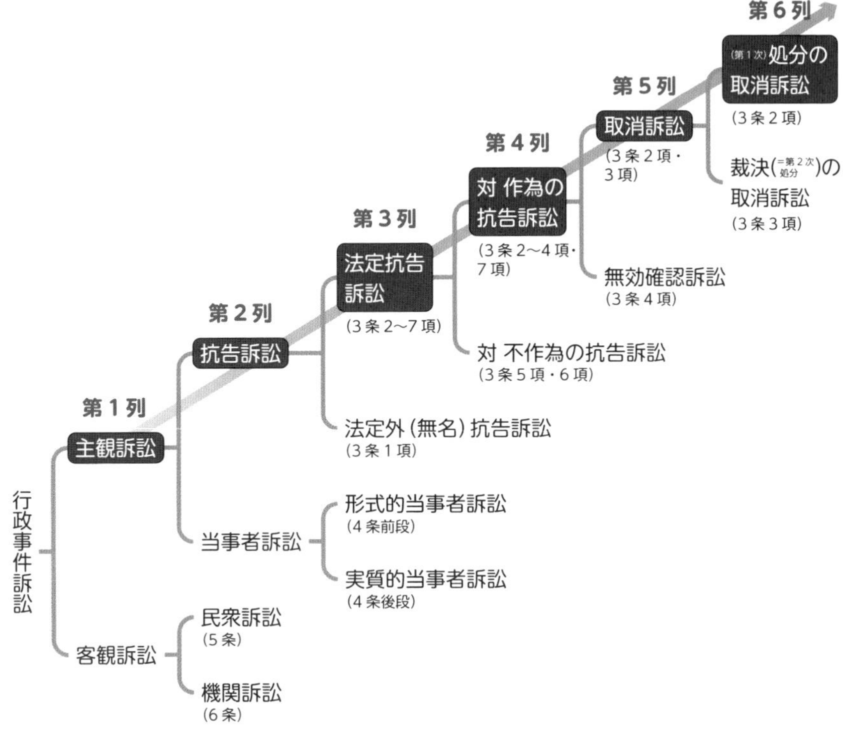


※（　）内は行訴法の根拠条文。
　ヨコの並び（行）に対して，タテの並びが「列」である。

**図 11-1 ● 行政事件訴訟の鳥瞰図**

# 行訴法の「イッキ学習」
## ——第１列から第６列まで

**イッキ学習**　細かい話は先送りし，ここでは図 11-1 の**第１列から第６列までを，「イッキ学習」**しましょう。本章を難しいと感じたら，最初はスルーしてかまいません。しかし学習が進んだ段階では戻って，必ず読み返すこと。

**行政事件訴訟**　個別の解説の前に，まずは全体の説明です。まず，「行政事件訴訟（administrative case litigation）」とは**４つ**の訴訟類型，つまりは

①**抗告訴訟**
②**当事者訴訟**
③**民衆訴訟**
④**機関訴訟**

**の総称**です（行訴法２条)。４つすべてを中身とともに理解しましょう。

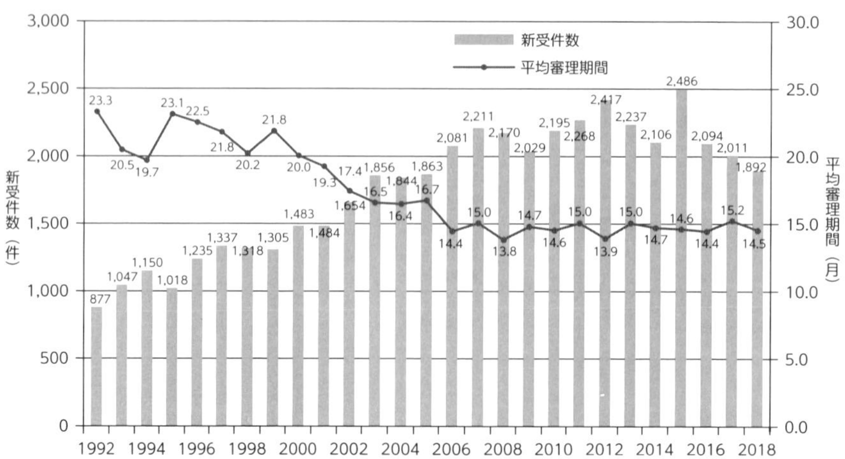


**図 11-2 ● 行政事件訴訟—新受件数及び平均審理期間の推移**
出典：最高裁「裁判の迅速化に係る検証結果の公表（第８回)」(2019［令和 1］年7月 19 日)

### 図 11-2 に関するコメント

簡単にコメントすると，①行政事件訴訟の**新受件数**(しんじゅ)が最も多かったのは，2015（平成 27）年の **2,486 件**，②司法制度改革（2004［平成 16］年）以後，**2,000 件を上下**している。③これは 1992（平成 4）年に比べると，**2 倍以上**。④平均審理期間は逆に，**8.8 か月短縮**されている。なお，比較のモノサシとして，**民事第一審**の新受件数は，ここ数年**年間 20 万件前後**。つまり行政事件訴訟の数は決して多いとはいえない（民事事件**全体の 1%**）。が，昔に比べると**倍増**している。

## 11-2-1 第 1 列：主観訴訟 vs. 客観訴訟

まず第 1 列は，「主観訴訟」vs.「客観訴訟」です。

**第 1 列**　上記 4 つの訴訟類型のうちで，前 2 者（抗告訴訟＋当事者訴訟）を「**主観**訴訟」といい，後 2 者（民衆訴訟＋機関訴訟）を「**客観**訴訟」といいます。これが，議論の出発点(スタートライン)です。

**理論用語**　ただし「主観訴訟」「客観訴訟」という語は，行訴法には登場しません。つまり法令用語ではなく，**理論用語**です（おそらくは，雄川一郎(おがわ・いちろう)『行政争訟法(そうしょう)』［1957〈昭和 32〉年・有斐閣(ゆうひかく)］に由来▶ p.95）。

**言葉の意味**　主観訴訟とは，「**権利の保護**」を主目的とする訴訟であるのに対し，客観訴訟とは「行政の適正な（適当な，ではない！）運営の確保」を通じて守られる，「**法**という秩序**の保護**」を主目的とする訴訟のことです。

| | | |
|---|---|---|
| 主観訴訟 | 抗告訴訟（3 条） | 当事者訴訟（4 条） |
| 客観訴訟 | 民衆訴訟（5 条） | 機関訴訟（6 条） |

**表 11-2 ● 主観訴訟・客観訴訟**

## 「主観」訴訟・「客観」訴訟という命名の背景

英語では, 法（law）と権利（right）は別の言葉である。これに対し仏独語では, 法も権利も droit（仏）, Recht（独）という同一の語で示される。だから区別がつかない。

そこで法を示す場合,「客観的」という形容詞を付けて droit objectif（仏）, objektives Recht（独）と呼び, また権利を示す場合は「主観的」という形容詞を付けて, droit subjectif（仏）, subjektives Recht（独）と呼ぶ。

これは 18 世紀末頃まで, つまりは近代法が誕生する以前の欧州大陸では, 法と権利が**未分離の状態**にあったこと, そしてそれが言葉の中に痕跡として残っているのだ, と考えられる。もうおわかりのように,「主観」訴訟,「客観」訴訟というネーミングは, これらの状況から来ている。

**別の説明**　同じことを別の角度から,「公益」「私益」という言葉を使って説明すれば, 主観訴訟は「**私益**」の保護を, また客観訴訟は「**公益**」の保護を主たる目的とする訴訟です。なお, 公益と私益の関係は, 図 11-3 に, 石川なりの理解を描いてみました。説明文とともにご覧ください。

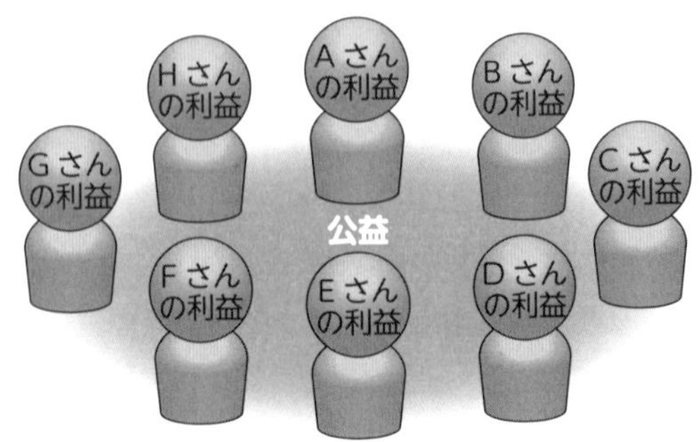


- みんな, 自分の利益（＝私益）は放っておいても自分で守る。
- だが, **私益（自益）とは別に, 公益（共益）というものも確かに存在**する。
- 公益は誰が守るか？→原則は「公益の管理者」としての行政の役目。しかし例外的に, 国民がいわば**行政に「代位」**して, **公益を守る**ために起こすのが**客観訴訟**（特に民衆訴訟）。

**図 11-3● 第 1 列：主観訴訟 vs. 客観訴訟（公益と私益の関係）**

## 手続３法は双頭の鷲

このこと，つまり手続３法が「**２つの目的**」を持つ「双頭の鷲（独 Doppeladler）」であることは，**行手法と行審法**には，それぞれ第１条に明記されている（ただし行手法と行審法では順序が逆）。行訴法は明示こそしていないが，主観訴訟と客観訴訟の**双方を定める**ことにより，「暗黙のうち」に，他の２法と同じ前提に立っているのだと思われる。

**２つの客観訴訟**　そこで主観訴訟については第２列で説明するとして，まずは**２つの客観訴訟**につき，その概略を学びます。

**民衆訴訟**　まず**民衆訴訟**（citizen actions，独 Popularklage）とは，「国又は公共団体の機関の**法規に適合しない行為の是正**を求める訴訟で，選挙人たる資格その他**自己の法律上の利益にかかわらない資格**で提起するもの」をいいます（行訴法５条）。

**機関訴訟**　次に**機関訴訟**（interagency actions，独 Organstreit）とは，「国又は公共団体の**機関相互間における権限の存否**又はその**行使に関する紛争**についての訴訟」です（行訴法６条）。

**両者の実例**　民衆訴訟の例は，第９章「地方自治法」で述べた**住民訴訟**（自治法 242 条の 2 ▶ p.231）のほか，条文（行訴法５条）にも例示されている**選挙・当選無効訴訟**（公職選挙法 206 ～ 209 条の 2）。また機関訴訟の例は，やはり自治法で扱った「国等の関与」を巡る「普通地方公共団体に対する国又は都道府県の**関与に関する訴え**」（自治法 251 条の 5 以下 ▶ p.231 以下），同じく地公体の**長と議会の間の訴訟**（同 176 条 7 項）が挙げられます。これら主要例は試験対策として覚えておく必要があります。

**第１列の結論：**

- 裁判所（司法）の任務は，「一切の法律上の争訟」の裁判（裁判所法３条１項），つまりは私的権利・利益（私益）の保護なのであり，公益の保護は司法の任務ではなく，むしろ行政または立法の任務である。
- ところが，立法上の政策によって例外的に，「公益の保護」という任務が司法に与えられる場合がある。それが客観訴訟である。

● 以上の論証から，第１列の「結論」としては**主観訴訟が原則で客観訴訟は例外**，ということになる。

## 11-2-2 第２列：主観訴訟（抗告訴訟 vs. 当事者訴訟）

次の第２列は，主観訴訟の中での「抗告訴訟」vs.「当事者訴訟」です。この部分の理解が，行政事件訴訟法全体の「山場（climax）」です。よって，解説の分量も多い（章全体の半分）。少し難しいかもしれませんが，じっくり読んで意味を正確に理解し，行訴法トレイルから無事に「下山」しましょう。

**主観訴訟**　ここでは，第１列では後回しにしておいた，**主観訴訟**の解説から始めます。「主観訴訟」と聞いたら，まずその**２つの種類**（抗告訴訟と当事者訴訟）を即答できるように。ポイントは「主観訴訟」の**定義**が正確に述べられるかどうか（復習）。さらに，２つの客観訴訟の定義から導かれる「**裏返し（逆）定義**」にも注意したいものです（下記参照）。

### 客観訴訟の裏返し（逆定義）が主観訴訟

客観訴訟の定義を「裏返す（逆にする）」と，主観訴訟の定義になる。まず主観訴訟とは，①「自己の法律上の利益に**かかわる資格**で提起する」訴訟である（行訴法５条　**民衆訴訟の逆定義**：民衆訴訟は「かかわらない資格」）。

次に主観訴訟とは，②「国と私人（しじん）（国民）の間における**権利**の存否又はその行使に関する紛争についての訴訟である」とも定義が可能（同６条　**機関訴訟の逆定義**：機関訴訟は，「国又は公共団体の間」の「権限［の存否］」）。

なお，「権限」と「権利」の異同はすでに学習したとおり（▶ p.28 以下，194）。

**理解のポイント**　第２列の理解のポイントは，**２つ**の訴訟（抗告訴訟＋当事者訴訟）を解説するように見えて，実は**「４つの訴訟」を取り扱っている**，という点です。「４つの訴訟」とは図 11-4 のとおりです。

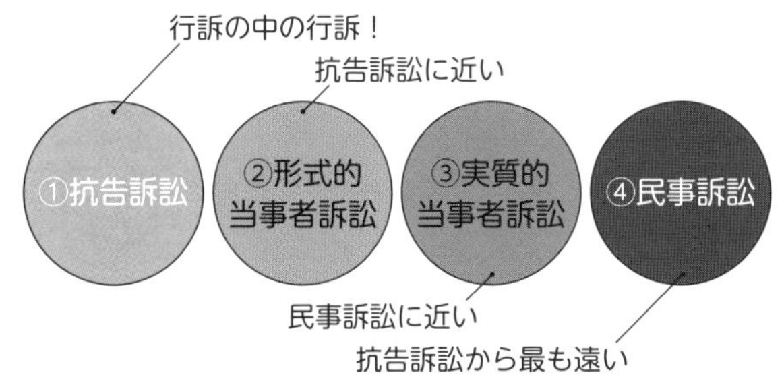


**図 11-4●「4 つの訴訟」とは**

**図の説明**　まず図の両端（＝①と④）には，**抗告訴訟**と**民事訴訟**が位置します。この 2 つは水と油のように，**性質がまったく違う**ものです。なぜかというと，①は行民関係（**非水平**関係）用の訴訟なのに対し，④は民民関係（**水平**関係）用の訴訟だからです。次に①と④の**中間に，さらに 2 つの訴訟**（②と③）が，（ハンバーガーの「具」のように）挟まっています。②と③は両方とも**当事者訴訟**なのですが，②は，**①に近い**性質の当事者訴訟なのに対し，③は，**④に近い**性質の当事者訴訟なのです。

**3 条・4 条訴訟，民訴**　行訴法の条数を使うと，①は「**3 条**訴訟」で，②と③は「**4 条**訴訟」です。正確に表現すれば，②は 4 条「**前段**」の訴訟，また③は 4 条「**後段**」の訴訟です。なお，④の根拠法は行訴法ではなく，**民訴法**です。

**唐突に**　ひとまず②と③の違いを無視すると，なぜこのように，3 つもの訴訟（＝抗告訴訟，当事者訴訟，民事訴訟）がバラバラと唐突に出てくるのか。その「謎解き」をすれば，伝統的には**（欧州）大陸法**の思考に従って，次のように考えられていたからです。

**謎解き 1：公法と私法**　まず法律関係は，

㋐**公法**関係（独 Öffentliches Recht）と

㋑**私法**関係（独 Privatrecht）

に分かれる。この，実体法上の区分に対応する形で，訴訟法上の区分としては戦前（仏独では現在でも），㋐が**行政裁判所**の，そして㋑が**司法裁判所**の管轄に属する，とされていました。ここまでの論理（対応）関係はいいですね？

**謎解き 2：権力関係と管理関係**　次に㋐公法関係が，さらに

ⓐ「**本来的な公法関係**（独 ursprünglich-öffentliches Rechtsverhältnis)」

と

ⓑ「**伝来的な公法関係**（独 abgeleitet-öffentliches Rechtsverhältnis（アプゲライテット エッフェントリッヒェス レヒツ・フェアヘルトニス））」（＝公法関係と私法関係の「中間」の性質を持つ）

に二分（にぶん）されたのです。そして⒜を「**権力**関係（独 Gewaltverhältnis（ゲヴァルト・フェアヘルトニス））」，ⓑを「**管理**関係（**非権力**関係，独 Nichtgewaltverhältnis（ニヒト・ゲヴァルト・フェアヘルトニス））」と呼びました。⒜は「行政権に**意思の優越性**が認められる法律関係」なのに対し，ⓑは「**認められない**法律関係」です（ただし日本の理論と，ドイツ理論との間には「ずれ」がある感じですが，ここでは立ち入りません）。賛否は別にして，以上をまとめると，図 11-5 のとおりです。これが，「3 つの訴訟」が出てくる背景です。なお，当事者訴訟が「もう一捻（ひとひね）り」して **2 分割**されることは後述します（「⑵当事者訴訟を『極める』」▶ p.274 以下）。

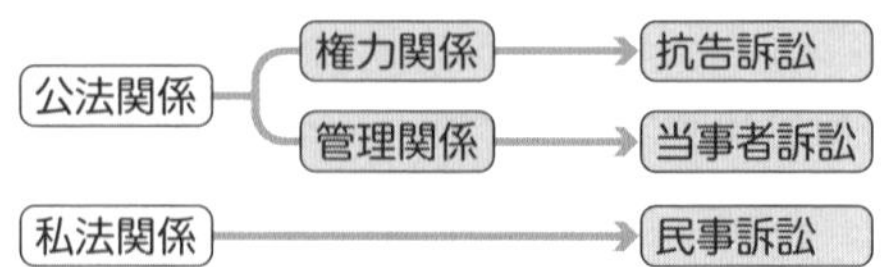


**図 11-5 ● 権力関係・管理関係・私法関係と訴訟の対応**

以上が，第 2 列の理解に必要な「予備知識」です。そこで次に，第 2 列の内容説明に入ります。

## ⑴ 抗告訴訟と当事者訴訟

**抗告訴訟**　主観訴訟の 1 つ目は，**抗告訴訟**（actions for the judicial review of administrative dispositions，独 Anfechtungsklage（アンフェヒトゥングス・クラーゲ））です。「行政庁の**処分**その他**公権力の行使**に関する**不服の訴訟**」と定義されています（行訴法 3 条 1 項）。長いですが，覚えましょう。

**抗告訴訟の性格**　この定義からも明らかなように，「**公権力の行使を争う**」という点で，抗告訴訟は「**最も行訴らしい行訴**」「行訴の中の行訴」です。裏側から表現すると，「民訴からは**最も遠い所**にある訴訟」です（文章でわかりにくければ，図 11-4 の①と④とを見比べてみよう）。

**当事者訴訟**　主観訴訟の 2 つ目は，公法上の**当事者訴訟**（public law-related

actions，独 Parteienklage（パルタイエン・クラーゲ）［英語では「公法関係訴訟」と「意訳」されている］）です。当事者訴訟は，**民事訴訟**（＝「私法上の」当事者訴訟）**と同質**の訴訟です（行訴法４条)。抗告訴訟との対比では，当事者訴訟は「行訴なのだけれども，**民訴に近い**訴訟」という性格を持ちます。わかりにくい理由は，立法者が当事者訴訟をさらに**２分割**した点にあります。この「捻り」については，後で詳（くわ）しく説明します（「(2)当事者訴訟を『極める』」▶ p.274 以下)。

**検証の方法**　以下，方法としては４条訴訟（当事者訴訟）を，まず①**３条訴訟（抗告訴訟）**と対比させ，次に②**民事訴訟**と対比させることで，**当事者訴訟の本質**を理解していただきます。

**３条訴訟と４条訴訟**　まず**３条訴訟（抗告訴訟）**では，「公権力の行使」が争われます。つまり３条訴訟は行民関係のうち，「非水平」の法律関係（**権力関係**）に対応した訴訟です。これに対し**４条訴訟（当事者訴訟）**では，公権力の行使が「**存在しない**」。つまり４条訴訟は行民関係のうち，「水平」の法律関係（**非権力関係**）に対応した訴訟です。ここは，**基本中の基本**（霞が関用語でいう「１丁目１番地（いっちょうめいちばんち）」）です。暗記ではなく，理屈でしっかり理解すること。

**当事者訴訟と民事訴訟**　次に，当事者訴訟（４条訴訟）と**民事訴訟の対比**です。両者の**違い**は**訴訟物**（独 Streitgegenstand（シュトライト・ゲーゲンシュタント）＝審判の対象）にあります。すなわち立法者によれば，当事者訴訟の訴訟物は「**公法上の**法律関係」なのに対し，民事訴訟の訴訟物は「**私法上の**法律関係」です（公法私法２分論)。

**「抗告」訴訟**　抗告訴訟は「行政庁の公権力の行使に関する不服の訴訟をいう」と定義されます（前述。行訴法３条１項)。でも「抗告」訴訟って，聞き慣れない表現ですね。実は**民事**訴訟法と**刑事**訴訟法には，「**抗告**（appeal from/against a ruling，独 Beschwerde（ベシュヴェアデ））」と呼ばれる**不服申立（もうした）ての手段**があります（民訴法 328 条以下，刑訴法 419 条以下)。抗告すなわち「**司法庁**（＝裁判所）の公権力の行使に関する不服」に**似た訴訟**なので，「抗告に似た訴訟」→「抗告訴訟」というネーミングになったわけです。

**公定力排除の訴訟**　抗告訴訟は，処分の持つ**「公定力」を否定・排除**する専用訴訟として成立しました。これを学者は小洒落（こじゃれ）て（スカして）「**抗告訴訟（取消訴訟）の排他的管轄**（独 ausschießliche（アウスシュリースリッヒェ） Zuständigkeit（ツーシュテンディヒカイト） der（デァ） Anfechtungsklage（アンフェヒトゥングス・クラーゲ））」などと表現します。▶ レインボー p.172)。欧州諸国（仏独）で生まれ，日本に「輸入」されたものです。

### 抗告訴訟の起源は仏独法

大陸法起源で，フランスの越権訴訟（Recours pour excès de pouvoir）とドイツの抗告訴訟（Anfechtungsklage）の影響が大きい。ここにもまた，**処分＝行政行為**（仏 acte administratif unilateral，独 Verwaltungsakt）を**司法行為**（仏 acte judiciaire，独 Justizakt）と**同格視する**（パラレルにとらえる）**思想の痕跡**が見られる。

**公定力**　さて,「**公定力**」という言葉はここで初登場なので,簡単に説明します。まず「公定力」と聞いたら，**最高裁判例**の，次の定義を直ちに思い浮かべられるように訓練しましょう（ここが，**行政法の中で最も重要**な部分)。

**最判の定義**　すなわち，「行政処分は，たとえ違法であつても，その違法が重大かつ明白で当該処分を当然無効ならしめるものと認むべき場合を除いては，適法に取り消されない限り完全にその効力を有する」と（最判昭 30・12・26［茨城県農地委員会事件］)。特に，**下線部の表現に注意**しましょう。

**本来の姿**　まず，公定力が「存在**しない**世界」では，処分の取り扱いは図 11-6 と表 11-3 に示した，2 つの類型の**どちらか**（「類型Ⅰ」か「類型Ⅱ」）になります。これが「本来の姿」です。

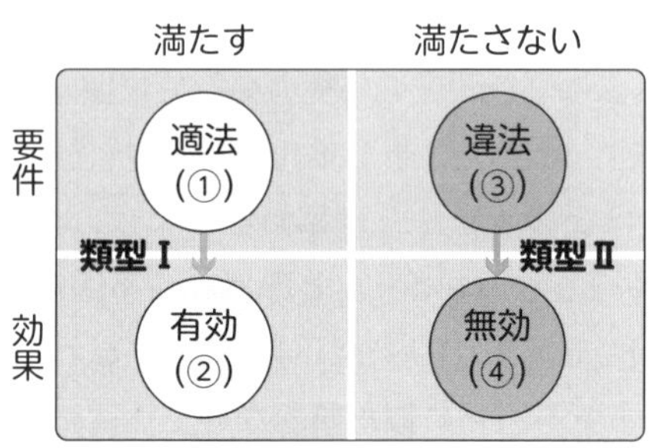


**図 11-6● 公定力が「存在しない世界」**

| 類型Ⅰ | ①なら② | 要件を「満たす」(適法＝①) なら<br>効果は「有」り (有効＝②) |
|---|---|---|
| 類型Ⅱ | ③なら④ | 要件を「満たさない」(違法＝③) なら<br>効果は「無」し (無効＝④) |

**表 11-3 ● 処分の取り扱いは本来なら 2 類型のいずれか**

**最高裁の見解**　ところが最高裁は,**「公定力」を認めて**います。上記・最判(昭30・12・26)は,「公定力」とは明言していませんが,**公定力を定義**しています。上記判示(はんじ)の文章から余計な部分を取り除くと,最高裁は(驚くべきことに?)「**処分は違法**だ。だが**効**力を**有**する＝**有効だ**」と言っているからです。

**まさかの禁じ手?**　つまり最高裁は,①→②(類型Ⅰ)と③→④(類型Ⅱ)の**ほかに**,③→②という「**まさかの禁じ手**」を認めるよ,と言っているのです。

**公定力の正体**　だから「**公定力**」とは結局,図 11-7 における**青色の斜め矢印(＝「類型Ⅲ」)のこと**なのであり,それ以上でも以下でもありません。それは要するに,「法的安定性」を重視する立場です。

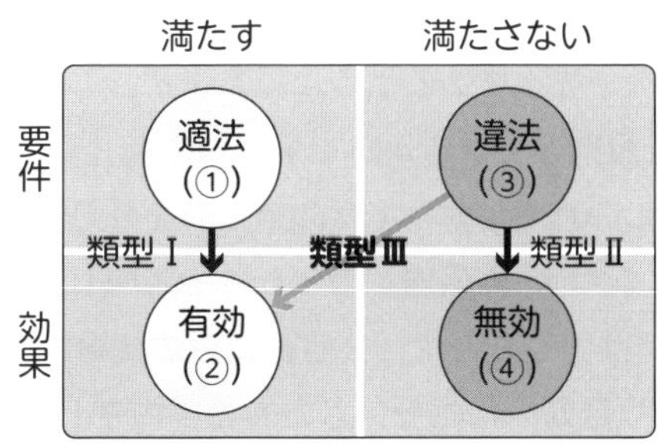


**図 11-7 ● 公定力が「存在する世界」＝公定力の「正体」**

## 「公定力の正体」を解き明かした兼子本

昔,兼子仁(かねこ・まさし)教授は,『行政行為の公定力の理論』(1960［昭和 35］年・東京大学出版会)という博士論文の中で,仏独の行政法理論を分析(ぶんせき)し,行政法の「**奥の院**」(と表現されていたと記憶する)である「公定力の正体」をみごとに解明された。院生から大学助手時代に,石川は四苦八苦しながら同書を読んだことを,懐かしく思い出す。

## 公定力の訳語

美濃部達吉説だと，「公定力」は独語では Rechtskraft であり，その「孫弟子」の塩野宏教授は，Bestandskraft を充てた。Rechtskraft とは直訳すれば，「(判決の)（実質的）**確定力**」のことで，Rechtskraft と Bestandskraft は，独語では同じ意味である。なお，その後，塩野本では「規律力（Bestimmungskraft)」に表現が改められた（▶レインボー p.158)。

**政策的「効力」**　以上の検討から，処分の「効力の 1 つ」だといわれる「公定力」とは結局,法以前に最初から（ラテン語 a priori）処分に備わっている「力」**ではなく**，立法**政策的に後から**（ラテン語 a posteriori)，法によって付与された「力」なのです。

**制度の反射**　つまり「処分の**取消訴訟**」制度という立法政策（＝法的安定性の重視）が存在する結果,その「**反射**（独 Reflexwirkung)」**として処分に備わっている（ように見える）効力**。それが「公定力」です。だから取消訴訟という仕組みを否定すれば，処分の「公定力」もまた消え去る運命なのです。

**太陽と月**　月は，自分で光っているように見えます。しかし月が「光って**見える**」のは,**太陽の光を反射**しているからです。つまり「月」が公定力で,「太陽」が取消訴訟ですね。この理由で本書では，公定力を「処分論」(＝行政**作用法**）ではなく，取消訴訟（＝行政**救済法**）のところで説明しているのです。

**処分の「諸効力」**　実は同じことは，公定力**以外の**処分の他の「**効力**」についてもいえます。つまり諸効力は処分にもともと「内在」しているのではなく，**制度の反射**として，立法者によって（外在的に後から）与えられたものにすぎない，ということです。これをまとめれば，表 11-4 のようになります。

| 効力名 | 対応する制度・政策［（　）内は根拠法］ |
|---|---|
| **拘束力** | 法律の双面的拘束力*制度（不文法） |
| **公定力** | 取消訴訟制度（行訴法） |
| **執行力** | 代執行制度（代執法） |
| **不可争力** | 不服申立期間制度（行審法），出訴期間制度（行訴法） |
| **不可変更力** | 不服申立制度（行審法・行訴法） |

＊「法律の**双面的拘束力**（独 beidseitige Bindungskraft des Gesetzes）」とは，法律（国民代表による制定法）によって，行政と国民の双方が縛られる，という意味。含意は，前近代（警察国の時代）とは異なり，近代（法治国の時代）の**法律は**，国民（**被統治者**）だけではなく，「**行政（統治者）をも拘束する**」ということ（警察国時代の法律は，国民のみを一方的に拘束した）。

**表 11-4● 処分の「諸効力」と制度・政策の対応表**

**本書全体の結論**　ですからここはまた，同時に「**本書全体の結論**」を述べる部分でもあるのです。本書の結論とは**次の 4 点**です。さらに削れば，結論は「**たったの 2 つ**」（＝①と②）です。

①「処分」なければ行政法なし。
②「処分」（行政作用法）があるから，対応する「取消訴訟」（行政救済法）もまた存在している。
③しかし「取消訴訟」を否定すれば，「処分」も消える（厳密に言えば③と④の間に，「処分の自力執行力を否定する」という中間の選択肢もありうるが，これは付随的で，話の本質ではない。本質はあくまで①と②）。
④よって「処分」が消えれば，行政法もまた消える。

### 僕だけがいない街（行政法のない世界）

行政法が消えた，つまり行政法の「ない世界」（僕だけがいない街）とは，要するに司法法（**民事法**）**の世界**である。

伝統的に，大陸法（仏独）は「**2 つの法**（私法・公法），**2 つの裁判（所）**（司法裁判所・行政裁判所）」。これに対し英米は「**1 つの法**（コモンロー），**1 つの裁判（所）**」だといわれてきた（裁判所が 1 つだと，呼び分ける必要はないが，大陸法的に表現すれば，「司法」裁判所）。日本は，**戦前は欧州大陸型**を採用し，**戦後は英米型**に移行した。日本国憲法 76 条 2 項にいう（その設置が禁じられている）「特別裁判所」とは，戦前に存在した皇室裁判所や軍法会議のほか，**行政裁判所を含意**している。

なお，戦前の「行政裁判所」は司法権ではなく，**行政権に所属する裁判所**であった。長官と 14 人の「行政裁判所評定官（ひょうじょうかん）」から構成される **1 審制の裁判所**（行政裁判法［明治 23 年法律 48 号］）。所在地は東京府東京市麹町（こうじまち）区（現東京都千代田区）紀尾井町（きおいちょう） 3-26 で，跡地は旧司法研修所を経て，現在では城西（じょうさい）大学の東京キャンパスになっている。

行政法がなくなると，行政法学者は失業するが，それは大した話ではない。ただ，では「行政法をなくせるか？」といえば，事はそう簡単ではない。よって，本書もしばらくは売れる，ということであろうか？

以上で抗告訴訟（取消訴訟）の学習を終え，次は当事者訴訟です。以下を読んで，当事者訴訟の本質を極めましょう。

## ⑵ 当事者訴訟を「極める」（行訴と民訴の狭間）

**わかりにくい理由**　さて今までの教育経験から，当事者訴訟という「大道具」が，読者にとってわかりにくい理由は次の **2 点**にあると思います。すなわち，

①当事者訴訟には **2 種類**があること。しかも 2 種類あることが，必ずしも十分には**理解されていない**こと。また，

②「形式」「実質」という**言葉遣（づか）いが混乱**を招いていること，

です。一見「難しげ」ですが理詰（りづ）めで，順を追って解説を読んでいけば，必ずおわかりいただけるはずです。

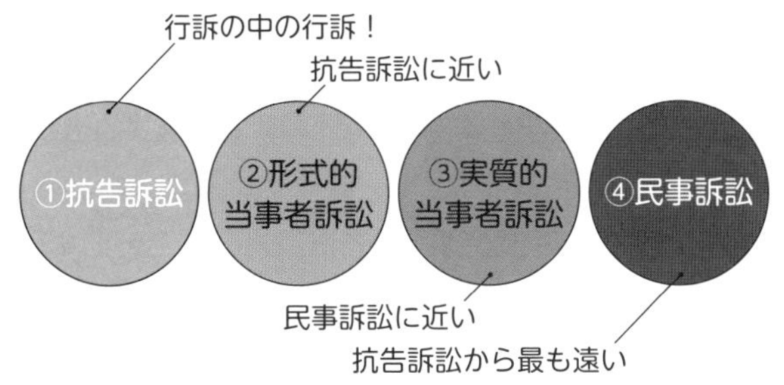


**図 11-8 ● 抗告訴訟 vs. 当事者訴訟 vs. 民事訴訟**
図 11-4 の再掲

**図の説明**　そこでまずは図 11-8 を見てください。これは図 11-4 の再掲です。繰り返しになりますが，舞台の上には左から右へ，「**4 つの訴訟**」（大道具(ハコモノ)）が並んでいます。本書は行政法の書物なので，行政法を中心にモノを眺めます。すると，**抗告訴訟**（図の一番左）が「**行訴の中の行訴**」で，学習の中心。その対極にある, 1 番右の**民事訴訟**が「抗告訴訟から**最も距離が遠い訴訟**」でした。

**2 個の当事者訴訟**　そして，この両極（＝抗告訴訟と民事訴訟）の**中間**に，**2 種の当事者訴訟**が位置しています。ここまでは，先ほどの復習です。しかし，それにしても行訴法のデザイナー（立法者）は, かなり「技巧的な大道具」（当事者訴訟）を設えましたね。なにせ 1 個ではなく，2 分割ですからね。

**当事者訴訟の定義**　「当事者訴訟」とは要するに，先の定義にあったように，権義(けんぎ)の担(にな)い手である 2 人の**当事者**（＝原告・被告）**が**, 自分らの**権義の存否**（＝存在・不存在）を巡って互いに**争う訴訟**のことです（行訴法 4 条)。そして当事者訴訟は,

①4 条「**前段**」の訴訟と,

②4 条「**後段**」の訴訟

の 2 種に分かれます。①を「**形式的**当事者訴訟」, また②を「**実質的**当事者訴訟」ともいうので，この呼び名はしっかりと覚える必要があります。

### (3)形式的当事者訴訟（行訴法４条前段の訴訟）

**形式的当事者訴訟**　まず，行訴法４条「前段」の訴訟（形式的当事者訴訟）とは，**入れ物（＝形式）だけ**「当事者訴訟」を**借りている**が，その「**実質**（本質）」**は３条訴訟（抗告訴訟）と同じ性質**の訴訟だ，ということです。

**公権力の行使**　つまり，もともとは「水平の関係」向けにつくった大道具（当事者訴訟）だったのに，立法者はそれを**無理矢理２分割**した。そして，うち一方を（再び）抗告訴訟に合うように「**魔改造**（まかいぞう）」**した**。４条前段訴訟（形式的当事者訴訟）では，処分・裁決（さいけつ）など「行政庁の**公権力の行使**」が争われているから，**中身（実質）は抗告訴訟**に等しい。ただ形式だけ，当事者訴訟を借りているのです。つまり**形式は当事者訴訟**，しかし**実質は抗告訴訟**という意味で，両性具有の訴訟です（ここが先ほど，「形式」「実質」の使い方が紛（まぎ）らわしいねぇ，と述べた理由です）。

**原告の狙い**　ただし本来の抗告訴訟とは違って，原告は処分・裁決（＝公権力の行使）の「無効や取消し」を**争ってはいない**。むしろ処分・裁決が**有効**であることを前提に，「**カネをくれ！**」と言っている。だからこの点で，原告が処分・裁決の**無効や取消しを争う**（本来の）**抗告訴訟とは違っている**のです（処分が無効にされる／取り消されると，カネがもらえなくなる）。

**法令の規定**　４条前段訴訟（形式的当事者訴訟）の**要点**は，それが「**法令の規定により**」認められる点にあります（条文を引用すると，「当事者間の法律関係を確認し又は形成する処分又は裁決に関する訴訟で法令の規定によりその法律関係の当事者の一方を被告とするもの」）。

**主要な例**　したがって，その**主要な例**（＝個別法令の規定）**は記憶する必要**があります（例：①自衛隊法105条９項・10項，②農地法55条［以上，国民と行政主体の間の法律関係］，③土地収用法133条２項，④特許法183条［以上，行政主体以外の権利主体相互間（＝民民関係）の法律関係］など）。各条文を見ればわかりますが，内容は「**損失補償**（ほしょう）**の額**」**を巡る争い**が大半です（損失補償については第14章▶ p.364以下）。その他の例は，過去問集を各自で参照してください。

## ⑷実質的当事者訴訟（行訴法４条後段の訴訟）

**実質的当事者訴訟**　次は，行訴法４条「後段」の訴訟です。これは「**実質的当事者訴訟**」とも呼ばれます。これが**本来の当事者訴訟**です。「4条後段」の実質的当事者訴訟は，形式だけではなく**実質も当事者訴訟**であり，**抗告訴訟**（＝公権力の行使に関する訴訟）**ではない**，という意味です。別の言い方をすると，図 11-8 の右隣（＝**民事訴訟**）と同質の訴訟です。

**躓きの石**　でも，この「実質も当事者訴訟であり」という言い回しが，「**躓**（つまず）**きの石**」のような気がします。「魔改造」（形式的当事者訴訟）さえなければ，すっきり理解できるのです。ですから，この際，当事者訴訟をしっかり理解しましょう。

**主要な例**　実質的当事者訴訟（４条後段訴訟）では，形式的当事者訴訟（４条前段訴訟）のように，法令（＝個別法）の規定が**「決め手」にはなりません**。ゆえに，「公法上の法律関係に関する訴訟」（行訴法４条後段）の，**主要な例を覚えておく必要**があるのです。古典的な例としては，

①公務員の給与支払請求訴訟（富山地判昭 47・7・21）

②４条前段訴訟**以外の**損失補償の請求訴訟（札幌高判昭 61・7・31）

③在外邦人の「投票できる地位」にあることの確認訴訟（最大判平 17・9・14）

④国を被告とする婚外子の日本国籍確認訴訟（最大判平 20・6・4）

などが挙げられます。ゆえに，**民事訴訟**（＝「私法上」の当事者訴訟）**と，ほとんど区別ができない**のです（行訴と民訴の違いは，▶ p.169 以下「事物管轄（じぶつかんかつ）」）。

## ⑸改正行訴法のメッセージ

**行訴法改正**　なお，前に学んだ平成 16 年改正行訴法は，４条**後段**（「及び」の後）に，次の文言（もんごん）（下線部）を新たに付け加えました。すなわち，「この法律において『当事者訴訟』とは，当事者間の法律関係を確認し又は形成する処分に関する訴訟で法令の規定によりその法律関係の当事者の一方を被告とするもの**及び**<u>公法上の法律関係に関する確認の訴えその他の</u>公法上の法律関係に関する訴訟をいう」と，いわば**例示の文章**を付け加えたのです。

**立法者意思**　つまり立法者は，「**4 条訴訟（確認訴訟）をお使いなさい**」とのメッ

セージを発しました。その結果，後で述べる３条訴訟，とりわけ処分の取消訴訟（3条２項訴訟）で，無理やり**「処分性」を拡大する必然性は失われた**のです（▶ p.294 以下）。

**4 条後段訴訟の対象**　したがって今後は，どのような行政作用が４条訴訟，とりわけ**４条「後段」訴訟**（実質的当事者訴訟）**の対象**になるのか，注意深く見守る必要があります。可能性としては，①**行政立法**，②**行政計画**，③**行政指導**などだろうと予想されます。ともあれ,そこでの「決め手」は**確認の利益**（独 Feststellungsinteresse（フェストシュテルングス・インテレッセ））の有無，ということになるかと思われます。

### 「確認の利益」の意味

「確認の利益」とは訴訟法上の用語で，裁判判決，特に**確認判決**によって，当事者間（行政主体とその相手方（国民）の間）の**争いを，有権的に確定・解決**できるだけの**実益（メリット）**，という意味。確認訴訟自体が，将来の紛争発生を**未然に防止する機能**を持つので，その核心（コア）にある**確認の利益もまた，同様の働き**を持つ。

**第２列の結論：**

- 行政法関係は，法令によって**非水平の関係**（＝権力関係）に仕組まれていることが多く，水平の関係（＝非権力関係・管理関係）は例が少ない。
- 以上の論証から，第２列の「結論」としては**抗告訴訟が原則で，当事者訴訟は例外**，ということになる。

当事者訴訟の本質解明という作業が入ったため，かなり長くなりましたが，これで「第２列」の解説は終わりです。「長くなった」ということは，ここが行政法と行訴法の切所（せっしょ）（難所・難関）だ，ということです。以上で切所を越えたので，続く道はそう険（けわ）しくはないでしょう。

# 11-2-3 第３列：抗告訴訟（法定抗告訴訟 vs. 法定外抗告訴訟）

第３列は，「法定抗告訴訟」vs.「法定外抗告訴訟」の学習です。

**6 種類**　まず**法定抗告訴訟**は次の**６種類**。すなわち，

①**処分の取消**訴訟（行訴法３条２項）

②**裁決の取消**訴訟（同条３項）

③**無効等確認**訴訟（同条４項）

④**不作為の違法確認**訴訟（同条５項）

⑤**義務付け**訴訟（同条６項）

⑥**差止め**訴訟（同条７項）

です。うち⑤と⑥は改正行訴法で**新設**されたものです（それ以前⑤と⑥は「法定外[無名]抗告訴訟」と呼ばれていました。それが今回,「法定抗告訴訟」になったのです)。

**3 個の 2 ペア**　これを「訴訟の３類型」(▶ p.26）に当てはめれば，法定抗告訴訟は「3 個の 2（ツー）ペア」から成る，すなわち

㋐ **2 つの形成**訴訟（＝取消訴訟）（①＋②）

㋑ **2 つの確認**訴訟（③＋④）

㋒ **2 つの給付**訴訟（⑤＋⑥）

ということです。図 11-9 も図 11-1 と同じく，「美的（エステティック）」ですね。

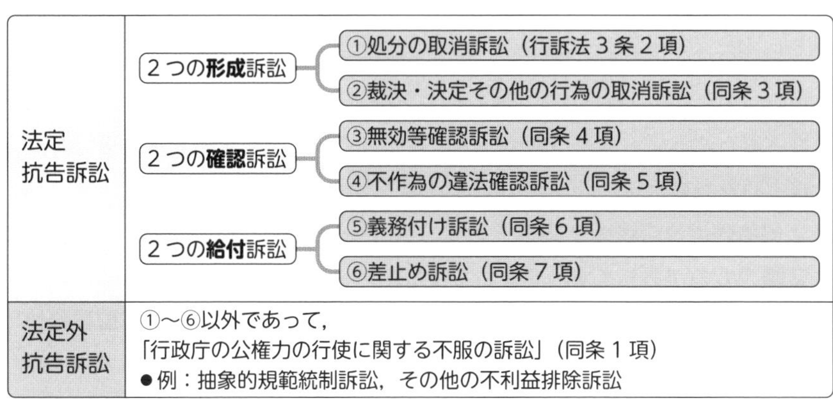


**図 11-9 ● 第３列：法定抗告訴訟 vs. 法定外抗告訴訟**

**法定外抗告訴訟**　**法定外抗告訴訟**とは，抗告訴訟の定義規定（行訴法３条１項）には当てはまるが，同条２項から７項までの「**どれにも当てはまらない**訴訟」ということです。ゆえに「名無しの権兵衛（ごんべえ）」という意味で，法定外抗告訴訟は**「無名」抗告訴訟**とも呼ばれるのです。

## (1) 義務付け訴訟

ここで関連として，行訴法平成 16 年改正で新設された義務付け訴訟と差止め訴訟に，簡単に触れておきます。まず，**義務付け訴訟**は「**作為の給付**」を求める給付訴訟です。同訴訟は**２つ**に分かれます。すなわち，①「**第１号**」義務付け訴訟（行訴法３条６項１号）と，②「**第２号**」義務付け訴訟です（同条同項２号）。

**第１号**　うち①が**通常の**義務付け訴訟，つまりはすでに学んだ「不作為」すなわち「行政庁が一定の処分をすべきであるにかかわらず**これがされない**」状況が生じた場合，原告が裁判所に対して「行政庁がその**処分（略）をすべき旨（むね）を命ずることを求める訴訟**」です。「すべき旨を命ずる」＝「**作為の給付**」ですね。

**第２号**　次に②の第２号義務付け訴訟とは，「行政庁に対し一定の処分（略）を求める旨の法令に基づく**申請**（略）**がされた場合**において，当該行政庁がその**処分**（略）**をすべきであるにかかわらず」されないとき**に，提起が可能です。

**難しい？**　うーむ。やはり，訴訟法は難しい？　できる限り「やさしい解説を」と心がけてはいますが，立法者が制度を精密に仕組めば仕組むほど，解説は難しくなります。よってもし，「難しい」と感じたら，とりあえず飛ばし読みし，見合う実力がついてきた段階で，再チャレンジするというのも，読者にとっては現実的な対応かもね。

**第２号義務付け訴訟の２類型**　さて，もう一頑張り（ひとがんば）り。第２号義務付け訴訟には**２種**のものがあります。すなわち，

①行政庁の**不作為（不応答）**を争う義務付け訴訟（＝**不作為対応型**義務付け訴訟）のほかに，もう１つ，

②申請**拒否（きょひ）処分を**争う義務付け訴訟（＝**拒否処分対応型**義務付け訴訟）

があるのです（▶図 11-10）。ここは要注意です。

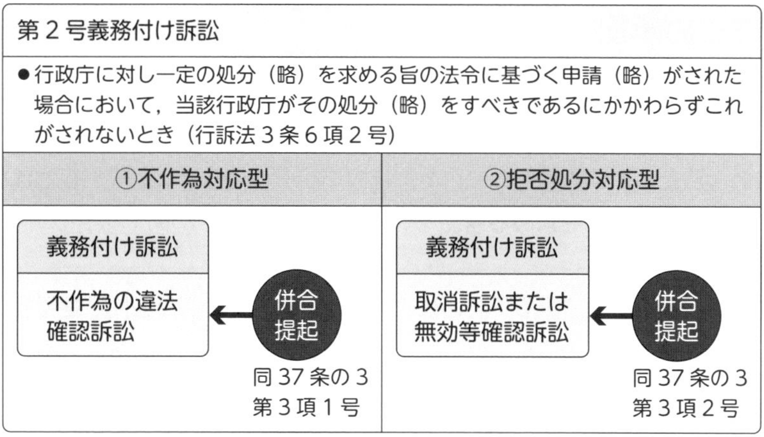

| 第２号義務付け訴訟 | |
|---|---|
| ●行政庁に対し一定の処分（略）を求める旨の法令に基づく申請（略）がされた場合において，当該行政庁がその処分（略）をすべきであるにかかわらずこれがされないとき（行訴法３条６項２号） | |
| ①不作為対応型 | ②拒否処分対応型 |
| 義務付け訴訟 ← 併合提起（同 37 条の３第３項１号） 不作為の違法確認訴訟 | 義務付け訴訟 ← 併合提起（同 37 条の３第３項２号） 取消訴訟または無効等確認訴訟 |

**図 11-10 ● 第２号義務付け訴訟の２類型——不作為対応型と拒否処分対応型**

**不作為の違法確認訴訟との関係**　勘のいい人は気づいたかもしれませんが,「**申請を前提**に，その不応答（＝不作為）への対抗策だ」という点で，第２号義務付け訴訟のうち，**不作為対応型**義務付け訴訟（＝上記①）は，行訴法がもとから認めていた**「不作為の違法確認」訴訟**（行訴法３条５項）と**共通の性格**を持っています。

**併合提起(1)**　そこでこのような場合，第２号義務付け訴訟のうち「不作為対応型」義務付け訴訟は，**不作為の違法確認訴訟と併合提起**（へいごうていき）することになるのです（行訴法 37 条の３第３項１号）。

**併合提起(2)**　また第２号義務付け訴訟のうち,「**拒否処分**対応型」義務付け訴訟については，**取消訴訟または無効等確認訴訟と併合提起**することになります（行訴法 37 条の３第３項２号）。行訴法の前のほう（定義規定）ばかり見て「わかったような気」になっていたかもしれませんが，これらは行訴法の後のほうに出てくる条文です。見落とすと致命的。ご用心ご用心！　なお，義務付け訴訟についてはレインボー p.376 以下を参照のこと。

## ⑵差止め訴訟

**差止め訴訟**　次に，**差止め訴訟**ですが，スペースの関係で詳しく述べられません。定義は，「行政庁が一定の**処分又は裁決をすべきでないにかかわらずこれがされようとしている場合**において，行政庁がその処分又は裁決を**してはならない旨を命ずることを求める訴訟**をいう」（行訴法３条７項）。要件は，同 37 条の４を見てください。

**法的性質**　ただし①差止め訴訟の法的性格は，義務付け訴訟と同じ**給付訴訟**であること。違いは，②義務付け訴訟が「**作為**の給付」を求める訴訟であるのに対し，差止め訴訟は「**不作為**の給付」を求める訴訟だ，ということだけ申し上げておきます。

**厚木基地訴訟**　また**判例**としては，夜間・早朝の自衛隊機の飛行差止めを周辺住民が争った，**厚木基地訴訟**(あつぎきち)を挙げておきましょう。原審(げんしん)（東京高裁）が差止めを認めたのに対し，**最高裁はこれを否定**しました（最判平 28･12･8。なお，差止め訴訟について詳しくは▶ レインボー p.269）。

**残る法定外抗告訴訟**　すでに学んだように，改正行訴法で義務付け訴訟（行訴法３条６項。mandamus action, 独 Verpflichtungsklage(フェアプリヒトゥングス・クラーゲ)）と差止め訴訟（同３条７項。action for an injunctive order, 独 Unterlassungsklage(ウンターラッスングス・クラーゲ)）が，「法定抗告訴訟化」しました。その結果，これら旧法定外抗告訴訟の「２大支柱」が抜け落ちた後に，「**残る法定外抗告訴訟**」など，まだ**存在する**のでしょうか？結論から言えば，それは「**ありうる**」のです。

**塩野説**　塩野説によれば，

①**抽象的規範統制訴訟**

②**その他の不利益排除訴訟**

です。その意味では，法定抗告訴訟もまた，「不利益を排除する」という機能を持つ訴訟であることがわかります。

**第３列の結論：**

- 法定抗告訴訟は，名付け親（＝立法者）が事前に「想定」していたからこそ，名前が付いている。よって「**有名**」抗告訴訟（**典型**抗告訴訟）とも呼ばれ，提起される件数も多い。

- ところが法定外抗告訴訟は「何があるか，あらかじめはわからない」ため，名前が付いていない。よって「**無名**」抗告訴訟（**非典型**抗告訴訟）とも呼ばれ，めったに提起されない。
- ただし改正行訴法は，旧法下の２つの法定外（無名）抗告訴訟である，義務付け訴訟と差止め訴訟を「法定（有名）抗告訴訟化」した。
- それでも件数としては，法定抗告訴訟の件数が多い。
- 以上の論証から，第３列の「結論」としては**法定抗告訴訟が原則で，法定外抗告訴訟は例外**，ということになる。

## 11-2-4 第４列：法定抗告訴訟（対作為の抗告訴訟 vs. 対不作為の抗告訴訟）

第４列は,「作為（処分）を争う抗告訴訟」vs.「不作為を争う抗告訴訟」です。

**「不作為」**　そもそも行審法・行訴法にいう「不作為」とは，行手法の「申請」の定義が定めている「（諾否（だくひ）の）応答義務」というものを前提に，「申請への不応答」を「不作為」と理解しています。つまり，「**申請なければ不作為なし**」ということでした（▶ p.120，352）。

**レアケース**　しかし，ここに述べた意味での「不作為」，つまり許認可の申請があり，標準処理期間が経過して相当な時間が過ぎたにもかかわらず，「応答がない」という事態が生じるのは**極めて例外的なケース**でしょう。

**第４列の結論：**

- 以上の論証から，第４列の「結論」としては**作為を争う抗告訴訟が原則で，不作為を争う抗告訴訟は例外**，ということになる。

## 11-2-5 第５列：対作為の抗告訴訟（取消訴訟 vs. 無効確認訴訟）

第５列は，「取消訴訟」vs.「無効確認訴訟」です。

**方針**　取消訴訟については，審査請求との「パラレル学習」ですでに学んだとおり（▷ p.96 以下）なので，ここでは**無効確認訴訟を中心**に学習し，必要な限りで取消訴訟にも言及することにします。

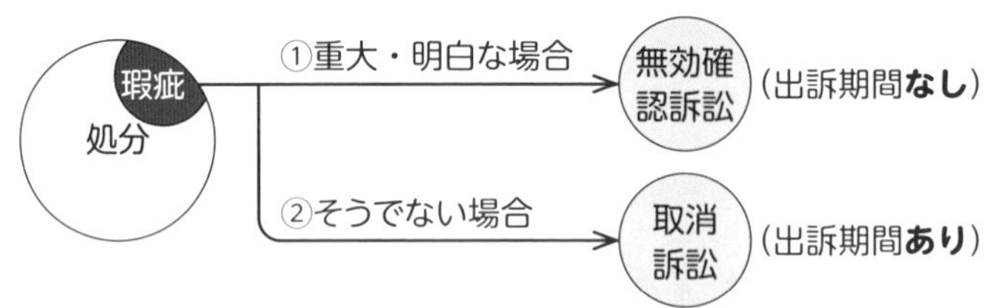


**図 11-11 ● 第５列：取消訴訟 vs. 無効確認訴訟**

**共通点**　図 11-11 では，取消訴訟（行訴法３条２項）と無効確認訴訟（同３条４項）を対比させました。まず両者の**共通性**は，訴訟のターゲットである**処分に「瑕疵がある」**という点です。ただし訴訟で争えるのは，瑕疵のうちでも「**違法性**」に限られ，「不当の瑕疵」は争えません（▷ p.100 以下）。

**相違点**　次に，違いは２つです。

①瑕疵が「**重大かつ明白**」な場合は**無効**確認訴訟。これに対し，瑕疵が「重大ではない」か又は「明白ではない」場合には，取消訴訟を提起します。

②取消訴訟には**出訴期間**があります。「処分（略）があつたことを知つた日から６箇月」です（行訴法 14 条１項）。これに対し，**無効**確認訴訟には，出訴期間は**ない**。「無効」なものは，いつまで経っても無効だからです。

**出訴期間**　なお，取消訴訟は，「処分（略）の日から **1 年**を経過したときは，提起することができない」（行訴法 14 条２項）。ここも，理解がしにくい部分です。ヒントは１項には「（処分があったことを）**知った日**」，２項には「処分の**（あった）日**」と書かれていること。電子メールでの送達なら別ですが，「あった日」と「知った日」の間には**通常，郵送期間など「時差」**があります。旅行などで自宅を留守にすれば，時差はさらに広がります。ここは前に説明しました（▷ p.103 以下）。のちの表 12-4（▷ p.312）も参照してください。

**無効「等」確認訴訟**　この訴訟が無効確認訴訟ではなく，無効「等」確認訴訟と表記される理由は，表 11-5 のように，全部で「**20 人の大家族**」だからです。その代表格が**処分の無効確認訴訟**です。件数的にも一番多いはずです。

| | 処分の | 裁決の | 決定の | その他の行為の |
|---|---|---|---|---|
| 存在 | 確認訴訟 | 確認訴訟 | 確認訴訟 | 確認訴訟 |
| 不存在 | 確認訴訟 | 確認訴訟 | 確認訴訟 | 確認訴訟 |
| 有効 | 確認訴訟 | 確認訴訟 | 確認訴訟 | 確認訴訟 |
| 無効 | 確認訴訟 | 確認訴訟 | 確認訴訟 | 確認訴訟 |
| 失効 | 確認訴訟 | 確認訴訟 | 確認訴訟 | 確認訴訟 |

**表 11-5 ● 無効「等」確認訴訟たち（20 人の大家族！）**

**死亡宣告**　無効確認訴訟は，重大かつ明白な瑕疵ある処分の，いわば「死亡宣告」訴訟です。裁判所に頼んで，「死んでいます」と言ってもらうわけです。

**取消訴訟との比較⑴**　取消訴訟は，瑕疵（傷）はあるが「**生きている**処分」を対象に，それを殺す訴訟です（「安楽死」訴訟）。これに対し無効確認訴訟は，「**死んでいる**処分」が対象です。**死んでいるものは殺せません**から，取消訴訟とは「**別の**訴訟類型」が用意された，というわけです。

**取消訴訟との比較⑵**　無効確認訴訟の法的性質が**確認**訴訟であるのに対し，取消訴訟の法的性質は**形成**訴訟です（通説▶ p.292）。

**第 5 列の結論：**

- 無効確認訴訟の対象は「重大かつ明白な瑕疵を帯びる処分」。しかし，そんな処分がそう数多く存在するわけはない。
- 以上の論証から，第 5 列の「結論」としては処分の**取消訴訟が原則であり，無効確認訴訟は例外**，ということになる。

11
行政事件訴訟の「鳥瞰図」

# 11-2-6 第６列：取消訴訟（処分の取消訴訟 vs. 裁決・決定その他の行為の取消訴訟）

最後の第６列は，「**第１次処分**の取消訴訟」（行訴法３条２項）vs.「**第２次処分**の取消訴訟」（同条３項）です。

第６列については，第１列から第５列までに述べたことからすでに明らかだろうと思われ，ゆえに「多くを語る」必要はないでしょう（▶図 11-12）。

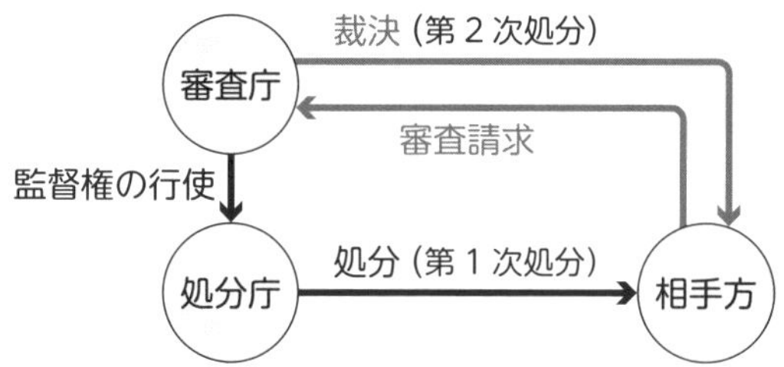


**図 11-12● 第６列：第１次処分の取消訴訟 vs. 第２次処分の取消訴訟**

**第６列の結論：**

- 行審法の改正はあったものの，審査請求の件数が「さほど多くはない」現状で，それへの回答である第２次処分，すなわち「行政庁の裁決，決定その他の行為」の数は，第１次処分の数に比べたら，比較にならないほど少ない。
- ゆえに以上（第１列から第５列まで）の論証から，最後の第６列の「結論」としては**第１次処分の取消訴訟**（行訴法３条２項）**が原則で，第２次処分の取消訴訟**（同条３項）**は例外**，ということになる。

なおスペースの関係で，**争点訴訟**（行訴法45条）については，レインボー p.272 を参照のこと。

以上で，行政事件訴訟の「全体構造」の学習を終えます。第12章では「取消訴訟の諸問題(1)」と題し，行訴の中心である**取消訴訟に特化**して，主要論点を深掘り（肉づけ学習）します。

# 第12章

# 取消訴訟の諸問題（1）

## 総説・要件審理など

第 11 章での検討から，「取消訴訟が行訴法全体の中心であること」が論証できたかと思われます。そのことを事前に見越したからこそ，本書の前半では①手続 3 法に着目するとともに，②特に取消訴訟については，審査請求と合わせて「パラレル学習」したのでした。そこで本章では対象を取消訴訟に絞り，「取消訴訟の諸問題」を深掘りします。つまりは，取消訴訟に関する「肉づけ学習」です。

## 12-1

# はじめに

**取消訴訟中心主義**　「**取消訴訟が行訴法全体の中心**であること」は，条文からも証明が可能です。すなわち，行訴法全体の条文数は51か条。うち取消訴訟（行訴法第2章第1節）の条文数は29か条（同8～35条）。つまり**全体の57%**の条文が，取消訴訟に関する定めなのです。これを昔から，「**取消訴訟中心主義**」と表現してきました。

**本章が「難しい」理由**　もしも本章の記述を「難しい」と感じた人がいたら，それは「キミの頭が悪い」からではない！　ということです。ご安心あれ。以前，「暗黙の前提」の話をしました（▶ p.34以下）。あのときは，許認可（処分）の下に義務と自由が埋まっていて，「隠れて見えない」ことを，「暗黙の前提」と表現しました。

**行訴法7条**　これに対し本章の「暗黙の前提」は次のとおりです。行訴法7条を見てください。そこには，「行政事件訴訟に関し，この法律に定めがない事項については，**民事訴訟の例による**」と定められています。そう。行訴法がスリム（＝51か条）でいられる理由は，「目には見えぬ地下（暗黙の前提）」に，その約10倍の条文数の，**民訴法が「埋まっている」**からなのです！（▶図12-1）その実例はp.102，105を参照してください。

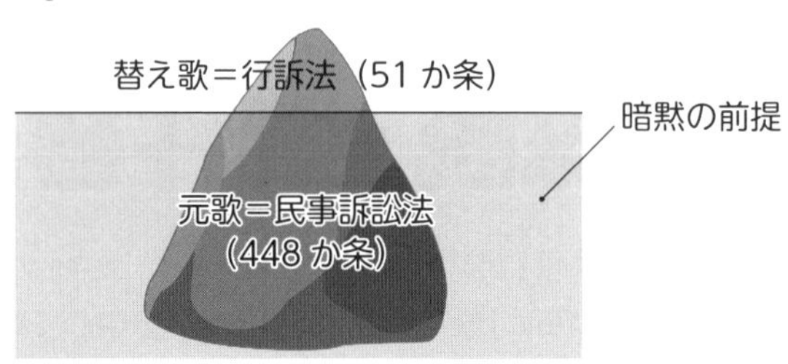


**図12-1●行訴法と民訴法**

**元歌・替え歌**　わかりましたか？　私たちは今，行訴法という「**替え歌**」を習っているのです。ただ替え歌をしっかり歌えるためには，元歌（もとうた）（＝民訴法）**が理解できていないとダメ**，というお話なのです。ともあれ話が「難しい」と感じたあなたは，訴訟法を（直感で）「難しい」と感じていたのです。

**訴訟法が「難しい」理由**　ではなぜ，訴訟法を「難しい」と感じるか？それは，あなたが**裁判官ではないから**です。訴訟法は「**裁判規範**（独 Entscheidungsnorm（エントシャイドゥングス・ノルム））」といって，裁判官に向けられ，裁判官を縛（しば）るルールです。これに対し行政法，特に行政作用法は，行政官に向けられたルール（**行為規範**，独 Verhaltensnorm（フェアハルテンス・ノルム））です。あなたは行政官ではないが，しかし行政官の**相手方にはなる**。だから，この観点から行手法（ぎょうてほう）の話をし，そこで同法を「テニスコート」にも喩（たと）えました（▶ p.62）。

**行訴法**　この「喩え話」を続ければ，訴訟法（行訴法）とは，あなたが行政官を相手にテニスをしていて，**疑義（ぎぎ）が生じた**（ボールがラインを割った／割らない）。そこで**審判（裁判官）にアピールに行った**。これがいわば，行訴法が登場してくる「場面」です。行政官（相手方）だって「何を考えているのか」わからないのに，まして裁判官（第三者）が何を考えているか，もっとわかりませんよね。そういう裁判官に向けられ，**裁判官を縛るルールが訴訟法**（行訴法）なのです。だから，わかりにくくて当然。

**行政法の特徴**　法学部・法科大学院において，行政法科目には次のような特色があります。それは，民事法では民法・商法の先生は民事訴訟法を教えておらず，刑事法では刑事訴訟法の先生は刑法を教えてはいないことです。

**実体法・訴訟法**　民刑事法では，実体法（＝民商法・刑法）と訴訟法（＝民訴法・刑訴法）とが**明確に分かれて**おり，実体法学者は訴訟法を教えず，訴訟法学者は実体法を教えない「きまり」（？）になっています。ところが……。

**行政法では**　そう。行政法科目でも，実体法（＝行政作用法）と訴訟法（＝行政事件訴訟法）の**区別はあります**。しかし別々の人が教えるのではなく，**1人が両方**を教えるのです。1人で民商法と民訴法を，また1人で刑法と刑訴法を教えているようなものです。

**気づき**　石川がこのことに気づかされたのはずっと昔。1986（昭和61）年夏のことでした。当時，ドイツ政府の奨学金で出かけた留学生活の初めに，3週間のバス旅行がありました。30人ぐらいで大型バスを借りて，ドイツ縦断旅行をしたのです。旅行自体はどうでもいい話ですが，グループの中に，ポーランドからの行政法学者がいました。

**Materialist Formalist**　石川が「同業者」だと知ると，彼氏すっかり喜んで，いろいろと聞いてくる。その中に，「**貴殿はMaterialist（マテリアリスト）なりや，Formalist（フォルマリスト）なりや？**」という問いがありました。とっさに何のことだか意味がわからず，「小生（しょうせい）はFeminist（フェミニスト）なり」とゴマかして相手の笑いを誘い，時間稼（かせ）ぎしている間に，真意を探りました。結論から言うと彼氏は，「ねぇ，キミさぁ。キミって**実体法学者**なの？　それとも**訴訟法学者**？」と聞いてきたんですね。

**大それた**　話が脱線したので，もとに戻すと，実は行政法とは「大それた」科目なのです。そりゃそうでしょう。だって①他の科目だと，別々の（**2人の**）先生が教える分野を**1人**で担当。これだけでも「大それた」話なのに，加えて，学習対象である②**行政法律は千数百本**もあり，**条例**に至っては**数十万本**もある。そんな科目を石川は「『知識ゼロ』を前提に，やさしい言葉で解説しました」（まえがき▶ p.i）とか，「安心してください。そんな『無茶振（むちゃぶ）り』は要求しないので」（▶ p.41）とか，甘い言葉で読者を誘い，本書を買わせたのです（ただし，それら記述自体はウソではありませんよ！）。

**汎用テキスト**　それはともかく，「まえがき」でも述べたように，本書は「汎用（はんよう）」テキストを目指してきました。つまり公務員志望者，行政書士はじめ資格試験志望者，法曹（ほうそう）志望者等の**「相乗り」テキスト**です。ただ，相乗りには**限界もある**ことは事実で，その1つがここ。つまり**行政救済法**，中でも現在学んでいる**行政事件訴訟法**なのです。

**公務員**　たとえば公務員にとって（本当はそうであってはいかんのですが）訴訟法の**知識はほとんど不要**です。なぜなら訴訟が起こされた場合，法務大臣権限法によって，法務省の訟務局（しょうむきょく）（本省）と全国の地方法務局に所属する**訟務検事（しょうむけんじ）**（「検事」の肩書きがあっても，実は裁判官出身者も含まれている）が，「**国の代理人**」として事件を弁護してくれるからです（国の利害に関係のある訴訟についての法務大臣の権限等に関する法律1条）。地公体ほかも同様です（同7条）。

**サムライ業**　次に，いわゆる「**士業（サムライぎょう）**」（ただし，弁護士を除く）については「濃淡（のうたん）」があります。なぜなら，弁護士法72条（非弁（ひべん）活動の禁止）との緊張関係の下（もと），**訴訟代理権**ないし**出廷陳述権（しゅっていちんじゅつけん）**の獲得が視野に入ってくるからです。

それと，各「士業」試験によって，出題の範囲や程度（深さ）が違うので，本章をどう読むか（利活用するか）は読者にお任せします。

**法科・司試**　最後に，**弁護士**にとって訴訟は日々の「メシの種」です。ですから，本章ではこのカテゴリーの読者も視野に入れています。よって他分野を志望する読者は**各自の判断で本章をお読みください**。理詰（りづ）めで書いておりますから，論理を追って読んでくだされば，理解できないことはない。ただし，先ほども述べたように，読者の**訴訟法の知識**，とりわけ**元歌**（＝民訴法）**の知識**が不十分か欠けていると，「難しい」と感じるかも……。

**折り合い**　いろいろな読者を想定した本書では，取消訴訟の諸問題を扱う第12章と第13章の記述を「**基本編**」と「**応用編**」とに分けます。うち基本編は**「すべての読者」向け**（＝汎用），これに対し応用編は**「法科・司試関係読者」向け**です。基本編の記述には特に何も印を付けず，応用編の記述には，**行頭見出しの頭に**★を付けて明示しました。むろん，法科・司試以外の読者が，★の部分を読んで「いけない」ということはありません。ただ一応，こういう「折り合い」の付け方を，著者として提案しておきます。

# 取消訴訟の法的性質

**その由来**　さて，**取消訴訟**（actions for the revocation of administrative dispositions，独 Aufhebungsklage（アウフヘーブングス・クラーゲ））の起源は，**処分の公定力を否定・排除**するために，大陸法諸国（**仏独**）で成立した訴訟です。それは**抗告**（こうこく）**訴訟**の一種で，**主観訴訟**に属しました（▶ p.263，269 以下）。

**2種の取消訴訟**　取消訴訟には「**2つ**の種類」がありました。すなわち，第11章「鳥瞰図（ちょうかんず）」の第6列に示した①行訴法「**3条2項**」と，②「**3条3項**」

の取消訴訟です（▶ p.286）。

**法的性質**　取消訴訟の法的性質を巡っては，形成訴訟（独 Gestaltungsklage（ゲシュタルトゥングス・クラーゲ））説と確認訴訟（独 Feststellungsklage（フェストシュテルングス・クラーゲ））説の対立がありますが，**形成訴訟説が通説**です。「詳（くわ）しくは民訴法を」と言いたいところですが，簡単に解説します。

**訴訟の３類型**　昔から「訴えには，**3つの類型**がある」といわれます。それは，原告が裁判所に助けを求める（＝訴えの）内容が，３区分されるからです。つまり，

①**給付訴訟**
②**確認訴訟**
③**形成訴訟**

です。それは実体法上の権利が，①請求権，②支配権，③形成権の３つに分類されることに対応しています（▶ p.25 以下）。

**★訴訟物**

取消訴訟の訴訟物（独 Streitgegenstand（シュトライト・ゲーゲンシュタント））は，形成訴訟説によれば，争われている「係争（けいそう）**処分の違法性一般**」である。だが同じく形成訴訟説に立ちつつも，より広く「行政庁の第一次的判断を媒介（ばいかい）として生じた**違法状態の排除**」，すなわち原因（＝処分）ではなくして，いわば「結果」（＝処分が作り出した不法状態）を訴訟物と考える立場もある。

# 取消訴訟の審理

本章は肉づけ学習の段階ですから，「要件審理（しんり）」「本案審理」という言葉の意味はもう説明不要ですね（▶ p.50 以下，105 以下）。これから要件審理と本

案審理とに分けて，論点を深掘(ふかぼ)りします。そのうち本章ではまず，「要件審理の諸問題」を取り扱います（本案審理 ▶ 第13章）。

## 12-3-1 要件審理の諸問題

**復習**　以前「パラレル学習」した際に，**要件審理**（1次試験）の**チェックポイント**は，①処分性，②原告・被告適格，③訴えの利益，④管轄(かんかつ)，⑤出訴(しゅっそ)期間であることを学びました（▶ p.106）。

**訴訟要件の3要素**　取消訴訟では特に①～③が重要で，これは

「**正しい的(まと)めがけて**」（①），

「**正しい人が**」（②），

「**正しくボールを投げる必要**がある」（③），

と表現することができます（▶ 図12-2）。先に3つを概説し，その後，個別に分説(ぶんせつ)します。

**図12-2● 訴訟要件の3要素**

**処分性**　まず①（＝処分性）とは，原告（ピッチャー）がボールを投げた的（キャッチャーのミット）が，**行政「処分」としての「性」格を持っているか**どうか，という問題です（行訴法３条２項）。

**原告適格**　次に②（＝原告適格）ですが，取消訴訟というステージは「会員限定」です。**入場資格**は「プラチナ・チケット」の持ち主だけに**限られる**。それが，「処分（略）の取消しを求めるにつき法律上の利益を有する者」（行訴法９条１項）という表現です。だから原告適格の核心は結局，**「法律上の利益」とは何か**の解釈問題です。

**訴えの利益**　最後に③（＝訴えの利益）とは，正しい人が，正しい的めがけてボールを投げたとしても，はたして「ボールを投げることに**意味はあるか**」という問題です。だって，土砂降り（どしゃぶり）の雨になったら，野球の試合は**コールドゲームで強制終了**ですからね。つまり，取消訴訟という国家の司法権の発動を伴って解決するだけの御利益（メリット）はあるか，という問題が残ります。これが，訴えの利益（狭義（きょうぎ））です（具体的には，いわゆる「**９条カッコ書き**」の問題▶ p.309）。以下，３つを分説いたします。

## 12-3-2 「処分性」の問題

**取消訴訟の対象**　取消訴訟の対象が，「行政庁の処分その他公権力の行使に当たる行為」であること（行訴法３条２項）は，すでに学びました。

**★法改正まで**　1962（昭和 37）年に行訴法が制定されて以来，学説によって，ずっと**「処分」概念の拡大・拡張**が試みられてきました。歴史的に見ると取消訴訟とは，処分がなされたことを前提に，その**「公定力」を否定・排除するための訴訟**として成立しました（「取消訴訟の排他的管轄（はいたてきかんかつ）」▶ p.269）。

**★処分性の拡大**　このように取消訴訟は，処分の「息の根を止める」**強力な手段**です。裏を返せば取消訴訟は，原告にとっては「究極の救済手段」となります。この，取消訴訟の**救済機能に着眼**して，**1970 年代から 80 年代**にかけて，「**形式的**行政処分」（公定力を持たない行政の措置に対しても救済を認める）や「**相対的**行政処分」（争う人＝原告次第で救済を認める）というアイデアが示されました。

**★役割分担**　今から振り返ると，これらの議論は結局，３条訴訟（取消訴訟）と４条訴訟（当事者訴訟）の「役割分担」の問題だったように思われます。そして「処分性の拡大」論とは，**３条訴訟に期待をかける立場**でありました。

**平成 16 年改正**　これに対し，2004（平成 16）年に改正の行政訴法（施行は 2005［平成 17］年４月１日）で立法者は，「**４条訴訟（確認訴訟）の活用**」というメッセージを発したのです（▶ p.277 以下）。

**最高裁の定義**　ところで最高裁によれば，「行政庁の処分」とは，「行政庁の法令に基づく行為の**すべて**を意味するもの**ではなく**，公権力の主体たる国または公共団体が行う行為のうち，その行為によつて，（①）**直接国民の権利義務を形成し**または（②）その**範囲を確定することが法律上認められているもの**をいう」（最判昭 39・10・29［ごみ焼却場の設置と設置条例の無効確認事件］）。これを図解すると，図 12-3 のようになります。

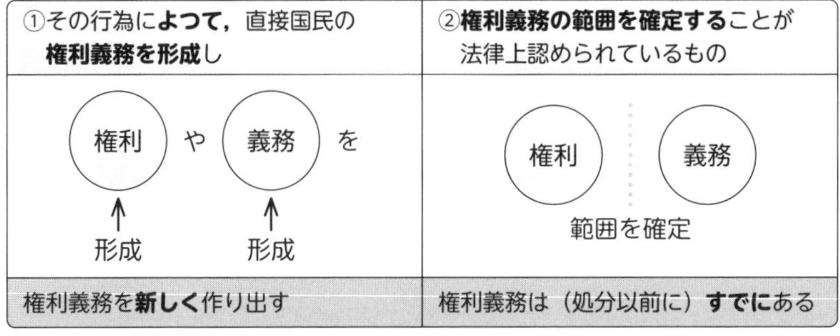


**図 12-3● 処分の「範囲」（最高裁判決による）**

**３つの判定基準**　かつて原田尚彦教授は，処分性の判定基準として最高裁は，具体的には**次の３つ**を用いている，と述べました。すなわち，

①「**公権力の行使**」である場合

②取消しの対象が，国民に対する「**法的効果**（外部効果）」**を持つ**場合

③「**紛争の成熟性**」がある場合

の３つです。これは今でも有効だと思うので，本書ではこれに従って説明します。

**①公権力の行使**　まず上記①の基準によれば，行政作用の中でも

㋐契約など**私法上の行為**の処分性（国有財産の売払いにつき，最判昭 35･7･12）

㋑公共土木事業など**事実行為**の処分性（ごみ焼却場の設置行為につき，最判昭 39・10・29）

が否定されます。

**②外部効果**　次に②の基準によれば，国民の利益に影響を及ぼす行政作用であっても，

㋐法的効果を伴わない**行政指導**（知事の保険医に対する「戒告（かいこく）」につき，最判昭 38・6・4）

㋑行政機関相互の**内部行為**（建設大臣の鉄建公団に対する新幹線建設の「認可」につき，最判昭 53・12・8）

㋒**通達（つうたつ）**（墓地，埋葬等に関する通達につき，最判昭 43・12・24）

の処分性が否定されます。

**③紛争成熟性**　最後に③の基準によれば，最高裁は国民の権利・義務を決定する**最終局面**でしか行政作用の処分性を認めず，この理由から**行政計画**の処分性が否定されます（土地区画整理事業計画につき最大判昭 41・2・23。なお，行政計画については▶レインボー p.154）。

**処分性の肯定例**　結局のところ，「行政処分」として，これまで最高裁判例において**処分性が肯定（こうてい）**された主要な例としては，表 12-1 のようなものがあります。

| 事件名 | 裁判例 |
|---|---|
| ①弁護士会のなした弁護士への懲戒処分 | 最大判昭 42・9・27 |
| ②供託官による供託金取戻請求の却下 | 最大判昭 45・7・15 |
| ③国公立大学の専攻科修了の不認定 | 最判昭 52・3・15 |
| ④輸入禁制品に当たる旨の税関長の決定・通知 | 最判昭 54・12・25 |
| ⑤税関検査で税関長の通知（改正前の関税定率法 21 条 3 項）は，実質的な拒否処分として機能しているから，抗告訴訟の対象となる | 最大判昭 59・12・12 |
| ⑥第二種市街地再開発事業計画の決定（都市再開発法） | 最判平 4・11・26 |
| ⑦国税通則法 57 条による「充当」 | 最判平 6・4・19 |
| ⑧登記官の，不動産登記簿の表題部に所有者を記載する行為 | 最判平 9・3・11 |
| ⑨一括指定の方式による「みなし道路」の指定（建基法 42 条 2 項） | 最判平 14・1・17 |
| ⑩検疫所長が食品等輸入の届出者に対して行う「食品等が食品衛生法に違反する」旨の通知（改正前の食品衛生法 16 条） | 最判平 16・4・26 |
| ⑪登録免許税の還付請求への拒否通知 | 最判平 17・4・14 |
| ⑫医療法に基づく病院開設「中止勧告」及び「病床数削減の勧告」 | 最判平 17・7・15<br>最判平 17・10・25 |
| ⑬市町村の施行に係る土地区画整理事業の事業計画の決定 | 最大判平 20・9・10 |
| ⑭特定の保育所を廃止する内容の条例 | 最判平 21・11・26 |
| ⑮土壌汚染対策法（3 条 2 項）による通知 | 最判平 24・2・3 |

**表 12-1 ● 処分性が肯定された主な裁判例**

ただし処分性が肯定（1 次試験合格）されたとしても，それだけで勝訴できる（2 次試験合格）とは限りません。**勝訴**できるのは，**処分が違法**である場合のみだからです。また処分性が肯定されても，**原告適格が肯定**されるとは限りません（▶ p.303 以下）。先の道のりはまだ長いのです。

## 12-3-3 原告適格（主観的訴えの利益）

**訴えの利益（広義）**　次は訴えの利益です。広い意味で「**訴えの利益**」とは,「原告が**請求の当否**について，裁判所の判断を求めるに足るだけの**正当な利益ないし必要性**があるか」ということです。

**2側面**　そのことから，訴えの利益（広義（こうぎ））には，その

①**主観的**側面と

②**客観的**側面

の２つがあることがわかります。うち①を「**原告適格**」，また②を「**訴えの利益（狭義）**」と呼ぶので覚えましょう。そこでこの項目では原告適格の問題を論じ，訴えの利益（狭義）は後で触れます（▶ p.309 以下）。

**「法律上の利益」**　先ほども述べたように，原告適格の最大の問題は，行訴法９条１項にいう**「法律上の利益」とは何を意味**するか, ということの解釈問題です。すなわち,「処分の取消しの訴え及び裁決（さいけつ）の取消しの訴え（略）は，当該**処分又は裁決の取消しを求めるにつき法律上の利益**を有する者（略）**に限り**，**提起**することができる」（同９条１項)。このように，憲法９条（平和主義）も大事ですが，行訴法９条も同じく大事なのです。

## 12-3-4 「法律上の利益」と反射的利益

**通説・判例**　通説・判例は，上記「法律上の利益」を「**法律上保護された利益**」であると解します。しかし「法律上保護された利益」は，**反射的利益とは明確に区別**されます。

**★反射的利益**　反射的利益は，権利との関係ですでに解説済みです（▶ p.26 以下)。最高裁によると「法律上保護された利益」とは,「行政法規が私人（しじん）等権利主体の**個人的利益を保護することを目的**として行政権の行使に制約を課していることにより**保障されている利益**」であり, それは「**反射的利益**」すなわち「行政法規が他の目的，特に公益の実現を目的として行政権の行使に制約を課して

いる結果たまたま一定の者が受けることとなる」利益**とは厳格に区別**されます（最判昭53・3・14［主婦連ジュース訴訟］）。

**保護目的論**　このように通説・判例は，原告適格の有無を判定するのに，取消訴訟の対象（行政処分）の**根拠法**である各行政法規**の目的**をモノサシにする，いわゆる「**保護目的論**（独 Schutzzwecktheorie（シュッツ・ツヴェック・テオリー））」に立っているのです。つまり各法規の目的が，

①私人の**個別利益**を保護する趣旨ならば，法的利益だから，裁判所の保護を**受けられる**。これに反し，

②公益保護を目的とする法規の「反射として生ずる利益」（反射的利益）だと「**事実上の利益**」にすぎないから，法的救済は**受けられない**，

という理屈です。

**問題点**　ところが実際は，法規の保護目的が個人的利益の保護にあるか，それとも公益の保護にあるかが二択（にたく）的に明確な例はまれで，むしろ行政法規とは「両者の調和を目的」としていることが多い。つまり，法律上の利益と反射的（事実上の）利益の区別・差異は**相対的なもの**なのです。

### 第1条に置かれている目的規定

行政法規，つまり法律だけでも千数百本に及ぶ行政作用法は，たいていその第1条に**「目的」規定**を置いている。その基本形は「この法律は，○○を定め，もつて××を図ることを目的とする」というものだ。そして多くの法律では，○○**に私益**，××**に公益**が書き込まれている。

**公益管理独占論**　つまり伝統的な保護目的論の前提には，「**公益の管理は行政の手に独占**されるべきである」という，**暗黙の前提**が横たわっていたようです。言葉を換えれば，「公益は私たち行政（「父親」）が，きちんと適正に管理・保護しますので，国民の皆さん（「子ども」）はご安心なさい」という発想，つまり**パターナリズム**（父権主義）の，行政法という平面図への「投影」です。

**社会の成熟**　しかしこのような発想は，日本社会の成熟とそれを反映した世相の動きによって，**徐々に変化**してきました。それが「いつ頃から」なのか，一線で画するのは難しいかもしれません。でもたとえば，**情報公開法**の次のような目的規定は，成熟した**日本社会の法的表現**のように感じます。

「この法律は，**国民主権の理念**にのっとり，行政文書の開示を請求する権利につき定めること等により，行政機関の保有する**情報の一層の公開を**図り，もって政府の有する**その諸活動を国民に説明する責務**が全（まっと）うされるようにするとともに，国民の的確な理解と批判の下（もと）にある**公正で民主的な行政**の推進に資（し）することを目的とする」（行政機関の保有する情報の公開に関する法律１条）

**ミレニアム期**　情報公開法は1999（平成11）年法律42号で，2001（平成13）年４月１日に施行されました。このような**新しいタイプの法律**がミレニアム期，すなわち20世紀の終わりから21世紀の初めの時代に公布施行されたのは，実に**象徴的な出来事**でした（情報公開法については▷ p.379以下）。

**第三者の原告適格**　まず処分の相手方（あいてがた）（名（な）あて人（にん））に原告適格があることは，疑いの余地がありません。したがって，取消訴訟で原告適格が問題になるのは，もっぱら**処分の第三者**の場合です。たとえば，バスやタクシー料金値上げの場合の**利用者**，あるいは新航空路線の開設認可の場合の**周辺住民**などです。

**最高裁の立場**　最高裁は，原告適格の有無を判定するに当たり，「**法律上保護された利益救済説**」という考え方に立っている，といわれます。これは，処分の根拠法が**明文の規定で保護**していれば，相手方だけではなく**第三者であっても**原告適格を認めようという考え方です（保護目的論▷ p.299）。ただしこの考え方で，実際に第三者の原告適格が認められたのは，**ごくまれ**な例でした（▷ p.303以下）。

**法改正**　後述する一連の経緯を経て，平成16年改正行訴法は，９条に**新たに第２項**を付け加えました（▷ p.307）。

**新潟・もんじゅ**　これは，次のような最高裁判例の立場（新潟（にいがた）空港訴訟ともんじゅ訴訟）を行訴法の中に盛り込んだものだ，といわれています。

行訴法９条（１項）にいう「法律上の利益を有する者」とは，当該処分等により自己の権利もしくは法律上保護された利益を侵害され，または必然的に侵害されるおそれのある者をいうが，当該処分を定めた行政法規が，不特定多数者の具体的利益を専（もっぱ）ら一般的公益の中に吸収解消させるにとどめず，それが帰属する**個々人の具体的利益としてもこれを保護すべきものとする趣旨を含むと解される場合**には，**かかる利益**も右にいう**法律上保護された利益に当たる**（最判平１・２・17［新潟空港訴訟］及び最判平４・９・22［もんじゅ訴訟］）。

ここは，第11章（鳥瞰図）の第1列に関する図11-3（公益と私益の関係）とその説明も参照してください（▶ p.264）。

**中間まとめ**　つまり原告適格とは，

①取消訴訟という舞台への「**入場券**」であること。

②関係者（＝処分の相手方）はチケットを自動的にもらえるが，第三者（**部外者**）の場合が問題だったこと。

③以前は「部外者用チケット」は限定配布だったが，行訴法の改正で，もらえる**範囲が広がった**，

ということです。

**当事者適格**　原告適格が「誰**が**」訴えるかの問題であったのに対し，被告適格は「誰**を**」訴えるか，という問題です。なお，原告と被告を訴訟の「当事者」というので，原告適格と被告適格を合わせて「**当事者適格**」といいます。覚えておきましょう。

**被告適格**　理解のポイントは，行訴法改正（2004［平成16］年）により，被告適格が今までの「行政庁」主義から**「行政主体」主義**へ変更された，ということです。つまり改正前は，法人の**機関（＝行政庁）**が被告だったのに対し，現行法では処分庁が所属する**行政主体（国・地公体）**が被告となりました（行訴法11条1項1号）。ただし，「処分又は裁決をした行政庁が国又は公共団体に所属しない場合には，取消訴訟は，当該**行政庁を被告**として提起しなければならない」（同条2項）と，今までの方式も「**全廃されたわけではない**」ことには注意です。

### ★国賠との関係

この法改正の結果，国賠訴訟の被告と取消訴訟の被告は**完全に一致**することになった。公権力責任（国賠法1条）も営造物責任（同2条）も，「国又は公共団体が（は），これを賠償する責に任ずる」と定めているからである（ただし，1条の助詞は「が」，2条は「は」▶ p.348）。裏側から述べると，改正前の旧法では，被告は①国賠訴訟の場合が法人の「**全体**」（＝行政主体）であるのに対し，②取消訴訟の場合は法人の**一部**（＝行政庁）という**違い**があった。今となっては「昔話」だが，記憶の片隅にとどめておいてよい。なぜなら**被告の記載を誤ると，不適法却下**（1次試験で不合格）になるからだ。

**取消訴訟のあて先**　取消訴訟は，

①「被告の普通裁判籍の所在地を管轄する裁判所」または

②「処分若しくは裁決をした行政庁の所在地を管轄する裁判所」

に対して提起します（行訴法 12 条 1 項）。これまた立法技術的に難しい表現ですが，要は被告が国の場合は

①「霞が関（東京都千代田区）」を所管する**東京地方裁判所**のほか，

②**国の地方出先機関**（国の府省の多くは全国 8 ブロックに，「地方○○局」という名前の出先＝地方支分部局を持つ▶ p.209）がした処分については，その**所在地を管轄する地方裁判所**，たとえば東北なら仙台，中国地方なら広島地方裁判所にもすることができる，

という意味です。なお，②の裁判所を，「**特定管轄裁判所**（specified court with jurisdiction)」といいます（▶ p.106，386)。覚えましょう。

**4 つのモデル**　かつて原田尚彦教授は，原告適格に関する **4 つの理論モデル**を示しました。すなわち

①権利享受回復説

②「法律上保護された利益」救済説

③「保護に値する利益」救済説

④処分の適法性保障説

です。今から 50 年も前の話ですが，初心者に対する説明としては，今でも有効だと思うので，紹介します。

**何を守るか（保護法益の範囲）**　これは，取消訴訟の「**目的・機能をどう見るか**」の違いに基づく分類で，①②③は取消訴訟を**主観**訴訟（＝権利保護の訴訟）と見るのに対し，④は**客観**訴訟（＝法秩序を守る訴訟）と見る，と説明されました。図 12-4 を見てください（主観・客観訴訟▶ p.263 以下)。

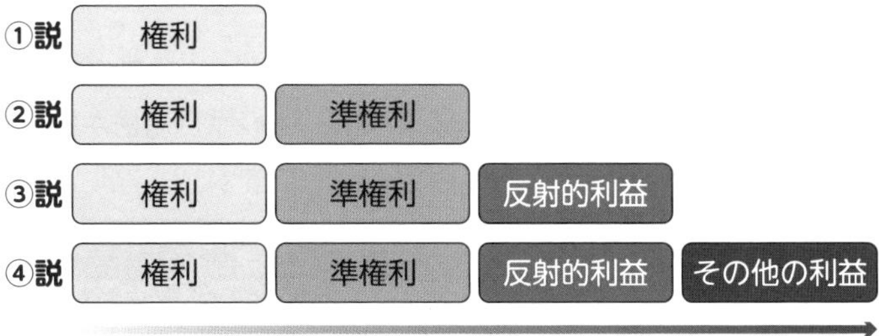


**図 12-4● 原告適格に関する 4 つの理論モデル**

**図の説明**　見てのとおり, ①説から④説に向けて保護法益, そして原告適格（入場者）の**範囲が段々と広がっていく**，というイメージです。ざっくり説明すると, ①説は明治憲法時代（＝**過去**）の考え方（＝「権利」に限る）で狭すぎる。他方，④説は立法論（＝**将来**）で広すぎる。よって「真理は中庸（ちゅうよう）にあり」というが，**②説と③説が対立**している，というわけです。

**★原田説の意義**　今から振り返れば，このモデルはわかりやすく，それでいて「実践的」な意図，つまり当時（70 年代）の閉塞（へいそく）状況を打破し，**解釈で「原告適格」を広げよう**という意図を持つものだったように思われます。しかし，この「対立」は, 前述した行訴法の 2004（平成 16）年改正で新しく「9 条 2 項」が付け加わったことにより，**立法的に解決**されたようです（▶ p.307）。

## 12-3-5 判例の動向

### (1) 新潟・もんじゅ「以前」

**かつて**　最高裁は当初，上記モデル①（＝権利享受回復説）の立場に立っていました（たとえば，最判昭 34・8・18 [**質屋（しちや）営業許可取消請求事件**]）。

**転換点**　次に最高裁が，モデル②（＝法律上保護された利益救済説）に移行したリーディング・ケースとされるのが，有名な「**公衆浴場事件**」です（最判昭 37・1・19)。この判決で，最高裁は既存業者（競業者）の**営業上の利益**を「法律上の利益」と解し，原告適格を認めたのです。

**判例固まる**　以後，表 12-2 のような諸判決で最高裁は，「法律上保護された利益」救済説の立場を固めました。その結果，第三者の原告適格が**認められたのは①と④**のみで，それ以外では**すべて否定**されたのです。

| 事件名 | 裁判例 | 第三者 | 第三者の原告適格 |
|---|---|---|---|
| ①東京 12 チャンネル事件 | 最判昭 43・12・24 | 競願者（きょうがんしゃ） | ○ |
| ②豊島区町名変更事件 | 最判昭 48・1・19 | 住民 | × |
| ③主婦連ジュース訴訟 | 最判昭 53・3・14 | 消費者（主婦連） | × |
| ④長沼ナイキ事件 | 最判昭 57・9・9 | 付近住民 | ○ |
| ⑤伊達（だて）火力事件 | 最判昭 60・12・17 | 漁業権者 | × |
| ⑥近鉄特急事件 | 最判平 1・4・13 | 利用客（通勤・通学） | × |
| ⑦伊場遺跡（いばいせき）事件 | 最判平 1・6・20 | 付近住民，遺跡研究者 | × |

※「第三者の原告適格」の○は肯定，×は否定。

**表 12-2●「公衆浴場事件」以後の主な裁判例と第三者の原告適格**

**その理由**　原告適格がこのように狭く解されてきた理由は，最高裁が「法律上の利益」の「**法律**」を，もっぱら**処分の根拠法に限定**して考えていた点にあったからです（諸先達（しょせんだつ）の判例分析（ぶんせき）による）。

**伊達火力事件**　このような最高裁判例の流れに**変化の兆（きざ）し**が訪れたのは，上記判例中の⑤（=**伊達火力事件**）でした。北海道伊達町（だてちょう）（当時）に建設予定の火力発電所の**近隣者**（漁業権を持つ漁業協同組合など）**が**，公有水面埋立（こうゆうすいめんうめたて）の免許（これが**「処分」）の違法性**を争ったこの事件で，最高裁は上告人の上告（本案審理＝2 次試験）は斥（しりぞ）けたものの，要件審理（＝1 次試験）で原告適格は，法律の明文の規定に加えて，「**法律の合理的解釈からも導かれる**」ということを認めたからです。

## (2)新潟空港・もんじゅ訴訟

**新潟空港訴訟**　その後，最高裁が，法律上保護された利益救済説（モデル②）に立ちつつも，保護に値する利益救済説（同③）に極めて**近接する考え方**をより明瞭に示したのが，**新潟空港訴訟**でした。この事件で，最高裁は処分の**根拠法（航空法）**だけではなく，根拠法と「**目的を共通**する関連法規の関係規定によって形成される**法体系の中**」**で解釈**するべきだと判示（はんじ）し，空港**周辺の住民に原告適格**を認めたのです（最判平1・2・17）。

**もんじゅ訴訟**　さらに，有名な高速増殖炉「もんじゅ」（動燃（どうねん）＝動力炉（どうりょくろ）・核燃料開発事業団が開発）の設置許可が争われた事件でも，最高裁は新潟空港訴訟で示した**立場を維持**し，これと異なる判断をした原審（げんしん）（名古屋高金沢支判平1・7・19）に，**裁判のやり直し**を命じて注目されました（最判平4・9・22）。

**中間まとめ**　ただし，これで「最高裁の立場が変化した」と見るのは早計（そうけい）です。新潟空港にせよ「もんじゅ」訴訟にせよ，付近住民の**生命や健康被害**が問題となるようなケースに限り，最高裁は**例外的にモノサシを拡大**することで，保護に値する利益救済説に**近い立場**に立った。しかし，**それ以外のケース**では，依然として法律上保護された利益救済説の立場が堅持されている，というのが先達の見立てでした（たとえば芝池（しばいけ）教授）。

**1つ目**　では，これから3つの図を眺（なが）めながら「**今までの流れ**」を理解してもらいます。まず図12-5は，原田モデル②「法律上保護された利益」救済説の図解です。「守られているのは，誰の利益か？」と，処分の**根拠法（だけ）をモノサシ**に調べてみたところ，原告適格があるのは**BとCのみ**。お気の毒だが，AとDには「認められません」というわけです。

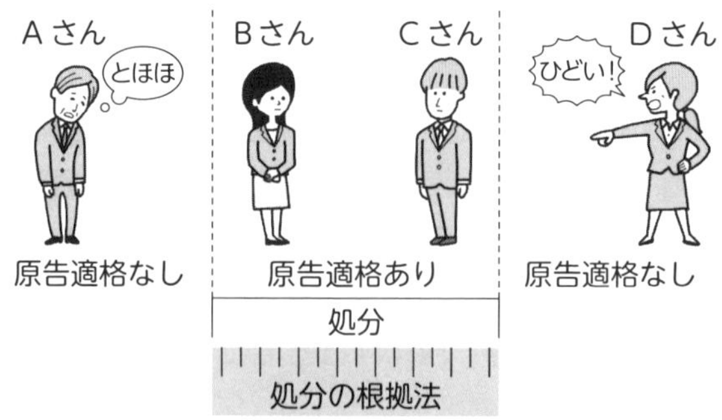


**図 12-5●「法律上保護された利益」救済説**

**2つ目**　図12-6は，モデル③「保護に値する利益」救済説の図解です。これも長いので，以下「値する利益説」と略します。BとCに原告適格を認める点では**モデル②と一緒**ですが，値する利益説によると，**プラスしてAにもDにも**，原告適格が「**認められる**」。なぜならA・Dの利益は「**保護に値する**からだ」と。ちなみに，「値する」か「しない」かを**判断するのは裁判官**です。

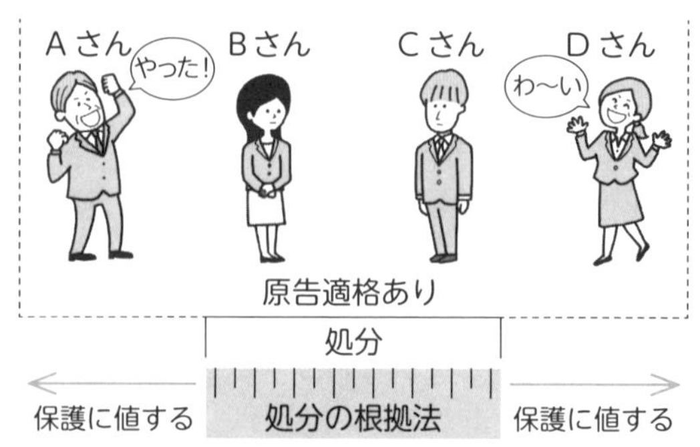


**図 12-6●「保護に値する利益」救済説**

**3つ目**　図12-7は，**新潟空港・もんじゅ訴訟最高裁判決の立場**です。ひいては，改正後の行訴法9条2項の立場でもあります。「値する利益説」の問題点は，保護に「値する」か「しない」かを個々の**裁判官の判断（＝主観）に「丸投げ」**したことです。丸投げされても困ったのは裁判官たちでしょう。

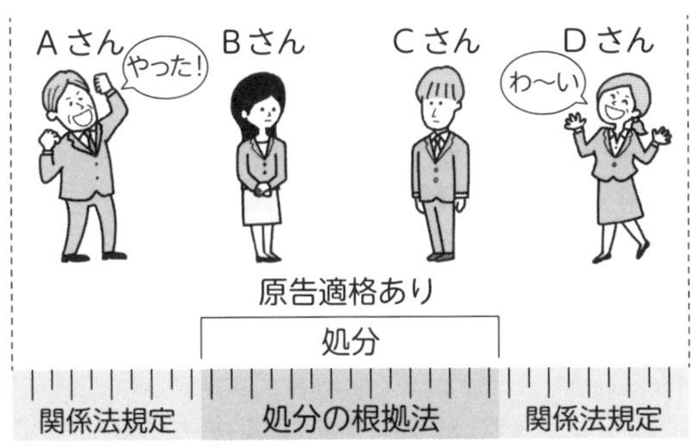


**図 12-7 ● 新潟・もんじゅ，行訴法 9 条 2 項の立場**

**行訴法 9 条 2 項**　このように「曖昧さ」(悪い表現では「恣意性」) を伴う「値する利益説」に対し，最高裁は新潟・もんじゅ判決で**モノサシの「客観化」「可視化」**を試みました。でもこの段階ではまだ,「**言葉足らず**」だったようです。

**★行訴検討会**　その後，2002 (平成 14) 年 2 月に始まり，合計 31 回の会合を重ねた「**行政訴訟検討会**」(司法制度改革推進本部) で，11 人の俊英 (法曹・学者・民間代表) が討議を重ねた原案をもとに制定された改正行訴法 (9 条 2 項) では，法律上の利益の有無を判断するに当たり，裁判所は処分の

①「根拠となる法令の規定の**文言のみ**」によることなく，法令の

②「**趣旨及び目的**」並びに処分において

③「考慮されるべき**利益の内容及び性質**」も考慮する。その際，当該法令と

④「**目的を共通**にする関係**法令」の趣旨・目的**をも参酌し，

⑤処分が根拠法令に違反してされた場合に「**害されることとなる利益の内容及び性質**」並びに「これが害される**態様及び程度**」をも勘案する，

と定めたのです。しかし，これだけでは抽象的すぎるので，具体例に当てはめることが重要です。

**★準用**　なお，同規定は，**非申請型義務付け訴訟と差止め訴訟**にも，それぞれ準用されている (行訴法 37 条の 2 第 4 項，37 条の 4 第 4 項) ことにも注意。

**モノサシの延長**　要するに，図 12-6 の「処分の根拠法」という**モノサシが**，図 12-7 ではいわば左右に**カシャッカシャッと伸ばされ**，そのことで「値する利益説」では主観的・恣意的であったモノサシが，**客観化・可視化**された。これが，行訴法 9 条 2 項の意義なのではないか，と石川は考えています。

## (3) 新潟・もんじゅ「以後」

**小田急訴訟**　新潟・もんじゅ訴訟の後，まず小田急電鉄・小田原線（東京・神奈川）の高架化事業認可取消訴訟で，最高裁大法廷は，上告人（＝沿線住民40人）のうち，東京都環境影響評価条例の定める関係地域内（線路から1キロ前後の範囲＝東京都世田谷区）に居住する**37名に，原告適格**を認めました（最大判平17・12・7）。

**サテライト大阪訴訟**　また最高裁は，自転車競技法に基づき設置が許可された競輪の場外車券発売施設（サテライト大阪）につき，近隣の**文教施設または医療施設開設者に対し**，許可の取消訴訟の「**原告適格を有する**」と判示しています（最判平21・10・15）。

**産廃処分場訴訟**　最後に最高裁は，産廃最終処分場の周辺住民のうち，「**被害を直接的に受けるおそれのある者**は（略）取消訴訟及び無効確認訴訟における**原告適格を有する**」としました（最判平26・7・29）。

表12-2の続きを表12-3にまとめました。第三者の原告適格は明らかに広がったようです。ただし，広がっても，直ちに勝訴というわけではありません。

| 事件名 | 裁判例 | 第三者 | 第三者の原告適格 |
|---|---|---|---|
| ⑧新潟空港訴訟 | 最判平1・2・17 | 空港付近住民 | ○ |
| ⑨もんじゅ訴訟 | 最判平4・9・22 | 原発付近住民 | ○ |
| ⑩小田急訴訟 | 最大判平17・12・7 | 路線近隣住民 | ○ |
| ⑪サテライト大阪訴訟 | 最判平21・10・15 | 近隣文教施設・医療施設開設者 | ○ |
| ⑫産廃処分場訴訟 | 最判平26・7・29 | 周辺住民 | ○ |

**表12-3●「新潟・もんじゅ」以後の裁判例と第三者の原告適格**

# 12-3-6 訴えの利益の問題（客観的訴えの利益）

**9条カッコ書き**　さて3つの訴訟要件の最後は，**狭義の訴えの利益**（客観的訴えの利益）です。行訴法9条1項は**カッコの中**で，時間の経過などで処分の効力が消滅しても，なお，「回復すべき利益」が残っていれば，「訴えの利益は**消滅しない**」と定めています。これを「**『9条カッコ書き』の問題**」といいます。

**その趣旨**　カッコ書きの意味は，違法な処分を取り消すことによって，「何がしかの利益」が回復されれば，それが「**付随的な利益**」であっても**救済**する，という意味です。ただし主張される「利益」は，あくまでも「**法律上の利益**」でなければならず，単なる**事実上の利益では十分とはいえません**。

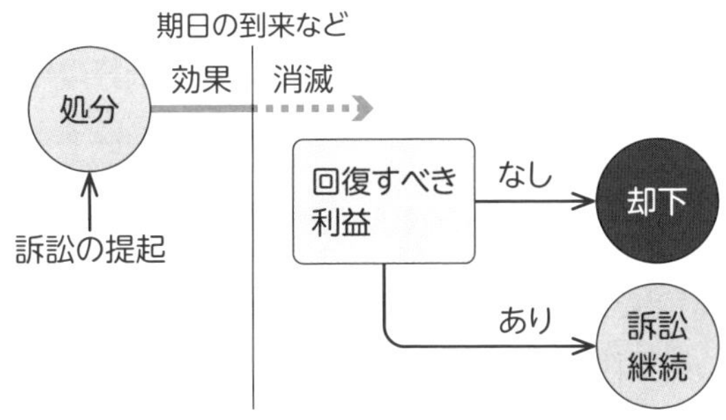


**図 12-8 ● 狭義の訴えの利益（客観的訴えの利益）**

**旧法＝行特法**　行訴法の前に，行政事件訴訟特例法（**行特法**（ぎょうとくほう））という法律がありました（昭和23年法律第81号）。これを，「旧法」と呼びます。

**旧法下の判例①：メーデー事件**　皇居前広場でメーデー集会をしようと申請し，その不許可処分を争っているうちに5月1日（May Day）が到来してしまった場合，処分が取り消されても，過去に遡（さかのぼ）って集会はできない（翌年の5月1日なら可能だが）。だから，訴えの**利益は消滅**します（最大判昭28・12・23）。

**旧法下の判例②：議員任期**　また，地方議会の議員の除名処分の取消しを争っている間に**任期が満了**した。この場合，やはり訴えの**利益は消滅**します（最大判昭35・3・9）。

12 取消訴訟の諸問題(1) 総説・要件審理など

**現行法下の肯定例**　これに対し，①公務員の免職処分を巡って係争中に，原告が市議会議員に当選した。この場合，立候補の届出の日をもって当該公務員を辞したものとみなされる（公職選挙法90条）。しかし，係争期間中の**歳費や俸給を受け取る**には，処分を取り消しておく必要があるわけで，この場合，訴えの利益は**消滅しない**（最大判昭40・4・28）。また最高裁は，②労働組合の申立てを受け労働委員会が発した「**救済命令**」（＝処分）につき，使用者が会社として存続し，また組合側も産業別労働組合として存続している場合には，救済命令は効力を失っておらず，ゆえに同命令の取消訴訟における「訴えの利益は**失われない**」と判示しました（最判平24・4・27）。

**現行法下の否定例**　これに対し，①隣人への**建築確認**（＝処分）により，著しい不利益を受ける者が，建築確認の取消しを求めて出訴した。ところが，訴訟係属中に建築**工事が完了**し，**建物が完成**してしまった。この場合は，訴えの利益は**失われる**（最判昭59・10・26）。また，②運転**免許の停止処分**に対し不服申立てをしたドライバーが，原処分と裁決の取消訴訟を提起中に当該**免許が失効**した事件で，最高裁は「回復すべき法律上の利益」がないとして，**訴えの利益を否定**しました（最判昭55・11・25）。

**類似事案の肯定例**　ただし**同じく運転免許関連**の事件，すなわち③優良運転者（ゴールド免許）の要件を**客観的に満たしている**にもかかわらず「一般運転者」として扱われ，**非ゴールドで更新処分**を受けたドライバーが，その取消しを求めた事件で**最高裁**は，非ゴールドの取消しが認められれば，ゴールド免許証の**更新処分を受ける法律上の地位**が残るのだから，非ゴールド免許の更新処分の取消しを求める「**訴えの利益を有する**」と判示しました（最判平21・2・27，つまり**肯定例**）。事案（事実関係）の違いを理解しつつ，記憶に刻みましょう。

## 12-3-7 出訴期間

**出訴期間**　取消訴訟は，処分のあったことを「知った日」から**6か月以内**に起こす必要があります（行訴法14条1項。**主観的**出訴期間）。ただし，「処分の日」から**1年**を経過したときは，提起できません（同条2項。**客観的**出訴期間)。ただし書き(「**正当な理由**があるときは，この限りでない」)にも注意のこと。なお，主観的期間と客観的期間については前述しました(▷ p.103以下，253)。

**★不可争力と制度趣旨**　取消訴訟の出訴期間を徒過すると，処分には「不可争力」が発生します。つまり，争えない。「ぱっと見」には，「違法な処分を争えなくする」のはおかしなことです。しかし要は，法の**2つの目的**のうち，①正義よりもむしろ②**法的安定性(法の平和)を重視**する考え方が訴訟制度に投影され，それを「**出訴期間**」と呼ぶということです。なお，不可争力は「**形式的確定力**」とも呼ばれます(▷ p.104，339)。「**判決の効力**」として後述します(▷ p.339)。

**★審査請求期間等との比較**　なお，「パラレル学習」で学んだように，審査請求の手続でも，**出訴期間に対応するもの**がありました。「**審査請求期間**」です(行審法18条)。出訴期間とともに，関連させて表12-4にまとめて掲載しました。知識の定着・確認に使ってください。

| 種類 | 期間 | 原則例外 | ターゲット（枠囲み）：起算日と期間 | 根拠法・条文 |
|---|---|---|---|---|
| 出訴期間 | 主観的 | 原則 | 処分又は裁決：**知った日**から6か月 | 行訴法14条1項本文 |
| | | 例外 | 「正当な理由があるとき」は延長 | 同条同項ただし書き |
| | 客観的 | 原則 | 処分又は裁決：**あった日**から1年 | 同条2項本文 |
| | | 例外 | 「正当な理由があるとき」は延長 | 同条同項ただし書き |
| 審査請求期間 | 主観的 | 原則 | ●処分：**知った日の翌日**から3月 | 行審法18条1項本文 |
| | | | ●処分について再調査の請求をしたときは，請求についての決定：**知った日の翌日**から1月 | 同条同項カッコ書き |
| | | 例外 | ともに「正当な理由があるとき」は延長 | 同条同項ただし書き |
| | 客観的 | 原則 | ●処分：**あった日の翌日**から1年 | 同条2項本文 |
| | | | ●処分について再調査の請求をしたときは，請求についての決定：**あった日の翌日**から1年 | 同条同項カッコ書き |
| | | 例外 | ともに「正当な理由があるとき」は延長 | 同条同項ただし書き |
| 再調査の請求期間 | 主観的 | 原則 | 処分：**知った日の翌日**から3月 | 行審法54条1項本文 |
| | | 例外 | 「正当な理由があるとき」は延長 | 同条同項ただし書き |
| | 客観的 | 原則 | 処分：**あった日の翌日**から1年 | 同条2項本文 |
| | | 例外 | 「正当な理由があるとき」は延長 | 同条同項ただし書き |
| 再審査請求期間 | 主観的 | 原則 | 原裁決：**知った日の翌日**から1月 | 行審法62条1項本文 |
| | | 例外 | 「正当な理由があるとき」は延長 | 同条同項ただし書き |
| | 客観的 | 原則 | 原裁決：**あった日の翌日**から1年 | 同条2項本文 |
| | | 例外 | 「正当な理由があるとき」は延長 | 同条同項ただし書き |

※ p.102で説明した理由で，行訴法における「知った日」と「あった日」は，実際には，行審法と同じく「知った日の翌日」「あった日の翌日」になる（▶図4-2）。

**表12-4 ● 出訴期間（行訴法）と審査請求期間・再調査の請求期間・再審査請求期間（行審法）の比較**

# 第13章

# 取消訴訟の諸問題(2)

## 本案審理・訴訟の終了

第 12 章で学んだ要件審理（第 1 次試験）に引き続き，この章では本案審理（第 2 次試験）の学習をします。ここはテクニカルな話もあるし，行政裁量の話も出てくるので，本書の中でも最も難しい部分（難所）だといえます。その理由は，これらが「裁判規範」（裁判官に向けられたルール）だからです。

# 13-1 本案審理の諸問題

## 13-1-1 取消理由の制限

**★自己利益関連性**　取消訴訟において原告（＝①処分の相手方＋②第三者）は，行政処分の「違法性」を主張することになるわけですが，その際，次の**2つの制限**に服します。これを「**取消理由の制限**（restriction on grounds for revocation)」の問題といいます。

**★１つ目の制限＝自己利益関連性**　１つ目に取消訴訟では，「自己の法律上の利益に**関係のない違法**（breach of law which is irrelevant to his/her legal interest）を理由としては，処分の**取消しを求めることができない**」（行訴法 10 条 1 項）という制限があります。

**★判例の動向**　行訴法 10 条 1 項の主張制限に関して，新潟空港訴訟判決（▶ p.305）において最高裁は，周辺住民の原告適格を認めつつ，しかし原告らが主張した本件免許の違法事由は「自己の法律上の利益に**関係のない違法」である**と判示しました（最判平 1・2・17）。

**★２つ目の制限＝原処分主義**　次に，原告が①「(第 1 次) 処分の取消しの訴え」と，その処分についての②「審査請求を棄却した裁決（第 2 次処分）の取消しの訴え」の**両方を提起**することができる場合，②の訴訟では，**①の違法を理由として②の取消しを求めることはできない**，という「縛り」がかかっています（行訴法 10 条 2 項)。これを「**原処分主義**」といいます。

**★判例の動向**　公務員の懲戒処分を巡るいわゆる「修正裁決」(国公法 92 条 1 項，地公法 50 条 3 項）につき最高裁は，修正裁決は「人事院において新たな内容の懲戒処分をしたものと解するのは相当でな」いとして，**原処分説**に立つことを明らかにしました（最判昭 62・4・21)。

## 13-1-2 取消訴訟における仮の権利保護

**問題状況** 訴訟では，裁判所の最終判断が確定するまでに，かなりの時間がかかります。その間にいろいろと**状況が変わり**，特に**原告に不利に変わる**ような場合，なんらかの**救済措置**を用意しておく必要があるでしょう。これが，**仮の権利保護**（独 vorläufiger Rechtsschutz（フォァロイフィガー・レヒツシュッツ））という議論です。

**民事保全法** 民事保全法は，「**仮処分命令**（order of provisional disposition，独 einstweilige Anordnung（アインストヴァイリゲ・アンオルトヌング））」を認めています（民事保全法 23 条以下）。日本国憲法の下で行政裁判所が廃止され（憲法 76 条 2 項），司法裁判所が行政事件の裁判を管轄（かんかつ）するようになった当初（＝民事訴訟法応急措置法［昭和 22 年法律 75 号］時代），裁判所は民訴法（みんそほう）の**仮処分制度**（当時）**を利用**し，**しばしば**行政処分の効力・執行を阻止（そし）し，行政**処分を差し止めて**いました。

**行特法** ところがいわゆる「**平野（ひらの）事件**」（東京地決昭 23・2・2）を契機として，行政事件における仮の権利救済に関する検討が行われ，行政事件訴訟特例法（前記・行特法（ぎょうとくほう））が制定されました。同法によれば「行政庁の**処分**については，仮処分に関する**民事訴訟法の規定は，これを適用しない**」こととされたのです（行特法 10 条 7 項）。理由は，仮処分が「**対等当事者間**の民事上の権利利益の調整」を図りつつ，「比較的**容易**」**に認められている**ので，それをそのまま行政事件訴訟に持ち込むのは妥当でない，と考えられたからでした。

### ★平野事件

平野事件とは 1947（昭和 22）年，**衆議院議員**（日本社会党）だった平野力三（ひらの・りきぞう）（片山哲（かたやま・てつ）内閣の農林大臣）が**公職追放**となり，議員資格を失った。その**処分差止め**を求める民事訴訟で，GHQ（連合国軍最高司令官総司令部）の指令による処分が，日本の司法判断の対象になるかという論点が，新たに提起された。

**仮処分の排除** 1962（昭和 37）年に制定された現在の行政事件訴訟法も，この行特法の立場を引き継ぎ，

「行政庁の処分その他公権力の行使に当たる行為については，民事保全法（略）に規定する**仮処分をすることができない**」

との定めを置いたのです（行訴法 44 条）。

**執行停止**　このように，一方では行政事件における「仮処分の**排除**（exclusion of provisional disposition）」が明定(めいてい)されたのですが，しかし行政事件でも「仮の権利保護制度」は**必要**です。そこで，仮処分排除の「**代償措置**」として設けられたのが，**執行停止**（stay of execution，独 aufschiebende Wirkung(アウフシーベンデ・ヴィルクング)）の制度です。

**根拠条文**　行訴法は，「処分の取消しの**訴えの提起**は，処分の効力，処分の執行又は手続の続行を**妨げない**」と定めました（行訴法 25 条 1 項）。これを，「**執行不停止原則**」と呼びます（ちなみに行審法(ぎょうしんほう)も同様。しかも偶然ながら，条数も同じ行審法 25 条 1 項←記憶に残りやすい）。

**★不停止の理論的根拠**　執行不停止原則を支える理論的根拠を巡って学説は，

①行政処分の**公定力または自力執行力**に求める見解と

②**立法政策**（行政活動の阻害・停滞を防ぎ，行政目的の円滑な実現を図ろうとする）に求める見解

とに大別(たいべつ)されます。うち，**②が通説**と考えてかまいません。

**種類**　ところで行訴法にいう「執行停止（広義）」には **3 種**があります（行訴法 25 条 2 項）。つまり，

①処分の「執行の停止」（＝**狭義(きょうぎ)の執行停止**）にプラスして，

②処分の「**効力**そのもの」**の停止**，そして

③（当該処分が有効なことを前提として行われる）**後続処分の差止め**，

という 3 種です（▷図 13-1）。ただし**②は**，他の 2 つによって目的を達することができない場合に限り，**補充的に**認められます（同 25 条 2 項ただし書き）。

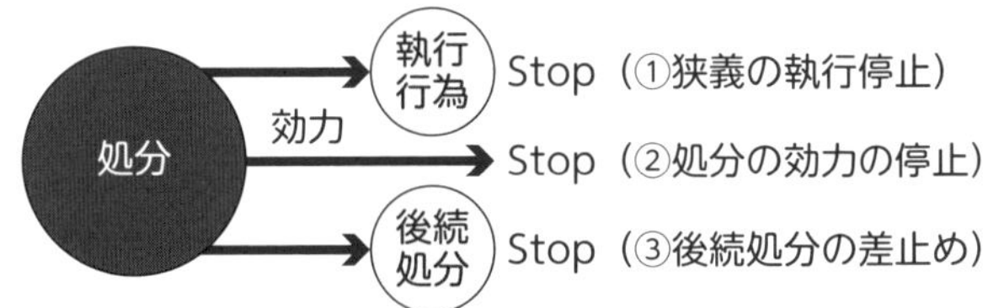


**図 13-1 ● 執行停止の 3 種（広義の執行停止）**

**★執行停止の法的性質**　日本国憲法 76 条により，行政訴訟の裁判は司法裁判所に与えられた権限です。したがって，行政事件に「**本案**判決を下す権限」が**司法作用**に属すると解する点で，学説・判例はほぼ一致しています（戦前の行政裁判所は「行政権」の裁判所だったことに注意▶ p.28，92，274）。これに対し，行政処分の「**執行停止**の性質」が①**行政**作用なのか，②**司法**作用なのかについては**争い**があります。学説では，①が支配的のようですが，近年では②も有力になっています。

**★行政権か司法権か**　これは，なかなかに面白い論点です。処分は行政の権限なのだから，ストップをかける権限もまた**行政権**だと考えるか（①説）。それとも，第三者である**司法権**（裁判所）だってストップをかけられると考えるか（②説）で，違いがあります。ただし②説に立っても，下記の東京地判昭 44・9・26 のように「**行政の権限が司法権に譲り渡された**もの」と考える立場（③説）もありうるからです。

**★執行停止の法的性質を巡る判例**　いわゆる米内山事件特別抗告審（最大決昭 28・1・16）の真野毅裁判官（弁護士出身）補足意見は，**司法作用説**を採用します。これに対し下級審では，執行停止の性質を「本来的な**行政作用の司法権への委譲**」と解するものがあります（東京地判昭 44・9・26）。

## 米内山事件

当時青森県議会議員（のちに衆議院議員）で，**議会から除名処分**を受けた米内山義一郎（日本社会党）が，処分の取消訴訟と**執行停止**を求めた。青森地裁は取消請求の判決が確定するまでの「処分の効力の停止」を認めた。これに対し，吉田茂内閣総理大臣が**異議**を唱えた。第一審は「異議を不適法」として，「執行停止を取り消さない」旨を決定したため，県議会側が最高裁に特別抗告（民訴法 336 条）した事案。最高裁は「内閣総理大臣の異議は，（略）裁判所の執行停止決定のなされる**以前**であることを要する」ところ，「原審が執行停止の決定をしたのは昭和 27 年 3 月 15 日であり，内閣総理大臣の異議が述べられたのは右の**後**である同年 5 月 16 日である」から，「本件**異議は不適法**」であるとして，抗告を棄却したのであった（最大決昭 28・1・16）。総理の「苦虫をかみつぶしたような顔」が目に浮かぶ。

## 13-1-3 執行停止の要件

**2つの要件**　裁判所が執行停止をする要件とは,

①「**手続上**」の要件と

②「**実体上**」の要件

の**2つ**があります。

**手続要件**　まず手続上の要件は,

㋐本案**訴訟の係属**（けいぞく）（行訴法28条）

㋑原告からの（執行停止の）**申立て**（もうした）**の存在**（同25条2項）

の2つです。

**実体要件**　次に実体上の要件は，さらに

ⓐ**積極要件**

ⓑ**消極要件**

に分けられます。まず積極要件とは,「**存在しなければならない要件**」という意味，また消極要件とは「**存在してはならない要件**」という意味です。

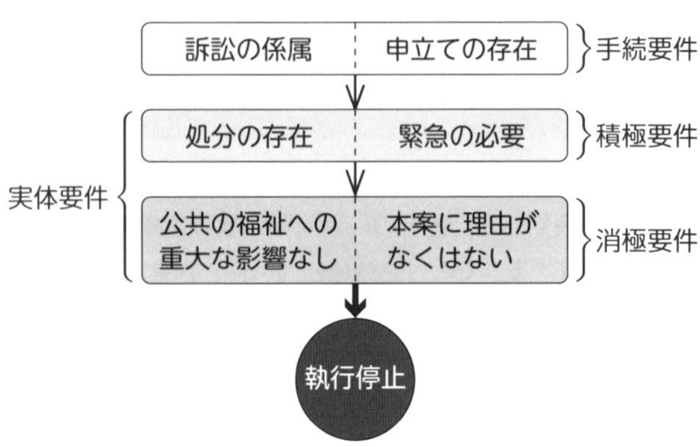


**図 13-2● 執行停止の手続要件と実体要件**

**積極要件**　執行停止の**積極**要件は,

①**処分が存在**し,

②処分・手続の続行によって生ずる「**重大な損害を避けるため緊急の必要**がある」こと

です（行訴法25条2項）。なお，旧法（＝平成16年改正前まで）では，「回復困難な損害」とされていたのが，法改正により表現が改められました。要は旧法に比べ新法では「**要件が緩和**」されたのです。

**消極要件**　次に執行停止の**消極**要件は，

①「**公共の福祉に重大な影響を及ぼすおそれ**があるとき」，または

②「**本案について理由がないとみえるとき」には該当しない**こと

です（行訴法25条4項）。

**執行停止の要件を巡る判例**　まず執行停止は，**将来**なされるだろう処分に向けて行われることは**許されない**（神戸地決昭53・9・12）。次に「回復困難な損害」とは，最高裁によれば「原状回復不能の損害のみを指すものではなく，**金銭賠償不能の損害**をも含む」（最大判昭27・10・15）。具体例としては，①国公立大学職員の**懲戒処分**（東京高決昭41・5・6），②道交法に基づき警察署長がデモ行進に伴う道路使用**許可に付した条件**（大阪地決昭43・6・14）などが挙げられます。ただし，③公有水面埋立工事に伴う海水汚濁により周辺海域での**漁業の被る影響**は，「回復の困難な損害」には当たりません（札幌地決昭49・1・14）。また最近では，④弁護士への**懲戒処分**により生じる社会的信用の低下や業務上の信頼関係の毀損等の損害は行訴法25条2項の**「重大な損害」に当たる**として，執行停止を認めた最決平19・12・18があります。

**執行停止の手続など**　執行停止の申立ては，「**本案の係属する裁判所**」に対して行う（行訴法28条）。執行停止の要件たる「**事実の存在**」（＝重大な損害を避けるための緊急の必要性）については，申立人による**疎明が必要**（同25条5項）。執行停止の申立ての許否に関する裁判は**「決定」の形式**による（同条2項）。つまり，「**口頭弁論を経ないで**」することができます。ただし，あらかじめ**当事者の意見を聞く必要**があります（同条6項）。

### ★疎明

「**疎明**」とは訴訟用語で，「証明」の対概念。**証明**（独 Beweis）が，ある事実につき，裁判官を「**真実らしいと確信させる**」行為なのに対し，疎明（独 Glaubhaftmachung）はそれより緩く，裁判官に「**まあ確かだろう**」との心証を抱かせる行為。

**★停止決定の効果**　執行停止の決定は「**対世効**」（▷ p.337）を有し（参考：行訴法32条2項），**当事者のほか関係行政庁を拘束**します（参考：同33条4項）。つまり2つのケースが考えられ，

①執行**不停止**（＝棄却）の決定が出れば，**申立人**（国民）**側**から，また逆に
②執行**停止**（＝認容）の決定が出れば，**行政機関側**から，

それぞれ即時抗告が申し立てられます。ただし即時抗告の提起は，裁判所の執行停止決定の**執行を停止する効力を持つものではありません**（同25条8項）。

**★事情変更による執行停止の取消し**　執行停止の決定が確定した後に，停止の理由が消滅し，その他事情が変更して，執行停止の存続が**妥当でなくなった**場合，裁判所は相手方からの申立てにより，当該執行停止の決定を（同じく）**「決定」の形式で取り消す**ことができます（行訴法26条1項）。このあたりは，裁判規範（裁判官に向けられたルール）の真骨頂ですね。

## 13-1-4 内閣総理大臣の異議

**司行のバランス**　とはいえ，国民の権利（私益）保護を任務とする裁判所の執行停止の判断を最終的なものにすると，公共の福祉の見地から支障が生ずるおそれがあります。そこですでに旧法（行特法）時代，裁判所による執行停止を認める一方で，行政権の代表者に執行停止への**対抗手段**を与えることで，司法・行政両権の**バランスを図る制度**がありました（行特法10条2項）。それが米内山事件（前述）で顔を出していた「**内閣総理大臣の異議**（objection by the Prime Minister)」です。現行法は，制度をさらに整備しました。要は，**行政権の代表者**としての内閣総理大臣に，執行停止の申立てと**司法権による**執行停止の決定に対する**拒否権**（veto power）**の発動**を認めた制度だ，ということです。

**現行制度の要点**　その結果，

①総理大臣が執行停止決定の**前**に異議を述べたときは，裁判所は決定を**することができず**，また
②決定が出された**後**に異議を述べたときには，裁判所は同決定を**取り消さな**

**ければならない**

ということです（行訴法 27 条 1 項・4 項）。

**理由の附記**　これは執行停止に対する重大な制約ですから，内閣総理大臣の異議には，**必ず理由**を付さなければならず（行訴法 27 条 2 項），理由の中で総理大臣は「処分の効力を存続し，処分を執行し，又は手続を続行しなければ，公共の福祉に重大な影響を及ぼすおそれのある**事情**」**を具体的に示す**ものとします（同条 3 項）。

**異議の要件**　内閣総理大臣は，

①「**やむをえない場合**」でなければ異議を述べてはならない。また

②異議を述べたときは，「次の常会（通常国会）」において「**国会に**その旨を**報告**」しなければならない（行訴法 27 条 6 項）。

つまり**法制度に加味して，政治責任を負わせた**わけです。

### ★異議を巡る判例

内閣総理大臣の異議を巡る旧法時代の判例としては，前述の米内山事件特別抗告審がある（最大決昭 28・1・16）。また現行法の下では有名な下級審判例があり，裁判長の名前を取って俗に「**杉本決定**」（下記）と呼ばれている。

### ★杉本決定の内容と結末

進路変更の条件（＝附款）を付して行われた東京都公安委員会による**デモ行進の許可**に対し，主催者側が**附款の取消し**を求めた。同訴訟で東京地裁は，許可条件部分のみ執行**停止の決定**をした（東京地決昭 42・6・9 ＝**杉本決定**）。ところが同決定の翌日，時の佐藤栄作**総理大臣**は行訴法が制定されてから初めて，同法 27 条に基づき**異議**を申し立てた。これを承けて東京地裁は，執行停止の**決定を取り消した**。当時まだ高校生であった石川は，この杉本決定と内閣総理大臣の異議に，強い印象を受けたのであった。

### ★杉本良吉裁判長

杉本良吉判事は，この決定の前，行訴法の制定に当たり，のちに最高裁入りする中村治朗判事とともに，法制審議会（法務省）に設置された行政訴訟部会小委員会の幹事を務め，実務立案者として，**逐条解説**『行政事件訴訟法の解説』（1963

［昭和 38］年・法曹会）**を執筆**した人物。

## ★脱線ついでに

裁判官は通常，個人名が記憶に残ることはめったにない。だが，**個人タクシー事件**（東京地判昭 38・9・18 ▶ p.334）と**群馬中央バス事件**（東京地判昭 38・12・25 ▶ p.329）の判示事項で，のちの**行政手続法の制定**に先鞭を付けた**白石健三裁判長**。また，石川がローで教えていた時代，**小田急高架化訴訟判決**（東京地判平 13・10・3 ▶ p.308）や**圏央道訴訟判決**（東京地判平 16・4・22）などで，関係者に「**国敗れて 3 部あり**」（「国破れて山河在り」＝杜甫「春望」のパロディ。所属が東京地裁の民事**第 3 部［行政部］**だったことから）と言わしめた，**藤山雅行裁判長**とともに，**杉本裁判長**の名も，石川の記憶に強く刻まれている（なお，職位名はいずれも当時）。

**★最高裁判決**　なお，最高裁判決は，個人タクシー事件が最判昭 46・10・28，群馬中央バス事件が最判昭 50・5・29，小田急高架化訴訟が最大判平 17・12・7。

## ★内閣総理大臣の異議と憲法論

内閣総理大臣の異議を巡っては，**違憲説**も唱えられている（上記・米内山事件特別抗告審における真野少数意見）。が実務は，行訴法施行の前後に有力な学者によって提唱されていた「**合憲説**」に従っていると見られる（上記・『行政事件訴訟法の解説』）。

**仮の義務付け・仮の差止め**　なお，**仮の義務付け・仮の差止め**（行訴法 37 条の 5）についてはスペースの関係で説明できないため，レインボー p.385，391 を参照のこと。

# 13-2 行政裁量とその統制

## 13-2-1 行政裁量の司法統制

さて，取消訴訟の要件審理における「最後の難関」である，行政裁量と司法審査のお話です。ここはロースクール関係者だけではなく，すべての読者が理解しておく必要があります。「やさしい」とはいえませんが，しかし今までの「訴訟技術的」なテーマに比べると，読めば理解できることでしょう。

**立法・司法・行政裁量**　憲法の内容を法律に具体化する場合，「**立法裁量**（独 legislatives Ermessen)」があり，また裁判官がある証拠を採用するか否か，さらに検察官が起訴するか否かにつき「**自由心証主義**」という名の「**司法裁量**（独 judikatives Ermessen)」があります。しかし昔から議論されてきたのは，法律と，それを具体化する行政の関係における裁量，つまり**行政裁量**（独 Verwaltungsermesen）の問題です。

**「裁量」とは**　「行政裁量」とは，行政活動が法令によって一義的に拘束されていない，つまり立法者が法令の**文言に「解釈の余地」**を残した結果として，行政に認められる「**判断の幅**（独 Beurteilungsspielraum)」のことです。国語で「裁量」とは，「物事を自分の判断（＝裁）で取り計らう（＝量）こと」，つまりは「**他人にとやかく言われない**こと」という意味です。昔のお年寄りには，「その辺，適当に裁量しておいて」と表現する人がいました。なお，上記のうち「物事」とは，法的な意味では**「法令」を意味**することになります。

**司法審査との関係**　このように，行政裁量には「**2面性**」があります。つまり一方では，**立法と行政の関係**（事前の関係）において。しかし他方，実際の問題になるのは司法審査，つまり**司法と行政の関係**（事後の関係）において。先ほどの，裁量＝「他人にとやかく言われないこと」という場合の「他人」とは，

**裁判所（＝司法）を意味**することになるわけです。

**古典的裁量論**　伝統的裁量論では，行政の行為をまず

①**羈束**（きそく）行為（独 gebundene Verwaltung（ゲブンデネ フェアヴァルトゥング））と

②**裁量**行為（独 Ermesensverwaltung（エアメッセンス・フェアヴァルトゥング））

に２分割します。①は司法審査が「**可能**な行為」であるのに対し，②は司法審査が「**不可能**な行為」です。①は法文に「○○しなければならない」「○○するものとする」といった文言が使われている場合，また②は「○○することができる」「○○することを妨げない」といった文言が使われている場合です。

**さらなる区分**　しかし，このような「大くくり」では，司法審査が不可能な，つまりは原告国民の権利が救済されない範囲が，**まだ広すぎる**。そこで②をさらに２分割し，

㋐**羈束裁量**（法規裁量）行為（独 Rechtsermessen（レヒツ・エアメッセン））と

㋑**自由裁量**（便宜（べんぎ）裁量）行為（独 freies Ermessen（フライエス エアメッセン））

を区分します。㋐は「**何が法**か」に関する裁量なので，司法審査が**可能**です。ところが㋑は「**何が公益**か」に関する裁量なので，司法審査は**不可能だ**，というのです。

**裁量のありか**　仮に，「○○大臣は，公益上必要ある場合（＝**要件**，独 Tatbestand（タート・ベシュタント）），必要な措置をとることができる（＝**効果**，独 Rechtsfolge（レヒツ・フォルゲ））」という法令の定めがあったとします。するとこの場合，行政裁量は

①**事実の認定**（「何が起きたのか」の確定）

②（事実の）**要件への当てはめ**（①で認定した事実は，上述した法文の「公益上必要ある場合」に該当するかどうかの判断）

③（事実が要件に当てはまったとして）とるべき**「措置」の選択**（効果）

のうちの，はたして**どこに存在**するのでしょうか？

**要件か効果か**　このうち①（＝事実認定）は，当然に司法審査の対象となります（事実誤認は，**処分の違法事由**だからです）。結果，行政裁量は**残る２つ**，すなわち②（＝要件）と③（＝効果）**の，どちらか**に認められるはずです。

**要件裁量・効果裁量**　まず，②（＝要件の認定）に行政裁量を認める考え方を「**要件裁量説**」といい，古くは佐々木惣一（ささき・そういち）（京都大学）が唱えました。これに対し③（措置＝法律効果の選択）に裁量を認める考え方を「**効果裁量説**」といい，美濃部達吉（みのべ・たつきち）（東京大学）が唱えたのです。

**行訴法 30 条**　以上の歴史を踏まえ，現行法（行訴法）は「行政庁の裁量処分については，**裁量権の範囲をこえ**又はその**濫用**（らんよう）**があつた場合に限り**，裁判所はその**処分を取り消すことができる**」との定めを置きました（行訴法 30 条）。ここはすでに一度学んだところです（▶ p.101）。

**判例の立場**　判例によれば「裁量権の範囲をこえ又はその濫用があつた」かどうかは，

①行政庁の「判断がまったく**事実の基礎**を欠くかどうか」または

②「判断が社会通念に照らし**著**（いちじる）**しく妥当性**を欠くかどうか」

という**2点につき審査**されます（たとえば，最大判昭 53・10・4 [**マクリーン**（McLean）事件。「マクリーン」は原告の米国人教師の名前]）。その際，歴史的に積み重ねられてきた「判断基準（モノサシ）」は，具体的には表 13-1 のとおりです。

| 判断基準 | 内容 |
|---|---|
| **①目的拘束の法理** | 裁量は，それを行政に授権している**「法令の趣旨・目的」**に沿って行使される必要がある（独 Zweckgebundenheit（ツヴェック・ゲブンデンハイト）） |
| **②比例原則** | 行政に裁量が認められている場合でも，その行使は憲法上または法律上認められている国民の権利・自由を**過度に制限**するものであってはならない（**比例原則**，独 Verhältnismäßigkeitsprinzip（フェアヘルトニスメースィッヒカイツ・プリンツィープ）） |
| **③平等原則・条理** | 裁量権の行使は**平等原則**（憲法 14 条，独 Gleichheitssatz（グライヒハイツ・ザッツ））及び「**社会通念ないし条理**（独 Natur der Sache（ナトゥーア デァ ザッヘ））」に違反してはならない |
| **④義務の懈怠**（けたい） | 法律に明示されていなくても，行政機関が自己に負わされた「**義務を怠る場合**（独 Pflichtverabsäumung（プフリヒト・フェアアプゾイムング））」，その裁量行使は違法となる（「怠（おこた）る」に代え，「懈怠」という難しい表現が使われることもある） |
| **⑤他事考慮**（たじこうりょ） | 裁量権行使の過程で，行政機関は**「考慮すべきでない事項」を考慮**し，また逆に**「考慮すべき事項」を考慮しなかった**場合（他事考慮▶ p.334），**裁量権の行使は違法**となる，という法理（独 Zweckendfremdung（ツヴェック・エントフレムドゥング）） |

**表 13-1 ●「裁量権の範囲をこえ又はその濫用があつた」かの判断基準**

**判例研究の必要性**　結局，裁量と司法審査の関係については，抽象論だけ丸暗記しても無意味なのであり，したがって**判例に即して**，事案の具体的内容を研究・吟味する必要性があります。

## 13-2-2 処分の無効と取消し

**処分の瑕疵**　さて，**処分の「瑕疵**（独 Fehlerhaftigkeit)」とは，「**処分の効力発生を妨げる事情である**」と定義されます（田中二郎説)。

**瑕疵の類型と処分の効力への影響**　「瑕疵がある」とは結局，類型的には処分のパワー（効力）が

①**不発生**か，または

②**不完全発生**

の場合を指していることになります（▶図 13-3)。

**適法・違法**　純理論的に見れば，

㋐**適法な行為は有効**だし，または

㋑**違法な行為は無効**

となるはずです（▶図 11-6，p.270)。

**法的安定性**　ところが常に上記，特に㋑のように取り扱うと，**問題が起きる**場合があります。たとえば営業の許可（＝処分）を得たことを前提に，時が経てば経つほど，さまざまな法律関係（契約）が積み重なっていきます。それを，些細な違法（瑕疵）を理由に，処分を**直ちに**「無効（独 Nichtigkeit)」と取り扱うと，その上に乗っている**法律関係**は，「連鎖反応」で**崩れ去り**ます（▶図 4-3，p.103)。

**場合分け**　それではまずいので，こうした状況を防ぎ，法的安定性を保つ見地から，瑕疵（＝傷）を

ⓐ**致命傷**（命にかかわる，とてもひどい傷）と，

ⓑ**軽傷**（かすり傷）

の２つに分け，ⓑ（＝軽傷）の場合には立法政策上，**直ちに「死亡扱い」**（＝無効）**とはせず，裁判所の認定**を待って初めて「安楽死」させる，つまりは「取り消しうべき処分（独 Anfechtbarkeit)」と扱うことにしたのです。

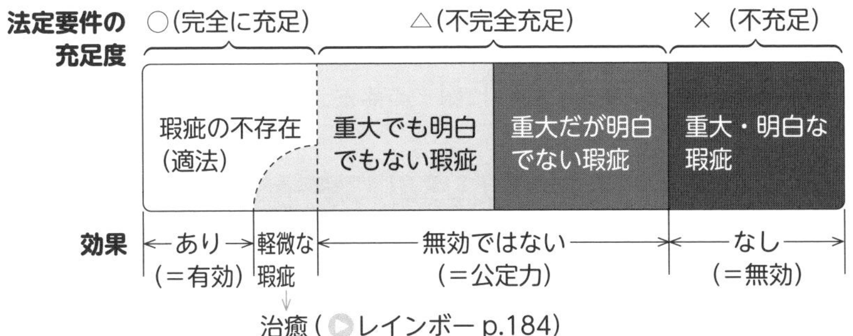


**図 13-3 ● 処分(行政行為)の瑕疵と効果の関係**

**無効と取消しの関係**　以上のことから，実体法上の**瑕疵の2類型**(無効・取消し)とは結局，**訴訟法上の争い方の違い**に帰着することになるわけです。すなわち，「致命傷(無効)」の場合は**無効確認**訴訟で，また「軽傷(取り消しうべき)」場合は**取消**訴訟を利用する，という切り分けです。

**公定力**　その反射として「**処分の公定力**」と呼ばれる，「仮想の効力」が生まれてくることは，すでに最高裁判判例の判示(最判昭 30・12・26)と図 11-6 とを使って，先に論証したところです(▶ p.270 以下)。ともあれこの論点(=処分と訴訟の関係)は，注意しないと同語反復・循環論法に陥りやすい。ですから，もし理解があやふやなら，先の説明に戻って論理を再度確認し，自分なりに納得のいく論理を組み立てられるようにしましょう。

**考え方の枠組み**　学説・判例の発想枠組みは，まず先に**「無効な処分」を限定的**にとらえ，次に**それ以外**のケースを「**取り消しうべき処分**」だ，と解します。

**無効の判定基準**　通説・判例は，無効を①瑕疵の「重大性」+②「明白性」という**2つの基準**で判定するので，これを「**重大かつ明白説**(独 schwerwiegender und klarer Fehler)」と呼びます。

**処分の無効原因と取消原因**　1度目の学習で述べたように，「無効の瑕疵」か，「取り消しうべき瑕疵」かは，次の**4つの尺度**で測定します。すなわち，処分の

①**主体**(誰が)に関する瑕疵
②**内容**(何を)に関する瑕疵
③**形式**(口頭か文書か，様式)に関する瑕疵

④**手続**（いかなる手順で）

に関する瑕疵です。以下，先人が類型化してきた無効･取消原因を分説します。

**主体に関する無効原因**　まず「主体に関する無効」原因の代表例は，表 13-2 のような行為が考えられます。

| 行為 | 無効原因 |
|---|---|
| ①「**無権限者**」のした処分 | 任期つき公務員の任期満了後の行為 |
| ②「**公務員でない者**」がした行為 | ただしこの種の事例では，相手方の「信頼保護（独 Vertrauensschutz）」という観点から，その「行為を有効」と見なす場合がありえる。これを「**事実上の公務員**［独 de facto Beamter］の理論」という |
| ③行政機関の「**権限外**」の行為 | 会計管理者の租税滞納処分（処分権限は首長） |
| ④**正当に組織されていない合議機関**の行為 | 適法な招集行為を欠き，定足数を欠く委員会の行為 |
| ⑤他の行政機関の**「協力」や**相手方の**「同意」を欠く行為** | 消防長の同意を欠く行政庁の建築許可 |
| ⑥心神喪失中の行為 | 泥酔した市長のなした許可処分 |
| ⑦**強度の脅迫**による行為 | ピストルで脅された税務署長のなした免税行為 |

**表 13-2●「主体に関する無効」原因の代表例**

**主体に関する取消原因**　また取消原因としては，**詐欺・強迫・賄賂**に基づく行政機関の行為や，錯誤に基づく行為（最判昭 28・9・4）などです。

**内容に関する無効原因**　次に「内容に関する無効」原因としては，

①内容の「**不能**」な処分

②内容の「**不明確**」な処分

が考えられます。①はさらに

㋐**人**に関する不能（死者に免許を与える行為や，外国人に鉱業権を設定する行為）

㋑**物**に関する不能（存在しない土地の収用裁決や，第三者の所有地の公売処分）

㋒**法律関係**に関する不能（納税義務者でない者に対する免税行為）

などに分かれます。また②の例としては，買収するべき「**範囲を特定しない**」

農地買収処分，「**境界を明確にしない**」境界査定処分などが考えられます。

**内容に関する取消原因**　また取消原因としては，墓石を含む農地を買収したような処分は「公序良俗に反するが，**直ちに無効とはいえず**，取り消しうべきものにとどまる」とした判例があります（最判昭 25・3・28）。

**形式に関する無効原因**　まず「形式に関する無効」原因ですが，各種の**法令**は処分を行う際の「**形式（様式）**」を定めています。その結果として，

①「書面」によるべきところを「**口頭**」でなした処分（口頭による納税の督促）

②行政庁の**署名・捺印を欠く行為**

③付記を**「要件とする」場合の理由付記を欠く処分**（青色申告に対する更正決定処分）

などはいずれも「無効」です。

**形式に関する取消原因**　他方，取消原因としては，

①書面の**記載事項の不備**（「石川敏行」を「石山敏之」と誤記した納税通知書）

②理由付記が**「要件とされていない」場合の理由の不備**（最判昭 54・4・19）

③**日付の記載**を欠く処分

などが考えられます。

**手続に関する無効原因**　まず「手続に関する無効」原因としては，

①要件としての**公告・通知を欠く行為**（督促を欠く租税滞納処分）

②利害関係人の「立会い」や「協議」の**要件を欠く行為**（立会いを経ないで行われた差押え）

③「公開の」**聴聞または弁明の機会の付与を欠く行為**（公開の聴聞を欠く運転免許の停止・取消処分）

④利害関係人の保護のために諮問が要求されている場合に，**諮問を経ずに行われた行為**（医道審議会の諮問のない医師免許の取消処分）

などが考えられます。

**手続に関する取消原因**　取消原因としては，他の機関の諮問を欠く行為が，利害関係人の保護（主観目的）ではなく，単に**処分の内容を妥当・適切ならしめる趣旨**（客観目的）である場合が考えられます（運輸審議会の諮問を経ないで行われた新規バス路線の認可拒否処分につき，最判昭 50・5・29［群馬中央バス事件判決］）。

**重大・明白な瑕疵**　些細な瑕疵を理由に処分の効力を否定すると，法的安定性を保てず，**かえって正義に反する**ことがある。そこで通説が「重大かつ明白な瑕疵」がある場合に限って，処分の効力を否定する（＝無効として取り扱う）としたことは，前に述べたとおりです。これを「**重大明白説**」または単に「明白説」といいます。これは元素を２つ要求しているので，「**２元説**」です。

**ガントレット事件**　旧国籍法違反の帰化許可処分の効力が争われた有名な事件（ガントレット(Gauntlett)事件。「ガントレット」は原告の英国［ウェールズ］人の名前）で最高裁は，「仮りにその処分に関し違法の点があったとしても，その違法が重大且(か)つ明白である場合の外(ほか)は，これを法律上当然無効となすべきではない」として，**重大明白説（２元説）の立場**を，初めて明らかにしました（最大判昭31・7・18）。

**理屈と人情**　結局，瑕疵の「重大性」だけで認定すると，処分の**無効原因は拡大**します。それに「明白性」をプラスすると，今度は逆に**無効原因は縮小**します。つまり理解のポイントは，この２つの要請の**「落とし所（線引き）」をどこ**に求めるかの判断です。言葉を換えると処分の「瑕疵論」とは，「法的安定性」（法律学における「**理屈**」）と「具体的妥当性」（「**人情**」）の**バランスの問題**なのです。なお，「理屈と人情」は，有名なエッセイ（我妻榮(わがつま・さかえ)『法律における理窟と人情』）を念頭に置いた表記です。

**明白性補充要件説**　このように，通説（重大かつ明白説）では無効原因が**狭くなりすぎ**（無効は「めったに認定されない」から），法的安定性を重視しすぎている。そこで「具体的妥当性」の観点から，「無効原因を**緩和**」しようとする考え方が出てくるのも，理解できます。その１つが，「**明白性補充要件説**」です（塩野説）。同説によれば，瑕疵の「重大性」は常に必要だが，「明白性」は**必須ではない**と考えることから，石川は「**1.5 元説**」と呼んでいます。

## 13-2-3 手続的審査方式・裁量収縮論

**★裁量の相対化**　戦後になって，羈束裁量行為と自由裁量行為の差異は相対化しました。そして相対化現象の結果，伝統的に「自由裁量行為」ととらえられていた処分，たとえばタクシーやバス事業の免許処分は，今日（こんにち）の「相場感」からは，**司法審査に服する**ことになります。戦前の美濃部説も，すでに「法的救済の必要性の強い行為については，裁量が認められる場合にも，**広く司法審査が認められる**べきであるという思想」に基づき主張されていたのです。

**裁量権の逸脱・濫用の法理**　さて現在では，行訴法 30 条に実定法上の根拠を置くことになった「裁量権の逸脱（いつだつ）・濫用の法理」は，戦前の学説・判例（日本に加え，仏独墺（フランス・ドイツ・オーストリア）の判例・学説）の積み重ね（成果）を明文化したものです。伝統的には，

①事実誤認
②目的違反（動機の不正・他事考慮）
③平等原則違反
④比例原則違反

の **4 つに類型化**されます。

**実体審理と手続審理**　これらの詳細は後で見る（▶ p.332 以下）として，この「裁量権の逸脱・濫用の法理」は，行政が行う裁量判断の「**実体的**な内容・結果」に対する司法審査の基準でした。このような**伝統的**な手法と並んで近年，特に裁量判断の**過程（手続）に着目**して，裁量権の逸脱濫用をチェックしようという方法も有力になってきています。

**政治的裁量・専門技術的裁量**　行政裁量は，それが認められる趣旨の違いによって，大きくは

①**政治的**裁量と
②**専門技術的**裁量

とに区分されます。

**政治的裁量**　まず，政治（政策）的裁量の例としては，「**預貯金目減り訴訟（そしょう）**」が挙げられます。この事件で最高裁は「その時々における内外の情勢のもとで具体的にいかなる措置をとるべきかは，（略）専ら（もっぱ）**政府の裁量的な政策判断**

に委ねられている」として，国賠請求を認めませんでした（最判昭 57・7・15）。

**マクリーン事件**　また，政治（政策）的裁量については，有名な「**マクリーン事件**」判決（▶ p.325）において，最高裁は**法務大臣に**出入国管理行政に関する**広範な裁量**を認めました（最大判昭 53・10・4）。

**専門技術的裁量**　次に，「専門技術的裁量」の 1 つの典型例が，**原子力発電所**に対する訴訟です（たとえば，最判平 4・10・29 ＝伊方原発訴訟。最判平 4・10・29 ＝福島第二原発訴訟）。特に 3・11 以降は，原発を見る世間の目は厳しくなりました。

**試験と裁量**　もう 1 つは，**試験に関する裁量**です。たとえば，国立大学医学部教官が試験妨害等に関する謝罪文を出した学生にのみ再試験の受験許可を与えたことは，「教育的見地からする裁量の範囲内」である，とした最高裁判例があります（最判昭 59・11・1）。

**「時」の裁量**　なお，便宜上ここに，「時」の裁量（**タイミング選択の裁量**）を挙げておきます。これは周辺住民とのトラブル発生を懸念した特別区の区長が，建築資材を運ぶ特殊車両（**特車**）の**通行認定の申請**を，5 か月ほど**引き伸ばし**ました。最高裁は，本件認定の留保には，本来**裁量の余地のない**。しかし，紛争予防のため，「行政裁量の行使として**許容される範囲内**にとどまる」と判示しました（最判昭 57・4・23，車両制限令事件）。

　では次に，この分野の代表的な判例を，裁量の「実体審理」と「手続審理」とに分けて見ていくことにしましょう。

## 13-2-4 裁量の実体的統制

**実体審理**　まず，裁量の「実体審理」の着眼点は，先ほどすでに述べたように，伝統的には **4 つ**です（①事実誤認，②目的違反［動機の不正・他事考慮］，③平等原則違反，④比例原則違反）。

**①事実誤認**　最高裁は，公立大学の**学生の行為**に対して**懲戒処分**をするか否か，また**いかなる処分**をするかは「学長の裁量に任されている」としつつも，「事

実誤認すなわち処分が事実の基礎を欠くかどうかは裁判所の司法**審査の対象となる**」と判示しています（最判昭 29・7・30）。

**②目的違反・動機の不正**　次に，「**目的違反**」に関して引用されるのが，いわゆる「ココム(COCOM)訴訟」です。この事件で東京地裁は，共産圏諸国の「潜在的(せんざいてき)戦力をスローダウンさせることを直接の趣旨，目的とするココムの申合せを遵守(じゅんしゅ)」して通産大臣（当時）のなした「輸出**不承認処分**」が，**法の趣旨・目的**（国際収支の均衡，外国貿易・国民経済の健全な発展の促進）から**逸脱し，違法**と判示しました（東京地判昭 44・7・8）。裁判長は前述の杉本判事（▶ p.321）。

## ココムと新ココム＝ワッセナー・アレンジメント（WA）

ココム（対共産圏輸出統制委員会。本部パリ）は 1950（昭和 25）年 1 月から 1994（平成 6）年 3 月まで存続して廃止（解散）。その後，1996（平成 8）年 7 月から，「新ココム」＝**ワッセナー・アレンジメント**（WA）が立ち上がり，現在に至る。ワッセナー(Wassenaar)は，設立交渉が行われたオランダの都市。WA の性格は「通常兵器及び機微(きび)な関連汎用品(はんようひん)・技術の供給能力を有し，かつ不拡散のために努力する意志を有する参加国による**紳士的な申合せ**(gentleman's agreement)」。対象は旧共産圏に限らず，「**全て**の国家・地域及びテロリスト等の非国家主体」（外務省 Web サイト▶ p.122 以下）。図 0-1 も参照（▶ p.3）。

**ソープランド事件**　また「**動機の不正**」に関しては，いわゆる「ソープランド事件」が有名です。この事件で最高裁は，ソープランドの開業を阻止するために山形県知事が行った児童遊園設置の**後出し認可**を含む一連の措置を，「**行政権の濫用**」と解しました（最判昭 53・6・16）。

**③平等原則**　「平等原則」に関しては，旧食糧管理法に基づく供出米(きょうしゅつまい)の割当(わりあて)方法につき具体的な定めがない場合，「どのような措置をとるかは，一応，行政庁の裁量」に任されてはいるが，このような「場合においても，行政庁は，何等(なんら)**いわれがなく**特定の個人を**差別的に取り扱い**これに**不利益を及ぼす自由」は有しない**，とした最高裁判例があります（最判昭 30・6・24）。

**④比例原則**　最後に「比例原則」に関して最高裁は，学テ（学力テスト）反対行動に参加した中学校教員に対してなされた**懲戒免職処分**は「**過酷**(かこく)に失し，裁量権の範囲をこえたものである」と判示しました（最判昭 59・12・18）。こ

れに対し，校長の承認を得ないで「夏期厚生計画」に参加のため**半日無断欠勤**した小学校教諭（きょうゆ）に対する懲戒戒告（かいこく）処分は，「均衡を失するきらいはあるものの，裁量権の**濫用に当たるとまではいえない**」（最判平4・1・24）。

## 13-2-5 裁量の手続的統制

**手続的統制**　今度は，裁量の手続的統制です。これまでに裁判所によって開発された**手法**には，**大別すると２つ**があります。

①実体判断は裁量問題として完全には審査しないが，「処分に至る**手続**」**を審査**することを通じて，間接的に行政決定の公正さを担保する手法

これは，有名な「**個人タクシー事件**」で用いられました（最判昭46・10・28▶ p.322）。

②より**「実体的な」審査**の方法で，いわゆる「**日光太郎杉（たろうすぎ）事件**」で東京高裁がとった手法

同判決では，土地収用法の要件（＝「事業計画が土地の適正且つ合理的な利用に寄与するものであること」）には**裁量を認めつつ**も，裁量の行使の方法につき**「他事考慮」があった場合**には，建設大臣の判断は「**違法となる**」と判示しました（東京高判昭48・7・13）。

**他事考慮**

聞き慣れない表現かもしれないが，他事考慮（たじこうりょ）とは，「本来，考慮してはならない事柄を考慮したこと」，また逆に「本来，考慮しなければいけないことを考慮しなかった」という意味（▶ p.325）。

**裁量権収縮**　この項目の最後に，一見，自由裁量があるように思えても，時と場合と相手方によっては裁量判断の**「幅」が狭（せば）まり**，「処分は羈束処分に転化」して**司法審査が可能**になるとする論理，すなわちドイツの「**裁量権収縮**（独 Ermessensreduzierung（エァメッセンス・レドゥツィールング））」を用いた，いくつかの下級審判例を挙げておきます（**スモン［キノホルム］**訴訟につき，静岡地判昭54・7・19，大阪地

判昭 54・7・31，前橋地判昭 54・8・21。**クロロキン**訴訟につき，東京地判昭 57・2・1。野犬による**幼女噛殺（ごうさつ）事件**につき，大阪地判昭 63・6・27)。

# 取消訴訟の終了

やれやれ。長かった取消訴訟の「本案審理」の学習も，ようやく出口が見えてきました。最後は「判決の効力」のお話です。ここも話が少し難しいかもしれないが，理詰（りづ）めで解説します。あと一息！

## 13-3-1 判決とその種類

**「判決」とは**　民事訴訟法上，**判決**（judgment，独 Urteil（ウァタイル））とは，**手続・主体**から見た**裁判**（judicial decisions, 独 Entscheidung（エントシャイドゥング））**の形式**の 1 つであり，「決定（ruling, 独 Beschluss（ベシュルス））」「命令（order, 独 Anordnung（アンオルトヌング））」の対概念です。

**語義**　判決は，「訴訟法上の意味の裁判所が行う裁判」であり，**「口頭弁論**（独 mündliche Verhandlung（ミュントリッヒェ フェアハンドルング））**」に基づくことを原則**とします。ゆえに手続の面で，**最も慎重・厳格**な裁判の形式です。また，**内容**から見れば，判決とは，裁判所が訴訟の目的である具体的な争訟（そうしょう）を解決するために，**「何が法であるか」を判断し，宣言する行為**をいいます。

**判決の種類**　判決は，さまざまな見地から分類が可能です。主な分類として，

①**終局**判決（final judgment，独 Endurteil（エント・ウァタイル））・**中間**判決（interlocutory judgment，独 Zwischenurteil（ツヴィッシェン・ウァタイル））

②**訴訟**判決（独 Prozeßurteil（プロツェス・ウァタイル））・**本案**判決（merits，独 Sachurteil（ザッハ・ウァタイル））

③**確認**判決（独 Feststellungsurteil（フェストシュテルングス・ヴァタイル））・**形成**判決（独 Gestaltungsurteil（ゲシュタルトゥングス・ヴァタイル））・**給付**判決（独 Leistungsurteil（ライストゥングス・ヴァタイル））

などの別があります。

## 13-3-2 終局判決の種類と判決の効力

**終局判決**　上記のうち**終局判決**は，その内容の違いにより，次の**3種**に分類が可能です（後で触れる事情判決をカウントするなら**4種**）。ここはすでにサクッと解説したところです（▶ p.50 以下，105）。

**訴え却下の判決**　1つ目に，**訴え却下（きゃっか）**判決（dismissal without prejudice, 独 Zurückweisungsurteil（ツリュックヴァイズングス・ヴァタイル））とは，訴訟（そしょう）要件を欠き，訴訟法上「**不適法な訴え**（unlawful，独 unzuverlässig（ウンツーフェアレスィッヒ））」として，**本案の審理を拒絶**する判決で，いわゆる「**門前払い（もんぜんばらい）**」判決です（1次試験「不合格」判決）。ただし，内容（＝本案［独 Sache（ザッヘ）］）には立ち入っていないので，却下判決は**処分を適法に確定させるわけではない**。つまり同一処分に対し，訴訟要件を具備（ぐび）した（＝訴訟法上適法な）訴えが提起されてくれば，裁判所は**本案判決を下す**ことになります。

**請求棄却の判決（＝原告敗訴）**　2つ目に，**請求棄却**判決（独 Abweisungsurteil（アプヴァイズングス・ヴァタイル））とは，本案審理の結果，裁判所が原告の請求を「**理由がない**」として排斥（はいせき）する判決のことです（2次試験「**不合格**」判決）。

**請求認容の判決（＝原告勝訴）**　3つ目に，**請求認容**判決（独 Anerkennungsurteil（アンエァケヌングス・ヴァタイル））とは，本案審理の結果，裁判所が原告の請求に「**理由がある**」として，請求の全部または一部を認める判決です（2次試験「**合格**」判決）。

**取消判決**　請求認容判決は「請求に**理由がある**」，すなわち「**処分は違法**である」と裁判所が認定し，処分を取り消す判決です。ゆえに請求認容判決は「**取消判決**（judgment of revocation，独 Aufhebungsurtel（アウフヘーブングス・ヴァタイル））」とも呼ばれます。

**取消判決の効力**　取消判決（＝請求認容判決）は**3つの効力**を持ちます。すなわち，

①**形成力**

②**拘束力**

③**既判力**（確定力）

ですが，行訴法は，このうち形成力と拘束力に関する規定を設けるにとどめ，いわゆる既判力については理論にゆだねました。以下，分説します。

## 13-3-3 取消判決の効力(1)——形成力

**形成力の前提**　通説は，取消訴訟を**形成訴訟**と見ます（▶ p.292）。その結果，取消判決が確定すると，処分庁が「取消し（独 Rücknahme）」という特段の措置をとらなくても，判決の効力として**当然に**，つまり処分は**遡及的に**（ラテン語 ex tunc）**消滅**し，「最初から**処分がなかったのと同じ状態**」になります。これを，判決の効力に見立てて，「**判決の形成力**（独 gestaltende Kraft des Urteils）」といいます。

**判決の効力**　判決には，**当事者**（原告・被告）**間での形成力**があること自体は，一般に承認されています。だから問題は，それが当然に「第三者にも及ぶかどうか」ということでした。そこで行訴法は「処分（略）を取り消す判決は，**第三者に対しても効力を有する**」ことを明定して，疑問点の解消を図ったのです（行訴法32条1項）。

**第三者効**　形成力は，判決の「**第三者効**（対世効，独 Drittwirkung）」とも呼ばれ，当事者と第三者との間で，訴訟の効果がまちまちとなることを避け，「**行政法関係を画一的に規律**」しようとする趣旨の規定です。

**★判例の動向**　形成力に関しては，「行政処分の取消判決の形成力は第三者にも及ぶから，取消訴訟において被告行政庁に第三者が補助参加した場合は，いわゆる共同訴訟的補助参加として取り扱うべきであり，被参加人である行政庁は，補助参加人の提起した控訴をその**意に反して取り下げることはできない**」とした下級審判例があります（大阪高判昭37・7・5）。

## 13-3-4 取消判決の効力(2)
### ――拘束力

**拘束力**　仮に判決の形成力だけしか存在しないと，行政庁が裁判所によって取り消されたのと**同一の処分を再び繰り返すおそれ**があります。そこで，行政庁が取消判決の内容を尊重し，その事件については，「判決の趣旨に従って行動するべきこと」を義務付け，取消**判決の実効性を確保**するための手立てが必要になるわけです。

**拘束力の効力**　この点につき行訴法は，「処分（略）を取り消す判決は，その事件について，処分（略）をした行政庁その他の**関係行政庁を拘束する**」と定めました（行訴法33条1項)。この効力を，「**判決の拘束力**（独 bindende Kraft des Urteils（ビンデンデ クラフト デス ウァタイルス））」といいます（なお，行審法52条1項も参照＝「裁決は，関係行政庁を拘束する」)。

**拘束力の効果**　取消判決の拘束力の結果，取消判決によって違法とされたのと**同一の理由**に基づいて，**同一の行政庁**が**同一人**に対し，**同一の処分**をすることは禁じられます（最判昭30・9・13)。つまり裏側から表現するならば，行政庁が，裁判所が取り消したのとは**異なる理由であれば**，同一の処分を（同一人に対して）行うことは，判決の**拘束力には反しない**のです。

**判例の動向**　判決の拘束力に関して，旧行特法下の事件ですが，最高裁は農地が上告人（原告・控訴人）の「所有に属しないとの理由で右買収計画を取り消す旨の判決が確定したとすれば，**農業委員会は**再び右土地が上告人の所有に属するとの認定の下に買収計画を定めてはならない**拘束を受ける**」と述べました（最判昭30・9・13)。また，行訴法に規定のない無効確認判決と第三者との関係につき，「行政処分**無効確認判決は，第三者に対しても**，その効力を有するものと解するのが相当である」とした最高裁判決があります（最判昭42・3・14)。

# 取消判決の効力(3)
## ——確定力(既判力)

**確定力**　すでに述べたとおり，判決の確定力（既判力）に関しては，行訴法は**定めを置いていません**。判決の確定力は理論上，

①「**形式的**」確定力と

②「**実質的**（実体的)」確定力

の２種に区分されます。

**既判力**　民事訴訟法上，裁判が確定したことの効果として，**同一当事者の間**で，**同一事項**が，のちに**別の訴訟で問題**となったとしても，

①**当事者**は確定判決で示された「判断に**反する主張**」をすることが**できません**。また，

②**裁判所も**これと**抵触する裁判をすることができない**，

という効力のことです（民訴法 114 条)。

**その理由**　なぜなら，前訴でしたのと反する主張を認めると，最初の裁判で訴訟手続を経て（せっかく時間をかけて）判決を下したことが**無になる**からです。

**２種の確定力**　確定力には**２種**があります。**当事者**にとっての確定力と，**裁判所**（第三者）にとっての確定力の２種です。

**形式的確定力**　まず**形式的確定力**（独 formelle Rechtskraft）とは，訴訟の審級との関係において，**当事者**には「もはや訴訟の当否を争うべき上訴の手段がない状態」のことです（上訴とは，**控訴・上告**という意味)。

**実質的確定力**　次に**実質的**（実体的）**確定力**（独 materielle Rechtskraft）とは，訴訟の内容について，**裁判所自身**がもはや「訴えを変更し，またはこれと異なる判決をなし得ない」という効力のことです。

**確定力の及ぶ範囲**　上訴期間が経過すると，取消判決には形式的確定力と実質的確定力の**双方**が生じます。確定力の及ぶ**範囲**は，原則として**当事者**（the parties）とその**承継人**（the successor）に限られます（民訴法 115 条１項)。

**判例の動向**　判決の既判力に関して，最高裁は前訴である税務署長の差押処分の**取消請求訴訟の判決の既判力**が，後訴である**国家賠償請求訴訟に及ぶ**，と判示しました（最判平 1・9・21)。

## 13-3-6 特別の事情による請求の棄却 ――「事情判決」

**問題の所在**　さていよいよ，本章で最後の項目の学習となりました。すでに述べた原則に従えば，

①請求に理由が**ない**：処分は**適法**→請求**棄却**判決→処分は**継続**

②請求に理由が**ある**：処分は**違法**→請求**認容**判決→処分は**消滅**

という組合せになるはずです。

**その例外**　ところが実際には**3つ目の組合せ**が存在し，上記①②以外に，

③処分が「**違法**」である。にもかかわらず請求「**棄却**」（＝原告**敗訴**）の判決が下される場合

がありえます。行訴法はこれを「特別の事情による請求の棄却（dismissal of claim by reason of special circumstances)」と呼びます（行訴法31条見出し）が，「**事情判決**」という呼び名のほうがポピュラーです。

**具体例**　たとえば電力会社に河川使用の許可処分が与えられ，それに基づいて発電用のダム建設が始まりました。これに対し「許可処分は違法である」として，河川の利用者が処分の取消訴訟を提起しました。ところが訴訟が続いている間に工事が終わり，**ダムが完成**してしまった。さぁ，どうしましょう？

**公共の利益**　この場合，純理論的には

①処分が違法→②請求認容（取消）判決→③処分の効力消滅→④工事（＝原因）は違法→⑤ダム（＝結果）も違法→⑥ダムの破壊

という手順になるはずです。ところがダム建設には莫大（ばくだい）な費用が投じられています。ですから**ダムを破壊**すると，**かえって公共の利益に反する**結果となります。

**事情判決の制度趣旨**　事情判決とは平たく言えば，このような場合に「確かに行政活動は間違っておりました（違法)。ですがおカネを渡しますから，どうぞ**損害賠償だけで**（ダムは破壊しないで）**ご勘弁（かんべん）**ください」という制度です。

### ★ Dulde und liquidiere!

かつてオットー・マイヤー（ドイツ行政法の父）は，上記と同じ意味で，「Dulde und liquidiere（ドゥルデ・ウント・リクヴィディーレ）」（堪（た）え忍（しの）べ。そして，賠償を求めよ）と述べた。ただ

し彼が強調したかったのは，これは法治国家以前の時代，すなわち警察国家（独 Polizeistaat）の発想なので，現代＝**法治国家の時代**には「国賠訴訟のほかに，**やはり取消訴訟制度が必要**なのだ」ということだったのである。

**踏んだり蹴ったり**　事情判決は，すでに学んだ執行停止の制度（▶ p.316 以下）と**表裏の関係**にあり，「**公益と私益の調整**」を図ろうとする制度です。ですから裁判所がきちんと執行停止を認めず，おまけに事情判決までしたら，行政にとっては「やりたい放題」，原告国民から見たら「踏んだり蹴ったり」状態です。その意味で，司法監視はしっかり行う必要があるのです。

**事情判決の要件**　事情判決の**要件は 2 つ**あり，

①「処分（略）が違法ではあるが，これを取り消すことにより**公の利益に著しい障害**を生ずる場合」であること

②「原告の受ける損害の程度，その損害の賠償又は防止の程度及び方法その他一切の事情を考慮したうえ，処分（略）を**取り消すことが公共の福祉に適合しないと認めるとき**」

です（行訴法 31 条 1 項）。

**請求の棄却**　上記 2 要件が満たされた場合，裁判所は**請求を棄却**(ききゃく)することができます。ただし，**判決の主文**(しゅぶん)（main text of judgment，独 Tenor(テノァ)）**で，「処分**（略）**が違法**であること」を**宣言**しなければなりません（行訴法 31 条 1 項）。

**判例の動向**　事情判決制度に関しては，旧行特法下のケースですが，土地改良区（＝公共組合▶ p.11）の設立の過程に，**県公報による縦覧**(じゅうらん)**期間の不足**（土地改良法は「**20 日以上**」を要求していたのに，実際は**満 10 日程度**）があったため，改良区の区域内に居住する原告が設立**認可の効力を争った**事件で，最高裁は「認可を取り消すことにより，多数の農地，多数の人について生じた各種の法律関係及び事実状態を一挙に覆滅(ふくめつ)し去ることは，著しく公共の福祉に反する」として，事情判決を下(くだ)した**原審**(げんしん)**の判断を支持**しました（最判昭 33・7・25。関連で［処分の］**瑕疵の治癒**(ちゆ)参照▶ 図 13-3）。

**選挙と事情判決**　なお，すでに学んだように，事情判決とはもともと「処分の取消し」に関する法理でした。だとすると，それは処分の**「無効」の場合**にも**類推適用**されるのか？　この点に関して従来は，「否定説」が有力でした。ところが衆議院議員選挙の無効確認訴訟を巡って最高裁は，**定数配分の不均衡**を

理由に「**選挙は違憲**」とは判断しつつも，「無効」とすることから生ずる**数々の不都合**（＝無効の選挙で当選した者は議員ではない→議員ではない者の議決は法律ではない）を回避するため，「**高次の法的見地から事情判決の法理に従い**」，「違法であることを判示」するにとどめ，**選挙自体は無効とはしなかった**（最大判昭51・4・14。東京都議会議員選挙につき，最判昭62・2・17）。

**まとめ**　要するに，原告国民にとって事情判決とは，**形式的には勝訴**（処分の**違法性が判決主文で宣言**されるから）ですが，**実質的には敗訴**（**請求が棄却**されるから）の判決，ということになります（なお，行審法にも，同様の制度があります［事情裁決＝行審法45条3項］）。

以上で，「取消訴訟の諸問題」の学習をすべて終えます。次の第14章では，行政救済法の後半部分である「国家補償（ほしょう）法」について学びます。

# 第14章 国家補償法

本章では，国家賠償法と損失補償法という，2つの法制度を学びます。この2つを合わせて「国家補償法」と呼ぶ場合があります。昔，田中二郎という行政法の大先達がおられ，そのアイデアに由来するといわれます。2つの制度は「行政活動を原因に生じた被害の補填(穴埋め)」という点で共通しているので，「相合傘」で行こう，ということです。

# 国家賠償法と損失補償法

**両者の違い**　**国家賠償法**と**損失補償法**の違いは，

①国家賠償が**違法**な行政作用に起因する被害を穴埋めする制度なのに対し，

②損失補償は**適法**な行政作用に起因する被害を穴埋めする制度だ，

という点にあります。よって「法治主義」を重視する立場からは，損害賠償と損失補償を安易に「合体」させる（相合傘▶ p.95）ことに対しては，**警戒的・批判的な見解**もあります（たとえば藤田説）。

**本書の立場**　初心者向けテキストである本書では，そのような批判論があるのは承知のうえで，しかし理論面よりも**学習面のメリット**（「記憶しやすさ」）を重視し，２つを合わせて「**国家補償法**」と呼ぶ田中二郎説に従います。ともあれ，本章のタイトルである「国家補償（法）」は，法令用語ではなく**理論用語**であるということを，章の冒頭でお伝えしておきます。

**概念を立てる実益**　結局，「国家補償」という概念を用いるメリットは，

①ルーツの異なる２つの制度（損害賠償と損失補償）を**統一的に考察**することができ，かつ

②損害賠償と損失補償の「**谷間**」を意識し，救済の手を差し伸べることが可能になる，

という２点に求められます。なお②は，スペースの関係で割愛するので，レインボー p.461 を参照のこと。今回，新コロ対策として政府が打ち出している諸措置（補助金，助成金など）は，②の性質を有するものでしょう。

**1・2・3・4**　行政救済法の学習の中心は「ワン・トゥー・スリー・フォー」でした（▶ p.244）。すなわち国賠法 **1 条**（公権力責任），同 **2 条**（営造物責任），**3 条**訴訟（取消訴訟：行訴法３条），**4 条**訴訟（当事者訴訟［確認訴訟］：同４条）です。救済法が出題されたら，即座に **1・2・3・4** を思い浮かべましょう。

**論述の順序**　では最初に国家賠償法から始め，２つの責任（１条責任，２条責任）を学んだ後，残りの論点も解説します。その後，損失補償について学びます。

# 国家賠償法

**学びやすい**　**国家賠償法**は，行政事件訴訟法に比べると，法律が苦手な人にも，**学びやすい**分野です。**理由は３つ**あります。

①根拠法（＝国家賠償法）の条文が，たったの**６か条**であること（ただしその「すき間(ま)」を埋めるため，同法の制定から約70年の間に蓄積された**多数の判例**が存在しますが，判例も**読みやすい**）

②国賠の対象がわかりやすく，**イメージしやすい**（公務員が市民を殴った［＝１条責任］，市道の穴凹(あなぼこ)で，歩行者がケガをした［＝２条責任］）

③被害者が受け取る**ゼニカネの問題**（＝損害賠償）であること

です。

**２つの責任類型**　国家賠償法（State Redress Act，以下「国賠法」と略）は**２つの責任類型**を認めています。すなわち，

①「公権力の行使」を原因とする責任（国賠法１条１項）と，

②「公(おおやけ)の営造物」の設置・管理の瑕疵(かし)を原因とする責任（同２条１項）

です。①は一般に「**１条責任**」または「**公権力責任**」と，②は「**２条責任**」または「**営造物責任**」と呼ばれます。記憶しましょう。

**両者の特徴**　１条責任は，公務員という**人を原因**とし，また２条責任は道路・河川など**物を原因**とする責任です。ここから，**次の違い**が出てきます。すなわち

①人には「故意・過失」があるので，１条責任は**過失責任**主義であること。

②物には故意・過失はありえないので，２条責任は**無過失責任**であること。

**明治憲法時代**　明治憲法時代（1947［昭和22］年まで）には国賠法に対応する法律はなく，国の活動に対し**民法**（不法行為法［709条以下］）**が適用可能か**どうかが問題となりました。その際，判例・学説は行政作用を

①**権力**作用と

②**非権力**作用

とに2分割し，**②を原因**とする損害については，国の賠償**責任を肯定**しました（有名な徳島市立小学校遊動円棒（円木）事件＝大判大5・6・1）。

**国家無答責の法理**　ところが①純粋に**公権力の行使**が問題となる場合には，「**国は責任を負わない**」とされていました（たとえば，陸軍の火薬製造所が爆発した事件で私法上の賠償責任を否定した大判明43・3・2など）。これを，「**国家無答責の法理**」といいます。

## 明治憲法時代の諸外国の状況

当時のこの状況は，**諸外国でも同様**であった。英米では「王は悪を為しえず（The King can do no wrong）」という法格言や「主権免責の法理（sovereign immunity）」があり，国に対する損害賠償請求の訴訟は，第二次世界大戦後まで認められていなかった。後で学ぶ損失補償が，遅くも**19世紀初め**までには認められていた（▶ p.365）のとは**150年の時差**（開き）があり，好対照である。

**日本国憲法**　戦後，日本国憲法17条は「何人も，公務員の不法行為により，損害を受けたときは，法律の定めるところにより，国又は公共団体に，その賠償を求めることができる」として，国家無答責の原理を**明文で否定**しました。

**一般法**　ただし上記条文では，国・公共団体に賠償請求ができるのは，「**法律の定めるところにより**」としています。そこでそれを具体化するため，国家賠償の根拠を具体化する**一般法（通則法）**として制定されたのが，**国家賠償法**なのです。このような，戦後に至る流れは，記憶にとどめておく必要があります。

**民法との関係**　なお，国賠法の**1条**は民法**709条**（不法行為による損害賠償）及び**715条**（使用者等の責任）を，また**2条**は民法**717条**1項（土地の工作物等の占有者及び所有者の責任）を手本に作られました。そのことから，国賠法は「**民法の特別法**」としての性格を持ち，**民法との関係**にも注意する必要があるのです（▶ p.362以下）。では，1条責任から学習を始めましょう。

# 1条責任（公権力責任）

**国賠法1条**　**国賠法1条1項**は，「国又は公共団体の公権力の行使に当（あた）る公務員が，その職務を行うについて，故意又は過失によつて違法に他人に損害を加えたときは，国又は公共団体が，これを賠償する責（せめ）に任ずる」と定めます。

**学習のポイント**　1条責任（公権力責任）については，上記条文からも明らかなように，次の「**6つのポイント**」を学習する必要があります。

| | |
|---|---|
| ポイント① | 国又は公共団体の公権力の行使に当る |
| ポイント② | 公務員が |
| ポイント③ | その職務を行うについて |
| ポイント④ | 故意又は過失によつて |
| ポイント⑤ | 違法に他人に損害を加えたときは |
| ポイント⑥ | 国又は公共団体が，これを賠償する責に任ずる |

**表14-1●国賠法1条1項の6つのポイント**

このハードルを順次クリアしていけばいいわけですが，その前に「1条責任の本質」を学びます。

14 国家補償法

## 14-3-1　1条責任の本質（ポイント②と⑥の関係）

**問題の所在**　この問題は要するに，公権力責任とははたして国・公共団体の「**自己責任**」なのか，それとも国は公務員に代わって責任を負うのか（＝「**代位（だいい）責任**」）という意味です。これを「**1条責任の本質論**」といいます。

**通説・判例**　**代位責任説が通説**であり，判例も代位責任説に従うものが多いようです（最判昭 58･2･18［公立中学の課外クラブ活動と教師の責任］）。ただし，自己責任説も有力です。条文中に助詞「が」が使われている（「国又は公共団体**が**」）理由は，立法者が**代位責任のニュアンスを出すためだった**，といわれています（後で見る 2 条責任では，助詞は「は」）。

## 14-3-2 「公権力の行使」（ポイント①）

**3 つの考え方**　1 条責任が成立するにはまず，損害発生が「公権力の行使」に由来することが必要です。**「公権力の行使」の範囲**（意味内容）については次の 3 説があり，救済の範囲は表 14-2 および図 14-1 の上から下へ，**順次拡大**していきます。

| | |
|---|---|
| **狭義説** | 「公権力の行使」を，「国の統治権に基づく**優越的な意思の発動**」に限る立場。この説では行政作用のうち，非権力作用及び純粋な私経済作用は除かれる |
| **広義説** | 「公権力の行使」とは，行政作用のうちから純粋経済作用を除いたもの，すなわち「**すべての公行政作用**」と解する立場。狭義説との違いは，国賠の対象に行政指導，教育，社会保障，情報提供などの非権力作用も含めて考える点 |
| **最広義説** | 権力作用，非権力作用及び純粋な私経済作用の別を問わず，「**行政作用のすべて**」が国賠法 1 条 1 項による救済の対象となる，と考える立場 |

**表 14-2●「公権力の行使」の範囲に関する 3 説**

| | | | | |
|---|---|---|---|---|
| **狭義説** | 権力作用 | | | |
| **広義説** | 権力作用 | 非権力作用 | | =公行政作用＊ |
| **最広義説** | 権力作用 | 非権力作用 | 私経済作用 | =全行政作用 |

＊ただし，国賠法 2 条の責任（営造物責任）の場合を除く。

**図 14-1●「公権力の行使」の範囲**

**判例の動向**　下級審ですが，国賠法 1 条 1 項にいう「『公権力の行使』という要件には，国または公共団体がその権限に基づく統治作用としての優越的意思の発動として行う**権力作用のみならず**，国または公共団体の**非権力作用**（略）**もまた，包含**される」として**広義説の立場**に立ち，県立高校教諭（きょうゆ）による**部活動の指導監督**は国賠法 1 条にいう**「公権力の行使」に当たる**，と説く裁判例があります（東京高判昭 52・4・27）。

**この項のまとめ**　現在，学説・判例は**ほぼ広義説**に固まりつつあります。結果，理論上は「非権力的作用」である**行政指導**（▶ p.110 以下）についても，1 条責任が成立します。ただし上記 3 説の違いは，具体例に即して見ると，そう明確ではありません。

## 14-3-3 「公務員」（ポイント②）・「公権力の行使」（ポイント①）

**「公務員」の意味**　次に国賠法 1 条にいう「**公務員**（a public officer）」は狭義の，つまり公務員法上の公務員には限られません。要は国・公共団体のために「公権力の行使をゆだねられた一切の者」という**広い意味**です。そこで，委託等に基づき国・公共団体の**事務の一部を引き受けていた私人**（しじん）が他人に損害を加えた場合も，**国・公共団体が責任を負う**ことになります（公の施設の「指定管理者」なども▶ p.12，356）。

**判例の動向**　判例においても，国賠法にいう「公務員」は，学説と同様，**広い意味**に理解されています。たとえば，地公体から定期検診の実施の委託を受けた**民間の医師**（岡山地津山支判昭 48・4・24），会員に対し懲戒（ちょうかい）を行う**弁護士会の懲戒委員**（東京地判昭 55・6・18），**民事調停委員**（福岡地小倉支判昭 56・5・22）などが，「公務員」です。また面白（おもしろ）い例としては，地方競馬の**着順判定員**を「公務員」とした判例があります（金沢地判昭 50・12・12）。

## 14-3-4 「その職務を行うについて」（ポイント③）

**言葉の意味**　公務員が「その職務を行うについて（in the course of his/her

duties)」とは,「職務行為自体」よりは**広く**,「職務行為に際して」よりは**狭い**,つまり「客観的に,その行為の外形が職務執行行為と認められる場合」を指す（=**外形主義**）と解されてきました。

**最高裁判例**　有名な判例では,**非番の警察官**が制服・制帽を着用して職務質問を装い,市民から預かった現金を持ち逃げしようとした事件で,最高裁は外形（標準）主義に立ち,1条**責任を肯定**しました（最判昭31・11・30）。

## 14-3-5 故意・過失と違法性との関係（ポイント④と⑤）

**出発点**　国賠法1条は,公務員が「故意又は過失によって違法に他人に損害を加えたとき」に成立します。すなわち条文上は,㋐「故意・過失」（=行為者の内心の**意思**に関する**主観的**責任要件）と,㋑「違法性」（=内心の意思の外部への現れである**行為**に関する**客観的**責任要件）**の2つが要求**されているのです。

**両者の接近**　故意・過失と違法性は,元来は「**別物**」と考えられていました。ところが最近の学説・判例では**両者は接近**し,区別が付きにくくなっています。つまり一方で,行為者「個人の注意能力」だけを過失認定の尺度にすると,不注意な公務員の場合,過失はないことになり,救済が受けられません。

**過失の客観化**　そこで,こうした不合理を解消するために,個人的・主観的能力に代えて客観的な尺度,すなわち「**通常の公務員に期待される注意能力**」というモノサシが,過失認定に採用されるようになりました。これを「**過失の客観化現象**」と呼びます。

**判例**　判例に関しては,胸部X線撮影の結果の連絡が遅れたために,税務職員の結核の病状が悪化した事件で,最高裁は**誰の連絡ミスかを特定しなくても**,「一連の行為と被害発生との間に**因果関係が認められれば**,国または公共団体は損害賠償責任を免れない」と判示しました（最判昭57・4・1）。なお,国賠法と反射的利益については,レインボー p.425以下を参照のこと。

# 国賠法の対象

国賠法の対象としては，これ以外にも特に注意を要する対象があるので，3点（不作為（ふさくい），立法作用，司法作用）に分けて，解説します。

## 14-4-1 「不作為」

**不作為**　国賠法の責任は作為ばかりではなく，**不作為**についても成立します。ただし国賠法にいう「不作為」とは，**手続3法**（てつづきさんぽう）（＝行手・行審・行訴法）にいう「不作為」とは**違い**，むしろ**国語の意味**での不作為と**同じ**です。なので，国賠法は学習しやすいのです（▶図14-2）。同じ「不作為」といっても国賠法と手続3法の間には「**ずれがある**」ことを，しっかり記憶しましょう。

**図の説明**　つまり，図14-2にも明らかなように，手続3法の「不作為」のほうが，国賠法の「不作為」よりも**範囲が狭い**のです。

**図14-2● 国賠法と手続3法にいう「不作為」の範囲**

**手続3法**　手続3法で「不作為」とは，「申請に対する不応答，すなわち応答すべきにかかわらず応答しないこと」という極めて**限られた（特殊な）意味**でした（行手法（ぎょうてほう）2条3号，行審法（ぎょうしんほう）3条カッコ書き，行訴法3条5項）。つまり

14 国家補償法

手続3法は「**申請なければ不作為なし**」という立場（▶ p.283）なので，「申請」とそれへの「不応答」とが，表裏一体（ワンセット）の関係にあるのです。

**行訴法**　なお，手続3法のうち，行訴法に関して，「不作為の違法確認」訴訟の定義（行訴法3条5項）には，第1次処分の申請のほか，**第2次処分（＝裁決）も含まれている**ことにも注意しましょう。この辺は試験（短答式）で問われそうですね。

**不作為の判例**　国賠法に戻ると，海岸に流れ着いた不発弾の回収を警察官が怠ったため，たき火にくべた中学生が**爆発で死亡・負傷**した事件で，最高裁は「警察官が**回収の措置を取らなかった**こと（←ココが不作為）は義務に違背し**違法である**」と述べ，不作為に対する**1条責任**を認めました（最判昭59・3・23［新島砲弾漂着事件］）。また，警察官がナイフを**一時保管しなかった**ことの国賠責任につき，最判昭57・1・19が有名です。これらはマストです。

**平成時代**　その後，平成時代の最高裁判例としては，表14-3のような判例を押さえておきましょう。

| 事件名 | 裁判例 | 被告の責任 |
|---|---|---|
| **筑豊じん肺訴訟判決**<br>（鉱山保安法上の規制権限の不行使） | 最判平16・4・27 | ○ |
| **関西水俣病訴訟判決**<br>（水質二法に基づく規制権限の不行使） | 最判平16・10・15 | ○ |
| **泉南アスベスト訴訟判決**<br>（労働基準法に基づく省令制定権限の不行使） | 最判平26・10・9 | ○ |

※「被告の責任」の○は肯定。

**表14-3● 平成時代の「不作為」に関する最高裁判例**

## 14-4-2 立法作用

**立法作用**　国賠法1条1項にいう「公権力の行使」とは，行政活動だけには限られません。まず，**立法作用**に関しては否定説と肯定説との対立が存在し，**肯定説が通説**であると見られます。

**下級審判例**　判例では，立法行為（不作為を含む）につき，国賠法１条の適用を明示的に肯定する下級審判例があります（繭糸価格安定法の規定によるネクタイ製造業者の経済活動の自由の規制が争われた，**西陣ネクタイ訴訟**＝京都地判昭 59・6・29）。

**在宅投票制度廃止**　次に，公職選挙法が定めていた疾病者・身障者のための在宅投票制度を**廃止した立法措置の違憲性**が争われた事件で，最高裁は１条責任が立法作用に適用されることは肯定しつつも，**極めて例外的な場合**，たとえば憲法の一義的な文言に反しているにもかかわらず，立法を行うといった場合**に限り違法性が肯定される**，と説きます（最判昭 60・11・21）。

**違法性二元論**　在宅投票訴訟最高裁判決の意義は，立法行為に関して１条責任が成立するか否かは「国会議員の立法過程における行動が個別の国民に対して負う職務上の法的義務に違背したかどうかの問題であって，当該立法の内容の違憲性の問題とは切り離すべきであ」るとして，

①立法**内容**の違憲性と

②立法**行為**の違法性

とは**別物**であることを明らかにした点にあり，これを「**違法性二元論**」といいます（同旨：民間人に対し，戦傷病者戦没者遺族等援護法と同等の立法をしなかった不作為に関する最判昭 62・6・26，西陣ネクタイ訴訟に関する最判平 2・2・6）。

**最近の判例**　その後，**在外投票事件判決**で最高裁は，上記・在宅投票事件判決を踏襲し，上告人らが在外「投票をすることができる地位にあることを確認」するとともに，過去に投票できなかったことにつき，**立法の不作為**による**国賠請求**を認めました（最大判平 17・9・14）。しかし**夫婦別姓訴訟**では，民法が設ける「100 日の再婚禁止期間は，憲法に違反するものではない」が，「**100 日超過部分**」については**憲法違反**だとしつつ，立法の不作為については，「正当な理由なく長期にわたって」放置したわけではないとの理由で，**国賠請求は否定**しました（最大判平 27・12・16）。

## 14-4-3 司法作用

**司法作用**　最後は，司法作用です。ここでは，

①無罪判決が確定した場合の**検察官の公訴提起**と，

②同様の場合の下級審の**裁判判決**（裁判官の判断）

が問題となります。

**適用肯定**　最高裁は「司法権の本質に由来する制約がある」としつつも，司法作用が１条責任の**対象となりうる**こと自体は肯定します（**適用肯定説**）。法廷等の秩序維持に関する法律違反に基づく過料事件＝裁判官の行う裁判につき，最判昭 43・3・15。

**刑事司法手続**　刑事裁判で無罪が確定した場合の刑事司法手続（捜査，公訴の提起・追行など）をどう評価するかにつき，

①**結果違法説**と

②**職務行為基準説**

との対立があります。①は，「無罪判決（という**結果**）が確定した以上，捜査・公訴の提起等（＝原因）は**国賠法上当然に**違法の評価を受ける」とする立場です。これに対し②は，公務員の職務行為はその職務行為（＝**原因**）時を基準として，当該公務員が当時負っていた職務上の法的義務に違反しているような場合に**限定して，国賠責任を肯定する立場**のことです。**②のほうが**①よりも，国賠責任が成立する範囲が**狭く**なります。

**職務行為基準説**　いわゆる**芦別国賠訴訟**で最高裁は，「無罪の判決が確定したというだけで直ちに起訴前の逮捕・勾留，公訴の提起・追行，起訴後の勾留が違法となるということはない」と述べ，**職務行為基準説の立場**を明らかにしました（最判昭 53・10・20。同旨：最判平 1・6・29［沖縄ゼネスト訴訟］）。

**違法限定説**　また最高裁は，裁判官の職務行為につき１条責任が肯定されるのは，「当該裁判官が違法又は不当な目的をもって裁判したことなど，（中略）**特別の事情**があることを必要と解するのが相当である」（最判昭 57・3・12）としました。これは，職務行為基準説の中でも，特に**条件を厳格に絞る**ので，「**違法限定説**」と呼ばれます（この立場に立つ判例として，裁判長の法廷警察権の行使に関する最大判平 1・3・8 があります（**レペタ法廷メモ国賠訴訟**。「レペ

タ」は原告の米国人弁護士の名前）。

| | 1条責任 | 2条責任 |
|---|---|---|
| 性質 | 公権力責任 | 営造物責任 |
| 原因 | 公務員の公権力の行使 | 公の営造物の瑕疵 |
| 特徴 | 過失責任主義 | 無過失責任主義 |
| 主な例 | 権力作用のほか，非権力作用についても成立の余地 | 道路・河川 |

**表 14-4●1条責任と2条責任**

# 2条責任（営造物責任）



**条文**　**国賠法2条1項**は，「道路，河川その他の公の営造物の設置又は管理に瑕疵があつたために他人に損害を生じたときは，国又は公共団体は，これを賠償する責に任ずる」と定めています。同条は，**民法717条**（土地の工作物等の占有者及び所有者の責任）を手本に作られました。

**公の営造物**　本条でいう「**公の営造物**（public structure）」とは，聞き慣れない言葉だと思います。「営造物」とは，もともと**多義的な概念**でした（語源は独 öffentliche（エッフェントリッヒェ） Anstalt（アンシュタルト））。しかし国賠法2条では，その例として道路・河川が挙がっている所からも明らかなように，本条にいう「営造物」は，理論上の「**公物**（こうぶつ）」**を指す**という点に，まず注意が必要です。「営造物」は，民法717条の「土地の工作物（structure on land）」（建物，道路，橋，堤防，石垣，電柱など）よりも広い，と解されています。

## 公物・施設・営造物・公の施設

以下，類似の概念を並べて概説する。

### 公物

行政主体（国・地公体）によって，直接に公の目的のために供される個々の有体物（tangible thing，独 körperlicher Gegenstand）という意味の理論用語。「公物（独 öffentliche Sache)」とは，「所有」（誰の持ち物か）ではなく**「管理」という観点**（誰が手入れしているか）から立てられた概念。

「公物法」という一般法はなく，規定は国有財産法・地方自治法のほか，道路法，河川法，港湾法，空港整備法，都市公園法，下水道法など，「**公物管理法**」と理論上総称される諸法に分散している。旧プロゼミでは，「行政組織の法的手段」と位置づけて「公物法」も解説したが，この間の時代の移り変わりと，本書の性格に照らして，本書では割愛した。

### 施設

次に「施設(facility，独 Anstalt)」とは，その語感に反して，物的な要素である「設備」（＝機械・器具その他建物に備えられている物）にプラスして，設備を動かす「人的要素」をも含み，**人と物の統一体**を意味している。

### 営造物

「施設」と同じ意味で地方自治法は，かつて「営造物」という言葉を使っていた。しかし非常に**わかりにくい**うえに，**多義的**な語でもあったため，1963（昭和 38）年の自治法改正で，現在の「公の施設」という言葉に**置き換えられた**（自治法 244 条以下)。

### 公の施設

このように「公の施設（publically established facility)」は，本来は人的・物的の**両要素を含む**のであるが，現在では**物的施設**ということに重点が置かれている（上記・国賠法 2 条 1 項の**「公の営造物」も，これと同じ意味**)。「公の施設」といえるためには，①地公体が（＝設置**主体**)，②住民の福祉増進のために設ける（＝設置**目的**)，③住民利用の施設（＝設置**形態**）という，3 つの要素が必要。

### PFI・指定管理者・公サ法など

なお，これらの分野（＝公物・営造物法）では「小泉改革」(2001［平成 13］～ 2006［平成 18］年）以降，①民間資金等の活用による公共施設等の整備等の促進に関する法律（ＰＦＩ法)，②「指定管理者」制度（自治法 244 条の 2 第 3 項以下)，③競争の導入による公共サービスの改革に関する法律（公サ法）による

「官民競争入札（市場化テスト）」（公サ法２条６項，９条以下）など，新しい制度が導入された。詳細は割愛せざるをえないが，これらの新制度の実務と，旧公物・営造物法理論は必ずしもかみ合っておらず，議論は混乱している（▶表 14-5）。公物法については宇賀Ⅲを参照。

| | 公設 | 民設 |
|---|---|---|
| 公営 | 公設公営（［通常の］行政活動） | 民設公営（PFI 等） |
| 民営 | 公設民営（市場化テスト，指定管理者等） | 民設民営（［通常の］企業活動） |

**表 14-5● 公私の「主体」と「設営」の関係**

**判例の概観**　本論に戻って，国賠法２条の「営造物」には，**不動産のほか動産**も含まれます。下級審判例で「営造物」に当たるとされた例としては，**公用車**（鹿児島地判昭 31・1・24），市の**移動図書館**（千葉地松戸支判昭 50・7・2），刑務所の**脱水機**（福岡高判昭 37・3・19），臨海学校の**飛び込み台**（東京高判昭 29・9・15），公立中学校の**電気カンナ**（広島地三次(みよし)支判昭 42・8・30），営林署の刈込機(かりこみき)（東京地判昭 46・8・27），公衆**電話ボックス**（東京地判昭 54・12・27）などがあります。

**最高裁判例**　最高裁は，駅の視覚障害者用**点字ブロック**（最判昭 61・3・25［JR 大阪環状線「福島駅」］），**空港**（最大判昭 56・12・16［大阪空港訴訟］），**信号機**（最判昭 48・2・16）などを「**営造物に当たる**」と解しています。

**無過失責任**　このように「営造物」の**範囲が拡大**して理解される最大の原因は，２条責任が「**無過失責任**」だからです（最判昭 45・8・20＝**高知落石事件**最高裁判決▶ p.359）。つまり被害者（原告）は，「故意・過失」の有無を主張立証しなくて済みますから，１条に比べ，被害者救済のためには**断然有利**です。ただし，このような「解釈による拡張」には**一定の限界**があります。

**「瑕疵」の意味**　国賠法２条にいう「瑕疵」の意味を巡っては，

①**客観説**と

②**義務違反説**（折衷(せっちゅう)説，行為瑕疵説）

の基本的対立があります。

14
国家補償法

| 客観説 | 「営造物の安全性の欠如（**物に安全性が欠けていること**）」が瑕疵であると考え，営造物に内在する物的瑕疵によって決定される，とする立場 |
|---|---|
| 義務違反説 | 「瑕疵」とは，営造物それ自体の性状の欠陥（＝客観説）にプラスして，営造物の**設置・管理者**（＝人）**が負うべき安全確保義務の違反**である，と理論構成する立場。民法学者が主張するが，行政法学者でも一定の支持がある。義務違反説は，「折衷説」または「行為瑕疵説」とも呼ばれる |

**表 14-6●「瑕疵」の意味を巡って対立する 2 つの説**

**中間まとめ**　**客観説が通説**であり，最高裁判例も「瑕疵とは，営造物が**通常有すべき安全性を欠いていること**をいい，国または公共団体の賠償責任については，その過失の存在を必要としない」と判示して，この立場を認めています（上記・高知落石事件判決▶ p.359）。

**見かけほど**　上に述べた学説の対立は，

①「瑕疵」を物それ自体（**ハード面**）について考える（＝客観説）か，

②物の管理（**ソフト面**）も考慮に入れる（＝義務違反説）か

という点にありますが，両説の結論は見かけほどには違わないようです。

**図 14-3●営造物の設置管理の「瑕疵」**

## 国賠法と行訴法の「瑕疵」

前に，「1・2（ワン・トゥー）（＝国賠法）・3・4（スリー・フォー）（＝行訴法）」を強調した（▶ p.244，344）。しかし他方，行訴法と国賠法では**いろいろと違い**があることもまた事実である。すでに，「不作為」についての違いを学んだ（▶図 14-2）。上に述べた「**瑕疵**」

についても，国賠法と行訴法では**意味が異なっている**ことに注意したい。すなわちまず**行訴法**の「瑕疵」とは，**処分の「違法性」**という意味であった（▶ p.100）。これに対し**国賠法２条**にいう「瑕疵」とは，すでに述べたように，「**物に安全性が欠けていること**」という意味である。ここも注意したい。

## 14-5-1 「道路」について

**道路の場合**　２条責任が比較的**成立しやすい**のは**道路**です。たとえば，道路の山側の地層が崩れ，国道を通行中のトラックを落石が直撃して死傷者が出た件で，道路の**管理者は２条責任を負う**，とした最高裁判決が有名です（最判昭45・8・20＝高知落石事件判決）。

**道路管理の瑕疵**　故障した大型トラックが路上に長時間（＝87時間）放置されていたため，これに原付自転車が衝突した事件で，最高裁は道路管理の**瑕疵を認め**ました（最判昭50・7・25）。しかし，道路に穴が開いて危険なことを示すために立てられた工事標識板・赤色標柱を**先行車が引き倒して走り去った直後**に，通りかかった車が交通事故を起こした事件では，最高裁は直ちに「原状に復し道路を安全良好な状態に保つことは不可能であった」との理由で，道路管理の**瑕疵を否定**しました（最判昭50・6・26）。なお，1974（昭和49）年に「道路賠償責任保険制度」が発足したおかげで，道路に関する事件が法廷に持ち出されるケースは減った（示談で解決），といわれています。

## 14-5-2 「河川」について

**河川の場合**　次に河川の場合，厄介な問題があります。なぜなら，**道路**は人間が作った物（**人工公物**）なのに対し，堤防や護岸工事という形で「人手」が加わっているにせよ，**河川**はもともと，天然自然に存在する物（**自然公物**）です。

したがって集中豪雨で河川の堤防が決壊し，水害が発生したような場合，被害者は河川管理の責任を問えるかどうか，はなはだ微妙です。

**下級審判例**　飛騨川バス転落事件（名古屋高判昭49・11・20），大東水害控訴審（大阪高判昭52・12・20），加治川水害控訴審（東京高判昭56・10・21），多摩川水害訴訟（東京地判昭54・1・25）といった一連の訴訟で，**下級審判例**は少なくとも**部分的には，2条責任を肯定**してきました。

**大東水害訴訟**　ところが最高裁が，水害訴訟に判断を下す**初めてのケース**として注目を集めた**大東水害訴訟**（大阪府大東市を流れる寝屋川が氾濫）では，「四囲の状況からして，河川改修工事をどのようにするかは**行政裁量の範囲内**であり，治水施設の**整備が遅れたために水害が発生**したからといって，直ちに河川管理に**瑕疵があったとはいえない**」との判断を打ち出しました（最判昭59・1・26）。

**水害訴訟「冬の時代」**　つまり**未改修河川**に関しては，同種・同規模の河川と比べてみた「**過渡的な（低い）安全性**で足りる」（＝大東基準），というわけです。この大東判決は，その後の下級審判例に**大きな影響**を与えました（いわゆる水害訴訟「**冬の時代**」）。

**多摩川水害訴訟**　その後，平成に入って最高裁は，**多摩川水害訴訟**判決において，**改修済み河川には**未改修河川に比べ**「高い安全性」が要求**される（＝多摩川基準）との判断を示し，異なる判断をした**東京高裁判決を破棄**し，差し戻しました（最判平2・12・13）。そして差戻審でも，最高裁の多摩川基準に従い，河川管理者の**責任を肯定**する判断が下されました（東京高判平4・12・17）。

## テレビドラマ史に残る名作「岸辺のアルバム」

かつて，「岸辺のアルバム」というテレビドラマがあった（TBS系。脚本：山田太一，出演：八千草薫，杉浦直樹ら）。「衝撃の家庭ドラマ」と銘打たれ，1974（昭和49）年9月の多摩川水害（東京都狛江市）が背景。倦怠期を迎えた田島家夫婦の危機，2人の子ども（中田喜子，国広富之）の苦悩，そして家族が崩壊していくさまが描かれ，その象徴として最後に，田島家が水害により崩壊するシーンが印象的だった。「**テレビドラマ史に残る名作**」との評価が高い。当時，法学部助手だった石川青年もむろんこのドラマを見ていたが，今でも同シーンをよく憶えている。

# その他の論点

**求償権**　以下では，これまでの学習から「取りこぼした」国賠法の論点を拾って学習します。まずは**1条責任**から。1項はすでに学習済みなので，**1条2項の話**です。これは「雇い主（＝国・公共団体）にカネを払わせておいて，本人（＝公務員）がノホホンとしているのはおかしい」という立法趣旨であり，「**求償権**（right to remedy over，独 Rückerstattungsanspruch)」と呼ばれます。

**落とし所**　しかし求償権をあまり厳しくすると，公務員が怖がって公務が停滞します。そこで，「落とし所」として，公務員が責任を負う場合を**故意**と**重過失**に限定し，公務員の**軽過失**の場合は**免責**することにしたのです。なお，求償権の規定は，**2条2項と3条2項にも存在**しています。見落とさないよう，気をつけましょう。

**国賠法3条**　次に，国賠法3条ですが，1つの条文の中に，**2つのケース**（1条と2条）を定めており複雑なので，**分解して理解**する必要があります。

| | | |
|---|---|---|
| **1条責任**のケース | 公務員の選任若しくは監督（略）に当る者と公務員の俸給，給与その他の費用（略）を負担する者とが**異なるとき** | **費用を負担する者もまた**，その損害を賠償する責に任ずる |
| **2条責任**のケース | 公の営造物の設置若しくは管理に当る者と（略）公の営造物の設置若しくは管理の費用を負担する者とが**異なるとき** | |

**表14-7●国賠法3条を2つのケースに分解**

**経緯**　上記は，「いわゆる官費公営事業の責任者は誰か？」という疑問に対し，立法的解決を図った条文です。すなわち戦前，官費公営事業（＝国の費用で，県が事業を実施），その責任者について

①**管理者説**（＝県）と

②**費用負担者説**（＝県にプラスして国）

の対立が存在していました。国賠法３条はこの経緯を踏まえ，「**誰を訴えてもいい**」との立場をとりました。つまり，②説の立場を立法化し，県と国のどちらを訴えてもいい，ということです。

**国賠法４条**　これは国賠法と**民法**（不法行為法）**の関係**を定めた条文ですが，これには次の**２つの意味**があります。

| | 国賠法と民法の関係 | 主旨 |
|---|---|---|
| **1つ目の意味** | **二択（にたく）の関係** | ①「公権力の行使」に該当しない場合は，国賠法1条ではなく**民法715条**が適用される。また，②「営造物瑕疵」に該当しない場合は，国賠法2条ではなく**民法717条**が適用される。別の言い方をすれば，「**民法が一般法で，国賠法はその特別法**」という意味 |
| **2つ目の意味** | **並列の関係** | 国賠法が適用される場合であっても，「国賠法に**規定が欠けている事項**については，民法の規定による」という意味。たとえば**期限**（民法135条），**消滅時効**（同167条），**共同不法行為**（同719条），**過失相殺（かしつそうさい）**（同418条，722条2項）など |

**表 14-8● 国賠法4条の2つの意味**

**国賠法５条**　上記・第４条は，「民法が一般法。**国賠法は特別法**」という関係の話でした。これに対し第５条は，今度は「国賠法が**一般法**で，別に国賠法の**特別法がある**」というケースのお話です。

**特別法の２類型**　国賠法の特別法には**２つの類型**があります。すなわち，国賠法に比べて

①責任**加重（かちょう）型**（プラス型）と，逆に

②責任**軽減型**（マイナス型）

です。①の例としては**消防法６条３項**があります。すなわち，火災の予防に危険であると認める場合，消防（署）長は関係者に対し必要な措置を命ずることができる（消防法５条１項）が，それが間違っていた場合，当該命令によって生じた損失に対しては，時価によりこれを補償する（**無過失**責任）。

**郵便法と最高裁判決**　次に②（＝責任軽減型）は，日本国憲法**17条との関係**が問題になります。これについては，旧郵便法のうち，書留（かきとめ）郵便物に関し，故

意・重過失に対する**免責・責任軽減**を定めていた部分は，「憲法 17 条が立法府に付与した**裁量の範囲を逸脱**したものであ」り，「同条に違反し，**無効である**」として，最高裁は原判決を破棄し，原審（大阪高裁）に差し戻しました（最判平 14・9・11）。同判決を承けて，**郵便法も改正**されました。

以上をまとめれば，現在では

①特別法（個別法）があれば**特別法**で，

②特別法の規定が存在しなければ（一般法たる）**国家賠償法**で，

③国賠法に規定がなくても，民法に規定があれば**民法で救済**する，

という，いわば**「3 段構え」の救済**の仕組みになっており，明治憲法時代（＝国家無答責の原理）とは，**比較にならない手厚さ**になっています。

**国賠法 6 条**　「この法律は，外国人が被害者である場合には，相互の保証があるときに限り，これを適用する」。これを「**相互保証主義**（reciprocity，独 Gegenseitigkeit）」といい，1910（明治 43）年独ライヒ（Reich）国家賠償法第 7 条を模範に作られたものです。「外国人」には自然人のほか，**外国法人**も含まれます。**二重国籍者**は「外国人」には該当しません。最後に，**無国籍者**が「外国人」に含まれるかについては争いがあります（判例はないようです）。

**公務員の個人責任**　すでに学んだように，**戦前**は「国家無答責の原理」が支配していました（▶ p.346）。その裏側として，官吏（公務員の戦前の呼び名）の賠償責任は肯定され，官吏**個人を相手**に，司法裁判所に損害賠償の請求をすることは可能だ，と考えられていました。

**最高裁判例**　戦後，日本国憲法 17 条に基づく国賠法 1 条 1 項の下で，最高裁は，国賠請求とは「国または公共団体が賠償の責に任じ，職務の執行に当つた公務員は，行政機関としての地位においても，個人としても，被害者に対しその責任を負担するものではない」と判示し，公務員の**個人責任を否定**しています（最判昭 30・4・19）。覚えておきましょう。

## 国賠訴訟の法的性質は何か

法科大学院で，「国賠訴訟の**法的性質は何か**」と問うたことがある。「**行政訴訟**です」との答えが多かった。行政主体を被告に訴えるのだから「行政訴訟」と呼ぶのは間違いではない。だが，これは「ずるい答え」である。では，国家賠償（損害賠償）訴訟に適用される訴訟法は「行政事件訴訟法か？」と尋ねると，沈黙が

支配する。これでは国賠訴訟の性質を理解したことにはならない。**正解は民事訴訟法**で，行政事件訴訟法ではない。国賠訴訟の性質は**民事訴訟**だからである。詳(くわ)しくは民事事件，刑事事件，行政事件につき各「**記録符号規程**(きろくふごうきてい)」（最高裁判所規則）を参照。なお，行訴と民訴の事物管轄(じぶつかんかつ)については，p.169 以下を参照のこと。

以上で，国家賠償（損害賠償）のお話を終え，次は損失補償の学習です。

# 損失補償の諸問題

**問題となる場面**　道路拡張やダム建設に伴う立ち退(の)きの場合，行政活動は違法ではなく，むしろ法律が予定している**適法な行為**です。しかし，いくら「適法だ」とはいえ，行政活動が原因となって現実に損失（＝結果）が発生したのだとすれば，その損失(ロス)は**補填(ほてん)（穴埋め）される必要**があるでしょう。

**損失補償**　この場合，

①行政から被害者（国民）に支払われる**金銭**または

②その**移転のプロセス**

を，**損失補償**（loss compensation，独 Entschädigung(エントシェーディグング)）と呼びます。損失補償に関しては，国家賠償法のような一般法（通則法）は存在せず，**理論**（損失補償学説）**がその代役**を果たしています。

**言葉の意味**　損失補償とは，「適法な公権力の行使により，財産権が侵害され，特別の犠牲が生じた者に対して，公平の見地から全体の負担において金銭で填補(てんぽ)する」ものをいう，と定義されます（▶ レインボー p.447）。

**損害賠償との異同**　損失補償は，一方では**行政作用を原因**とする損害の穴埋めという意味で，**損害賠償**（国家賠償）制度と**共通の性格**を持ちます。しかし反面，原因となる行為が**適法だ**という点で，「違法な」行政活動に起因する損害の穴埋め制度である損害賠償と**区別**されます。

**損失補償の歴史**　損失補償制度は，国家賠償制度よりもはるかに古い歴史を持ちます。まず 14・15 世紀のヨーロッパ大陸で，既得権（きとくけん）（ラテン語 ius（イウス） quaesitum（クァエズィトゥム），意味「獲得された権利」）という概念，そして「**既得権は不可侵（ふかしん）である**」との思想が確立しました。これは，君主の権力は万能ではなく**限界があること**を主張した点に，その意義がありました

**対抗思想**　ところが既得権不可侵を厳格に貫くと，既得権を侵害する行為は「**すべてが無効**」になってしまい，それでは**具合が悪い**。そこで，公の目的のために土地所有権などを移転する場合（＝**公用収用（こうようしゅうよう）**，appropriation，独 Enteignung（エントアイクヌング））は例外的に，**一定の条件**の下で「既得権に侵害を加えることは**可能**である」という**対抗思想**が生まれます（17・18 世紀の絶対主義）。ただしその場合，侵害される既得権に**見合った額**の「**補償**（compensation，独 Entschädigung（エントシェーディグング））」を要するとの理論が，19 世紀初めまでには確立しました。これが，損失補償の始まりです（国賠は戦後）。

**明憲の立場**　しかし現実には，**実定法上の根拠**がなければ，補償の実施は難しいところです。明治憲法は「日本臣民ハ其（そ）ノ所有権ヲ侵（おか）サルヽ（る）コトナシ」（明治憲法 27 条 1 項）としつつ，「公益ノ為必要ナル処分ハ法律ノ定ムル所ニ依（よ）ル」（同条 2 項）としていました。しかし，憲法上は損失**補償の規定が欠けていた**ために，損失補償の**要否**は，**立法裁量**にゆだねられ，結局，「個別の**法律に根拠**があれば補償請求は**可能**」だが，「**なければ**請求は**できない**」と考えられていました。

**日本国憲法**　これに対し日本国憲法は「財産権は，これを侵してはならない」ことを原則とし（憲法 29 条 1 項），「財産権の内容は，公共の福祉に適合するやう（よ）に，法律でこれを定める」としました（同条 2 項）。ここまでは明治憲法に似ています。**違い**は「私有財産は，正当な補償の下（もと）に，これを公共のために用（もち）ひることができる」と，**憲法自身**が損失補償の必要性を**明文で承認**した点です（同条 3 項）。

14
国家補償法

## 14-7-1 個別法に補償規定がない場合

**通則法の欠如**　ところが損失補償については，国家賠償法に対応するような形での一般法（**通則法**）は**存在しておらず**，補償の規定は個々の法律に**散在**しています（ざっくり調べた限りでは，100 本前後の法律に補償規定は散在）。

**公共用地の取得**　ただし，公共用地の取得・使用のうち**強制取得**に関しては，**土地収用法**（昭和 26 年法律 219 号）第 6 章（68 条以下）に「**損失の補償**」の規定があり，さらに「土地収用法第 88 条の 2 の細目等を定める**政令**」（平成 14 年政令 248 号）が詳細を定めています。

**任意取得**　また**任意取得**の場合は，「一般補償」（私人の財産権に対する損失補償）については，**法律はない**のですが，「公共用地の取得に伴う**損失補償基準要綱**」（昭和 37 年 6 月 29 日**閣議決定**）があります。次にそれに基づき，「公共用地の取得に伴う損失補償基準要綱の施行について」（昭和 37 年 6 月 29 日**閣議了解**）があり（閣議決定・了解▶ p.2），さらには「公共用地の取得に伴う**損失補償基準**」（昭和 37 年 10 月 12 日用地対策**連絡会**［用対連］**決定**）及び「公共用地の取得に伴う損失補償**基準細則**」（昭和 38 年 3 月 7 日用地対策**連絡会決定**）が，細目を定めています。

この分野は，役所や会社の「用地屋さん」たちが一生かけて究める分野なので，短く語ることは不可能です（補償コンサルタントという職種と，その登録に際して必要な「補償業務管理士」という業務資格がある［補償金の査定を行う］）。一方で，国土交通省作成の「補償基準の体系」という一枚紙が有益であり，また他方，成田空港の用地買収を描いた前田伸夫『特命交渉人用地屋』（2005［平成 17］年・アスコム）が参考になります。

**そのほかの例**　そのほか，損失補償について定める**法律の主要な例**としては，国有財産法 24 条 2 項（貸付契約解除の場合の補償），河川法 21 条 2 項（工事施行に伴う損失の補償），消防法 6 条，地方自治法 238 条の 5 第 5 項，都市計画法 28 条 1 項，道路法 69 条 1 項，文化財保護法 41 条 1 項などがあります。

**補償規定の欠如**　ところで，個別法に損失補償の**規定が欠けている場合**をどう考えるかにつき，学説・判例には **3 つの考え方**がありました（▶表 14-9）。

| | |
|---|---|
| **立法指針説** | 憲法29条3項を「プログラム（立法の指針）」と解し，法律に明文の**規定がなければ**，損失補償請求権は**発生しない**とする考え方で，「立法者の立場だ」といわれる |
| **当然無効説** | 正当な補償を与えずに特別の犠牲を強いる**法律・条例**は，憲法29条3項に反して**無効**。したがって，当該行為の無効確認とそれに基づく損害賠償は請求可能だが，法律に規定のない損失補償を**請求することはできない**，と主張 |
| **直接請求権説** | 補償の定めを欠いた法律･条例も**合憲**であり，被害者は憲法規定（29条3項）に基づいて**直接，損失補償**を請求しうる，という考え方 |

**表 14-9 ● 補償規定が欠けている場合の3つの考え方**

**通説・判例**　このうち**直接請求権説が通説**であり，最高裁も判決傍論（ぼうろん）ではありますが，この立場を承認しています（最大判昭43・11・27［名取川（なとりがわ）・河川附近地制限令違反事件］）。

## 14-7-2 損失補償の要件

**特別の犠牲**　損失補償制度の根拠は，

①実体面における**財産権の保障**と，

②手続面における**平等負担**

という2点です。この両者がクロスするところに浮かび上がるのが，「**特別の犠牲**（独 besonderes Opfer（ベゾンデレス オプファー））」と呼ばれる概念です（▷図14-4）。

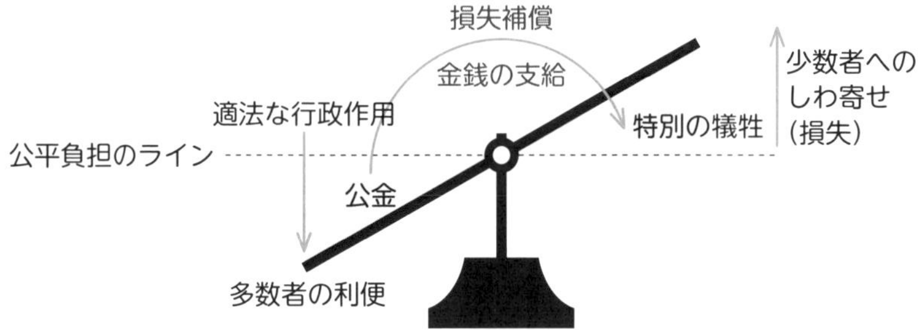


**図 14-4● 損失補償と特別の犠牲**

**言葉の意味** これは，もともとはワイマール憲法下のドイツ(1920 ～ 30 年代)における論争で生み出された概念で，どのような要件を満たせば「特別の犠牲」があったといえるかについて，表 14-10 のような見解の対立がありました。

| | 見解 | 提唱者 |
|---|---|---|
| **形式説** | 侵害行為が一般的か個別的かという**形式基準**（被害者の人数）に立ち，個別的侵害または特定人に対する侵害のみを「特別の犠牲」に当たると解した | G. アンシュッツ |
| **実質説** | 侵害行為の程度（**強度**）という実質基準により，財産権の**本質的内容**（独 Wesensgehalt（ヴェーゼンス・ゲハルト））を侵す場合が「特別の犠牲」であるとした | W. イェリネク |

**表 14-10●「形式説」vs.「実質説」論争**

**併用説** この両説の論争を踏まえて，わが国では**併用説**（へいよう）が唱えられています。この説は，形式説と実質説それぞれの基準を併用して，「特別の犠牲」を認定しようとする立場です（田中二郎説）。**現在では，併用説が影響力を持っている**と考えられますが，実質説からの巻き返しも強いようです。

**実質説の主張** すなわち，実質説の論者によれば，

①財産権を奪い，またはその**本来の効用の発揮を妨げるような侵害行為**，

②本来の効用を妨げられなくても，財産権に**偶然に課せられる制限行為**

に対しては，損失補償を要すると説きます（今村成和（いまむら・しげかず），芝池義一（しばいけ・よしかず）教授）。

## 14-7-3 損失補償の内容

**正当な補償**　これらどの説によるにしても，「特別の犠牲」に該当すれば，損失補償が必要です。そこで次に，「補償の内容」が問題となります。言い換えれば，憲法29条3項にいう「**正当な補償**（just compensation)」とは何か，という問題です。これについては表14-11のような諸説があります。

| 説 | 内容 |
|---|---|
| **完全補償説** | 発生した損失の完全な補償を説く立場 |
| **相当補償説** | 相当または妥当な補償で足りるとする立場 |
| **折衷説** | 「小さな財産」には完全な補償を要し，「大きな財産」には相当補償で足りるとする立場 |

**表14-11●「正当な補償」についての3説**

**農地改革事件**　判例では，戦後の農地改革を巡る事件について最高裁は，**相当補償説**に立っています（最大判昭28・12・23)。ただし農地改革自体が占領下の日本という特殊な状況下の，大規模な社会改革の事案であり，かつ件数も膨大(ぼうだい)だったので，相当補償説を**一般化していいか**は疑問の残るところです。

### 農地改革

2次にわたる農地改革（自作農創出のための社会改革）は，1947（昭和22）年から1950（昭和25）年までに行われた。日本政府の主導だが，**GHQの**「農地改革に関する覚書(おぼえがき)」（1945［昭和20］年12月9日）**の影響**も大きかった。当時の**農地の約3割**に当たる193万町歩(ちょうぶ)の土地（約193万ha＝北海道の面積の2.3個分！）が，237万人の地主から買収され，**475万人の小作人**に売り渡された。その結果，小作農の割合は改革前の46%から改革後は**10%にまで減少**した。

**完全な補償**　これに対し，判決の傍論中ではありますが，「土地収用法における損失の補償は，特定の公益上必要な事業のために土地が収用される場合，その収用によって当該土地の所有者等が被(こうむ)る特別な犠牲の回復をはかることを目的とするものであるから，**完全な補償を要する**」と述べる最高裁判決があります（最判昭48・10・18［土地収用補償金請求］)。

**河川付近地制限令事件**　次に，個別の法令に補償**規定が欠如**する場合の取扱いにつき，最高裁が**直接請求権説に立つ**こと（最大判昭 43・11・27）は，すでに学んだとおりです（▶ p.367）。ただし最高裁がこの法理に基づき，実際に損失補償を認めた実例はないようです。

**文化的価値**　なお，損失補償の対象は通常，**財産的**価値を有するものですが，いわゆる「**福原輪中堤**（ふくはらわじゅうてい）判決」（愛知県海部（あま）郡）において最高裁は「**文化的**価値」の侵害について，それが経済的・財産的損失を意味する場合には「補償を認める**可能性**」**を示唆**（しさ）し，注目されます（最判昭 63・1・21）。

**まとめ**　今日（こんにち）では**受忍限度**（じゅにんげんど），すなわち財産権の内在的制約**を超える強度の侵害**があった場合には，**「完全な補償」が必要**なのは当然です。しかし，結局のところ**決め手**は，完全な補償の「**内容とは何（どこまで）なのか**」ということです。たとえば土地収用の場合，権利本体への補償のほか，いわゆる附帯的（ふたいてき）損失，「みぞ・かき補償」，残地（ざんち）補償なども「完全な補償」に含まれるかどうかが問題になりますが，難しい論点なので問題点のみ指摘し，本書では立ち入りません。

以上をまとめると，図 14-5 のようになります。

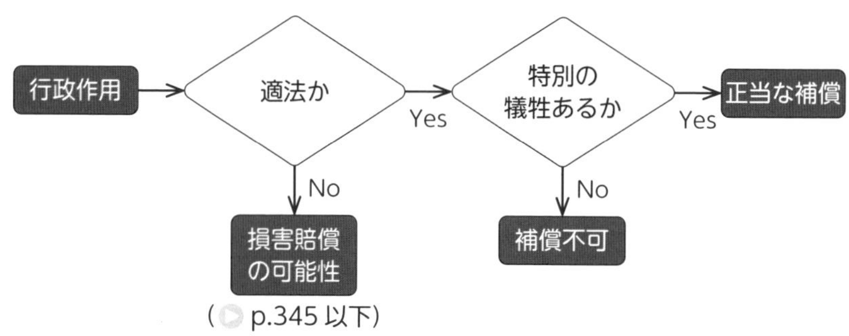


**図 14-5● 損失補償のチャート（まとめ）**

第15章

# 3つの手続：応用編

## 地方自治法と情報公開法

手続３法の話は，きっともう「耳タコもの」でしょう。でもせっかく始めた以上，この際，それを徹底して究めようではないですか！　最終章は応用編２題です。１つ目は地方自治法（第９章で扱わなかった項目），もう１つは情報公開法です。

# 15-1
# はじめに

**応用編２題**　**地方自治法**と**情報公開法**は，一見，何の関連もないように思えます。しかし，「3 つの手続」を通じて，両者は**次のような共通点**を持っているのです。

**地方自治法**　まずは**地方自治法**から。第 9 章で学んだように，2001（平成 13）年の新地方自治法によって，国と地公体の関係は「上下・主従の関係」から，「**対等・協力の関係**」へと大きく転換しました（第 9 章▷ p.212）。この新しい関係では，「**国の関与**」という概念が，重要な鍵となります（▷図 15-1 の②）。

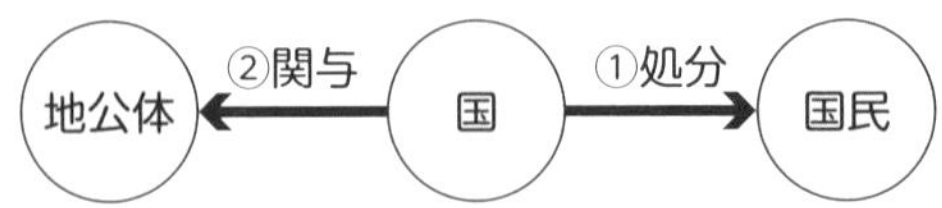


**図 15-1 ● 国の「関与」と「処分」**

**共通点**　図 15-1 では，国を中心に左に地公体，右に国民を配置してみました。国から**国民への働きかけ**が「処分」（①）であり，**地公体への働きかけ**が「関与」（②）です。これ（＝「働きかけ」）が，**処分**（行手法 2 条 2 号，行審法 1 条 2 項，行訴法 3 条 2 項）と**関与**（自治法 245 条以下）の**共通点**です。

**相違点**　しかしむろん，「処分」と「関与」には，次のような**違い**もあります。つまり，処分の相手方は**非行政主体**（私人・国民）なのに対し，関与の相手方は**行政主体**だ，ということです。ゆえに，処分を争う訴訟は**主観**訴訟なのに対し，関与を争う訴訟は**客観**訴訟ということになります（▷ p.263 以下）。

**3 つの手続**　そして，改正地方自治法には，すでに学んだ「**手続 3 法**」とまったく**パラレルな形**で，「**3 つの手続**」が存在しているのです（▷図 2-1，p.41）。

**情報公開法**　今度は，情報公開法です。日本には現在，**2 つの情報公開法**があります。すなわち通常「情報公開法」といわれる，

①「行政機関の保有する情報の公開に関する法律」（「**行情法**」）のほかに，

②「独立行政法人等の保有する情報の公開に関する法律」(「**独情法**」)です。「独立行政法人等」とは, 87 個の独立行政法人(「独法」[「どくほう」とも])にプラスして，国立大学法人（86 個）等の，計 191 法人が対象です。うち以下では，行情法のみを取り扱います。各種の試験で出題の可能性が高いからです。

**共通点**　図 15-2 は，行手法と行情法の対比図です。左側は行手法の第 2 章，すなわち「**申請に対する処分**」の仕組みです。右側に描いた行情法の「**請求に対する開示**」と見比べると，行手法の「申請に対する処分」と**パラレルな手続**である，ということがわかるでしょう。両者の関係は，行手法が**一般法**であるのに対し，行情法が**特別法**だということです。

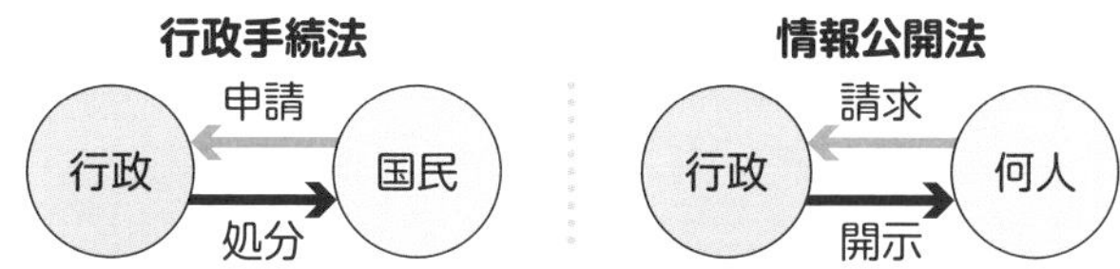


**図 15-2 ● 行手法と行情法**

**相違点**　次に，違いは行手法の場合，申請者は「**国民**」であるのに対し，行情法の開示請求権者は「**何人も**」であることです。

**ここにも 3 つの手続が**　そして情報公開法にもまた，地方自治法と同様の，「**3 つの手続**」が存在しています（▶ 図 2-1，p.41）。

というわけで以下に，地方自治法と情報公開法に分けて，「3 つの手続」という観点から，それぞれを概観してみましょう。

# 地方自治法の応用編

**国等の「関与」** 自治法によれば，「**関与**（intervention）」とは，国が地方に対して行う次の**各行為の総称**です。

| 行為 | 自治法の条項 |
| --- | --- |
| ①**助言・勧告** | 245条1号イ～ト |
| ②**資料の提出の要求** | |
| ③**是正（ぜせい）の要求** | |
| ④**同意** | |
| ⑤**許可・認可・承認** | |
| ⑥**指示** | |
| ⑦**代執行（だいしっこう）** | |
| ⑧**協議** | 同条2号 |
| ⑨その他の**一定の行為** | 同条3号 |

**表 15-1● 一括して「関与」と呼ばれる諸行為**

**注意事項** なお，厳密には，「国**等**の関与」であることに注意しましょう。なぜなら，

①**国の**地公体（都道府県・市町村）への「関与」のほかに，

②**都道府県の**市町村に対する「関与」

もありうるからです（p.234）。

# 「関与」の事前手続 ——「第２行政手続法」

**関与を巡る３手続**　さて，国や地公体（行政主体）が国民・住民に対して処分（＝公権力の行使）を行う**時間的前後を基準**にすると，まず

①**事前**手続と

②**事後**手続

を区別することができます。次に②はさらに

㋐**行政**手続と

㋑**司法**手続

とに区分されます。以上をまとめると，次の**３つの手続**が浮かび上がってきます。

**３つの手続**　すなわち，すでに本書の前半で学習した処分の

ⓐ事前行政手続

ⓑ事後行政手続

ⓒ事後司法手続

の３つです（▶ p.47）。

**手続３法**　そして，ⓐには**行手法**，ⓑには**行審法**，そしてⓒには**行訴法**が対応し，それぞれ定めを置いています。あれあれ？　今まで**自治法**の話をしていたはずなのに，**突然「手続３法」の話**になってしまった……。

**伏線**　実は，以上は新自治法を理解するための**いわば伏線**（ふくせん）（予備知識）だったのです。なぜか？　先ほど述べた（行政の国民に対する）「**処分**」という言葉を，（国の地方に対する）「**関与**」に置き換えてみます。すると，あ～ら不思議。まだ学習していないはずの自治法の仕組みと規定が，簡単に理解できてしまうのですよ（自治法マジック！）。本書の前半で，手続３法を徹底的に学んだのも，自治法のこの部分を理解するための，いわば伏線だったわけです（ネタばらし）。

**伏線回収**　そこで今から，伏線の回収作業に入ります。上記３つの手続の中では特に，行手法の知識が大活躍しますよ。ですからこの応用編は，**同法の復習**にもなるのです。

**関与の事前手続（第２行政手続法）**　自治法によれば，関与は次の**３つの原則**に則（のっと）って行われます。すなわち，

①**法定主義の原則**
②**関与の基本原則**
③**手続の公正・透明の原則**

です。

**法定主義の原則**　まず「法定主義の原則」とは，法令（**法律**及びこれに基づく**政令**）に根拠を置く関与は許されるが，**それ以外は許されない**，という意味です（自治法 245 条の 2）。つまり省令以下，とりわけ通達（国のお手盛りルール）に根拠を置く関与は認められません。もし，そのようなことが起きれば，地公体の長らは国地方係争処理委員会に対し，「審査の申出」ができます（自治法 250 条の 13 第 1 項）。なお，**国と沖縄県の間の争訟**につき p.230 参照。

**関与の基本原則**　次に「関与の基本原則」とは，自治法の条文見出しを引用したものですが，国等の関与は「目的を達成するために**必要な最小限度のもの**とするとともに，普通地方公共団体の**自主性及び自立性に配慮**しなければならない」との原則です（自治法 245 条の 3 第 1 項）。

**公正・透明の原則**　最後に「手続の公正・透明の原則」とは，改正後の自治法 246 条から 250 条の 6 までの **10 か条**が定める，一連の項目（手続）の総称です。表 15-2 にまとめて掲げました。ここがまさに，**「第 2 行手法」としての自治法**の真骨頂です。特に「行手法の条項」を見て，内容が言えますか？

| 共通項目 | 行手法の条項 | 自治法の条項 |
| --- | --- | --- |
| **①書面主義** | ●35条（書面の交付義務） | ●247条1項（助言・勧告等）<br>●248条1項（資料の提出の要求等）<br>●249条1項（是正の要求等）<br>●250条2項（協議）<br>●250条の4（許認可等の取消し）<br>●250条の6（並行権限の行使） |
| **②許認可等の基準の設定・公表** | ●5条（審査基準）<br>●12条（処分の基準） | ●250条の2（許認可等の基準）<br>※1か条で，行手法5条と12条の双方に対応する事項を規定 |
| **③標準処理期間の設定・公表** | ●6条（標準処理期間） | ●250条の3（許認可等の標準処理期間） |
| **④到達主義** | ●7条（申請に対する審査，応答）<br>●37条（届出（とどけで）） | ●250条の3（「到達主義」）<br>●250条の5（届出） |
| **⑤理由の提示** | ●8条（理由の提示）<br>●14条（不利益処分の理由の提示） | ●250条の4（許認可等の取消し等の方式）<br>※1か条で，行手法8条と14条の双方に対応する事項を規定<br>●250条の6（並行権限行使の際の理由の提示） |

**表 15-2● 行政手続法と第2行政手続法（地方自治法）**

## 15-2-2 「関与」の事後手続
## ――行審法・行訴法とのパラレル学習

**2つ目の「回収」** 以上に述べた伏線回収は，実は事前手続だけではないのです。「国の関与」のうち，是正の要求，許可の拒否（きょひ）など「**処分その他公権力の行使に当たるもの**」について不服がある場合，地公体の長らは，**事後手続**として，総務省の**国地方係争処理委員会**（常設。Committee for Settling National-Local Disputes）に対し，「**審査の申出**（application for review）」を行うことができます。委員会は申出に基づいて「審査」を行い，国の関与が「違法」等であると認めた場合には，国の行政庁に対して**必要な措置を行う旨（むね）の「勧**

**告」等**を行います（自治法 250 条の 14。▶図 15-3，図 9-3，p.230）。なお，1 つ目の（事前）手続と 2 つ目の（事後）手続は，ともに**行政手続としての性格**を持ちます。

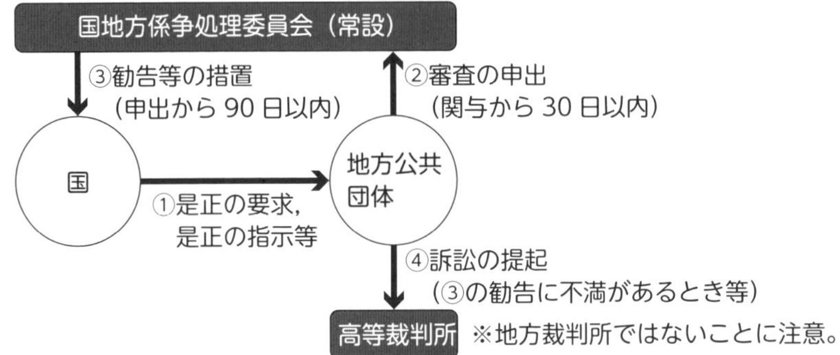


**図 15-3 ● 国地方係争処理委員会制度**
出典：https://www.soumu.go.jp/main_content/000042073.pdf

**3 つ目の「回収」**「回収」はなおも続きます。これに対し，3 つ目の（事後）手続は，**司法手続**です。すなわち，**取消訴訟**（とりけしそしょう）と**不作為**（ふさくい）**の違法確認訴訟**の提起です（上記図の④参照）。ただし通常の，つまり**国民の**行政主体に対する取消訴訟・不作為の違法確認訴訟が「**主観**訴訟」であるのに対し，**自治法上**の取消訴訟と不作為の違法確認訴訟は，行訴法上の「**客観**訴訟」であること（**機関訴訟**：行訴法 6 条）に注意しましょう（▶ p.263 以下）。

**最高裁規則**　なお，これを承（う）けて，最高裁判所は「普通地方公共団体に対する国の関与等に関する**訴訟規則**」という**手続ルール**を制定しています（平成 12 年最高裁規則 4 号）。

以上で，地方自治法の学習は終わりです。自治法につき，詳（くわ）しくは宇賀（うが）『地方自治法概説』（有斐閣（ゆうひかく））を参照のこと。

# 情報公開法

**行手法と行情法の関係**　続いては，情報公開制度です。行政手続法が**一般法**なのに対し，情報公開法（以下「行情法」）は**特別法**であることは前に述べました（▶ p.373）。行情法の「請求」に基づく**開示・不開示の「決定」**は，行手法の言葉では，**「申請」に対する「処分」**なのです。ということは，行情法（特別法）に定めのない事柄は，行手法（一般法）つまり，すでに何度も学習した**行手法第２章**（申請に対する処分）**の規定が適用**されます。

**フロー図**　そこで，まず図 15-4 を眺めていただきましょう。

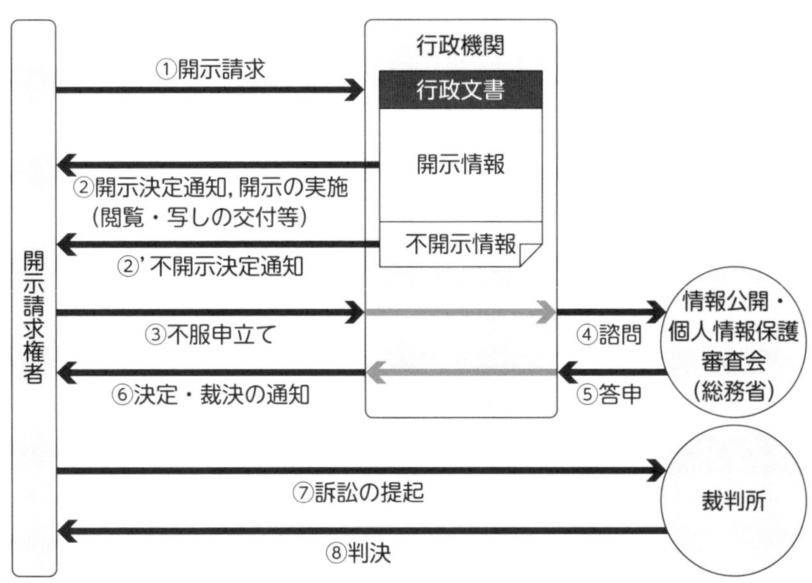


**図 15-4● 行情法のフロー図**
出典：総務省資料（石川が補足）

**3つの手続**　行情法は，次の**3つの手続**について定めています。すなわち，

㋐**第1次**審査＝行政文書の**開示請求**手続（行情法第2章），

㋑**第2次**審査＝**審査請求**手続（同第3章），そして

㋒**第3次**審査＝**情報公開訴訟**手続（行訴法）

です。

**図との対応関係**　図15-4の丸数字のうち，**①と②②'**が**㋐の手続**（第1次審査），**③から⑥**が**㋑の手続**（第2次審査），そして**⑦と⑧**が**㋒の手続**（第3次審査）ということになります。まず，この仕組みをしっかり頭に入れましょう。

## 15-3-1 総則・開示請求権者（第1章と第2章の冒頭）

では，「早わかり行情法」としてポイントを簡略に解説します。

**制度の目的（1条）**　➔「国民主権」という**憲法原理**が明記（都合が悪いからといって，簡単には廃止できない）。

- 「行政運営の公開性（openness）」と「説明責任（accountability）」が明示。アカウンタビリティは，国民主権原理の**派生原理**。
- ただし，「**知る権利**」は（今のところ）不明示。

**行政機関（2条1項）**　➔「行政機関」＝「**すべての（行政）機関**」の意味。

- すなわち，**外交・防衛情報**も含む。
- また**警察の保有情報**も含まれることから，警察庁・警視庁・道府県警は「情報公開法審査基準」を作成，提示している。

**行政文書（2条2項）**　➔「行政文書」＝**電磁**（でんじ）**情報**を含む点で，かつて「紙ベース」の媒体（ばいたい）しか考慮に入れていなかった地公体の情報公開条例よりも，**範囲が広い**。

- さらに，「職員が組織的に用いるもの」（**組織共用文書**）としているから，手書きメモ，電子メール等であっても，開示請求が可能。
- ただし，職員の**個人的な検討段階**にあるもの，たとえば起案の下書き（ドラフト），職員会議（法令審査委員会，省議，局議など）の資料作成段階の文書は，「組織共用文書」**ではない**。

**開示請求権者（3条）** ➡ 情報「公開」ではなく，「情報の**開示**」という言葉が使われていることに注意。

- 「**開示**」＋「**提供**」（行情法4条2項，22条1項）＝**情報の「公開」**という解釈。
- 開示請求権者＝「**何人も**」。「何人も」の中には，会社（法人）だけではなく，「法人格なき社団」（クラブ・サークル・同好会など）も入る。→これら団体の名で開示請求がされてもOK。在日外国人，在外邦人，在外外国人・法人も，開示請求権者の**適格あり**（「何人も」について▶ p.117）。

## 15-3-2 第1次審査手続（第2章関係）

**1つ目の手続**　先ほど，行情法は「**3つ**の手続」について定めている，と述べました。そこで，1つ目の手続（**第1次審査手続**）から概説します。

**方式** ➡ **書面**（開示請求書）により**請求**する（行情法4条）。

- 開示請求書には，「**誰**(だれ)(氏名等)」と「**何**(「行政文書」名)」を書くだけ。つまり，「**目的は問わない**」（商用に使うかもしれないが，「それは当方の知ったことではない」というのが行情法の態度。仮に，開示請求して入手した**データを悪用**して他人に損害を与えれば，それは行情法とは別の問題で，**民民**(みんみん)**関係の訴訟**で解決されよう）。
- 以上の2項目が開示請求書に**明記**されていれば，**受け付ける**ということ（申請▶ p.77）。

**不開示情報** ➡ **6つの不開示情報**（①個人情報，②法人・企業情報，③外交・防衛等情報，④犯罪予防等情報，⑤意思形成過程情報，⑥事務・事業情報。行情法5条）が**限定列挙**され，それらに当てはまらない限り，開示請求のあった「行政文書を開示しなければならない」。

- このように，「行政機関の長」に「行政文書の**開示義務**」（同5条見出し）を負わせた点が重要。
- 「**原則は公開だ**」というのが，行情法の立場。

**部分開示** ➡ 行政文書（行情法2条2項）の**一部に不開示情報**（同5条）が含まれている場合，「全部を不開示」にする選択肢(せんたくし)もあったが，行情法は不開示情報を**マスキングしたうえで，開示**することにした。これを「**部分開示**」という（同6条)。

**グローマー拒否（8条）** ➔ 行情法8条は，「開示請求に対し，当該開示請求に係る行政**文書が存在しているか否か**を答えるだけで，**不開示情報を開示することとなる**ときは，行政機関の長は，当該行政文書の存否を明らかにしないで，当該開示請求を拒否することができる」と定める。

- 病院の特定個人のカルテ情報や犯罪捜査に関する情報など，その存否を答えるだけで，プライバシーが侵害され，また行政運営に著しい支障が生じる情報につき，その情報の存否の**応答自体を拒否**できる，ということ。これを「**グローマー拒否**」という。

## 「グローマー」の由来は原潜サルベージ船

由来は，旧ソ連（ソビエト連邦）の原潜（原子力潜水艦）が沈没し，その引揚げ用に建造されたサルベージ船（Glomar Explorer 号）の名前。ロサンゼルスの新聞社が計画を報道しようとしたのに対し，CIA が記事の発行中止を求め，逆に同社の記者が原潜引上げ計画及び検閲問題について，米国の情報自由法（FOIA）に基づき情報公開請求をした際に，CIA が「事実の確認も否定もしない」と回答し，それが認められたことが始まり。

**回答の方式（9条）** ➔ **入口**＝開示**請求が書面**なのだから，**出口**＝回答（開示・不開示の決定）もまた**同様に書面**による（行情法9条)。

**開示決定等の期限（10条）** ➔ 回答に際し，すでに学習した行手法の「標準処理期間」に当たる「開示決定等の**期限**」が定められた。

- 原則は，開示請求のあった日から **30日以内**（行情法10条1項)。
- 地公体の情報公開条例では，「15日以内」が多い。

## 15-3-3 第２次審査手続（審査請求手続）

**２つ目の手続**　第２次審査（＝「敗者復活戦」）の手続は，図 15-4 の丸数字では，**③から⑥までの手続**です。なお，以下は，行情法のほかに情報公開・個人情報保護審査会**設置法**も参照しないといけないので，ちょっと面倒（めんどう）。しかも「引っかけ問題」を作られやすいので，要注意です。

**２類型** ➔ 不服申立（もうしたて）手続に移行するパターンは次の**２類型**。

① **不開示決定**が出された場合（誰でも思いつく）。

② 部分開示決定が出されたが，「**残りの部分も見たい**」と思う場合。

**救済制度** ➔ そのような場合に行情法には，救済制度あり。「**審査請求等**」と題する（行情法**第３章**）。

- なお，行情法の開示決定（「不作為」も含む）に対する不服申立てについては，行審法の「審理員（しんりいん）による審理手続に関する規定の**適用除外**」であることに注意（行情法 18 条。審理員 ▶ p.52，255 以下）。

**第三者機関** ➔ 救済に際し，**第三者機関**あり。その名を「**情報公開・個人情報保護審査会**」という（「情報公開・個人情報保護審査会設置法」。以下「設置法」）。

- すでに学習した一般法（行審法）の「行政不服審査会」の「**原型**（アーキタイプ）」。
- 国の場合，２つの審査会は**別個の組織**であるが，地公体によっては，人材（リソース）の関係で**両者を合体**させているところもある（以下「情報公開・個人情報保護審査会」は「審査会」と略）。
- なお，名前が似ている個人情報保護委員会（内閣府）と**混同しない**ように。同委員会は内閣府の３条機関，審査会は総務省の８条機関（▶ p.208）。同委員会は番号法（マイナンバーほう）のお目付役。

**諮問** ➔ 行審法で学習した行政不服審査会への諮問（しもん）・答申（とうしん）（▶ p.52，257 以下）とまったく**パラレルな規定**が，行情法には存在する。

- すなわち一定の場合，行政機関の長は，審査会に**諮問し**，その**答申**を待って，開示・不開示の**決定**をする（行情法 19 条）。だから，行情法は行審法と「パラレル学習」すると効率がよい。

**総務省への移管** ➔ 審査会は当初，**内閣府**に置かれていたが，2016（平成

28）年4月1日，**総務省**に移管された（設置法2条）。

- なお，**会計検査院**（Board of Audit）は憲法上，**独立の地位**を有する（憲法90条で，憲法自身により設置）ことの反映として，会計検査院には，同審査会とは**別個**に「会計検査院情報公開・個人情報保護審査会」（委員3人）が設置。ここでは存在を指摘するのみで，具体的には立ち入らない。

**審査会委員** → 現在，審査会は**15人編成で，5部会**に分かれる（設置法3条。つまり1部会3人）。

- **部会長のみ常勤**で，ほかは非常勤委員。
- 部会長は判検事，官僚OB，非常勤委員は大学教授，弁護士，公認会計士など。
- 委員職は**国会同意人事**（設置法4条1項）。任期は**3年**（同条4項本文）。委員名は総務省Webサイトで閲覧できる。

### 3段階で変化した審査会の委員数

審査会の委員数には**3段階の変化**があった。当初，すなわち①2001（平成13）年4月1日（情報公開法の施行日）から2002（平成14）年9月30日まで，情報公開審査会（当初）の委員構成は**9人**（**3部会**）。次に②独立行政法人情報公開法ができた結果，2002（平成14）年10月1日から審査会の委員は3人増強され，**12人**編成に（**4部会**）。そして最後に，③行政機関個人情報保護法の施行に伴い，審査会のメンバーはさらに増強され，現在の**15人**体制に（**5部会**）。名称も長くなった（情報公開・個人情報保護審査会）。

**会長** → 審査会に会長を置き，委員の互選によりこれを定める（設置法5条1項）。

- 会長は，会務を総理し，審査会を代表する（同条2項）。

**審査** → 諮問を受けた審査会は**3人一組**で審査に当たる（設置法6条1項）。

- 審査会の手続は**公開しない**（同14条）。

**インカメラ審理**　不服申立てについての調査審議を行うため，審査会には**インカメラ審理**（in camera inspection）が認められました。すなわち，「審査会は，必要があると認めるときは，その**指名する委員に**，第9条第1項の規定により提示された**行政文書等**（略）を**閲覧させ**（略）**ることができる**」（設置法12条）。9条1項を見ると，「審査会は，必要があると認めるときは，諮問庁に対し，行政文書等又は保有個人情報の提示を求めることができる」とあります。つまり，第１次審査で「**不開示決定**」または**グローマー拒否決定された行政文書**のことです。なお，「カメラ（camera）」とは写真機ではなく，委員ほか関係者以外**立入**（たちいり）**禁止の部屋**（会議室）という意味。委員がカメラをのぞき込んで審査を行うわけではありません。

## 米法との違い

なお，米国の情報自由法（フォイア（FOIA））では，情報公開訴訟（第３次審査手続）で「インカメラ審理」が認められている。米国では，裁判官室を camera と呼ぶ。だから in camera。これに対し日本の場合には，**審査会**（第２次審査）**手続のみ**で，裁判手続（第３次審査）では，今のところ認められていない。理由は，インカメラ審理では**対審構造**（たいしんこうぞう）**の保障がない**こと，つまり裁判官と被告だけがいて，原告（開示請求者）が同席しておらず，これは**裁判の根本原理（三者構成）に反する**，という点にある。

**ヴォーン・インデックス**　また，「審査会は，必要があると認めるときは，諮問庁に対し，行政文書等に記録されている情報（略）の内容を**審査会の指定する方法により分類又は整理した資料**を作成し，審査会に提出するよう求めることができる」(設置法９条３項)。これを「**ヴォーン・インデックス**」といいます。

**３種の神器**　これまで見てきたように，情報公開法では

①グローマー拒否（行情法８条）

②インカメラ審理（設置法 12 条）

③ヴォーン・インデックス（同９条３項）

という「**３種の神器**（じんぎ）」が登場し，意味を知らない人間にとっては，議論に入る以前に，まさにチンプンカンプンの世界。①と②はすでに説明したので，残るは③。これは同方式を編み出した人物 R. G. ヴォーン（Vaughn）（大学教授）の名に由来。開示請求された文書量や情報量が多くて通覧性（つうらんせい）を欠くような場合，不開示の文書と不開示の理由など，「**一定の方法により分類又は整理した資料**（インデックス）」を作成するよう提案し，これが認められたので，以来「ヴォーン・インデックス」と呼ばれるようになったのです。

**答申**　審査会は，不服申立てについての調査審議を終えたときは，諮問庁（＝

行政機関の長）に対して答申を行います。行政機関の長は，審査会の**答申を読んで，開示・不開示の決定**を行うのです（行情法 19 条）。答申書の写しは不服申立人・参加人に送付し，答申の**内容を公表**します（設置法 16 条）。図 15-4 の丸数字では⑤**と**⑥に当たります。

**審査請求の制限**　なお，設置法（「行情法」ではない）に基づく「審査会又は委員の**処分又はその不作為**については，**審査請求をすることができない**」（設置法 15 条 1 項）ことにも注意しましょう。

**制度の利用状況**　情報公開制度の利用状況等は，毎年度，**総務大臣から公表**されます（行情法 23 条 2 項）。

## 15-3-4 第 3 次審査手続（情報公開訴訟）

**3 つ目の手続**　さて「不服申立て」は，以上（＝情報公開・個人情報保護審査会）で打ち止めではありません。なぜなら，**裁判所へも**訴えることが可能だからです。これを「**情報公開訴訟**」と呼びます。

**管轄裁判所**　旧行情法（2005［平成 17］年 3 月 31 日まで）には，「訴訟の**管轄**(かんかつ)**の特例**等」と題し，「情報公開訴訟（略）については，行政事件訴訟法（略）**第 12 条に定める裁判所**のほか，（略）**特定管轄裁判所**（略）にも**提起することができる**」という規定が存在しました（旧行情法 21 条 1 項。その後，改正行政事件訴訟法により**削除**→現行訴法 12 条 4 項）。

**特定管轄裁判所**　つまり情報公開訴訟は，

①「行訴法 12 条の裁判所」（＝**原則**）のほか，

②「特定管轄裁判所」（＝**例外**）

にも起こすことが可能なのです。そこでこの，「呪文(じゅもん)のような言葉」の意味を解読する必要があります。でも，順序立てれば難しくないです。ご安心あれ。

**行訴法 12 条**　そこでまずは①ですが，行政庁を被告とする取消訴訟は，その行政庁の所在地の裁判所の管轄に属します（行訴法 12 条 1 項）。この訴訟の大原則（＝**原告が被告を，被告の住所地を管轄する裁判所**に訴える）を厳格に貫くと，情報公開訴訟は**東京地裁に集中**してしまいます。理由は，国の機関の圧倒的多数は「霞が関（東京都千代田区）」にあるからです。

**紆余曲折**　ということは，北海道や九州沖縄の居住者は，情報公開法の利用から事実上遠ざけられてしまう（情報公開は勝訴しても，一銭もお金がもらえるわけではない）。では，被告の住所地ではなく，「**原告の住所地**を管轄する地方裁判所にすればいいではないか」という議論も国会ではありました。ところが今度は，**全国 50 個**（46 都府県には地裁［本庁］は 1 個だが，北海道だけは面積が広いので，4 つの地裁がある。したがって，46 ＋ 4 ＝ 50 個）**の地裁**に情報公開訴訟が起こされてきます。すると，**規模の小さな地裁は業務過多でパンク**するでしょう。

**政治的妥協**　そこで国会審議で，次のような**妥協**が図られることになりました。すなわち，①被告の住所地を管轄する地方裁判所にプラスして，②特定管轄裁判所にも情報公開訴訟を起こせる，ということにしたのです。

**8 つの地裁**　「特定管轄裁判所」とは，「原告の普通裁判籍の所在地を管轄する高等裁判所の所在地を管轄する地方裁判所」と定義されます（旧行情法 21 条 1 項→現行訴法 12 条 4 項）。具体的には **8 つの大都市**を管轄する**地方裁判所**（＝ 8 つある高等裁判所の住所地を管轄する地方裁判所）で，具体的には①**札幌**，②**仙台**，③**東京**，④**名古屋**，⑤**大阪**，⑥**広島**，⑦**高松**，⑧**福岡地方裁判所**です。

**現行法**　なお，行政訴訟における裁判所の専門性を確保しつつ，訴えを提起する原告の便宜に資するとの考え方から，旧行情法の考え方は**行政事件訴訟一般に拡大**されたのです。すなわち 2005（平成 17）年 4 月 1 日施行の改正行訴法で，「特定管轄裁判所」の規定は現在では，**一般法（＝行政事件訴訟法）に移された**ことにも注意しましょう（行訴法 12 条 4 項）。

**判例**　情報公開訴訟を巡っては，これまでに，かなりの数の裁判例の集積が見られます（ざっと 400 件弱）。しかしスペースの限られた本書では，残念ながら個別の判例の詳細に触れることはできません。お許しください。詳しくはレインボー p.111 以下及び宇賀Ⅰ p.184 以下を参照のこと。

以上，かなりの「荒業」でしたが，地方自治法と情報公開法に見る「3 つの手続」（応用編）の学習を終えます。もし「難しい」と感じたら，最初は飛ばし読みし，一定の学習段階に達したところで，戻って読んでみてください。

それでは，読者の皆さんの大成と，ご活躍を心から祈っています！

# 共通的な到達目標モデル（コアカリ）について

関心のある読者は，法科大学院協会のWebサイト（http://www.lskyokai.jp/info_101019/）をご覧いただきたいのですが，「行政法」のコアカリは上記URLのリンク「④行政法（第二次案修正案）」から入手が可能です。

まず注意するべきは，同「**②総論**」です。これは基本7法（憲・行政・民・商・民訴・刑・刑訴法）＋実務系3科目（民訴実務・刑訴実務・法曹倫理）の10科目に**共通する事項**を述べる，まさに「総論」です。が，そこまで目を配り内容をきっちり読む奇特な人はめったにいないと思うので，あえて解説しておきます。

そこで述べられているのは，コアカリは「法科大学院において修得すべき学習**内容・水準**に関する**共通のミニマム・スタンダード**であり，**すべての**法科大学院**修了生が，共通に修得すべき学習内容・水準を示す**という意味での『到達目標』」だということ。一方では司法試験は「**法科大学院課程における教育**及び司法修習生の修習**との有機的連携の下**に行」われ（司法試験法1条3項），他方，司法試験・予備試験**委員は法科大学院の教授**を兼ねることが多いので，コアカリは**事実上**「司法試験・予備試験の**出題範囲」とも関係**します。

次に重要なのは，「②総論」の「3. 共通的到達目標における各項目の設定のあり方」「②各項目の**到達度の表現の仕方**」です。行政法を含む各コアカリでは各章節項（1-1-1など）で個別の「**項目の到達度が表記**」されていますが，

⑴「～を理解している」
⑵「概要を説明することができる」
⑶「～を説明することができる」。また，そのバリエーションである，
　ⓐ「条文を参照して」，「条文を参照しながら」等
　ⓑ「具体例を挙げて」，「事例を挙げて」等
　ⓒ「具体例に即して」，「事例に即して」等
　ⓓ「判例・学説を踏まえて」等，そして
⑷「考察することができる」

という**言葉遣い（語尾の違い）の意味**するところが**個別に解説**されています（**すべて違いがある**）。

# 図表索引

# 事項索引

※⇔は対語（ついご）を表す

● し

● す



● せ



● そ



● た



● ち

# 判例索引

● 判例の略称は，凡例（p.xix）を参照のこと。
● 裁判所 Web サイトの「裁判例情報」で検索できる判例は，青色網がけで明示した。
● 判例集等の略称は，以下のとおり。

**民集**：最高裁判所民事判例集　**刑集**：最高裁判所刑事判例集　**集民**：最高裁判所民事裁判集
**集刑**：最高裁判所刑事裁判集　**民録**：大審院民事判決録　**行録**：行政裁判所判決録
**高民集**：高等裁判所民事判例集　**下民集**：下級裁判所民事裁判例集　**行集**：行政事件裁判例集
**行月**：行政裁判月報　**訟月**：訟務月報　**判時**：判例時報　**判タ**：判例タイムズ
**判例自治**：判例地方自治　**税資**：税務訴訟資料　**交民**：交通事故民事裁判例集　**労判**：労働判例

● 事件名の要約は石川による。

## 大審院



## 行政裁判所



## 最高裁判所

## 地方裁判所

**著者紹介**

**石川敏行**（いしかわ・としゆき）

1951 年，東京都生まれ。1974 年，中央大学法学部法律学科卒業。1976 年，同大学院法学研究科修士課程修了後，同法学部助手。同助教授及び同教授並びに同法科大学院教授を経て，2010 年から 2019 年まで運輸安全委員会常勤委員（特別職国家公務員）。旧国家公務員採用Ⅰ種試験（法律区分）試験専門委員，行政書士試験委員，新司法試験実施に係る研究調査会（法務省）委員，法科大学院コア・カリキュラム（行政法班）座長等を歴任。著書に『はじめての行政法』（共著，有斐閣），『ドイツ語圏公法学者プロフィール』（単編著，中央大学出版部）など。1991 年，法学博士（独フランクフルト大学）。



**新プロゼミ行政法**　「3つの手続」で行政法の基本を学ぶ

2020年 6 月10日　初版第 1 刷発行　　〈検印省略〉

2021年11月10日　初版第 2 刷発行

**著　者**　石川敏行

**発行者**　小山隆之

**発行所**　株式会社　実務教育出版

〒163-8671　東京都新宿区新宿1-1-12

☎ 編集　03-3355-1812　　販売　03-3355-1951

振替　00160-0-78270

**印　刷**　図書印刷

**製　本**　東京美術紙工



ISBN 978-4-7889-4900-3　C0032　Printed in Japan